"十二五"国家重点图书出版规划项目

中国社会科学院创新工程学术出版资助项目

新版《列国志》编辑委员会

列国志

GUIDE TO
THE WORLD
NATIONS

新版

朱在明　陈好敏　朱　婷

编著

MALDIVES

马尔代夫

社会科学文献出版社

SOCIAL SCIENCES ACADEMIC PRESS (CHINA)

伊哈万迪富卢环礁
Ihavandiffulu Atoll

哈尼马杜岛

马

米拉杜马卢环礁
Miladummadulu Atoll

肯迪科卢岛

北马洛斯马杜卢环礁
North Malosmadulu Atoll

尔

法迪福卢环礁
Fadiffolu Atoll

南马洛斯马杜卢环礁
South Malosmadulu Atoll

代

卡尔迪瓦海峡
Kardiva Chan.

马累环礁
Male Atoll

夫

马累岛
Male I. 马累
⚓ ⊛ MALE

阿里环礁
Ari Atoll

马 尔 代 夫
MALDIVES

曼杜岛

群

费利杜环礁
Felidu Atoll

尼兰杜环礁

穆拉库环礁
Mulaku Atoll

岛

科卢马卢环礁

印

冈岛

度

哈杜马蒂环礁
Haddummati Atoll

INDIAN OCEAN

一 度 半 海 峡
One and Half Degree Chan.

Maldive

洋

苏瓦迪瓦环礁

尼兰杜岛

马达韦利岛

甘岛

Is.

赤道Equator

赤 道 海 峡
Equatorial Chan.

福阿穆拉库岛
Fua Mulaku I.

阿杜环礁
Addu Atoll

甘岛

马尔代夫
MALDIVES

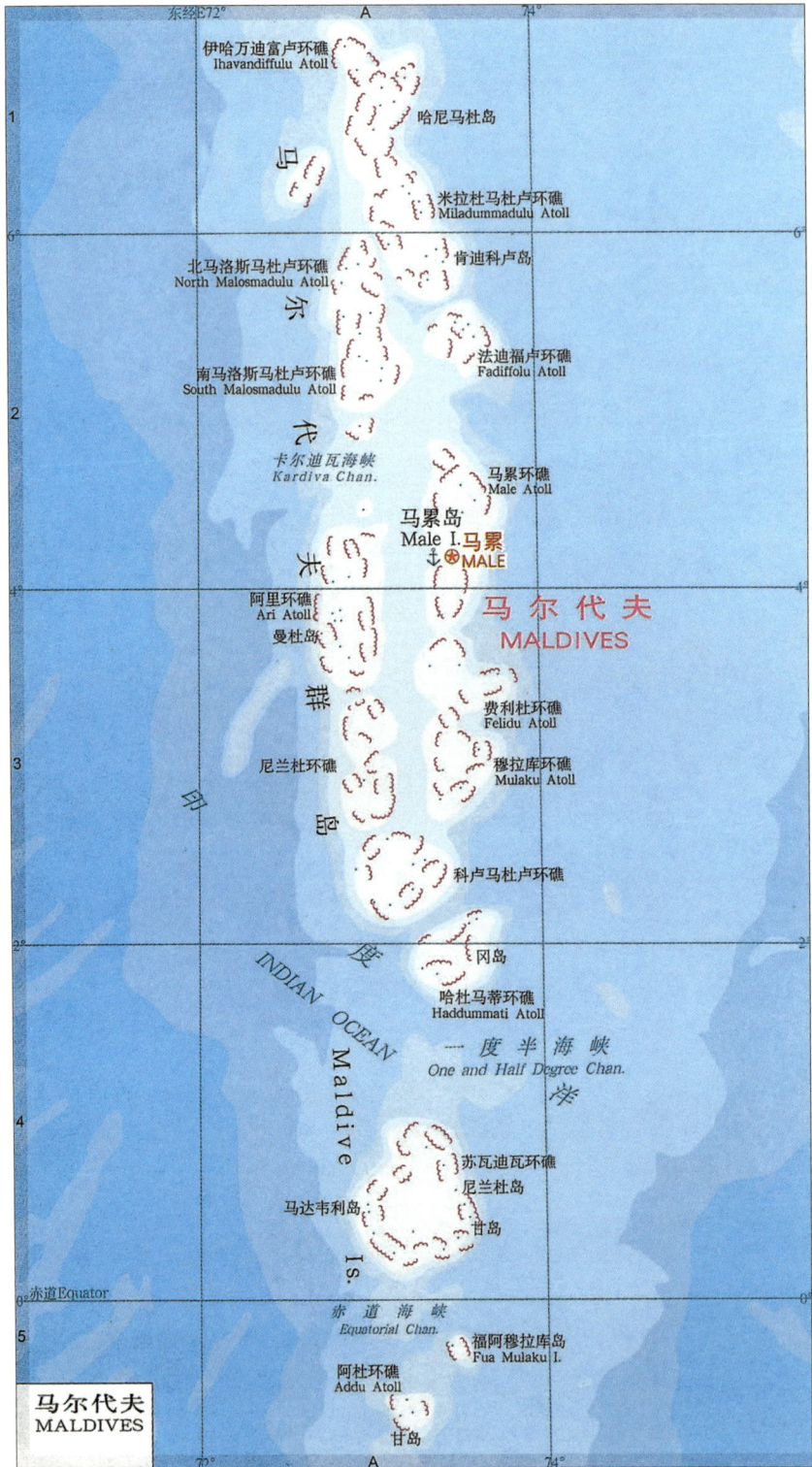

马尔代夫行政区划图

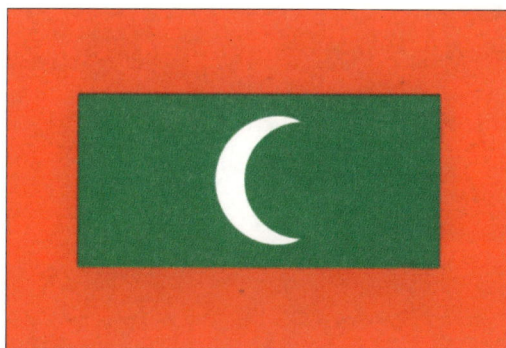

马尔代夫国旗

马尔代夫国徽

总统府（顾敏　摄）

马累市中心

伊斯兰中心

胡鲁马累的清真寺

古清真寺（顾敏 摄）

苏丹公园一角（顾敏 摄）

马累街景（顾敏 摄）

International terminal
Domestic terminal

易卜拉欣·纳色尔国际机场

马累的港口（顾敏 摄）

客运码头（顾敏 摄）

水上飞机

具有浓郁当地特色的多尼船（冯雪花摄，崔屹、封疆提供）

气派的水上屋群
（冯雪花摄，崔屹、封疆提供）

度假村中别致的游客休息大厅
（应宏　摄）

度假村中的淡水游泳池（应宏　摄）

无人岛

晨曦映射下的金色海滩
（应宏　摄）

壮观的马尔代夫落日
（应宏　摄）

美丽的珊瑚礁

出版说明

　　《列国志》编撰出版工作自 1999 年正式启动，截至目前，已出版 144 卷，涵盖世界五大洲 163 个国家和国际组织，成为中国出版史上第一套百科全书式的大型国际知识参考书。该套丛书自出版以来，受到社会各界的广泛好评，被誉为"21 世纪的《海国图志》"，中国人了解外部世界的全景式"窗口"。

　　这项凝聚着近千学人、出版人心血与期盼的工程，前后历时十多年，作为此项工作的组织实施者，我们为这皇皇 144 卷《列国志》的出版深感欣慰。与此同时，我们也深刻认识到当今国际形势风云变幻，国家发展日新月异，人们了解世界各国最新动态的需要也更为迫切。鉴于此，为使《列国志》丛书能够不断补充最新资料，更好地服务于社会各界，我们决定启动新版《列国志》编撰出版工作。

　　与已出版的 144 卷《列国志》相比，新版《列国志》无论是形式还是内容都有新的调整。国际组织卷次将单独作为一个系列编撰出版，原来合并出版的国家将独立成书，而之前尚未出版的国家都将增补齐全。新版《列国志》的封面设计、版面设计更加新颖，力求带给读者更好的阅读享受。内容上的调整主要体现在数据的更新、最新情况的增补以及章节设置的变化等方面，目的在于进一步加强该套丛书将基础研究和应用对策研究相结合，将基础研究成果应用于实践的特色。例如，增加了各国有关资源开发、环境治理的内容；特设"社会"一章，介绍各国的国民生活情况、社会管理经验以及存在的社会问题，等等；增设"大事纪年"，方便读者在短时间内熟悉各国的发展线索；增设"索引"，便于读者根据人名、地名、关键词查找所需相关信息。

顺应时代发展的要求，新版《列国志》将以纸质书为基础，全面整合国别国际问题研究资源，构建列国志数据库。这是《列国志》在新时期发展的一个重大突破，由此形成的国别国际问题研究资讯平台，必将更好地服务于中央和地方政府部门应对日益繁杂的国际事务的决策需要，促进国别国际问题研究领域的学术交流，拓宽中国民众的国际视野。

新版《列国志》的编撰出版工作得到了各方的支持：国家主管部门高度重视，将其列入"'十二五'国家重点图书出版规划项目"；中国社会科学院将其列为创新工程学术出版资助项目，王伟光院长亲自担任编辑委员会主任，指导相关工作的开展；国内各高校和研究机构鼎力相助，国别国际问题研究领域的知名学者相继加入编辑委员会，提供优质的学术咨询与指导。相信在各方的通力合作之下，新版《列国志》必将更上一层楼，以崭新的面貌呈现给读者，在中国改革开放的新征程中更好地发挥其作为"知识向导""资政参考"和"文化桥梁"的作用！

新版《列国志》编辑委员会
2013 年 9 月

前　言

　　自 1840 年前后中国被迫开关、步入世界以来，对外国舆地政情的了解即应时而起。还在第一次鸦片战争期间，受林则徐之托，1842 年魏源编辑刊刻了近代中国首部介绍当时世界主要国家舆地政情的大型志书《海国图志》。林、魏之目的是为长期生活在闭关锁国之中、对外部世界知之甚少的国人"睁眼看世界"，提供一部基本的参考资料，尤其是让当时中国的各级统治者知道"天朝上国"之外的天地，学习西方的科学技术，"师夷之长技以制夷"。这部著作，在当时乃至其后相当长一段时间内，产生过巨大影响，对国人了解外部世界起到了积极的作用。

　　自那时起中国认识世界、融入世界的步伐就再也没有停止过。中华人民共和国成立以后，尤其是 1978 年改革开放以来，中国更以主动的自信自强的积极姿态，加速融入世界的步伐。与之相适应，不同时期先后出版过相当数量的不同层次的有关国际问题、列国政情、异域风俗等方面的著作，数量之多，可谓汗牛充栋。它们对时人了解外部世界起到了积极的作用。

　　当今世界，资本与现代科技正以前所未有的速度与广度在国际间流动和传播，"全球化"浪潮席卷世界各地，极大地影响着世界历史进程，对中国的发展也产生极其深刻的影响。面临不同以往的"大变局"，中国已经并将继续以更开放的姿态、更快的步伐全面步入世界，迎接时代的挑战。不同的是，我们所面临的已不是林则徐、魏源时代要不要"睁眼看世界"、要不要"开放"问题，而是在新的历史条件下，在新的世界发展大势下，如何更好地步入世界，如何在融入世界的进程中更好地维护民族国家的主权与独立，积极参与国际事务，为维护世界和平，促进世界与人类共同发展做出贡献。这就要求我们对外部世界有比以往更深切、全面的了解，我们只有更全面、更深入地了解世界，才能在更高的层次上融入世界，也才能在融入世界的进程中不迷失方向，保持自我。

与此时代要求相比，已有的种种有关介绍、论述各国史地政情的著述，无论就规模还是内容来看，已远远不能适应我们了解外部世界的要求。人们期盼有更新、更系统、更权威的著作问世。

中国社会科学院作为国家哲学社会科学的最高研究机构和国际问题综合研究中心，有 11 个专门研究国际问题和外国问题的研究所，学科门类齐全，研究力量雄厚，有能力也有责任担当这一重任。早在 20 世纪 90 年代初，中国社会科学院的领导和中国社会科学出版社就提出编撰"简明国际百科全书"的设想。1993 年 3 月 11 日，时任中国社会科学院院长的胡绳先生在科研局的一份报告上批示："我想，国际片各所可考虑出一套列国志，体例类似几年前出的《简明中国百科全书》，以一国（美、日、英、法等）或几个国家（北欧各国、印支各国）为一册，请考虑可行否。"

中国社会科学院科研局根据胡绳院长的批示，在调查研究的基础上，于 1994 年 2 月 28 日发出《关于编纂〈简明国际百科全书〉和〈列国志〉立项的通报》。《列国志》和《简明国际百科全书》一起被列为中国社会科学院重点项目。按照当时的计划，首先编写《简明国际百科全书》，待这一项目完成后，再着手编写《列国志》。

1998 年，率先完成《简明国际百科全书》有关卷编写任务的研究所开始了《列国志》的编写工作。随后，其他研究所也陆续启动这一项目。为了保证《列国志》这套大型丛书的高质量，科研局和社会科学文献出版社于 1999 年 1 月 27 日召开国际学科片各研究所及世界历史研究所负责人会议，讨论了这套大型丛书的编写大纲及基本要求。根据会议精神，科研局随后印发了《关于〈列国志〉编写工作有关事项的通知》，陆续为启动项目拨付研究经费。

为了加强对《列国志》项目编撰出版工作的组织协调，根据时任中国社会科学院院长李铁映同志的提议，2002 年 8 月，成立了由分管国际学科片的陈佳贵副院长为主任的《列国志》编辑委员会。编委会成员包括国际片各研究所、科研局、研究生院及社会科学文献出版社等部门的主要领导及有关同志。科研局和社会科学文献出版社组成《列国志》项目工作组，社会科学文献出版社成立了《列国志》工作室。同年，《列国志》项目被批准为中国社会科学院重大课题，新闻出版总署将《列国志》项目列入国家重点图书出版计划。

在《列国志》编辑委员会的领导下，《列国志》各承担单位尤其是各位学者加快了编撰进度。作为一项大型研究项目和大型丛书，编委会对《列国志》提出的基本要求是：资料翔实、准确、最新，文笔流畅，学术性和可读性兼备。《列国志》之所以强调学术性，是因为这套丛书不是一般的"手册""概览"，而是在尽可能吸收前人成果的基础上，体现专家学者们的研究所得和个人见解。正因为如此，《列国志》在强调基本要求的同时，本着文责自负的原则，没有对各卷的具体内容及学术观点强行统一。应当指出，参加这一浩繁工程的，除了中国社会科学院的专业科研人员以外，还有院外的一些在该领域颇有研究的专家学者。

现在凝聚着数百位专家学者心血，共计 141 卷，涵盖了当今世界 151 个国家和地区以及数十个主要国际组织的《列国志》丛书，将陆续出版与广大读者见面。我们希望这样一套大型丛书，能为各级干部了解、认识当代世界各国及主要国际组织的情况，了解世界发展趋势，把握时代发展脉络，提供有益的帮助；希望它能成为我国外交外事工作者、国际经贸企业及日渐增多的广大出国公民和旅游者走向世界的忠实"向导"，引领其步入更广阔的世界；希望它在帮助中国人民认识世界的同时，也能够架起世界各国人民认识中国的一座"桥梁"，一座中国走向世界、世界走向中国的"桥梁"。

《列国志》编辑委员会

2003 年 6 月

CONTENTS

目 录

CONTENTS

目 录

CONTENTS
目 录

CONTENTS
目 录

CONTENTS
目 录

CONTENTS

目 录

CONTENTS
目 录

CONTENTS
目 录

导　言

　　马尔代夫全称为马尔代夫共和国，地处亚洲南部，位于赤道附近的印度洋中，临近印度和斯里兰卡。全国总面积为 115300 平方公里（含领海），其中陆地面积 298 平方公里，专属经济区 859000 平方公里。

　　马尔代夫是印度洋上的群岛国家，也是世界上最大的珊瑚岛国。全国由 26 组自然环礁、1192 个岛屿组成。在所有的岛屿中，只有 207 个岛屿可以居住。2013 年，马尔代夫有人定居的岛屿为 188 个，其余均为无人定居岛屿。

　　马尔代夫海拔普遍较低，80% 的岛屿海拔不足 1 米，海拔最高的也只有 2 米左右，全国平均海拔为 1.6 米。随着温室效应造成大气层温度的持续上升，科学家预言，在未来 100 年内，马尔代夫也许就会完全从地球上消失。目前，人们已将马尔代夫称为"即将消失的国度"。

　　马尔代夫是一个单一民族国家，全国没有少数民族，现有人口全部为马尔代夫族。迪维希语是马尔代夫的官方语言，同时通用英语。此外，阿拉伯语、僧伽罗语、印地语、乌尔都语等在马尔代夫也同时流行。马尔代夫是一个伊斯兰国家，伊斯兰教是马尔代夫的国教，也是全国信奉的唯一宗教。

　　马尔代夫是一个具有悠久历史的国家。公元前 5 世纪，南亚的雅利安人来此定居，成为马尔代夫人的祖先。公元 1153 年建立信奉伊斯兰教的苏丹国。16 世纪中叶起，葡萄牙、荷兰、英国等国殖民者先后入侵，1887 年马尔代夫沦为英国的保护国。在长期的殖民统治之下，马尔代夫惨遭蹂躏和残酷剥削。为争取独立和民族解放，马尔代夫人民前赴后继，英勇不屈，表现了崇高的民族气节和爱国精神，终于在 1965 年 7 月 26 日获得完全独立。1968 年 11 月 11 日成立了马尔代夫共和国。

马尔代夫素有"花环群岛""宫殿之岛"等美誉，风光秀丽，景色迷人，是全世界理想的旅游目的地之一，2012 年旅游收入占 GDP 的28.4%。近 30 年来，马尔代夫经济增长率一直保持在 8% 左右，2011 年马尔代夫从联合国最不发达国家名单中除名，2012 年马尔代夫人均国民收入达到 3836 美元。目前，马尔代夫已位居南亚地区人均收入最高的国家行列。

马尔代夫奉行互相尊重主权和领土完整、平等互利、和平共处的外交方针，与一切愿意和马尔代夫保持友好关系的国家建立外交关系。截至2014 年 9 月，马尔代夫已同世界上 146 个国家建立了正式的外交关系。

中国与马尔代夫的友谊始于 15 世纪初，中国杰出的航海家郑和两度到马尔代夫。1972 年 10 月 14 日，中国和马尔代夫正式建立大使级外交关系，自此，两国的友好合作关系不断得到发展，中马两国政府和人民一直保持着良好的关系。

为了增进我国读者对马尔代夫的了解，进一步发展中国同马尔代夫人民的传统友谊，2004 年，作为《列国志》大型丛书之一，朱在明、丁连勇、王志英共同编纂了《马尔代夫》一书，从地理、历史、政治、经济、军事、文化、外交各个方面对马尔代夫进行比较全面的介绍。该书自2004 年问世以来，以"资料详实、准确、新颖，文笔流畅，学术性和可读性兼备"，深得各方好评。

10 年来，随着国际形势的发展，马尔代夫也发生了深刻的变化。为了从内容上进一步提高针对性、资讯性、政策参考性及学术前沿性，真正起到"向导""参考"与"桥梁"的作用，根据新版《列国志》编委会的统一安排和要求，我们对 2004 年版《马尔代夫》进行了全面修订。在这次修订中，我们除对书中的所有数据做了全面更新之外，还对内容做了相关调整。

本书 90% 以上的资料和数据均系马尔代夫官方英文资料，来源可靠，具有相当的权威性。少数章节因缺乏资料而参考和引用了陈桥驿《马尔代夫共和国》（浙江人民出版社，1979 年）、李玉洁《马尔代夫共和国》（中国社会科学院南亚和东南亚研究所《南亚与东南亚资料》1982 年第 2

期）和刘思源《印度洋英联邦国家：马尔代夫、毛里求斯、塞舌尔》（四川人民出版社，2003 年）等中文书籍，特此致谢。

本书部分图片由应宏、冯雪花（崔屹、封疆提供）、顾敏所摄，在此一并表示感谢！

新版《马尔代夫》由朱在明、陈好敏、朱婷共同完成，朱在明任主编。由于编者水平有限，加之资料不足，尽管我们绞尽脑汁，力求完美，恐怕仍难尽如人意，敬请读者朋友们批评指正。

本书资料截至 2012 年 12 月 31 日，部分数据截至 2014 年 9 月 20 日。

编者

2014 年 9 月

第一节　国土与人口

一　地理位置与面积

马尔代夫全称马尔代夫共和国（The Republic of Maldives），简称马尔代夫（Maldives），是印度洋上的群岛国家，全国总面积为115300平方公里（含领海），其中陆地面积298平方公里，专属经济区859000平方公里[①]。

马尔代夫是世界上最大的珊瑚岛国。全国由26组自然环礁、1192个岛屿组成[②]。在所有岛屿中，只有207个岛屿可以居住。2006年，马尔代夫居民岛为200个，无人岛为992个。到2013年11月，居民岛已减至188个，无人岛增加到1004个[③]。其中，有105个无人岛已开发为旅游度假场所，另有74个旅游岛正在开发之中[④]。

[①]　马尔代夫国家规划署：Maldives at a Glance, April 2013 Released, 2013年4月发布。http：//www. planning. gov. mv//publications/maldivesataglance/2013/04 – MAG – April – 2013. pdf.

[②]　http：//maldives. 00freehost. com/.

[③]　马尔代夫国家规划署：Maldives in Figures, 2013年11月28日发布。http：//www. planning. gov. mv//publications/statisticalnewsletter/2013/Issue2 – November 2013. pdf.

[④]　马尔代夫国家规划署：《统计年鉴》2013年卷；Maldives at a Glance, April 2013 Released, 2013年4月发布。

马尔代夫地处亚洲南部，位于赤道附近的印度洋中，临近印度和斯里兰卡，位于北纬7°06′35″~南纬0°42′24″、东经72°33′19″~东经73°46′13″[①]。马尔代夫北起八度海峡，南至赤道以南，坐落在印度次大陆以南500公里和斯里兰卡以西780公里处，全国东西宽130公里，南北长823公里[②]。北端与印度拉克代夫群岛相望，南部的赤道海峡和一度半海峡为海上交通要道，战略地位十分重要。

二　地形、土壤与气候

（一）地形[③]

1. 马尔代夫群岛的形成

2.25亿年前，地球上已经形成了水圈和岩石圈，地球的大部分是由一块大陆组成的，也就是今天科学家所说的泛古陆，这块大陆当时被一片叫作泛古洋的海洋包围着。大约1.36亿年前，泛古陆分离成两块超大陆，北边的一大块叫作劳亚古大陆，南边的一块叫作冈瓦纳大陆，这两个大陆之间的海洋叫作古地中海。冈瓦纳大陆分离时，形成了大西洋，把非洲大陆和美洲大陆分割开来。

超大陆的分离源自地质板块的移动，从地裂里喷出的地核熔岩形成了水下地形。大约6600万年前，遭到破坏的劳亚古大陆形成了北部的一部分大陆。

印度洋形成于1.5亿年前，当时南亚次大陆是南部冈瓦纳大陆的一部分，亚洲是北部劳亚古大陆的一部分。

地质学理论认为，南亚次大陆是从马达加斯加和非洲大陆分离出来的并且慢慢向北移动。南亚次大陆逐步向北移动并且经过印度洋水底温度很

---

① 马尔代夫国家规划署：Maldives at a Glance, April 2013 Released, 2013年4月发布。http://www.planning.gov.mv//publications/maldivesataglance/2013/04 - MAG - April - 2013.pdf.

② 马尔代夫国防和国家安全部：National Security Policy 2012, http://www.defence.gov.mv/english/index.php/publications。

③ 由于资料缺乏，本部分除特别注明外，主要参考资料为陈桥驿等著《马尔代夫共和国》，浙江人民出版社，1979。

高的地表。这块发热的地方即现在的团圆岛（Reunion Island）。由此可知，这块温度很高的地表在马尔代夫的形成过程中起到了举足轻重的作用。

现在的科学研究发现，北起查戈斯群岛以北经由马尔代夫群岛蜿蜒至拉柯斯哈德维普（Lakshadweep）的马尔代夫山脉，也曾经经过这块温度很高的地表，其原因就是一处火山山脉形成后，随着南亚次大陆向北移动。

南亚次大陆的北部碰到了亚洲大陆的南部边缘后就停止了北移，并形成了雄伟的喜马拉雅山脉。

经过很长一个时期后，马尔代夫的火山慢慢地被淹没在了印度洋里。由群岛组成的马尔代夫当时还有火山和丘陵地带。当山脉逐渐被淹没在印度洋里以后，珊瑚的沉淀物就慢慢地在山脉的顶上和坑凹处沉积了下来。日积月累，这些沉淀物就成了淹没在水里的山顶上的珊瑚礁。

马尔代夫由北向南经过赤道纵列并与赤道垂直，形成了一条长长的礁岛群地带，非常美丽。1192 个岛屿都是因古代海底火山爆发而形成，有的中央突起成为沙丘，有的中央下陷成环状珊瑚礁圈，像一串串宝石点缀在绿蓝色的印度洋上，有绿色、淡蓝色，海水清澄，煞是美丽。

2. 地形特点

马尔代夫群岛天然形成 26 个环岛群，俗称环礁，每个环岛群由一个被一些天然沟渠隔断的珊瑚礁围成。每个小岛也被珊瑚礁和很浅的潟湖包围。

马尔代夫实际上是一个珊瑚岛国，地形狭长低平，从而形成了一条狭长的群岛链。有人将马尔代夫形容为上帝抖落的一串珍珠，也有人将其形容为一片碎玉，这两种形容都很贴切。白色沙滩所环抱的海岛像一粒粒璀璨的珍珠，而珍珠旁的海水就像一片片色彩丰富的美玉。各小岛都是由珊瑚礁体在环状的火山表面生长形成，所以在小岛周围数百米的海域，分布着许许多多的珊瑚礁，这些珊瑚礁之间的海水深浅不一，由此形成了十分丰富的色彩，海水有深蓝色、绒布蓝、天蓝、墨绿、猫眼绿、苹果绿、青绿等多种颜色。这里不但有蓝绿交织的海域，璀璨夺目的珊瑚礁石，还有缤纷多彩的鱼群和惬意诱人的椰林沙滩。马尔代夫以其白色的沙质海滩、水晶般的潟湖和湛蓝的天空享誉世界，成为旅游度假者的伊甸园。

3. 面积与海拔

马尔代夫各岛屿面积普遍较小，在有人定居的岛屿上，只有 33 个岛屿的面积超过了 1 平方公里，其中超过 4 平方公里的岛屿只有 3 个，且全部集中在南部地区，即哈顿马蒂环礁的甘岛（5.956 平方公里）、阿杜环礁的希塔杜岛（5.26 平方公里）和福瓦穆拉环礁的福瓦穆拉岛（4.92 平方公里），面积在 1 平方公里以内的岛屿占全国岛屿总数的 97% 以上。

马尔代夫各岛的海拔普遍较低，80% 的岛屿海拔不足 1 米，海拔最高的也只有 2 米左右，全国没有一个岛屿的海拔达到 3 米。由于马尔代夫是一个处于印度洋上的群岛国家，其海拔高度还受海潮影响很大，随时波动，变化不定。涨潮时，全国海拔高度普遍降低，有些无人定居的小岛甚至完全被海水淹没，退潮时才露出海面。特别是那些无人定居的小岛，大部分海拔都在 1 米以下。据马尔代夫官方统计，全国平均海拔为 1.6 米[①]。

4. 海峡

马尔代夫是世界上拥有海峡最多的国家，全国 1192 个岛屿中，岛与岛之间都有宽窄不等、深浅不同的海峡。在马尔代夫，海峡的深度往往与其宽度成正比。一般来说，岛与岛之间的距离越大，海峡的深度也越大，反之亦然。这些海峡，窄的只有几公里（如瓦杜海峡），宽的可达 100 公里左右（如一度半海峡和赤道海峡）。

马尔代夫的海峡众多，比较有名的海峡有赤道海峡、一度半海峡、维曼杜海峡、库达胡拉杜海峡、瓦塔卢海峡、阿里亚杜海峡、弗纳杜海峡、瓦杜海峡、卡迪瓦海峡、加兰杜海峡、八度海峡等。

5. 环礁

环礁是天然形成的珊瑚岛，外边高，中间低，呈环形。一般认为，环

---

① 此处为马尔代夫总统办公室网站公布的数据。但中华人民共和国外交部网站资料及其他有关资料均认为马尔代夫的平均海拔为 1.2 米。

形珊瑚岛是火山喷发后逐渐形成的独特景观。

马尔代夫的环礁实际就是环形的珊瑚礁群，亦称环形珊瑚岛，多由圆形或卵形的岛屿、岩礁或浅滩组成。这些环礁，就像一个个漂浮在海面上的平台。在环礁周围，一般都有一圈圈白色的珊瑚礁环绕，这些珊瑚礁，形成了一道天然的防波堤，使这里的居民免遭海浪与风暴的袭击。

大自然的神奇力量使马尔代夫呈现一幅世上罕见的迷人景象，令人惊叹：大大小小的环形珊瑚岛漂浮在一望无垠的印度洋上，环礁周围是一圈圈像光环一样晶莹洁白的沙滩，环礁中间是清澈、宁静的环礁湖，环礁岛上树木苍翠茂密，空气十分清新。正是这种奇特、旖旎的热带风光，常年吸引着世界各地的游客，人们络绎不绝地来到这里旅游观光和度假。

马尔代夫的环礁在面积上差别很大，小环礁直径只有几公里。在 26 组自然环礁中，最大的环礁是北部的蒂拉顿马蒂和米拉顿马杜鲁环礁，总面积达 3850 平方公里，其次是胡瓦杜环礁（Huvadhoo Atoll），总面积达 3152 平方公里。多数环礁中都有圆形的环礁湖，湖深一般在 30 ~ 50 米。环礁湖有通道与外海相连，通道较窄，水下礁石错杂，只能通行小船，个别通道可行驶大船。最北端的环礁是蒂拉顿马蒂环礁，最南面的环礁是阿杜环礁，最北端和最南端相距 750 多公里。

马尔代夫大多数环礁面向海洋，有宽约 300 米、深约 50 ~ 80 米的滨岸陆裙。岛屿一般都是边缘高，内部是低洼的沼泽。随着季节的变化，有些岛屿不断地改变外形，有些岛屿则时隐时现，许多岛屿甚至因为季夏和初冬强大的暴风侵蚀破坏而逐渐消失。

（二）地质与土壤

马尔代夫群岛的地质构造比较特殊。马尔代夫群岛的基础是查戈斯－拉克代夫海底高原，该海底高原在印度洋中纵贯南北，总长达到 2000 多公里。马尔代夫群岛实际上就是这一狭长海底高原中段露出水面的部分。在马尔代夫群岛附近，有 30 多处海底火山和礁帽火山。北部和南部至今还存在海底火山。根据水下 6 米深处取出的土壤标本来看，这些岛屿大概只有 6000 年甚至不到 6000 年的历史，时间最长的也不超过 10 万年。

马尔代夫土壤质量较差，大多数土壤为沙质，有机物含量较少，土壤普遍不甚肥沃。但在部分植被较为茂盛的岛屿上，覆盖着一层沙与有机质的混合物，从而形成了一层约 15 厘米厚的黑色腐殖土层。腐殖层下面是砂岩，厚度约达 60 厘米；砂岩层下面是砂石层，含有淡水。

在马尔代夫的所有土壤中，只有腐殖层土壤比较肥沃，可以种植香蕉、凤梨等经济作物，有的也可种植水稻。

（三）气候

马尔代夫气候在很大程度上受印度洋气候的影响，大部分地区属于热带季风气候，南部为热带雨林气候，具有炎热而潮湿的特点，无四季之分。

1. 日照

马尔代夫俗有"太阳的宠儿"之美誉，无论南部岛屿还是北部岛屿，日照都十分充足，且日照时间差别不大。据统计，1988～1997 年，全国平均每天日照 8 小时。2012 年，马尔代夫首都马累平均每天日照约 7.3 小时，阿杜环礁的甘岛平均每天日照为 8 小时。一般来说，1 月、3 月、4 月的日照时间最长，每天达 10 小时左右，而最短的为 12 月，平均每天不到 6 小时。2012 年马尔代夫日照情况见表 1－1。

表 1－1 2012 年马尔代夫日照情况一览

单位：小时

地　　域	1 月	2 月	3 月	4 月	5 月	6 月
马累	272.8	230.9	303.5	268.0	254.8	200.2
甘岛*	303.7	219.8	280.6	283.8	224.5	243.9
哈尼马杜**	260.0	261.2	295.2	230.4	287.4	150.0
地　　域	7 月	8 月	9 月	10 月	11 月	12 月
马累	242.5	222.1	205.8	203.0	209.2	184.0
甘岛	246.0	271.1	214.7	169.9	249.4	214.7
哈尼马杜	250.0	180.5	238.4	184.3	230.6	175.0

资料来源：马尔代夫国家规划署：《统计年鉴》2013 年卷。

* 甘岛位于阿杜环礁。

** 哈尼马杜位于南蒂拉顿马蒂环礁。

2. 降水

马尔代夫属海洋性季风气候，每当季风来临，一般都伴有大量降水。饱含水汽的气团，经过印度洋的暖热洋面，带来了丰沛的降水，特别是在西南风和西风盛行的夏季。由于气团内的局部环流，在高温和水面蒸发特别是环礁湖水面蒸发十分强烈的条件下，饱和的水汽和加热的气团上升而冷却凝结，造成了马尔代夫群岛热带暴雨。在冬夏之间的过渡季节，由于群岛间常常产生热带气旋，因而也带来丰富的降水。

马尔代夫全年平均降水量为 1500 ~ 2000 毫米。2011 年，除马累为 1300 毫米外，马尔代夫各环礁年降水量一般都达到 1500 毫米以上，阿杜环礁的甘岛达到 2275 毫米，属全国之最。[①] 2012 年，马尔代夫平均降水量达到 1836.7 毫米。2012 年马尔代夫降水情况见表 1 - 2。

表 1 - 2 **2012 年马尔代夫降水情况一览**

单位：毫米

地 域	1 月	2 月	3 月	4 月	5 月	6 月
马累	68.0	90.8	17.9	110.3	147.6	62.7
哈尼马杜	56.8	33.2	13.5	42.1	57.3	162.0
卡德杜 *	33.1	269.7	88.4	137.6	237.4	21.2
卡阿德杜 **	7.7	165.4	41.8	51.6	181.5	73.0
甘岛	33.8	99.5	22.5	32.1	180.0	70.3
地 域	7 月	8 月	9 月	10 月	11 月	12 月
马累	77.3	210.8	261.1	297.0	114.5	206.1
哈尼马杜	111.4	231.5	92.2	500.3	8.9	125.6
卡德杜	133.6	157.8	235.0	510.3	321.3	173.3
卡阿德杜	150.3	121.4	313.9	336.5	250.2	122.2
甘岛	142.6	135.0	356.4	523.5	254.7	100.2

资料来源：马尔代夫国家规划署：《统计年鉴》2013 年卷。

* 卡德杜 （Kadhdhoo） 位于哈顿马蒂环礁。

** 卡阿德杜 （Kaadedhdhoo） 位于南胡瓦杜环礁。

---

① 马尔代夫国家规划署：《统计年鉴》2012 年卷。

3. 相对湿度

丰富的降水和强烈的水汽蒸发形成很高的空气湿度，马尔代夫年平均相对湿度最高为80%，最低为73%，很少降到70%以下。2011年，马尔代夫年平均相对湿度为79.8%。2011年2月和3月，首都马累虽然降水很少，但其相对湿度仍分别达到76%和73%。2012年，马累的相对湿度在73%~82%，年平均相对湿度为77%。

马尔代夫在气温、降水量和空气相对湿度等方面，都是由北向南逐渐递增。南部环礁终年高温多雨，热带雨林气候特征表现得尤为突出，而热带季风气候的特征变得相当微弱。

4. 气温

马尔代夫横跨赤道，日照时间长，全国气温普遍偏高，年平均气温为28℃左右，且变化很小，无明显的四季之分。1992~2001年，全国日平均最高气温为30.8℃，最低气温为25℃，日平均温差在6℃以下。近年来，受全球温室效应的影响，马尔代夫的气温有所升高。2011年，马尔代夫日平均最高气温为31.8℃，日平均最低气温为25.4℃，温差为6.4℃，较10年前均有所上升。2012年和2013年马尔代夫气温情况见表1-3。

表1-3 马尔代夫气温情况一览

气温	2012年全年平均气温	2012年4月	2013年4月
日平均最低气温（℃）	25.7	26.4	26.7
日平均最高气温（℃）	31.3	32.1	32.3
最低气温（℃）	20.4	23.3	23.1
最高气温（℃）	35.2	33.6	34.3

资料来源：马尔代夫国家规划署：《马尔代夫概览》，2013年4月发布。

5. 风向和风速

马尔代夫受印度洋季风影响，四季温暖。特别是由于位于赤道上，马尔代夫的季风相对柔和，没有飓风、龙卷风，偶有暴风。

马尔代夫每年有两个季风季节。5~10月为西南季风季节（个别年份略有例外），并伴有大量降水，风速有时高达 13～15 英里/小时。12 月到翌年 2 月为东北季风季节，风速为 11～13 英里/小时，风向转为东北风。2012 年马尔代夫风向风速变化情况见表 1－4。

表 1－4 2012 年马尔代夫风向风速变化一览

单位：英里/小时

地 区		年平均	1月	2月	3月	4月	5月	6月	7月	8月	9月	10月	11月	12月
马累	风速	9	9	10	6	8	10	11	10	9	8	9	9	10
	风向		ENE	ENE	NW	W	W	W	W	WNW	W	W	W	E
哈尼马杜*	风速	7	6	6	5	6	7	10	11	8	7	6	3	6
	风向		N	N	NW	WNW	WNW	W	W/WNW	W	W	NW	VRB	E
卡德杜**	风速	6	6	6	5	7	6	5	6	6	6	8		5
	风向		NNE	NNE	E	WSW	W	WSW/W	W	SSE	WSW		W	VRB
卡阿德杜***	风速	6	5	5	6	7	6		6	7	8			6
	风向		N	N	WNW	W	W		SSW				W	WNW
甘岛****	风速	6	3	3	6	8	6		3	7	7	9	8	6
	风向		NNW	NNE	W	W		SSW	SSW	SSE	SSE	SE		

资料来源：马尔代夫国家规划署：《统计年鉴》2013 年卷。

注：N＝北风、S＝南风、E＝东风、W＝西风、NE＝东北风、NW＝西北风、VRB＝无稳定方向风、NNE＝北风转东北风、WSW＝西风转西南风、WNW＝西风转西北风、SSE＝南风转东南风、SSW＝南风转西南风、SE＝东南风、NNW＝北风转西北风。

* 位于南蒂拉顿马蒂环礁。

** 位于哈顿马蒂环礁。

*** 位于南胡瓦杜环礁。

**** 位于阿杜环礁。

6. 洋流、水温与海水浓度

马尔代夫附近洋流的水流层厚度达 50～70 米，时速为 1～2 公里到 7～8 公里，一般情况下，洋流以每秒约 40 厘米的速度由西北向东南转动。

马尔代夫海面涨潮高度不大，一般为 1～1.5 米。海洋表面水温冬季为 22℃ ～ 23℃，夏季为 26℃ ～ 28℃。海水盐度平均为 34.6‰ ～ 34.7‰。表层海水盐浓度为 1.027 克／立方米 ～ 1.028 克／立方米。

（四）时差

马尔代夫全国使用统一时间。目前使用的是国际标准东 5 区时间，也就是世界统一时间 UTC ＋5，马尔代夫的标准时间比格林尼治标准时间早 5 个小时，比北京时间晚 3 个小时（北京是 UTC ＋8）。部分旅游岛时间比马累早 1 个小时。

三　人口、民族与语言

（一）人口

1. 人口规模与增长率

（1）人口规模

随着人民生活水平的提高和政府免费医疗保健服务的推行，马尔代夫人口规模呈逐年增长趋势，特别是进入 20 世纪 60 年代中期以后，国内人口规模逐步扩大，人口数量从 1911 年的 72237 人飙升至 20 万人，到 2006 年 3 月 28 日人口普查结束时，马尔代夫全国人口已达到 298968 人，比 2000 年的 270101 人增长了 28867 人。2006 年以后政府对现有人口进行了详细登记。马尔代夫国家规划署公布，2012 年 7 月 4 日，马尔代夫的登记人口已超过 35 万人，达到 350759 人[①]。2013 年 4 月，马尔代夫国家规划署发布的《马尔代夫概览》显示，2012 年中期，马尔代夫的人口总数实为 330652 人；到 2013 年中期，其人口总数达到 336224 人。[②] 2014 年 3 月，马尔代夫已开始进行新一轮的人口普查。1911 年以来马尔代夫人口变化情况见表 1－5。

---

① 马尔代夫国家规划署：《统计年鉴》2012 年卷，POPULATION BY ISLANDS 2000，2006 & 2012。http：//planning. gov. mv/yearbook2012/yearbook/Population/3. 3. htm.

② 马尔代夫国家规划署：Maldives at a Glance，April 2013 Released，2013 年 4 月发布。http：//www. planning. gov. mv//publications/maldivesataglance/2013/04 － MAG － April － 2013. pdf.

表1-5 马尔代夫人口变化情况一览

序号	人口普查时间	人口数量 （人）	年增长率 （%）	序号	人口普查时间	人口数量 （人）	年增长率 （%）
1	1911 年 10 月	72237	—	15	1966 年 6 月 24 日	100883	3.16
2	1921 年 3 月	70413	-0.27	16	1967 年 6 月 30 日	103801	2.85
3	1931 年 4 月	79281	1.18	17	1968 年 6 月 28 日	106969	3.01
4	1946 年 6 月	82068	0.23	18	1969 年 6 月 27 日	110770	3.49
5	1953 年 6 月	77273	-0.86	19	1970 年 6 月 26 日	114469	3.28
6	1957 年 6 月	83075	1.81	20	1971 年 6 月 25 日	118818	3.73
7	1958 年 6 月	87582	5.28	21	1972 年 6 月 30 日	122673	3.19
8	1959 年 6 月	89290	1.93	22	1974 年 6 月 28 日	128697	2.40
9	1960 年 6 月	92247	3.26	23	1977 年 12 月 31 日	142832	2.98
10	1961 年 6 月	92793	0.59	24	1985 年 3 月 29 日	180088	3.20
11	1962 年 6 月	92744	-0.05	25	1990 年 3 月 2 日	213215	3.43
12	1963 年 6 月	94527	1.90	26	1995 年 3 月 25 日	244814	2.73
13	1964 年 7 月 1 日	93960	-0.60	27	2000 年 3 月 31 日	270101	1.96
14	1965 年 6 月 28 日	97743	3.95	28	2006 年 3 月 28 日	298968	1.69

资料来源：马尔代夫国家规划署：《统计年鉴》2012 年卷。

（2）人口增长率

20 世纪 60 年代以前，马尔代夫人口增长比较缓慢。1911～1965 年，马尔代夫人口总数增加 25506 人，平均每年净增 464 人，年平均增长率不到 1.44%，其中 1921 年、1953 年、1962 年和 1964 年人口还出现过负增长；继 1958 年出现过一个生育高峰以后，1965 年人口增长率从 1964 年的 -0.6% 增长至 3.95%。1966 年，全国人口总数终于突破 10 万人大关，达到 100883 人。此后，马尔代夫的年人口增长率长期保持在 3% 左右，1990 年达到 3.43%。1965～1990 年的 25 年间，马尔代夫净增人口 115472 人，平均每年净增 4619 人，年平均增长率达到 3.03%。2006 年，马尔代夫全国人口总数已达到 298968 人，较 2000 年净增近 3 万人，年增长率为 1.69%。目前，马尔代夫已将控制人口增长作为"国家发展计划"的重要内容之一。

2. 出生率和死亡率

马尔代夫的人口出生率近年来呈逐年下降趋势。根据马尔代夫政府公布的数据，1992 年，马尔代夫人口自然增长率为 35‰，自然死亡率为 6‰，1 岁以下婴儿死亡率按出生人数计算为 31‰，多胎率为 20‰，产妇死亡率按生产人数计算为 3‰。据马尔代夫国家规划署统计，2011 年和 2012 年，婴儿死亡率均为 9‰，人口自然增长率均为 22‰，自然死亡率均为 3‰，多胎率均为 7‰，产妇死亡率分别为 0.6‰ 和 0.13‰。[1]

3. 人口结构

（1）性别构成

马尔代夫人口的性别构成，已逐步改变男多女少的状况。目前，全国男女人口比例差距已逐渐缩小，男女人口数量已非常接近。1911 年，在马尔代夫 72237 人的总人口中，男性公民为 39244 人，占全国总人数的 54.33%；女性公民为 32993 人，只占人口总数的 45.67%。2000 年人口普查统计显示，在全国 270101 人中，男性为 137200 人，已降至总人口的 50.8%；女性为 132901 人，上升到总人口的 49.2%。2006 年，马尔代夫男性为 151459 人，占全国人口总数的 50.66%；女性为 147509 人，占全国人口总数的 49.34%，男性人口略多于女性人口，男女比例为 102.68∶100，较 2000 年的 103.23∶100 男女之比又有所下降[2]。

（2）年龄构成

马尔代夫人口在年龄构成上呈现三个最明显的特点。一是儿童数量多。从 2006 年人口普查的结果来看，1~18 岁人口达 117362 人，占人口总数的 39%。二是人口老龄化趋势日益明显。1995 年人口普查时，马尔代夫 55 岁以上人口仅为 18804 人，而到 2006 年人口普查时，这一年龄段

---

① 马尔代夫国家规划署：《统计年鉴》2012 年卷。http：//planning. gov. mv/yearbook2012/yearbook/Population/3. 9. htm.

② ICPD BEYOND 2014：Maldives Operational Review 2012—Progress，Challenges and Way Forward. http：//www. planning. gov. mv/publications/2013/ICPD% 20Beyond% 202014% 20 - % 20Maldives % 20Operational% 20Review% 202012 - 13. 05. 2013. pdf.

的人口增加到 25369 人，10 年间增长了 6565 人，平均每年增加 656 人，增幅远远高于全国人口的年平均增长率。三是高龄人口有所增加。2000年，全国有 80 岁以上老人 1135 人，而到 2006 年，全国 80 岁以上老人数量增加到 1703 人，而 95 岁以上老人就有 84 人，较 2000 年增加了 8 人。目前，马尔代夫 60 岁以上的人群约占全国人口总数的 6.5%。据统计，马尔代夫的人均寿命较以前已有大幅提高。2010 年，男性人均寿命已达到 72.6 岁，女性达到 74.4 岁[①]。马尔代夫人口年龄与性别构成情况见表1 - 6。

表 1 - 6 马尔代夫人口年龄与性别构成一览

单位：人

年龄组	1995 年人口普查			2000 年人口普查			2006 年人口普查		
	合计	男	女	合计	男	女	合计	男	女
1 岁以下	7044	3593	3451	5515	2780	2735	5462	2777	2685
1 ~ 4 岁	29928	15520	14408	25397	12919	12478	20709	10585	10124
5 岁	8625	4375	4250	7114	3572	3542	5514	2849	2665
6 ~ 9 岁	32134	16465	15669	30813	15764	15049	24353	12503	11850
10 ~ 14 岁	35870	18286	17584	41089	20897	20192	36999	19111	17888
15 ~ 19 岁	24905	12343	12562	33266	16590	16676	39904	20155	19749
20 ~ 24 岁	21021	9944	11077	23514	11620	11894	34809	16933	17876
25 ~ 29 岁	18191	8802	9389	20090	9805	10285	24581	11915	12666
30 ~ 34 岁	15364	7579	7785	18161	8890	9271	20635	10022	10613
35 ~ 39 岁	12632	6315	6317	15699	7828	7871	18174	8780	9394
40 ~ 44 岁	6922	3625	3297	12402	6272	6130	15871	7828	8043
45 ~ 49 岁	6584	3369	3215	7461	3977	3484	13569	6872	6697
50 ~ 54 岁	6247	3205	3042	5967	3051	2916	7936	4147	3789
55 ~ 59 岁	5962	3240	2722	5996	3131	2865	5859	3046	2813
60 ~ 64 岁	5294	3010	2284	6312	3370	2942	5566	2852	2714
65 ~ 69 岁	3201	1897	1304	4611	2650	1961	5678	3014	2664

---

① ICPD BEYOND 2014：Maldives Operational Review 2012—Progress，Challenges and Way Forward. http：//www. planning. gov. mv/publications/2013/ICPD% 20Beyond% 202014% 20 - % 20Maldives% 20Operational% 20Review% 202012 - 13. 05. 2013. pdf.

年龄组	1995 年人口普查			2000 年人口普查			2006 年人口普查		
	合计	男	女	合计	男	女	合计	男	女
70～74 岁	2101	1279	822	2873	1737	1136	4186	2333	1853
75～79 岁	968	617	351	1410	859	551	2377	1444	933
80～84 岁	695	394	301	679	407	272	1064	617	447
85～89 岁	326	220	106	284	162	122	396	241	155
90～94 岁	163	86	77	96	59	37	159	89	70
95 岁以上	94	67	27	76	45	31	84	52	32
不明年龄	543	391	152	1276	815	461	5083	3294	1789
总　计	244814	124622	120192	270101	137200	132901	298968	151459	147509

资料来源：马尔代夫国家规划署：《统计年鉴》2013 年卷。

4. 人口密度与分布

（1）人口密度

马尔代夫虽然陆地面积不大，但人口密度很高。根据马尔代夫官方公布的人口登记数据，2012 年，在全国 298 平方公里的陆地面积内，居住着 35 万人口，每平方公里的人口密度达 1174 人。如果除去无人居住的 1002 个岛屿，马尔代夫的人口密度应远远高于这一数字。特别是首都马累，由于经济发达，教育条件较好，就业机会较多，有大批外岛人口向首都流动，导致首都人口密度大大增加。根据 2006 年人口普查数据，在马累 1.93 平方公里的面积内，人口数量达到了 103693 人，每平方公里的人口密度达到了 53727 人，是世界上人口密度最高的城市，比 2010 年美国《福布斯》公布的居全球人口最稠密的前 10 座城市之首的印度孟买还高出接近 1 倍。2010 年世界城市人口密度排名情况（前 10 位）见表 1 - 7。

表 1 - 7　2010 年世界城市每平方公里人口密度排名（前 10 位）

单位：人/平方公里

排名	1	2	3	4	5	6	7	8	9	10
城市	孟买	加尔各答	卡拉奇	拉各斯	深圳	首尔	台北	钦奈	波哥大	上海
人口密度	29650	23900	18900	18150	17150	16700	15200	14350	13500	13400

资料来源：http://blog.renren.com/share/234719509/8115348433。

（2）人口分布

由于受地形限制，马尔代夫人口分布极不均匀。根据 2006 年人口普查数据，在 200 个有人定居的岛屿中，人口分布极为悬殊，有的岛屿人口多达数千乃至上万人，如首都马累，人口多达 10 万人以上；而大多数小岛只有百余人；有些小岛人数则更少，如库鲁马杜鲁的维鲁夫希岛（Vilufushi），人口仅为 16 人。从各岛的人口情况来看，人口在 100 人以内的岛屿有 5 个，1000 人以内的岛屿多达 131 个，占全部居民岛的65.5%；人口在 1000～2000 人之间的岛屿有 47 个，占 23.5%，2000 人以上的岛屿仅 16 个，占 8%，而人口在 10000 人以上的岛屿仅 1 个（首都马累）。

从城乡人口的比例来看，马尔代夫农村人口远远多于城市人口。根据2006 年人口普查数据，马尔代夫城市人口为 103693 人，占总人口的34.68%，全部集中在首都；其余均为农村人口，占总人口的 65.32%，全部分布在各环礁的 200 个岛屿上。

（二）民族[①]

马尔代夫的民族比较单一，全国没有少数民族。现有的 35 万人口中，全部为马尔代夫族。

现在的马尔代夫族人是历史上各个不同时期因各种原因（有的是因海难事故）从印度、阿拉伯国家以及非洲和世界其他地区移居而来的印第安人、僧伽罗人、达罗毗荼人、阿拉伯人和非洲人的混血后裔，在生理特征上，很像阿拉伯人、黑人和蒙古人的混血后裔。

来自各地不同民族的移民，由于长期共同生活，各方面的差异已经逐渐缩小，乃至最后完全消失，形成了今天统一的马尔代夫族。但从相貌特征和居住地区来看，目前，这些来自不同民族的移民后裔，仍然有比较明显的区别。在马尔代夫群岛北部的环礁各岛，主要居住着达罗毗荼人的后裔，他们与印度西海岸来往密切，居民皮肤黝黑，头发卷曲，身材矮小，

---

① 刘金源：《印度洋英联邦国家：马尔代夫、毛里求斯、塞舌尔》，四川人民出版社，2003；陈桥驿等：《马尔代夫共和国》，浙江人民出版社，1979。

具有达罗毗荼人的明显特征；中部环礁各岛受阿拉伯人和马来亚人的影响较深，居民多数是阿拉伯人和马来亚人的后裔；而南部环礁各岛则居住着僧伽罗人的后裔，他们与北部各环礁居民相比，身材显然要高一些，肤色明显要浅一些，与现代斯里兰卡的僧伽罗人体貌特征比较相近。

（三）语言

马尔代夫的官方语言是迪维希语（Dhivehi），同时通用英语。此外，阿拉伯语、僧伽罗语、印地语、乌尔都语等在马尔代夫也同时流行。英语在教学和国际交往中使用十分广泛。此外，在马尔代夫的上层人物和商人中，也流行印地语、乌尔都语、僧伽罗语、泰米尔语和印度的其他方言。

1. 迪维希语

迪维希语是马尔代夫的官方语言，在日常生活中占据十分重要的地位。

迪维希语在马尔代夫的形成有一个漫长的过程。各个不同时期进入马尔代夫的民族，在长期的共同生活中，为了满足交往的需要，原有的各民族语言相互融合，逐渐形成了一种新的语言——独特的迪维希语。据考证，迪维希语是僧伽罗语、泰米尔语、乌尔都语、波斯语和阿拉伯语等多种语言相互融合的变异语种，属印欧语系。

马尔代夫语言的发展变化与其民族的发展变化有着密切的联系，目前使用的迪维希语是根据僧伽罗语逐渐演化而来的。僧伽罗语是雅利安语的变异，在斯里兰卡仍很流行。迪维希语中的很多词汇和岛屿名称，仍与僧伽罗语有着惊人的相似。如"盐"，迪维希语称"洛努"，僧伽罗语称"鲁努"；"码头"，迪维希语称"法阿兰"，僧伽罗语叫"帕阿拉马"。马尔代夫的兰坎夫希岛，僧伽罗语叫"兰坎普拉岛"；韦哈马纳阿福希岛，僧伽罗语叫"韦哈列曼纳普拉岛"[①]。

由于马尔代夫族是由历史上众多的民族融合发展而来的，因此，迪维希语中吸收了很多阿拉伯语、乌尔都语和泰米尔语的词汇。特别是在数字和日期的表达方面，既有僧伽罗语，又有印地语。如马尔代夫的数字，

---

① 陈桥驿等：《马尔代夫共和国》，浙江人民出版社，1979。

1~12 为僧伽罗文，12 以后为印地文。日期也是用僧伽罗语和印地语混合表示①。

随着时间的推移，一拨又一拨的移民从斯里兰卡不断来到马尔代夫，奠定了马尔代夫迪维希语的基础。12 世纪以后，阿拉伯语成为影响迪维希语的主要语种，尤其是在词汇和拼写方面对迪维希语影响极大。此外，印度的印地语、古吉拉特语、泰米尔语和马拉雅拉姆语也对迪维希语的词汇产生过重要影响。

2. 方言

除标准的迪维希语外，在马尔代夫群岛北部、中部和南部还同时流行着迪维希语 3 种不同的方言。这些方言都源于标准的迪维希语，只是由于地域差异，在某些词语的发音上有所不同而已。

出现这些方言主要有以下一些原因。

一是地理因素。地理条件是导致各种方言出现的主要因素。从地理上看，最北部的岛屿与最南部的甘岛就相距 756 公里（470 英里）。由于地理条件的限制，人们交往相当困难，迪维希语出现一些方言是十分正常的。

二是交通不便。交通不便加速了马尔代夫各地区方言的发展。由于交通不便，人们进行长距离旅行十分困难，因而只能在相对较近的岛屿间进行走动和探访。

三是缺乏大众媒体。大众媒体是近代出现的新生事物。印刷媒体对于语言的发展起着十分重要的作用。由于国家长期没有印刷品，各种方言未能得到及时规范。目前马尔代夫消除方言影响的大众媒体只有无线电广播。

四是距印度和斯里兰卡较近。最北部的岛屿邻近印度，而最南部的岛屿又距斯里兰卡很近，因而各种不同类型的文化和语言对当地的迪维希语产生了不小的影响。

五是佛教文化的影响。语言和宗教有着密切的联系。伊斯兰教在马尔代夫出现之前，佛教一度占据统治地位。特别是在南部各环礁岛屿，当地

---

① 陈桥驿等：《马尔代夫共和国》，浙江人民出版社，1979。

的迪维希语受佛教的影响极大。

六是社会变革对语言的影响。马尔代夫是一个十分独特的国家，全国人民只信奉伊斯兰教一种宗教，这种宗教对迪维希语产生了重要影响。马尔代夫传统上将社会分成三个阶层，一是皇室，二是贵族，三是平民。这三个阶层在代名词和名词的使用上，特别是一些尊称彼此间有很大不同。

3. 文字

迄今为止发现的较古老的马尔代夫文字，是 1194 年一些用尖锐的金属工具在狭窄的铜条上用"埃维拉阿库鲁"（Eveylaakulu）文刻下的著述，这种铜牌文件在当地被称为"罗亚马法努"（Loamaafaanu），用一种当地称为埃维拉（Eveyla）的形式书写而成，采用由左至右的书写方式，与当时的僧伽罗文字十分相近。

大约到 16 世纪 80～90 年代，马尔代夫出现了一种新的文字，即"代夫阿库鲁"文字，这种文字逐渐代替了原来的"埃维拉阿库鲁"文，当时的许多碑文、木板证书、纸板证书已经都用"代夫阿库鲁"文书写。这种文字也是由左至右书写。一直到 18 世纪末，马尔代夫的大部分文件都是用这种文字写成的。

随着伊斯兰教的盛行，马尔代夫与阿拉伯世界的接触越来越广泛，原来的文字难以表达日常生活中日益出现的大量阿拉伯词汇。18 世纪末 19 世纪初，迪维希文开始出现。目前，除迪维希文外，阿拉伯文也是马尔代夫通行的书面文字，它不仅用于宗教仪式，也用于人名[①]。

迪维希文字是一种特别奇特的拼音文字，采用了类似阿拉伯语的发音符号，文字形状有点像饼干、大象或骨头，其书写被称为"塔纳"（Thaana），采用自右至左的书写方式，阅读也是从右至左，同英语、法语和现代汉语等语言的文字书写和阅读顺序相反。

迪维希文字由 24 个标准辅音和 11 个元音组成，元音书写在辅音之上或之下，一般一个辅音伴有一个元音。此外，迪维希语还有一些其他的辅音，这种辅音位于标准辅音之上或之下，并用圆点标出。

---

① 陈桥驿等：《马尔代夫共和国》，浙江人民出版社，1979。

四　行政区划

1968 年 11 月，马尔代夫成立共和国时，首次将全国 26 组自然环礁从北向南划分为北部、南部两个大区和 19 个环礁行政区。后来，又在此基础上先后增设了 1 个一级行政区（first-order administrative division）、1 个环礁行政区和 7 个区域性行政机构（1～7 号地区）。2008 年，7 个地区升格为"省"①。2010 年，马尔代夫出台 2010 年第 7 号法律——《马尔代夫行政区划法》（Decentralization of the Administrative Divisions of the Maldives，Law Number 7/2010），对这一设定进行了法律确认。目前，马尔代夫行政区划的一般情况是：中央政府以下设首都和省，省以下设环礁行政区，环礁行政区下设岛屿级行政区，即中央—省—环礁—岛屿 4 级行政单位。目前，马尔代夫除首都特区外，还辖有 7 个省级、20 个环礁级和 188 个岛屿级行政单位。各主要行政单位的地理情况如下。

（一）首都（Capital）

马累，马尔代夫的首都，也是一个独立的特别行政区，其中马累本岛面积为 193.2 公顷（约 1.93 平方公里），人口为 103693 人（2006 年人口普查，下同），辖恒维鲁（Henveiru）、加罗鲁（Galolhu）、马昌果里（Machchangolhi）、马阿芬奴（Maafannu）4 个区和维林吉里岛（Villingili）、胡鲁马累岛（Hulhumale）两个居民岛，以及胡鲁累（Hulhule）机场岛。首都马累及辖岛情况见表 1-8。

表 1-8　首都马累所辖各岛情况一览

译　名	原　名	陆地面积（公顷）	人口（2006 年人口普查）
维林吉里	Villingili	31.7	6956
胡鲁马累	Hulhumale	200.0	2866

资料来源：马尔代夫国家规划署：《统计年鉴》2013 年卷，表 1.5。

---

① 马尔代夫总统办公室：http://isles.egov.mv/，2013 年 5 月 16 日。

（二）省级行政区（7 个）

1. 上北省（Upper North Province），即过去的一号地区，当地称为马蒂 – 乌土鲁（Mathi-Uthuru），辖北蒂拉顿马蒂、南蒂拉顿马蒂和北米拉顿马杜鲁 3 个环礁行政区，首府位于南蒂拉顿马蒂环礁的库鲁杜夫希（Kulhudhuffushi）。

2. 北部省（North Province），又称二号地区，当地称为乌土鲁（Uthuru），辖南米拉顿马杜鲁、北马罗斯马杜鲁、南马罗斯马杜鲁和法迪坡鲁 4 个环礁行政区，首府位于拉维亚尼环礁的菲利瓦鲁（Felivaru）。

3. 中北省（North Central Province），又称三号地区，当地称为麦杜 – 乌土鲁（Medhu-Uthuru），辖马累环礁、北阿里、南阿里和费里杜 4 个环礁行政区，首府位于马累环礁的马阿夫希（Maafushi）。

4. 中部省（Central Province），又称四号地区，当地称为麦杜（Medhu），辖穆拉卡托鲁、北尼兰德、南尼兰德 3 个环礁行政区，首府位于南尼兰德环礁的库达胡瓦杜（Kudahuvadhoo）。

5. 上南省（Upper South Province），又称五号地区，当地称为马蒂 – 德库努（Mathi-Dhekunu），辖科鲁马杜鲁和哈顿马蒂 2 个环礁行政区，首府位于哈顿马蒂环礁的甘岛。

6. 中南省（South Central Province），又称六号地区，当地称为麦杜 – 德库努（Medhu-Dhekunu），辖北胡瓦杜和南胡瓦杜 2 个环礁行政区，首府位于南胡瓦杜环礁的蒂纳杜（Thinadhoo）。

7. 南部省（South Province），又称七号地区，当地称为德库努（Dhekunu），辖福瓦穆拉和阿杜 2 个环礁行政区，首府位于阿杜环礁的希塔杜（Hithadhoo）。

马尔代夫各省辖区见表 1–9。

（三）环礁级行政区（20 个）[①]

1. 北蒂拉顿马蒂环礁（North Thiladhunmathi Atoll，缩写为 HA）

又称蒂拉顿马蒂·乌土鲁布里环礁（Thiladhunmathi Uthuruburi Atoll），

---

① 马尔代夫国家规划署：《统计年鉴》2013 年卷。

表 1-9 马尔代夫各省辖区一览

省	辖区	环礁缩写	面积（公顷）	人口（2006 年普查）
上北省	北蒂拉顿马蒂环礁	HA	1385.8	13314
	南蒂拉顿马蒂环礁	HDh	1807.0	16214
	北米拉顿马杜鲁环礁	Sh	916.7	11830
北部省	南米拉顿马杜鲁环礁	N	812.6	10015
	北马罗斯马杜鲁环礁	R	643.4	14643
	南马罗斯马杜鲁环礁	B	487.7	8893
	法迪坡鲁环礁	Lh	175.3	8346
中北省	马累环礁	K	477.3	10149
	北阿里环礁	AA	343.8	4855
	南阿里环礁	ADh	311.6	6921
	费里杜环礁	V	56.2	1502
中部省	穆拉卡托鲁环礁	M	287.3	4654
	北尼兰德环礁	F	164.1	3662
	南尼兰德环礁	Dh	176.3	4720
上南省	科鲁马杜鲁环礁	Th	454.3	8451
	哈顿马蒂环礁	L	1608.0	11743
中南省	北胡瓦杜环礁	GA	491.1	8007
	南胡瓦杜环礁	GDh	676.2	10991
南部省	福瓦穆拉环礁	Gn	491.7	7636
	阿杜环礁	S	971.5	17862

资料来源：马尔代夫国家规划署：《统计年鉴》2013 年卷，表 1.5。

当地名称为哈·阿里夫环礁（Haa Alifu Atoll）。

该环礁地处马尔代夫最北端，面积为 1385.8 公顷（约 13.8 平方公里），2006 年人口为 13314 人，辖 15 个居民岛。迪德杜岛（Dhidhdhoo）为行政区首府所在地，距首都马累 305.1 公里。北蒂拉顿马蒂环礁所辖各岛见表 1-10。

表 1 - 10 北蒂拉顿马蒂环礁所辖各岛一览

译 名	原 名	陆地面积(公顷)	人口(2006 年人口普查)
巴拉	Baarah	256.7	1203
迪德杜(首府)	Dhidhdhoo*	58.9	2512
菲拉杜	Filladhoo	260.9	548
霍拉夫希	Hoarafushi	66.5	2204
伊哈万杜	Ihavandhoo	61.9	2447
哈蒂夫希	Hathifushi	5.3	101
克拉	Kelaa	201.7	1200
马兰杜	Maarandhoo	43.6	530
穆拉杜	Mulhadhoo	122.6	172
穆莱杜	Muraidhoo	47.4	451
塔坎杜	Thakandhoo	42.6	340
土拉库鲁	Thurakunu	25.8	347
乌里加姆	Uligamu	107.3	267
乌蒂姆	Utheemu	49.1	521
瓦夏法鲁	Vashafaru	35.5	471

资料来源：马尔代夫国家规划署：《统计年鉴》2013 年卷，表 1.5。

2. 南蒂拉顿马蒂环礁（South Thiladhunmathi Atoll，缩写为 HDh）

又称蒂拉顿马蒂·德库努布里环礁（Thiladhunmathi Dhekunuburi Atoll），当地名称为哈·达鲁环礁（Haa Dhaalu Atoll）。

该环礁面积为 1807 公顷（约 18 平方公里），2006 年人口为 16214 人，辖 16 个居民岛。库鲁杜夫希岛为行政区首府所在地，距首都马累 276.6 公里。

马尔代夫最北部的民用机场——哈尼马杜机场（Hanimaadhoo Airport）位于该行政区内。南蒂拉顿马蒂环礁所辖各岛见表 1 - 11。

3. 北米拉顿马杜鲁环礁（North Miladhunmadulu Atoll，缩写为 SH）

又称米拉顿马杜鲁·乌土鲁布里环礁（Miladhunmadulu Uthuruburi Atoll），当地名称为沙维亚尼环礁（Shavyani Atoll）。

表 1－11 南蒂拉顿马蒂环礁所辖各岛一览

译 名	原 名	陆地面积(公顷)	人口(2006 年人口普查)
法里杜	Faridhoo	27.0	87
芬尼	Finey	117.3	291
哈尼马杜	Hanimaadhoo	305.7	1184
希里马拉杜	Hirimaradhoo	46.1	351
库布鲁杜	Kuburudhoo	199.6	85
库鲁杜夫希(首府)	Kulhudhuffushi*	187.9	6998
库门杜	Kumundhoo	51.9	889
库里比	Kuribi	41.7	430
马怀杜	Maavaidhoo	42.4	190
马库努杜	Makunudhoo	73.2	1045
奈瓦杜	Naivaadhoo	30.2	375
尼莱杜	Nellaidhoo	32.5	717
尼库仁杜	Neykurendhoo	168.6	835
诺里瓦拉姆	Nolhivaramu	203.4	1554
诺里瓦兰法鲁	Nolhivaranfaru	171.2	260
瓦卡拉杜	Vaikaradhoo	108.3	923

资料来源：马尔代夫国家规划署：《统计年鉴》2013 年卷，表 1.5。

该环礁面积为 916.7 公顷（约 9.2 平方公里），2006 年人口为 11830 人，辖 14 个居民岛，弗纳杜岛为行政区首府所在地，距首都马累 220.6 公里。北米拉顿马杜鲁环礁所辖各岛见表 1－12。

表 1－12 北米拉顿马杜鲁环礁所辖各岛一览

译 名	原 名	陆地面积(公顷)	人口(2006 年人口普查)
比勒法希	Bilehffahi	63.2	398
菲瓦	Feevah	86.4	746
菲杜	Feydhoo	91.2	695
弗阿凯杜	Foakaidhoo	68.7	1201
弗纳杜(首府)	Funadhoo*	91.0	1599
果杜	Goidhoo	99.5	416
库迪蒂姆	Kaditheemu	87.7	1148
库马杜	Komandoo	10.3	1333

译　名	原　名	陆地面积（公顷）	人口（2006 年人口普查）
莱马杜	Lhaimagu	43.9	529
马乌古杜	Maaugoodhoo	28.8	795
马罗斯	Maroshi	30.8	495
米兰杜	Milandhoo	131.1	1637
纳努杜	Narudhoo	43.0	426
诺马拉	Noomaraa	41.1	412

资料来源：马尔代夫国家规划署：《统计年鉴》2013 年卷，表 1.5。

4. 南米拉顿马杜鲁环礁（South Miladhunmadulu Atoll，缩写为 N）

又称米拉顿马杜鲁·德库努布里环礁（Miladhunmadulu Dhekunuburi Atoll），当地名称为诺努环礁（Noonu Atoll）。

该环礁面积为 812.6 公顷（约 8.1 平方公里），2006 年人口为 10015 人，辖 13 个居民岛，马纳杜岛为行政区首府所在地，距首都马累 177.0 公里。南米拉顿马杜鲁环礁所辖各岛见表 1－13。

表 1－13　南米拉顿马杜鲁环礁所辖各岛一览

译　名	原　名	陆地面积（公顷）	人口（2006 年人口普查）
弗德杜	Fodhdhoo	26.7	200
希巴杜	Hebadhoo	14.0	396
霍鲁杜	Holhudhoo	19.9	1527
克迪库鲁杜	Kedhikolhudhoo	207.7	1204
库达法里	Kudafari	28.8	373
兰杜	Landhoo	86.8	582
罗希	Lhohi	40.4	552
马阿法鲁	Maafaru	130.5	710
马阿林杜	Maalhendhoo	48.4	561
马果杜	Magoodhoo	37.2	209
马纳杜（首府）	Manadhoo*	106.7	1201
米拉杜	Miladhoo	22.0	784
维里杜	Velidhoo	43.5	1716

资料来源：马尔代夫国家规划署：《统计年鉴》2013 年卷，表 1.5。

5. 北马罗斯马杜鲁环礁（North Maalhosmadulu Atoll，缩写为 R）

又称马罗斯马杜鲁·乌土鲁布里环礁（Maalhosmadulu Uthuruburi Atoll），当地名称为拉环礁（Raa Atoll）。

该环礁面积为 643.4 公顷（约 6.44 平方公里），2006 年人口为 14643 人，辖 15 个居民岛，乌古法鲁（Ungufaaru）为行政区首府所在地，距首都马累 174.4 公里。北马罗斯马杜鲁环礁所辖各岛见表 1－14。

表 1－14 北马罗斯马杜鲁环礁所辖各岛一览

译 名	原 名	陆地面积（公顷）	人口（2006 年人口普查）
阿果里蒂姆	Agolhitheemu	39.3	272
阿里夫希	Alifushi	58.8	1974
法艾鲁	Fainu	60.5	251
胡鲁杜法鲁	Hulhudhuffaaru	59.7	1516
伊古莱杜	Iguraidhoo	45.3	1278
伊纳马杜	Innamaadhoo	33.9	537
坎多鲁杜	Kandholhudhoo	49.5	0
基诺拉斯	Kinolhas	54.2	345
马阿库拉图	Maakurathu	50.3	877
马杜瓦里	Maduvvari	20.6	1558
米杜	Meedhoo	34.8	1736
拉斯格蒂姆	Rasgetheemu	38.4	504
拉斯马杜	Rasmaadhoo	26.0	487
乌古法鲁（首府）	Ungufaaru *	33.9	2988
瓦阿杜	Vaadhoo	38.2	320

资料来源：马尔代夫国家规划署：《统计年鉴》2013 年卷，表 1.5。

6. 南马罗斯马杜鲁环礁（South Maalhosmadulu Atoll，缩写为 B）

又称马罗斯马杜鲁·德库鲁布里环礁（Maalhosmadulu Dhekuruburi Atoll），当地名称为巴环礁（Baa Atoll）。

该环礁面积为 487.7 公顷（约 4.9 平方公里），2006 年人口为 8893 人，辖 13 个居民岛，艾达夫希岛（Eydhafushi）为行政区首府所在地，距首都马累 114.2 公里。南马罗斯马杜鲁环礁所辖各岛见表 1－15。

表 1 - 15　南马罗斯马杜鲁环礁所辖各岛一览

译　名	原　名	陆地面积(公顷)	人口(2006 年人口普查)
达拉万杜	Dharavandhoo	53.9	740
多法鲁	Dhonfanu	17.5	305
艾达夫希(首府)	Eydhafushi*	30.9	2409
芬恒杜	Fehendhoo	23.5	114
弗拉杜	Fulhadhoo	28.3	194
果杜	Goidhoo	163.7	503
希塔杜	Hithaadhoo	31.4	758
卡马杜	Kamadhoo	20.2	231
肯杜	Kendhoo	17.9	858
基哈杜	Kihaadhoo	31.4	275
库达里基鲁	Kudarikilu	18.7	355
马阿罗斯	Maalhos	25.6	392
图拉杜	Thulhaadhoo	24.7	1759

资料来源：马尔代夫国家规划署：《统计年鉴》2013 年卷，表 1.5。

7. 法迪坡鲁环礁（Faadhippolhu Atoll，缩写为 Lh）

当地名称为拉维里亚尼环礁（Lhavlyani Atoll）。

该环礁面积为 175.3 公顷（约 1.8 平方公里），2006 年统计人口为 8346 人，辖 5 个居民岛，奈法鲁岛（Naifaru）为行政区首府所在地，距首都马累 142.1 公里。法迪坡鲁环礁所辖各岛见表 1 - 16。

表 1 - 16　法迪坡鲁环礁所辖各岛一览

译　名	原　名	陆地面积(公顷)	人口(2006 年人口普查)
希纳瓦鲁	Hinnavaru	22.5	3017
库仁杜	Kurendhoo	21.3	1218
奈法鲁(首府)	Naifaru*	48.3	3687
马阿菲拉夫希	Maafilaafushi	57.7	130
奥鲁维里夫希	Olhuvelifushi	25.5	294

资料来源：马尔代夫国家规划署：《统计年鉴》2013 年卷，表 1.5。

8. 马累环礁（Male' Atoll，缩写为 K）

当地名称为卡夫环礁（Kaafu Atoll）。

该环礁面积为 477.3 公顷（约 4.8 平方公里），2006 年统计人口为 10149 人，辖 9 个居民岛，图鲁斯杜岛（Thulusdhoo）为行政区首府所在地，距首都马累 28.6 公里。马累环礁所辖各岛见表 1-17。

表 1-17　马累环礁所辖各岛一览

译 名	原 名	陆地面积（公顷）	人口（2006 年人口普查）
迪夫希	Dhiffushi	22.3	767
加弗努	Gaafuru	17.2	800
古里	Gulhi	9.0	662
古莱杜	Guraidhoo	20.9	1220
希马夫希	Himmafushi	33.2	1007
胡拉	Huraa	25.1	849
卡希杜	Kaashidhoo	276.8	1696
马阿夫希	Maafushi	36.0	2000
图鲁斯杜（首府）	Thulusdhoo*	36.8	1148

资料来源：马尔代夫国家规划署：《统计年鉴》2013 年卷，表 1.5。

9. 北阿里环礁（North Ari Atoll，缩写为 AA）

又称阿里·阿托鲁·乌土鲁布里环礁（Ari Atholhu Uthuruburi Atoll），当地名称为阿里夫·阿里夫环礁（Alif Alifu Atoll）。

该环礁面积为 343.8 公顷（约 3.4 平方公里），2006 年人口为 4855 人，辖 8 个居民岛，拉斯杜岛（Rasdhoo）为行政区首府所在地，距首都马累 57.4 公里。北阿里环礁所辖各岛见表 1-18。

10. 南阿里环礁（South Ari Atoll，缩写为 ADh）

又称阿里·阿托鲁·德库努布里环礁（Ari Atholhu Dhekunuburi Atoll），当地名称为阿里夫·达鲁环礁（Alifu Dhaalu Atoll）。

该环礁面积为 311.6 公顷（约 3.1 平方公里），2006 年人口为 6921 人，辖 10 个居民岛，马希巴杜岛（Mahibadhoo）为行政区首府所在地，距首都马累 75.3 公里。南阿里环礁所辖各岛见表 1-19。

表 1 - 18　北阿里环礁所辖各岛一览

译　名	原　名	陆地面积(公顷)	人口(2006 年人口普查)
波杜弗鲁杜	Bodufolhudhoo	8.7	456
费里杜	Feridhoo	44.2	439
希曼杜	Himandhoo	23.1	515
马阿罗斯	Maalhos	31.9	248
马蒂维里	Mathiveri	21.9	483
拉斯杜(首府)	Rasdhoo*	20.1	900
托杜	Thoddoo	172.6	1199
乌库拉斯	Ukulhas	21.3	615

资料来源：马尔代夫国家规划署：《统计年鉴》2013 年卷，表 1.5。

表 1 - 19　南阿里环礁所辖各岛一览

译　名	原　名	陆地面积(公顷)	人口(2006 年人口普查)
罕拉米杜	Hangnameedhoo	21.0	458
奥马杜	Omadhoo	23.8	676
库巴鲁杜	Kuburudhoo	5.6	322
达格蒂	Dhagethi	25.2	624
迪德杜	Dhidhdhoo	24.1	116
迪古拉	Dhigurah	55.3	420
芬夫希	Fenfushi	20.4	560
马阿米吉里	Maamigili	74.8	1671
马希巴杜(首府)	Mahibadhoo*	22.3	1780
曼杜	Mandhoo	39.1	294

资料来源：马尔代夫国家规划署：《统计年鉴》2013 年卷，表 1.5。

11. 费里杜环礁（Felidhu Atoll，缩写为 V）

又称费里德环礁（Felidhe Atoll），当地名称为瓦夫环礁（Vaavu Atoll）。

该环礁面积为 56.2 公顷（0.56 平方公里），2006 年人口为 1502 人，辖 5 个居民岛，费里杜岛（Felidhoo）为行政区首府所在地，距首都马累 77.9 公里。费里杜环礁所辖各岛见表 1 - 20。

表 1 - 20　费里杜环礁所辖各岛一览

译　名	原　名	陆地面积(公顷)	人口(2006 年人口普查)
费里杜(首府)	Felidhoo*	14.4	448
福里杜	Fulidhoo	12.1	331
克约杜	Keyodhoo	11.8	510
拉基杜	Rakeedhoo	6.3	158
蒂拉杜	Thinadhoo	11.6	55

资料来源：马尔代夫国家规划署：《统计年鉴》2013 年卷，表 1.5。

12. 穆拉卡托鲁环礁（Mulakatholhu Atoll，缩写为 M）

又称穆拉卡环礁，当地名称为米姆环礁（Meemu Atoll）。

该环礁面积为 287.3 公顷（约 2.87 平方公里），2006 年人口为 4654 人，辖 8 个居民岛，穆利岛（Muli）为行政区首府所在地，距首都马累 139.4 公里。穆拉卡托鲁环礁所辖各岛见表 1 - 21。

表 1 - 21　穆拉卡托鲁环礁所辖各岛一览

译　名	原　名	陆地面积(公顷)	人口(2006 年人口普查)
迪加鲁	Dhiggaru	9.9	909
科鲁夫希	Kolhufushi	85.1	811
马杜瓦里	Maduvvari	8.6	408
穆拉	Mulah	66.9	1129
穆利(首府)	Muli*	37.0	746
纳拉夫希	Naalaafushi	10.4	321
莱曼杜	Raiymandhoo	27.7	156
维瓦	Veyvah	41.7	174

资料来源：马尔代夫国家规划署：《统计年鉴》2013 年卷，表 1.5。

13. 北尼兰德环礁（North Nilandhe Atoll，缩写为 F）

当地名称为法夫环礁（Faafu Atoll）。

该环礁面积为 164.1 公顷（约 1.64 平方公里），2006 年人口为 3662 人，辖 5 个居民岛，尼兰杜岛（Nilandhoo）为行政区首府所在地，距首都马累 141.9 公里。北尼兰德环礁所辖各岛见表 1 - 22。

表 1 – 22 北尼兰德环礁所辖各岛一览

译 名	原 名	陆地面积(公顷)	人口(2006 年人口普查)
比勒德杜	Biledhdhoo	31.0	821
达拉波杜	Dharaboodhoo	41.0	279
菲阿里	Feeali	13.8	741
马古杜	Magoodhoo	22.1	518
尼兰杜(首府)	Nilandhoo*	56.2	1303

资料来源：马尔代夫国家规划署：《统计年鉴》2013 年卷，表 1.5。

14. 南尼兰德环礁（South Nilandhe Atoll，缩写为 Dh）

当地名称为达鲁环礁（Dhaalu Atoll）。

该环礁面积为 176.3 公顷（约 1.76 平方公里），2006 年人口为 4720 人，辖 7 个居民岛，库达胡瓦杜岛（Kudahuvadhoo）为行政区首府所在地，距首都马累 180.4 公里。南尼兰德环礁所辖各岛见表 1 – 23。

表 1 – 23 南尼兰德环礁所辖各岛一览

译 名	原 名	陆地面积(公顷)	人口(2006 年人口普查)
班迪杜	Bandidhoo	24.6	578
胡鲁德里	Hulhudheli	18.8	566
库达胡瓦杜(首府)	Kudahuvadhoo*	71.7	1639
马阿波杜	Maaeboodhoo	20.4	600
米杜	Meedhoo	10.8	919
林布杜	Rinbudhoo	18.3	207
瓦尼	Vaanee	11.7	211

资料来源：马尔代夫国家规划署：《统计年鉴》2013 年卷，表 1.5。

15. 科鲁马杜鲁环礁（Kolhumadulu Atoll，缩写为 Th）

当地名称为塔环礁（Thaa Atoll）。

该环礁面积为 454.3 公顷（约 4.54 平方公里），2006 年人口为 8451 人，辖 13 个居民岛，维曼杜岛（Veymandoo）为行政区首府所在地，距首都马累 226.5 公里。科鲁马杜鲁环礁所辖各岛见表 1 – 24。

表 1 – 24 科鲁马杜鲁环礁所辖各岛一览

译 名	原 名	陆地面积(公顷)	人口(2006 年人口普查)
布鲁尼	Buruni	35.0	1130
维鲁夫希	Vilufushi	60.6	16
马迪夫希	Madifushi	19.3	720
迪雅米吉里	Dhiyamigili	25.3	452
古莱杜	Guraidhoo	31.8	1137
卡多杜	Kadoodhoo	79.7	347
万杜	Vandhoo	26.1	268
希里兰杜	Hirilandhoo	29.4	845
加迪夫希	Gaadhiffushi	13.4	198
蒂马拉夫希	Thimarafushi	20.5	1237
维曼杜(首府)	Veymandoo*	41.7	928
金比杜	Kinbidhoo	34.4	808
奥马杜	Omadhoo	37.1	365

资料来源：马尔代夫国家规划署：《统计年鉴》2013 年卷，表 1.5。

16. 哈顿马蒂环礁（Hadhdhunmathi Atoll，缩写为 L）

当地名称为拉姆环礁（Laamu Atoll）。

该环礁面积为 1608 公顷（约 16 平方公里），2006 年人口为 11743 人，辖 12 个居民岛，弗纳杜岛（Fonadhoo）为行政区首府所在地，距首都马累 260 公里。

马尔代夫卡德杜机场（Kadhdhoo Airport）位于该行政区内。哈顿马蒂环礁所辖各岛见表 1 – 25。

17. 北胡瓦杜环礁（North Huvadhu Atoll，缩写为 GA）

又称胡瓦杜·阿托鲁·乌土鲁布里环礁（Huvadhu Atholhu Uthuruburi Atoll），当地名称为加夫·阿里夫环礁（Gaafu Alifu Atoll）。

该环礁面积为 491.1 公顷（约 4.91 平方公里），2006 年人口为 8007 人，辖 10 个居民岛，维里吉里岛（Viligili）为行政区首府所在地，距首都马累 379.7 公里。北胡瓦杜环礁所辖各岛见表 1 – 26。

表 1－25　哈顿马蒂环礁所辖各岛一览

译　名	原　名	陆地面积(公顷)	人口(2006 年人口普查)
达比杜	Dhabidhoo	56.2	537
弗纳杜(首府)	Fonadhoo*	163.0	1762
加杜	Gaadhoo	71.1	231
甘	Gan	595.6	2502
希塔杜	Hithadhoo	107.1	836
伊斯杜	Isdhoo	358.6	1559
卡莱杜	Kalhaidhoo	27.3	434
库纳罕杜	Kunahandhoo	91.6	602
马拜杜	Maabaidhoo	51.6	690
马门杜	Maamendhoo	19.4	845
马瓦	Maavah	40.6	1373
孟杜	Mundoo	25.9	372

资料来源：马尔代夫国家规划署：《统计年鉴》2013 年卷，表 1.5。

表 1－26　北胡瓦杜环礁所辖各岛一览

译　名	原　名	陆地面积(公顷)	人口(2006 年人口普查)
达安杜	Dhaandhoo	18.0	480
德瓦杜	Dhevvadhoo	23.3	1113
迪亚杜	Dhiyadhoo	48.7	79
格马纳夫希	Gemanafushi	53.7	1082
坎杜胡鲁杜	Kanduhulhudhoo	31.0	443
空德	Kondey	116.2	213
科拉马夫希	Kolamaafushi	34.6	1087
马门杜	Maamendhoo	51.7	1000
尼兰杜	Nilandhoo	57.4	534
维里吉里(首府)	Viligili*	56.5	1976

资料来源：马尔代夫国家规划署：《统计年鉴》2013 年卷，表 1.5。

18. 南胡瓦杜环礁（South Huvadhu Atoll，缩写为 GDh）

又名胡瓦杜·德库努布里环礁（Huvadhu Dhekunuburi Atoll），当地名称为加夫·达鲁环礁（Gaafu Dhaalu Atoll）。

该环礁面积为 676.2 公顷（约 6.76 平方公里），2006 年人口为 10991 人，辖 9 个居民岛，蒂纳杜岛（Thinadhoo）为行政区首府所在地，距首都马累 409 公里，岛内设有马尔代夫卡阿德杜机场（Kaadedhdhoo Airport）。南胡瓦杜环礁所辖各岛见表 1-27。

表 1-27　南胡瓦杜环礁所辖各岛一览

译　名	原　名	陆地面积(公顷)	人口(2006 年人口普查)
法雷斯马托达	Faresmaathodaa	44.9	936
若约里	Fiyoari	80.5	673
加德杜	Gadhdhoo	25.2	1439
霍德杜	Hoadedhdhoo	93.7	668
马德维里	Madeveli	41.4	1065
纳达拉	Nadallaa	42.9	614
拉塔凡杜	Rathafandhoo	37.2	492
蒂纳杜(首府)	Thinadhoo*	117.5	4442
瓦阿杜	Vaadhoo	192.9	662

资料来源：马尔代夫国家规划署：《统计年鉴》2013 年卷，表 1.5。

19. 福瓦穆拉环礁（Fuvahmulah Atoll，缩写为 Gn）

又称弗阿穆拉库环礁（Foamulaku Atoll），当地名称为格纳夫里亚尼环礁（Gnavlyani Atoll）。

该行政区只辖福瓦穆拉一个居民岛，面积为 491.7 公顷（约 4.91 平方公里），2006 年人口为 7636 人，距首都马累 497 公里。福瓦穆拉环礁辖区见表 1-28。

表 1-28　福瓦穆拉环礁所辖岛屿一览

译　名	原　名	陆地面积(公顷)	人口(2006 年人口普查)
福瓦穆拉(首府)	Fuvahmulah*	491.7	7636

资料来源：马尔代夫国家规划署：《统计年鉴》2013 年卷，表 1.5。

20. 阿杜环礁（Addu Atoll，缩写为 S）

当地名称为西努环礁（Seenu Atoll），现已改称阿杜市，是全国第二大城市。

该环礁地处马尔代夫最南端，面积为971.5公顷（约9.71平方公里），2006年人口为17862人，辖6个居民岛，希塔杜岛（Hithadhoo）为行政区首府所在地，距首都马累533.7公里，著名的甘岛机场位于该行政区。阿杜环礁所辖各岛见表1-29。

表1-29　阿杜环礁所辖各岛一览

译　名	原　名	陆地面积(公顷)	人口(2006年人口普查)
米杜	Meedho	182.7	1458
菲杜	Feydhoo	64.8	2724
希塔杜(首府)	Hithadhoo*	526.5	9465
马拉杜	Maradhoo	57.8	2043
马拉杜菲杜	Maradhoofeydhoo	34.3	1025
胡鲁杜	Hulhudhoo	105.4	1147

资料来源：马尔代夫国家规划署：《统计年鉴》2013年卷，表1.5。

五　国家象征

（一）国旗

马尔代夫的国旗由红、绿、白三色组成。旗地为绿色长方形，四周为红边。红边的宽度为全旗宽度的1/4，绿色长方形的宽度则是全旗宽度的一半。一轮白色新月位于绿色长方形正中。红色的旗边既象征为国家主权和独立而献身的民族英雄的鲜血，又象征历史上与阿拉伯世界的紧密联系；绿色的旗地既意味着生命，又体现了人民对伊斯兰教的忠诚、国家的繁荣以及海洋和陆地的富饶；白色新月既表示和平与安宁，又说明伊斯兰教是马尔代夫的国教。

（二）国徽

马尔代夫国徽由一弯新月、一颗五角星、两面国旗、一棵椰子树和饰带构成。中心图案是一轮新月环绕着一颗五角星，图案的两侧是交叉着的两面国旗。国徽基部是一条白色饰带，上面用阿拉伯文书写着"马尔代夫共和国"的字样。星月图案象征马尔代夫人民对伊斯兰教的信仰，国旗象征国家的权力和尊严，椰子树象征马尔代夫的热带海岛环境和人民对这一生命之树的依赖。

（三）国歌

马尔代夫的国歌名为《马尔代夫共和国国歌》，亦称《团结一致向我们的国家致敬》。歌词由穆哈迈德·贾米尔·迪迪（Muhammad Jameel Didi）于 1948 年创作完成，1972 年由斯里兰卡音乐大师 P. W. D. 阿马拉德瓦（Pandit Wannakuwattawaduge Don Amaradeva）作曲。歌词共分两段，曲调优美激昂。歌词大意是：

> 我们怀着最美好的愿望祝颂祖国的统一。美丽的国旗拥有无上权力，我们要向你敬礼。你指引着成功、幸福、胜利，绿、红、白三色真美丽。向为祖国争光的英雄们致以最崇高的敬意。
>
> 祝愿马尔代夫常葆美名，在保卫下前进。祝愿世界人民自由进步，把一切苦痛排除。我们也衷心为宗教祝福，仰望公道和正义。祝颂祖国永远享有荣誉，永远拥有权力。

（四）国花

马尔代夫的国花是粉红色玫瑰花。

（五）国树

马尔代夫的国树为椰子树。

（六）国鸟

马尔代夫的国鸟是白尾鹲。

第二节 宗教与民俗

一 宗教

马尔代夫宪法规定，马尔代夫的国教为伊斯兰教。目前，伊斯兰教是马尔代夫全国信奉的唯一宗教。

（一）主要教派

马尔代夫的伊斯兰教徒大体上可分为两派，一是逊尼派，二是什叶派。马尔代夫的伊斯兰教徒中的大多数人属于逊尼派，由于人数众多，其影响力在马尔代夫也最大。在马尔代夫的伊斯兰教徒中，只有少数人是属于什叶派的，那就是居住在马累岛上的印度商人。由于这个教派的人数较少，因而在马尔代夫的伊斯兰教中没有什么影响力。

（二）宗教圣地

马尔代夫陆地面积不大，土地资源十分有限，按理说其宗教设施，尤其是要占用土地资源的清真寺应该是屈指可数的，但情况正好相反。在马尔代夫，大部分有人定居的岛屿上，都有好几座清真寺。首都马累虽然总面积不到 2 平方公里，但清真寺就多达 35 座。据不完全统计，截至 1991 年，马尔代夫就有 724 座清真寺和 266 座妇女清真寺，全国清真寺总量达到 990 座。

马尔代夫的清真寺一般都是白色建筑，用珊瑚石砌成，顶部以波形铁皮或椰树叶等植物叶覆盖，清真寺的尖塔雄伟壮观，使这个岛国的风光别具一格。

马尔代夫比较著名的宗教圣地有以下几处。

伊斯兰中心（The Islamic Center） 该中心位于首都马累，为三层建筑，于 1984 年 11 月建成投入使用，是马尔代夫最为著名的宗教设施之一，该中心包括星期五大清真寺（Grand Friday Mosque）、伊斯兰教图书馆和会议厅等。

星期五大清真寺 该寺是马尔代夫最大的清真寺，位于首都马累，和伊斯兰中心处在同一位置。该清真寺建于 1984 年，由海湾国家以及巴基斯坦、文莱、马来西亚等国出资修建，是目前世界上一流的清真寺。寺内有精美的木雕和阿拉伯书法作品，并安息着民族英雄和皇室成员，星期五大清真寺以金碧辉煌的圆顶闻名于世，是人们到达马累后能见到的第一座建筑物。星期五大清真寺可以同时接纳 5000 多名朝圣者。几乎所有到马累的游客都会到这里一览，朝拜这一伟大的历史圣地。

古清真寺 亦称"胡库鲁清真寺"，始建于 1656 年，是马累最古老的清真寺，以其精美复杂的石刻而闻名。该清真寺的内外墙均用珊瑚石砌成，墙上雕刻着许多阿拉伯艺术作品和各式各样的装饰图案，顶部、窗户边框均为木质构造，其木料多种多样，其中包括柚木、红檀香木和红木在内的各种名贵木料。寺内有丰富多彩的珊瑚雕刻和大量的漆质工艺品，梁和天花板等最为显著的地方大多采用漆质工艺制成，寺内还立有大量的古碑，以纪念历史上有名的苏丹、英雄和贵族。1984 年以前，这里是马累人民进行星期五大祈祷的主要场所。

穆穆亚鲁尖塔 这是一座白色建筑，高八层，由苏丹易卜拉欣·伊斯坎达尔建于 1675 年，现已成为古清真寺的一个组成部分。在 1984 年马尔代夫伊斯兰中心建立之前，马累伊斯兰教大祈祷主教一直在这里宣布祈祷时间，召集教徒进行祈祷。

麦杜·兹雅拉斯圣殿 这是一座为纪念阿布尔·巴拉卡特·约瑟夫·阿尔·巴巴里而建的建筑，位于古清真寺的对面。据称，巴巴里是一位来自非洲北部的伊斯兰传教士，1153 年成功地使马尔代夫人民皈依了伊斯兰教。为纪念他的功绩，马尔代夫修建了这一圣殿。该建筑的形状与马尔代夫的各类建筑完全不同，整个建筑面积不大，也不很高，呈多面形，墙面为数个灰白相间、十分规则的竖形图案，图案对称均匀排列，形状就像竖粗横细、横划众多的"丰"字。顶部呈坡形，坡度较小，就像一把没有尖的"伞"；门厅上方是一个双层三角形，门厅外侧是一个"人"字形装饰的"屋顶"，"人"字中央立有一个像剑一样的装饰物，"剑"的正中与"人"字项部相连。

朱马清真寺 该寺是马尔代夫较为著名的清真寺之一，建筑虽然不高，但有白色、天蓝色的柱状楼塔和装饰美丽的回廊。

二 民 俗

马尔代夫特殊的地理环境和独特的民族历史，造就了勤劳、俭朴的马尔代夫人民。他们的民族风俗既在很大程度上受到伊斯兰教的影响，又在生活习惯上有别于一般的阿拉伯人。

（一）宗教习俗

马尔代夫有着 800 多年信仰伊斯兰教的历史，伊斯兰神学、法规和习俗在马尔代夫根深蒂固，与其他阿拉伯世界相比，并没有什么两样。他们将穆罕默德简单而朴素的生活奉为典范，既反对禁欲主义，又不是好色之徒。伊斯兰教义应用在生活的各个方面，不但规范了真主和人的关系，而且也统辖着人与人之间的关系。

在马尔代夫，每个伊斯兰教徒有 5 项基本义务，即背诵入教誓词（"沙哈达"）、执行 5 种日常祈祷仪式、实行施舍、谨守斋月期间斋戒和去麦加朝圣。这 5 项义务是马尔代夫伊斯兰教的 5 大支柱。

马尔代夫伊斯兰教虽有严格的教规，但也表现出了一定的灵活性。它既可豁免那些因重要原因而不能履行义务的人，又允许教徒在去麦加朝圣的途中经商，以减轻他们此行经济上的负担。

伊斯兰教是一个十分重视法律的宗教。在现代法律体系建立之前，教徒中曾有许多类型的法律专家，其中最主要的是"奎迪"（即法官）、"法奎"（即律师）以及"穆夫蒂"（即解释法律的人）等。他们既是国家法律的制定者和修改者，同时也是法律的解释者和执行者，他们还负责执行审判。在马尔代夫，法律（"沙里赫"）事务一般由伊斯兰教的传统法律专家负责管理[①]。

马尔代夫人是虔诚的穆斯林，不论在他们的个人生活还是社会生活中，处处充满着宗教气氛和宗教色彩。在学校里，学生要学习伊斯兰教的教理和《古兰经》；在官方文件和科学著作中，有来自《古兰经》的语句；广播电台在每天开始和结束播音时，都要向安拉祈祷；就连总统、议员、部长和其他高级官员以及法院的法官和证人，也都要向真主和《古兰经》起誓，以表示自己的忠诚。

在马尔代夫，居民每天都要做 5 次祈祷，国家广播电台每天 5 次向穆斯林市民报告祈祷时间。这种祈祷是在一个被称为穆迪穆（Mudimu）的清真寺伊斯兰教祭司的主持下进行的。该祭司在寺院的尖塔上，召集人民

---

① 陈桥驿等：《马尔代夫共和国》，浙江人民出版社，1979。

进行祈祷。每逢祈祷时间到，社会上的一切活动马上停止，路上的汽车、自行车和行人都停在原地，所有人都在祭司的带领下向麦加方向虔诚地祈祷，甚至大部分商店里的人和政府机关办公室人员在每次听到祈祷号令后也都要关门 15 分钟进行祈祷。在马尔代夫，清真寺是最受人尊敬的地方，是每个人心中的圣地。

在马尔代夫的许多岛屿上，到处都有装饰着白旗的伊斯兰教圣徒的墓地，人们往往十分自觉地在这些坟墓前虔诚地祭礼，充分体现了马尔代夫人对伊斯兰教的虔诚。

在马尔代夫，人们除了信仰伊斯兰教外，还有部分人相信巫术、魔法等其他非伊斯兰教的东西。他们相信精灵和神怪能纠缠人并引起疾病。为了防止这些灾难，他们常常求助于符咒、巫术和驱魔逐妖的人。因此，在马尔代夫，念咒祈福和占星术等仍有一定的市场[1]。

（二）生活习俗

1. 住房

马尔代夫人民的住房的构造一般受两个条件的制约，一是炎热多雨的气候，二是岛上可以利用的建材有限。马尔代夫地处热带，气候炎热潮湿，不但烈日直射，而且暴雨频繁，居民建房首先要考虑防止烈日照射和暴雨的袭击。由于马尔代夫各岛屿面积甚小，土层较浅，土质又差，不适宜高大乔木生长，岛上可以利用的建筑材料十分有限。因此在马尔代夫，居民的住宅一般以平房居多，除首都马累外，岛上楼房十分少见。这种平房多用椰子树和珊瑚石做建筑材料，一般的居民住宅均就地取材，用椰子树树干做柱，用树皮、树叶编织成席子覆盖房顶，以便减少烈日的照射并在暴雨过后能迅速排水。墙面一般用珊瑚碎石砌成。现在有些富裕人家的住宅则模仿阿拉伯、斯里兰卡或西方的式样，用砖、瓦和珊瑚石建造更加坚固、美观的房屋。室内大多为泥土地面，条件稍好的铺水泥地面。室内陈设一般比较简单，摆设不多，极少家庭有木质家具，人们睡觉均以席子为卧具，席地而卧，白天将席子卷起置于墙角。马尔代夫人酷爱鲜花，每

---

① 陈桥驿等：《马尔代夫共和国》，浙江人民出版社，1979。

所住宅都有一个带围墙的院子，栽种着一些树木和花卉，显得清爽、洁净。

2. 服饰

马尔代夫紧邻印度和斯里兰卡，马尔代夫的居民不但在体貌上与印度南部地区和斯里兰卡的居民相近，而且在民族服装上也与南部印度人和斯里兰卡人相似。因气候炎热潮湿，马尔代夫男子上身常穿一件薄薄的白色衬衫或汗衫，偶尔也穿西式的夹克，下身常常围着一条长至膝盖的围裙，多数人穿布鞋或拖鞋。头饰不拘，人们戴着各种类型的帽子或头巾。有身份的人，特别是宗教方面的专职人员，常穿阿拉伯式的长礼服、围头巾。伞是当地居民的常备之物，除用以遮日挡雨外，还用来表明身份。另外，除了宗教领袖和虔诚的信徒外，大多数男人不蓄发，而是剃光头。近年来，一些现代服饰相继传入马尔代夫，西装、休闲服、运动服等大众服装日益流行，因此男子的衣服式样也日渐丰富起来。近年来，阿拉伯风格的服装和戴头巾的习俗在马尔代夫已开始流行。

在马尔代夫，女孩子穿着西方式样的短上衣。青年妇女喜欢穿着色泽鲜艳的服装，轻质的上装，长长的裙子，腰部很高，袖子很长，领子也很高，领口较大。有的喜欢穿巴基斯坦式的束腰连衣裙，有的常常穿着大开襟宽披领连衣裙，或着浅色前开襟紧身衣。她们把头发编成长辫，有的还戴纱巾。此外，马尔代夫的姑娘们还喜欢在穿着上模仿印度音乐或印度电影中的女孩。外岛妇女的传统着装十分简朴，不戴面纱，通常穿着单一颜色的服装，但饰品样式丰富多彩。老年妇女仍旧保持着古老的穆斯林装束，身穿条纹布做的长裙或其他深色厚土布做的围裙，外面再穿一件宽大的长至膝盖的长袖外衣，头发左右侧梳成馒头状，用围巾扎牢。在首都马累，妇女们常常穿着色泽艳丽的紧身长裙，政府部门的女职员常常还在头发上辅以一块小方巾。不同年龄的妇女都爱佩戴一些金、银、铜制首饰。

3. 饮食

首先，马尔代夫居民的饮食与其宗教信仰有着密切的关系。在马尔代夫，居民们有两样禁食。一是禁酒。整个岛上的居民禁止饮用烈性酒和啤酒，只可以饮用一种含有极少量酒精的甜棕榈酒。二是禁吃猪肉。不吃猪肉是所有伊斯兰教徒的共同特点，在马尔代夫也不例外。由于不吃猪肉，人们食用的肉类主要是牛肉。由于岛上牛的饲养量十分有限，所需的牛肉需要大量从国外进口，因而价格十分昂贵。部分居民用餐不用筷子，也不用匙，而用右手拇指、中指和食指把食物搓成丸放进嘴中。

其次，马尔代夫居民的饮食与他们所处的自然环境有着密切的关系。在马尔代夫，鱼是人们吃得最多的食物，随手拈来就有煎鱼、咖喱鱼及鱼汤等，餐餐有鱼为伴。市场上常见的食用鱼达数十种之多，其中以海鱼居多，马尔代夫人较少食用淡水鱼，不吃无鳞鱼。此外，马尔代夫各岛上的居民还常常吃些家禽、羊肉、蛋类和蔬菜。

除大米和一定数量的红薯、芋等淀粉食物外，马尔代夫大部分居民以椰子和木薯为主食。热带丰富的水果和四季常青的蔬菜，使马尔代夫人享有充分的副食。除香蕉较少外，其他如面包果、椰子、菠萝、杜果等水果终年不断。

马尔代夫居民喜欢吃辛辣食品，每顿饭都要佐以一定量的辣椒。因此，马尔代夫当地食物普遍偏辣。当地最有名的菜肴有古鲁（gulu）、库里玻阿绮巴（kuli boakiba）、弗尼玻阿绮巴（foni boakiba）和基露撒巴特（kiru sarbat）等。古鲁是一种用金枪鱼和椰子为原料做成的油炸丸子，又称炸鱼球，香脆可口；库里玻阿绮巴是一种辛辣的鱼糕，吃后可使人胃口大开；弗尼玻阿绮巴是一种用椰奶加米饭做成的布丁，基露撒巴特是一种甜奶饮品。

马尔代夫最盛行的一种小食是杜法意翅泰（dhufaa echetai），这种小食以槟榔果、槟榔叶、丁香及酸果、烟叶等为材料，是岛上居民每天饭后的日常零食。在大街小巷的茶店里，也可以品尝滚烫的热茶及美味可口的糕点小食。当地著名的饮料是一种用棕榈树干榨汁制成的甜香的多迪（toddy）。当地人还喜欢嚼用槟榔、椰子叶卷成的椰子果碎块，所以当地人的牙齿常被染成黑色。

（三）禁忌

一是严禁走私毒品。走私毒品在马尔代夫会被处以最严厉的处罚。

二是严禁私自在岛上钓鱼、采摘或践踏珊瑚，违者罚款可达 5000 美元；严禁在酒店房间内煮食，违者罚款可达 5000 美元。

三是严禁携带失事船只残骸碎片或珊瑚出境，购买由海龟制成的物品也属违法行为。游客不可擅自收集沙滩或海中的贝壳，严禁携带贝壳出境。

四是必须严格遵守伊斯兰习俗，严禁携带酒类饮料、猪肉制品或其他伊斯兰教忌讳的东西进入马尔代夫。尽管在各景点也可以购买和饮用酒水，但严禁将酒精饮品带到居民岛上。此外，游客不得在公开场合宣扬伊斯兰教以外的教义，进入清真寺时要衣着端庄，衣服必须蔽盖双手及双脚，走进清真寺前一定要先脱鞋。男士在进清真寺时不能穿短裤，女士不可穿短袖或无袖衣服、短裤及短裙。男士在任何时候都不要轻易与当地女性打招呼或拉手。马尔代夫严厉禁止裸体行为，在任何情况下都不能裸体，更不能裸泳，若被发现，将会处以巨额罚款。游客不能在沙滩上穿着比基尼或其他单薄的沙滩服装，这有违当地伊斯兰教的风俗民情。

马尔代夫还有其他一些禁忌，游客到马尔代夫后一般都要向当地人询问，以免引起不必要的麻烦。

三　历法

马尔代夫实行公历和伊斯兰教历两种历法形式。

伊斯兰教历又称希吉来历，属于阴历的一种。

公元 639 年，伊斯兰教第二任哈里发欧麦尔为纪念穆罕默德于 622 年率穆斯林由麦加迁徙到麦地那这一重要历史事件，决定把该年定为伊斯兰教历元年，并将伊斯兰教历命名为"希吉来"（阿拉伯语"迁徙"之意）。以阿拉伯太阳年岁首（即公元 622 年 7 月 16 日）为希吉来历元年元旦。

伊斯兰教历以月亮圆缺一周为一月，历时 29 日 12 小时 44 分 2.8 秒，月亮圆缺十二周为一年，历时 354 日 8 小时 48 分 33.6 秒。单数月份即 1 月、3 月、5 月、7 月、9 月、11 月为"大建"即大月，30 天；双数月份即 2 月、4 月、6 月、8 月、10 月为"小建"即小月，29 天；12 月平年为"小建"即 29 天，闰年为"大建"即 30 天。这样，平年 354 天，闰年 355 天，伊斯兰教历不设闰月。

伊斯兰教历以 30 年为一周期，每一周期的第 2、5、7、10、13、16、18、21、24、26、29 年，共 11 年为闰年，另 19 年为平年，平均每年为 354 日 8 小时 48 分。公历年平均天数为 365 日 5 小时 49 分，伊斯兰教历平均每年比公历年少 10 日 21 小时 1 分，每 2.7 个公历年，伊斯兰教历就少 1 个月时间，每 32.6 个公历年，伊斯兰教历就少 1 年时间。

伊斯兰教历对昼夜的计算，以日落为一天之始，到次日日落为一日，通常称为夜行前，即黑夜在前、白昼在后构成一天，与农历不同。

伊斯兰教历的星期，使用七曜（日、月、火、水、木、金、土）法（与日本相同），逢金曜即公历的星期五为"主麻日"，穆斯林在这一天举行"聚礼"。

伊斯兰教历自创立至今，已经有 1300 多年的历史，如今仍是伊斯兰国家纪年和世界穆斯林的通用宗教历法，在马尔代夫非常流行。

四 主要节日

（一）宗教节日

圣纪日 即穆罕默德诞辰纪念日，这是所有宗教节日中最为重要的节日，也是全国各岛最隆重的节日，时间为伊斯兰教历第 3 个月的第 12 天。

开斋节 亦称"库地开斋节"（Kuda Eid），伊斯兰教历第 10 个月的第 1 日到第 3 日，是教徒们的"开斋日"，人们庆祝斋戒月的结束。

祭礼节 在斋戒结束后的第 70 天，即伊斯兰教历的第 12 个月的第 10 日到第 12 日。在这个节日里，信徒们向安拉献祭，赞美安拉的崇高与伟大。

斋戒日 亦称"斋月"，马尔代夫居民很守斋戒，从伊斯兰教历的第 9 个月第一天开始的 30 日内，人们从黎明到天黑禁止用餐，天黑以后才能进食。斋月的起止时间每年都不一样，它完全依赖月亮的周期。也就是说，它是以新月亮的开始为起点，到下一轮新月亮的开始才告结束。在斋戒月，人们要摒除一切享乐，专心向安拉赎罪。斋戒期间，饭店一般都在白天关门歇业。

升天节 这是纪念穆罕默德从麦加旅行到耶路撒冷并在那里升天的节日，时间为伊斯兰教历第 7 个月的第 27 天。

宿命之夜 在伊斯兰教历的第 9 个月的 27 日上夜，伊斯兰教徒认为这是宿命之夜，信徒们在这一夜向安拉请求今后一年的恩赐。

星期五 这是马尔代夫穆斯林最为重要的日子。这一天，全部穆斯林都要去清真寺做礼拜，礼拜一般从 12 点 30 分开始。根据伊斯兰教的习惯，马尔代夫的政府机关和学校，每周星期五为假日。

马尔代夫的过节方式比较特别，除一些必要的集会外，人们常常是到清真寺举行礼拜仪式，诵读《古兰经》，并举行各种规模的宴会。

（二）传统节日

在马尔代夫，还有一些节日与历史相关，这些节日虽然与宗教没有直接关系，但是在庆祝活动中都充满了宗教的气氛。

驱逐葡萄牙侵略者纪念日 1573 年，马尔代夫起义获得成功，驱逐了葡萄牙侵略者，结束了葡萄牙人在马尔代夫长达 15 年的统治。为了庆祝这一胜利，马尔代夫在伊斯兰教历第 3 个月的第一天，要举行隆重的纪念活动。

独立日 7 月 26 日，庆祝 1965 年马尔代夫脱离英国保护获得完全独立。这是当地最重大的节日，届时全国各岛载歌载舞，举行各种庆祝活动。

国庆日 11 月 11 日，庆祝 1968 年成立马尔代夫共和国。

马尔代夫新年 7 月 16 日，伊斯兰教历的元旦。由于马尔代夫通行公历和伊斯兰教历两种历法，因此他们每年要庆祝两次新年。

此外，每当国家举办重大活动，如国民议会开会的日子和总统的诞辰日等，马尔代夫也作为节日来庆祝。

（三）过节方式

马尔代夫民族是一个具有强烈自尊心的民族，对所有节日都十分重视。每逢过节，各家各户不分男女老幼，不但积极参与准备各种美食、服饰和文娱节目，同时也尽情分享这些活动给他们带来的极大乐趣。

在马尔代夫，大部分庆典仪式都有各种文娱表演。这些文娱节目既有传统特色，又具有现代气息。节日里，人们先跳起欢快的民间舞蹈，用一些木制乐器演奏各种民间音乐，随后表演一些现代的爵士舞蹈和演奏流行音乐。各种职业的人们，手挽着手、肩并着肩，从四面八方涌向庆典现场参加庆祝活动。

在马尔代夫，宗教节日和传统节日是按不同的历法举行庆典活动的。在一般情况下，宗教节日的庆典按伊斯兰教历举行，而传统节日的庆典活动则按公历举行。

马尔代夫的宗教节日已成为穆斯林接近安拉、行善积德和加强人际关系的重要时机。在节日里，马尔代夫人民完美地展示了互助与友爱。马尔代夫人民对过节十分重视，节日里通常都要打扮一新，穿上华丽的服装，吃着安拉赐给他们的佳肴美食，互相问候、互相拜访，以加强相互之间的友爱和情谊。

在进行传统节日庆典活动中，过节的气氛特别浓厚。每逢独立日，马尔代夫的国家机关和学校往往都要放假数天。几乎每个假日，各主要街道都挂满了马尔代夫国旗，就连一般的居民私家宅院也不例外。在一些特别重大的节日里，有时还组织一些游行活动。节日游行一般有两种形式：一是乐队游行，游行队伍一边吹奏各种欢快的乐曲，一边缓缓地在大街上列队行进；二是由孩子们组成的游行队伍。特别是7月26日的独立日和11月11日的国庆日，政府一般都要在共和国广场举行隆重的庆典。庆典不但有由国防部队和国家学生军训队表演的阅兵分列式，有数百名身着彩装的学生表演的各种集体操和传统舞蹈，而且还有彩车以及表现传统和现代主题的游行队伍，常常引来当地居民和沿途游客的好奇和围观。

第三节　特色资源

马尔代夫地处印度洋中部，气候常年如夏。全国1192个岛屿，犹如一颗颗珍珠镶嵌在碧波万顷的洋面上，又像是上帝抛向人间的一串璀璨的珍珠项链，甚是美丽。旖旎的热带风光、众多的名胜古迹、独特的伊斯兰建筑、绚丽多彩的海洋生物、浓郁纯朴的民族风情，加之方便快捷的交通、热情周到的服务，不断吸引着世界各地的游客前来旅游观光。由于自然的造化和古老文明的高度融合，马尔代夫已经成为世界最具吸引力的旅游目的地之一。

一 旖旎的热带风光

马尔代夫的资源特色非常鲜明。有人曾这样形容：99％晶莹剔透的海水＋1％纯净洁白的沙滩＝100％的马尔代夫。也有人形容马尔代夫是上帝抖落的一串珍珠，拥有白色沙滩的海岛就像一粒粒的珍珠，而珍珠旁的海水就像是一片片美玉。

马尔代夫地处印度洋中部，各岛大小不同，风景各异。一些是沙丘海滩，寸草不生；一些是热带海岛，植被茂盛；有的则珊瑚礁环绕，绿宝石般的潟湖里畅游着许多珍奇的海洋生物。在马尔代夫，洁白柔软的沙滩、高高挺拔的椰树、清澈见底的潜水场，以及鲜红的落日、忙碌的渔帆……犹如一幅幅美丽的图画，令人陶醉，令人神往。

五彩斑斓的珊瑚礁构成了马尔代夫十分漂亮的海景，成为世界一奇。尽管马尔代夫陆上野生动物较为稀少，但海底世界缤纷多彩，海洋物种十分丰富。这里不但有各种各样的珊瑚，还有十分少见的热带鱼群。蝴蝶鱼体形较小，但色彩绚丽，具有深色而扁平的形体和一个单独脊鳍；此外还有漂亮的天使鱼、鹦鹉鱼、岩鳕、麒麟鱼、喇叭鱼、蓝色斑纹鱼；除鱼类外，还有其他多种多样的海洋生物，如各种软体动物和蛤类、蟹类等。此外，在马尔代夫的某些水域，还可见到鲨鱼、黄貂鱼、海龟、海豚等大型海洋生物。马尔代夫多姿多彩的海底世界，本身就具有相当大的吸引力，加之这里海水清澈，水下能见度达30～60米，是潜水爱好者和水下摄影者的理想去处。因此，马尔代夫素有"潜水天堂"的美誉。

马尔代夫横跨赤道，气候湿热多雨。在一些面积较大、较潮湿的岛屿上，还生长着一些热带雨林，最常见的树种有露兜树、香蕉树、红树林、面包树、菩提树、热带攀缘植物、椰子树等。无论在野外还是在大小花园里，到处生长着各种各样的热带花卉。马尔代夫独特的热带雨林风光，虽然没有亚马孙雨林那样的气势，却也另有一番情趣。它周围既有一望无际的大洋相伴，又有其他的大小岛屿为伍，这里没有恐惧，没有危险，构成了马尔代夫另一道独特的自然景观。由于海域辽阔，岛屿众多，不同的地理位置，岛与岛之间的风光也千差万别，如最北端的蒂拉顿马蒂环礁和最南端的阿杜环礁，相距700多公里，不但在岛屿风光上存在不少差别，就连方言也迥然不同。在马尔代夫，无论是旅游岛还是居民岛，每座小岛就是一个旅游胜地，这里的自然风光、民族风情都有所不同。单从自然风光来说，有些岛保留了属于马尔代夫的独特的热带岛屿原始风貌，热带植物十分茂盛，充满了浓浓的生机，让人迷恋；有些岛则满是珊瑚礁，寸草不生；有些岛到处都是鸟语花香，让人沉醉；有些岛则是椰林高耸，硕果累累；有些岛的酒店掩映在原始的热带丛林之中，到处都是清新的空气；有些岛的客房则是海上木屋、水上别墅……在马尔代夫，无论在哪座小岛，人们置身其中，完全被海水包围，不但可以享受到大海独特的涛声，感受到来自大海的魅力，还可以在酒店的阳台上看书，在清澈的海水里游泳，在日出日落时尽情地观海。总之，马尔代夫的每个小岛，都像是一个与世隔绝的"世外桃源"。

旖旎的热带风光，为马尔代夫赢得了众多的荣誉。2006年，在世界旅游大奖会上，马尔代夫被授予"印度洋最佳旅游地"和"世界最佳潜水地"的殊荣。2007年，马尔代夫获得"全球最浪漫的游览地"称号。2008年，马尔代夫入选最佳国家名片——2008年度世界最佳海滩旅游胜地，并被评为最佳国家名片——世界自然风光第二名和旅游胜地及住宿条件第三名。2009年8月3日，马尔代夫在第16届世界旅游大奖庆典典礼上被提为印度洋上的主要旅游目的地[1]。2010年，马尔代夫摘取"最佳旅游目的地"和"世界最浪漫目的地"两项桂冠。2011年马尔代夫再次

---

① 怡橙假期：《马尔代夫旅游业发展的原因》，http：//www.ec517.com/About.aspx。

获得"全球最受欢迎国家"第二名。在 2013 年度世界旅游大奖（印度洋地区）颁奖典礼上，马尔代夫包揽了 33 项大奖中的 22 项[①]。

二 众多的名胜古迹

马尔代夫是一个具有悠久历史的国家，不仅自然风光十分秀丽，而且还有众多的名胜古迹。

国家博物馆 由中国援建的国家博物馆，不但藏有代表阿拉伯及斯里兰卡文化的展品，以及一些古老的马尔代夫手工艺品和一些中国的瓷器和钱币，还陈列着部分苏丹的遗物及一些文物。

清真寺 马累市内有 35 座清真寺，其中胡库鲁清真寺是马累岛上最美丽的清真寺，也是最古老的清真寺，始建于 1656 年。这里有种类繁多的巨大石雕和一条长长的镶板，该镶板刻于 13 世纪，纪念 1153 年将伊斯兰教引入马尔代夫的哲人阿布尔·巴拉卡特·约瑟夫·阿尔·巴巴里。教堂内外的墙壁都刻上了阿拉伯文字及各种装饰，周围还围绕着几座墓碑。这些墓碑上都有精致细腻的雕刻，纪念古代的苏丹及统治者。

伊斯兰中心 在首都马累，最显眼、最具标志性的建筑物是伊斯兰中心，这座建筑物也是目前马累最大的建筑物。1979 年由加尧姆总统命名设计，1983 年 11 月奠基，1984 年 11 月落成。伊斯兰中心是全国穆斯林心中的圣地，可同时接纳 5000 人前来朝圣，金顶反映的不只是岛上穆斯林的虔诚信仰，更是马尔代夫繁荣的象征。伊斯兰中心由两部分构成：礼拜大殿和两个侧殿，另有南殿为妇女专用殿。礼拜大殿面积为 6000 多平方英尺。加尧姆总统在"米哈拉布"（窑壁）上亲笔书写了《古兰经》经文，其他众多马尔代夫艺术家积极参加了礼拜大殿的木工制作、殿内装饰、绘画等工作。伊斯兰中心的宣礼塔，是马尔代夫目前最高的建筑物，因此成为国家的象征之一。目前，伊斯兰中心已经成为马尔代夫一个具有重大宗教、历史、民族意义的场所，是赴马累旅游的必达之处。

[①] 旅游品牌推广：《马尔代夫包揽 22 项 2013 年度世界旅游大奖》，http：//www.runca.cn/news/lyxw/823.html。

外岛 不但有秀丽的自然风光，古朴的民族风情，还有大量的人文古迹。托杜岛（Thoddu）上仍然保存着一座佛教寺庙，在寺庙的一间房子里，人们发现隐藏着一尊巨大的佛像；在尼兰杜岛（Nilandhoo），有一座马尔代夫第二古老的清真寺——阿萨里清真寺（Aasaari Miskiiy），该寺有高雅华贵的石墙，墙体用精心切割的石条砌成，墙上的木制旋涡形装饰性花纹古朴而典雅；伊斯杜岛（Isdhoo）上的清真寺，是一座有着 3 个多世纪历史的古寺，该寺以独有的漆艺、流畅的书法和精美的雕刻而闻名；嘎杜岛（Gadhdhoo）有一座巨大的白色金字塔，全部用石灰石砌成，是马尔代夫最令人难忘的名胜之一。

三 纯朴的民族风情

数千年来，世界各地的航海家和旅游者相继来到马尔代夫，将丰富、多元的文化生活和各种不同风格的音乐舞蹈形式源源不断地带到马尔代夫。经过长期的演化、融合，逐渐形成了具有马尔代夫民族特色的本土文化及民间音乐舞蹈。比如深受东非和南亚文化影响的当地传统音乐与舞蹈及传统饮食文化，特色鲜明，丰富多彩。这种独特的民族风情和民族文化，同样是马尔代夫吸引世界人民的宝贵的资源之一。2009 年，马尔代夫将旅游推广到居民岛以后，独具特色的民族风情游已经成为一种新的时尚，吸引了大批的外国游客。

此外，20 世纪 70 年代以来，马尔代夫还依据其地理环境，开发了许多时尚且参与性很强的游乐活动。如由水上摩托车、香蕉船、冲浪、拖曳伞、风浪板、轻艇等组成的水上活动项目。马尔代夫还是潜水爱好者的天堂，它以优美的自然环境和良好的水下能见度成为全球三大潜水圣地之一。同时，马尔代夫的海钓也很有趣，一直是广大钓友心目中的乐土。

四 著名城市

（一）马累

马累是马尔代夫共和国的首都，也是全国人口最多的城市。2006 年人口普查时，该市的人口密度为每平方公里 53727 人，是世界人口密度最高的城市。

马累位于马累环礁的马累岛上，南面是瓦杜海峡，西面是维林吉里岛，东北是胡鲁累岛和胡鲁马累岛。比北京时间晚3个小时。

马累是一个热带岛屿城市，街道整洁、空气清新，市内到处是繁茂的热带植物，五颜六色的鲜花常年盛开不败，林荫道两旁种满了椰子树、棕榈树、香蕉树、杧果树、面包果树等。

马累靠近赤道，属海洋性气候，无四季之分。2011年，马累日最高气温达31.5℃（4月），最低气温为25.6℃（2月），全年日平均气温达到30.9℃。2011年，马累年降水量达到1333.3毫米，其中100毫米以上的月份就占一半以上（7个月）。降水量最多的是10月，达到224.4毫米；最少的是2月，仅6毫米。

马累是一座具有悠久历史的城市，历史上曾经是马尔代夫的皇家岛屿，是历代统治者及皇宫的所在地，至今仍保留着许多古代建筑和历史文物。这里有幸存下来的王宫和大量古迹。在马尔代夫国家博物馆内，保存着大量的古董和文物，其中包括史前和先伊斯兰时代的大量石器以及各个朝代的许多王室遗物等。

马累是马尔代夫的政治、经济、商贸和文化中心。政府机构全部位于马累市内。城市南部和西南部是居民区，手工业工人、渔民和小贩多居住在这里。北部是港口，也是鱼市和商业中心。1969年马尔代夫宣布马累为开放港口。目前，马累设有国际机场和全国唯一的贸易港口，它既是全国政治、经济、商贸和文化中心，又是印度洋上重要的军事和交通要地，还是红海、波斯湾至太平洋的重要停泊港，具有十分重要的战略地位。

马累是全国的金融中心，设有马尔代夫国家银行和伊斯兰银行，印度的印度国家银行、斯里兰卡的锡兰银行、巴基斯坦的哈比卜银行、中国的香港上海汇丰银行和毛里求斯商业银行等都在马累设有分行。此外，马累还设有多家保险公司和金融借贷公司，人们可在此方便地存取和兑换本国货币和外币。

马累是马尔代夫的国际交往中心。中国、印度、斯里兰卡、孟加拉国、巴基斯坦等国在马累设有大使馆或高级专员署，联合国开发计划署、联合国儿童基金会和世界卫生组织在马累都有常驻代表，英国、德国、丹麦、挪威、土耳其和瑞典在马累设有领事馆，许多国际会议也常常在马累召开。

马累是全国的交通枢纽。岛上有不少出租汽车，有开往全国各地的大小船只和水上飞机，有飞往中国、印度、斯里兰卡和世界各地的固定国际航班和包机。马累通信业较为发达，建有固定电话、移动电话、公用磁卡电话和国际互联网。

马累是全国的文化中心。市内建有报社、广播电台和电视台，有国家博物馆、美术馆、电影院、图书馆、学校、体育活动中心和茶馆。

马累还是全国的宗教中心。市内建有世界一流的伊斯兰中心和星期五大清真寺，有 400 多年历史的古清真寺和其他 30 多座规模不等的清真寺，马累是马尔代夫全国人民心目中的圣地。

（二）阿杜市

阿杜市位于马尔代夫群岛最南端的阿杜环礁行政区，位于首府马累以南大约 478 公里处，全部由居民岛组成，现有人口 32000 多人[①]，是全国的第二大城市，也是除马累以外在环礁行政区设立的唯一城市。该市下辖5 个区，即希塔杜区、马拉杜－菲杜区、马拉杜区、胡鲁杜区和米杜区。这些区都是自然岛屿，天然相连，互通性良好。除以上岛屿外，阿杜环礁还有一些无人定居的小岛和甘岛机场。

在 5 个区中，希塔杜是该市的核心商务区和政府所在地，行政机构众多，人口也居阿杜市之首。此外还有众多的教育机构（包括 2 所幼儿园、3 所小学、2 所中学、1 所马尔代夫国立大学分校），绝大部分居民可在本岛完成初中和高中课程。由于这里的教学条件较好，教育质量较优，邻近岛屿或附近环礁的孩子们也常常到希塔杜的学校上学。希塔杜有一家地区医院，可提供 24 小时的医疗服务，此外还有一些私人诊所（如眼科诊所和国际医疗中心等），邻近岛屿和附近环礁的居民常到此就医。

---

① 　2006 年人口普查时，阿杜环礁共有人口 18026 人。

阿杜市所在的阿杜环礁由 7 座人工桥梁连接起来的居民岛和约 20 座无人岛组成。阿杜环礁跨越赤道，将马尔代夫群岛延长至南半球印度洋最南端的海域。心形环礁东西宽约 18 公里，南北长约 15 公里，马尔代夫最大的岛屿就在其中。此外，这里还拥有全国最大的珊瑚礁，瑰丽斑斓，蔚为壮观。环礁西部主要由两座较大的岛屿组成，岛屿之间有堤道相连，从而形成了当地最大的一片陆地，也是马尔代夫除马累以外唯一有公路相通的地方。延绵十多公里的公路旁有保存完好的马尔代夫村落，当地咖啡店星罗棋布，呈现一派纯朴自然之景象。

第二次世界大战时期，阿杜环礁曾是英国的海军基地。1941 年 8 月，英国海军登陆阿杜环礁，并开始在此秘密修建海军基地和甘岛机场。1957 年，英海军基地移交给英国空军甘岛站。1959 年 1 月 3 日，分裂主义者阿卜杜拉·阿菲夫·迪迪在阿杜成立所谓的"苏瓦代夫联合共和国"并自任"总统"，不久即被政府粉碎。1965 年，马尔代夫获得独立，英国被迫放弃宗主国地位。1975 年，英军开始撤出甘岛，1976 年 3 月，甘岛重新回归马尔代夫。

阿杜市现已开发了香格里拉·维林吉里（Shangril'as Vilingili）和阿马里·阿杜（Amari Addu）两个旅游度假酒店，建有一个汉克德（Hankede）城市宾馆，一个赤道会议中心（Equatorial Convention Centre），铺设有一条长达 14 公里（8.7 英里）的马尔代夫最长的堤道。2011 年 11 月，该市成功举办了第 17 届南亚峰会。

第二章
历　史

马尔代夫的官方历史记载始于 1153 年。此前，由于没有明确的文字记载，因此很难具体了解马尔代夫古代历史的发展情况，人们是通过传说、考古发现和外国旅游者的零星记录以及社会学家对马尔代夫种族、语言等方面的大量研究才逐步了解古代马尔代夫的。

公元前 5 世纪，斯里兰卡和印度移民陆续来到马尔代夫群岛定居。这里的人民原信仰佛教。公元 5 世纪后，阿拉伯人常航海到此，使之成为商业活动的中心，民间接触日益频繁。此后，一些阿拉伯学者、旅行者及伊斯兰教教徒们也先后来到这里，伊斯兰教逐渐盛行起来。1153 年建立了以伊斯兰教为国教的苏丹国，并经历了 6 个苏丹王朝。

1557 年葡萄牙利用在印度沿岸建立的基地，开始向马尔代夫群岛扩张势力，从 1558 年起马尔代夫沦为葡萄牙的殖民地。酷爱自由的马尔代夫人民和殖民者展开了不屈不挠的斗争，1573 年在民族英雄塔库鲁法努的领导下举行起义，光复了祖国。

18 世纪，荷兰入侵马尔代夫。1752 年，马尔代夫为抵御印度马拉巴尔远征队的侵略，便“邀请”法国出兵帮助，法国趁机侵入马尔代夫。1887 年，马尔代夫沦为英国的保护国，成为英国在印度洋的军事基地。

第一次世界大战后，随着世界民族解放运动的高涨，马尔代夫人民要求摆脱英国的殖民统治，建立民主政治的斗争空前激烈。1932 年，苏丹被迫批准了马尔代夫的第一部宪法，建立了马尔代夫历史上第一个君主立宪政体。1934 年，英国正式承认马尔代夫独立。

第二次世界大战期间，马尔代夫人民为实现真正的独立与民主继续英勇斗争。1952 年推翻了苏丹的统治，1953 年 1 月第一次宣布成立共和国，并成为英联邦内的共和国。但由于殖民者的残余势力和国内的保守势力相勾结，1953 年 8 月，马尔代夫发生政变，议会于 1954 年决定废除共和国，重建苏丹国。1960 年，根据双边协定，英国租用甘岛基地 30 年，马尔代夫的国防、外交大权仍由英国控制。1963 年马尔代夫以独立国家的名义参加了开发南亚和东南亚国家的科伦坡计划。1965 年 7 月 26 日，马尔代夫宣布完全独立，并将这一天定为国庆日。1968 年 11 月 11 日，马尔代夫宣布改苏丹国为共和国。1976 年 3 月 29 日，最后一批英军撤离马尔代夫。

第一节　古代历史时期（公元前 3 世纪～公元 1153 年）

一　种族的起源

远古时期，马尔代夫只是一个灌木丛生、遍地荒芜的群岛，岛上没有人居住。由于没有文字记载，马尔代夫最早的居民到底来自哪里仍然众说纷纭，莫衷一是。但有一点可以肯定，2500 年来，马尔代夫群岛就一直有人居住，其中包括马尔代夫最早的土著居民，也有因为其他原因被迫来此安家的外来移民。在数千年的时间里，一些航海家、船员甚至冒险家为寻求财富一次又一次地驾船远行。由于马尔代夫在印度洋上具有特殊的地理位置，所以就成为一些船只补充生活用水和其他供应品的中途站。碰上恶劣天气，一些航海者也可能在马尔代夫等上几个月，一些人也因为船触礁或是在马尔代夫水域搁浅而被迫留在马尔代夫。也有很多国家的人因种种原因在别无选择或走投无路时，到马尔代夫寻找栖身之地。

关于马尔代夫种族的起源，有人认为今天的马尔代夫人来自阿拉伯国家，有的认为来自古印度和斯里兰卡，有的甚至认为来自马来西亚、印度尼西亚和非洲地区。那么，今天的马尔代夫人到底是怎样产生并成为一个独立民族的呢？我们认为，必须从历史、地理、宗教、文化、语言和人体特征等各个方面进行综合考察。

从语言学的角度分析，马尔代夫的迪维希语与印度的德拉威语
（Dravidian Language）和斯里兰卡的僧伽罗语联系密切。马尔代夫一些岛
屿的名字和海事术语起源于印度的德拉威语。当地的一些故事传说和人们
的传统习俗，也与印度西南部地区有着密切的联系。马尔代夫有关诊病、
天文学和其他一些技巧方面的知识也来源于印度。据说这些移民属于雅利
安人的分支（Aryan Stock），语言学家同意迪维希语起源于梵语这一说法。
马尔代夫王室的一些传统习俗和相关词汇也可以追溯到古时候印度西南部
所拥有的传统习俗和词汇。一些学者认为，"马尔代夫"这个名字源自梵
语的"马拉德维帕"（Sanskrit Maladvipa），意为"岛屿组成的花环"。由
于马尔代夫的语言和文字有相当一部分与斯里兰卡的僧伽罗语有着惊人的
相似，由此可见，马尔代夫的种族和语言与斯里兰卡的僧伽罗人有着密切
的联系。据史籍和文献记载，僧伽罗人的先民是公元前 6 世纪从古印度迁
移而来的雅利安人。当时，印度次大陆东北部和西北部地区的雅利安人大
规模移民斯里兰卡后，雅利安人征服了斯里兰卡岛上原有的土著居民并与
他们相互融合，最后形成了新的民族——僧伽罗族。因此，马尔代夫的种
族，很有可能起源于印度次大陆的西南部地区，今天的马尔代夫人有相当
一部分应该是雅利安人的后裔。

人类学著名学者克拉伦斯·马罗内（Clarence Maloney）在《马尔代
夫群岛人民》（1980 年出版）中，对 900 个马尔代夫岛屿的名称和其他地
名进行了调查，结果发现，"只有 4 个地名是阿拉伯或伊斯兰名称。可以
肯定的是，伊斯兰教传入以前（公元 1153 年），也即佛教是国教或更早
的时候，整个马尔代夫只有一种文明体系"。克拉伦斯·马罗内的调查说
明，在伊斯兰教传入之前，阿拉伯人对马尔代夫的影响并不是很大，特别
是在远古时代，阿拉伯人并不是最先到达马尔代夫的。因此可以肯定，马
尔代夫民族并不是起源于阿拉伯人。

从地理位置上分析，印度次大陆西南部地区是距马尔代夫群岛最近的
地区，人们到达马尔代夫较为容易。据考证，古印度河流域文明覆盖了印
度现在的古吉拉特邦（Gujarat）部分地区，这里的居民过去经常坐船往
返于古吉拉特邦和马尔代夫之间。从考古发掘的货贝分析，在公元 1400

年前，罗塔尔港口、古吉拉特邦两地同马尔代夫已经有了相互往来。因此，马尔代夫的早期居民从古印度次大陆西南部地区（包括斯里兰卡）移居而来的可能性是很大的。

从人体特征上看，今天的马尔代夫人更接近斯里兰卡的僧伽罗人、阿拉伯人、马来人和非洲人。19世纪末，一份关于马尔代夫人文情况的调查表明，当时马尔代夫的居民来自南亚次大陆、阿拉伯半岛、印度尼西亚和马来西亚等地以及非洲地区，今天的马尔代夫人实际上是这些地区移民的后裔。

从考古的角度看，马尔代夫最早的定居者是一个名叫雷丁（Redin）的船员。20世纪80年代中期，马尔代夫政府组织了一些著名探险家和考古专家着手研究本国早期的航海资料，托尔·赫叶尔达尔（Thor Heyerdahl）开始挖掘远古遗址。托尔·赫叶尔达尔的研究表明，早在公元前2000年前，马尔代夫就处于古埃及和印度河流域之间的贸易船运线上。赫叶尔达尔确信，马尔代夫最早的定居者是一个名叫雷丁的船员。雷丁是太阳神的崇拜者，所以直到现在，马尔代夫的很多清真寺仍是向阳而建，而非麦加。因为建造的空间和材料有限，后来的清真寺都是在早期的基础上建造的。赫叶尔达尔的许多考古发现，如伊斯兰时期以前的石像和雕刻等，都被马尔代夫国家博物馆收藏。

对于马尔代夫民族的起源，尽管扑朔迷离，难以定论，但大多数学者认为，今天的马尔代夫族人是历史上各个不同时期因各种原因（有的是因海难事故）从印度、阿拉伯国家、非洲和世界其他地区移居而来的印第安人、僧伽罗人、达罗毗荼人、阿拉伯人和非洲人的混血后裔。从进入马尔代夫的时间上看，斯里兰卡的僧伽罗人是最先到达马尔代夫的，迁入时间大约在公元前5～公元前3世纪。达罗毗荼人也是原来居住在印度的一个古老民族，其迁入马尔代夫的时间，也是在公元前，具体年代已无法考证。阿拉伯人迁入马尔代夫的时间较晚，大约在公元5世纪以后。来自非洲的黑人迁入马尔代夫的时间最晚。当时，非洲黑人是作为奴隶被贩卖到马尔代夫群岛的。阿拉伯人曾有贩卖黑人的历史，因此，进入马尔代夫的黑人应该在阿拉伯人迁入之后。16～18世纪以后，世界其他地方也有少数人陆续来到马尔代夫，主要有少数马来人，以及人数更少的印度人、巴基斯坦人、斯里兰卡人和英国人等。来自各地不同民族的移民，由于长期共同生活，他们在各方面的差异已经逐渐缩小，乃至最后完全消失，形成了今天统一的马尔代夫民族。

二　马尔代夫货贝

马尔代夫是世界上最早使用货贝的国家之一。据古代文献记载和大量出土文物考证，马尔代夫使用货贝至少已有 3000 多年的历史。

马尔代夫的货贝是一种体型较小的、长有一个贝壳的单壳贝类，生活在热带海洋里，近于卵圆形，呈淡黄色或金黄色，背面常有两道灰色的横纹，极为光亮。这些贝壳由于种类的不同具有各种不同的花纹，非常好看，犹如人工制作出来的艺术品。

在古代还没有黄金和货币的时候，货贝是亚洲和非洲东部海岸人民的流通货币。根据考古发现，在基督纪元多年以前，马尔代夫的贝壳作为货币已经流传到世界各地，特别是古印度、阿拉伯世界和非洲东部沿海地区。马尔代夫当时是整个亚洲和非洲东部海岸货贝贝壳的主要来源地，并且因为地处印度洋的主要海运航线，战略地位十分重要，具有货贝贝壳广泛流传的重要条件。

在印度河流域的罗塔尔港口，考古人员发现了大约公元前 1400 年前的古代文明遗址，并在废墟中发现了很多马尔代夫贝壳，从而断定，早在公元前 15 世纪，马尔代夫货贝就已流传到了古印度，该地区的罗塔尔港口居民过去一直使用这种马尔代夫贝壳。从货贝的形成和货贝的流传情况看，马尔代夫在远古时期就有了自己灿烂的文化和繁荣的商贸。

三　阿拉伯人的进入

由于马尔代夫地处阿拉伯各国通往印度、斯里兰卡的航线上，具有重要的战略地位，其丰富的货贝资源极大地激发了中东阿拉伯国家对马尔代夫的兴趣，因此，公元前 5 世纪，不但有古代的阿拉伯商人和航海者经常访问马尔代夫，还有部分阿拉伯人在此定居。公元 5 世纪以后，阿拉伯人常航海到此，并在印度西南海岸和斯里兰卡沿岸建立了许多采购站，马尔代夫便成为这些商业活动的要冲，由此，马尔代夫与阿拉伯世界的接触日益频繁。此后，一些阿拉伯学者、旅行者及伊斯兰教教徒们也先后来到这里，伊斯兰教逐渐在马尔代夫盛行。

四 早期社会制度

马尔代夫的历史文献关于早期的社会制度的记录很少，我们从外国历史学家的零星记录中，找到一些有关马尔代夫早期社会的蛛丝马迹。

罗马历史学家 A. 马塞利诺（Amianus Marcelinus, 320～390 年）在著作中最早记述了马尔代夫人的出访情况，简要记载了公元 362 年一个马尔代夫使团出访罗马的情况，并说使团还给当时的罗马皇帝带去了礼物，儒略·凯撒大帝在宫廷里接见了"代夫"使节。能够派遣使节前往罗马帝国的宫廷，这说明，公元 4 世纪，马尔代夫已经存在某种社会制度。

据马尔代夫历史文献记载，公元 658 年和公元 662 年，马尔代夫国王巴拉迪蒂亚（Baladitiya）曾给中国唐朝的高宗皇帝（Kao-Tsung, 649～683 年）带去了礼物，礼物由马尔代夫人直接带进了皇宫。这也说明，公元 7 世纪，马尔代夫已经建立了封建王国，有了自己的国王，并且同中国有了较为密切的外交联系。

公元 990 年以前，马尔代夫建立了索勒（太阳）王朝（Solar Dynasty or the Kingdom of Adeetta Vansa）①，其统治范围并不包括现在的马尔代夫全境。索勒（太阳）王朝的历史记录在一些名为马阿帕纳萨（Maapanansa）的铜盘上。索勒（太阳）王朝的第一位国王苏鲁达萨鲁纳·阿迪蒂亚（King Soorudasaruna-Adeettiya）是被放逐的羯陵伽王国（Kalinga）的王子，最后一位统治者是女王达马哈尔（Queen Damahaar）。

达马哈尔嫁给羯陵伽王国的王子巴拉迪蒂亚后，成为马尔代夫的新统治者，并建立了前奴尼尔（月亮）王朝（Early Lunar Dynasty or the

---

① http：//zh. wikipedia. org/zh－cn/马尔代夫历史。

Kingdom of Soma Vansa）。前奴尼尔（月亮）王朝的第三位国王马哈·桑杜拉（King Maha Sandura）有一个女儿卡曼哈尔公主（Princess Kamanhaar），后来她被放逐到现在的阿杜环礁的米杜岛，并带走了那些铜盘子。后来铜盘子被埋了起来，这就是现今历史学家对索勒（太阳）王朝和前奴尼尔（月亮）王朝知道甚少的原因。

公元 974 年，阿拉伯旅行家兰马·马斯·奥齐在旅行日记中写道：马尔代夫人民是偶像崇拜者，统治者是女王，群岛没有受到外国控制。大量资料表明，12 世纪之前，马尔代夫确实曾经由女王统治过，其政治制度与当时的斯里兰卡类似，是斯里兰卡政治制度在马尔代夫群岛的翻版。当时，马尔代夫实行的是一种君主政体，权力高度集中，对各个领域实行系统的管理，对政敌常常实行流放政策。在马尔代夫的整个历史中，这一特色十分突出。

12 世纪初，斯里兰卡僧伽罗王族的柯伊马拉·卡罗亚（Koimala Kaloa）和他的妻子，分乘两艘小船从锡兰岛（Ceylon Island）出发到达马尔代夫，并在北马罗斯马杜鲁环礁的拉斯格蒂姆岛作短暂的休息，当地善良的马尔代夫岛民们听说来自锡兰岛的两位贵宾莅临，便盛情邀请他们留下来。公元 1117 年，柯伊马拉被拥立为拉斯格蒂岛的国王，从入侵的印度人手中收回北方的环礁后，成为第一位统治马尔代夫全境的国王，并建立了奴尼尔（月亮）王朝（Lunar Dynasty）①。后来柯伊马拉·卡罗亚和他的妻子移居马累岛，同时也将马累环礁的土著居民迁至马累岛，并派遣两艘船只返回斯里兰卡将大批僧伽罗族人接来马尔代夫定居。

奴尼尔（月亮）王朝，也有人将之称为“前蒂穆格王朝”，是马尔代夫早期社会制度较为完备的王朝，国王就是传说中的柯伊马拉·卡罗亚王子，即位时间为 1117 年，1141 年退位，在位达 24 年之久。当时，马尔代夫全国盛行佛教，境内庙宇林立，信徒络绎不绝。

---

① http：//zh. wikipedia. org/zh－cn/马尔代夫历史。

五 宗教信仰的改变

（一）对太阳神和自然神的崇拜

据考古发现，公元前 2000 年左右，马尔代夫居住着一个名为"雷丁"的神秘部族，他们崇拜太阳，建造了大型寺庙，而且留下了与古代印度河文明相似的头像和文稿。1982 年，挪威古人类学家兼探险家赫叶尔达尔在马尔代夫最南端的一个岛上发现了太阳神庙的历史遗迹。这座庙宇修建在一连串正方形的、装饰着太阳神浮雕的平台上。由于年代久远，庙宇本身已完全塌毁，但考古学家在其南墙上发现了一个按星座方位排列的斜坡。人们从马累的古代遗址中还挖掘出了古时候祭神时使用的神像，据此，也有人认为，在远古时期，马尔代夫的居民还信奉过自然神。由于至今没有令人信服的资料，马尔代夫人信奉自然神的历史已无从考证。

（二）佛教的传入

考古学家发现，12 世纪以前，马尔代夫人民先后信奉过印度教和佛教。根据目前发掘出来的古迹考证，当时的居民如何信奉印度教不甚明了，但信奉佛教却是一个不争的事实。当时，马尔代夫人具有相当高的文化水平，建造过不少佛教庙宇，至今，仍有部分佛像保存完整。

对于佛教是何时传入的，马尔代夫没有明确的文字记载。通过对马累环礁卡希杜岛佛教庙宇废墟的考证，考古学家发现这些庙宇大约建于公元 3 世纪或者 4 世纪。考古学家推测，因为当时马尔代夫在该地区享有盛名，奉印度史上最杰出的统治者阿育王（Ashoka，公元前 265～公元前 238 年）之命在南亚各国传播佛教的使团也极有可能到过马尔代夫。因此推断，佛教可能在阿育王当政期间就传播到了马尔代夫。有人认为，大约公元前 3 世纪以后，斯里兰卡和印度移民已经到达了马尔代夫。部分历史学家确认，到公元 4 世纪，马尔代夫人民逐渐皈依起源于斯里兰卡的小乘佛教。

通过对马尔代夫发掘出的一些佛教庙宇废墟的研究，考古学家发现它们分属于各个不同的时期。通过对马累考古遗址的研究，人们发现，马累在公元 12 世纪以前已经建起了佛教寺庙，并且崇拜佛像。公元 12 世纪之前，佛教是马尔代夫的国教，在全国非常盛行。许多考古学家证实，佛教盛行时期的马尔代夫，境内庙宇林立，信徒众多。在目前一些未被开发的岛屿，尤其是南方岛屿，已发现了许多佛教文化遗迹，并被证实为公元 10 世纪前的历史遗迹。

（三） 伊斯兰教的传入和佛教的消亡

公元 1030 年，伊斯兰教的贤者比鲁来到马尔代夫传播伊斯兰教。于是，伊斯兰教信仰在马尔代夫逐渐盛行。公元 1153 年，阿拉伯传教者、伊斯兰教逊尼派教徒阿布尔·巴拉卡特·约瑟夫·阿尔·巴巴里来到马尔代夫，经过一番努力，终于使马尔代夫国王达鲁马范塔·拉斯盖法努皈依了伊斯兰教。自此，伊斯兰教取代佛教成为马尔代夫的国教，并一直保持到今天。

关于马尔代夫人民是如何由信仰佛教转变为信仰伊斯兰教的，由于没有文字记载，目前仍不清楚。但长期以来当地一直流传着这样一个有趣的神话传说。故事梗概是：

> 当时，马尔代夫有一个迷信的风俗，认为有个魔鬼每月要从海上来群岛一次。在他出海上岸的这天晚上，人们必须给它献上一个处女作祭品，否则整个群岛就会遭受灭顶之灾。这个少女是由居民抽签决定的，当晚，被抽中的少女被关在海滩旁的一座庙宇里。第二天清晨，人们去探望少女时，总是发现少女已经被魔鬼奸污而死。
>
> 巴巴里得知这一情况后，决定亲自去会一会这个魔鬼。于是，在魔鬼将要出现的那天晚上，他来到了平时关押少女的庙宇里，一到庙里，他便开始背诵《古兰经》。当魔鬼出现后，他沉住气大声地背起《古兰经》来，魔鬼一听到诵经的声音，便慌忙潜入水下，当天晚上再也没有出现。翌日清晨，居民们照例来到庙里给少女收尸，却惊奇地发现庙里有一个陌生男子，村民们立刻将巴巴里带进了皇宫。当国王问他事情的经过时，他便详细地叙述了自己如何到了庙里，如何背诵《古兰经》，以及魔鬼如何听到诵经的声音便消失在大海之中，等

等。讲完之后，他便奉劝国王信奉伊斯兰教。国王答应如果下个月魔鬼还不出现的话，他便改信伊斯兰教。可是还没等到下个月魔鬼出现的时候，国王和朝廷里的官员们都已信奉了伊斯兰教，国王还命令全国的居民都像他一样信奉伊斯兰教，并派人到别的岛屿上去宣传。当各岛上的居民都信奉伊斯兰教以后，这个可怕的魔鬼就再也没有出现。

这虽是一个有趣的神话传说，但是由于阿布尔·巴拉卡特·约瑟夫·阿尔·巴巴里的传教，促使马尔代夫人民由信仰佛教改变为信仰伊斯兰教却是事实。

当然，宗教信仰的改变，有着多方面的原因，而且也是一个逐渐改变的过程，并非像上述传说中叙述的那样简单。事实上，改变宗教信仰，只不过是上层人物基于国家经济关系的考虑，为了同印度洋地区重要的贸易伙伴阿拉伯国家结盟而已。在当时的条件下，只要能成为伊斯兰国家，就可以加入阿拉伯贸易网，因此也能交换到稀有奢侈物品，而且在严格的伊斯兰法典下，极权贵族的地位也能得以巩固，统治过于分散的各岛屿也变得容易许多，从此国王利用伊斯兰教教义，进行政教合一的封建统治，国王杜维米也改名为苏丹达玛斯·穆罕默德·伊本·阿卜杜拉（Sultan Dharmas Mohammed Ibn Abdullah），同时也将国号奴尼尔（月亮）王朝改名为蒂穆格王朝。

1153 年，伊斯兰教在马尔代夫占据统治地位后，国家对佛教采取禁锢政策。一时间，国家焚烧经书，拆毁寺庙，捣毁佛像，驱赶甚至杀戮僧人，全国处在一片宗教恐怖之中。据传，在宗教信仰转换期间的相当长一段时间内，有不少佛教徒仍对佛教念念不忘，有的人偷偷拜佛，有的人则拒不改教，有许多人被抓砍头。许多佛教寺庙被迫拆毁，并在原来佛教寺庙的遗址上堂而皇之地建起了清真寺，寺庙的仆人直接为清真寺服务。所有岛屿包括最远的胡瓦杜环礁都要和以前一样以进贡的方式给清真寺募捐。由于政府的高压政策，人们只好放弃对佛教的崇拜，从此佛教在马尔代夫彻底被伊斯兰教取代，并被迫退出了历史舞台。

（四） 改信伊斯兰教后所产生的影响

宗教信仰的改变，是马尔代夫历史上的一个重要转折，使马尔代夫的政治、经济、外交、文化和风俗等各方面发生了一系列的重大变化，对马尔代夫产生了重大影响。

一是改变了马尔代夫的社会政治体制。随着伊斯兰教取代佛教，古代马尔代夫原有的政体发生了彻底改变。原来拥有特权的旧贵族从此失势，国家利用伊斯兰教教义实行政教合一的封建统治，过去的国王成为独揽大权的苏丹，将全部权力集中在自己一个人手中。华丽的苏丹宫、庄严的清真寺取代了佛教的寺庙，伊斯兰教的文化和风俗习惯在马尔代夫得到广泛传播。

二是改变了马尔代夫的对外关系。宗教信仰的改变导致马尔代夫在对外关系方面发生了巨大变化。马尔代夫和原来关系密切的佛教国家如印度、斯里兰卡等逐渐疏远，同阿拉伯世界的联系越来越密切。阿拉伯人的不断涌入，对马尔代夫政治生活产生了重大影响，有的人甚至做了马尔代夫苏丹的顾问。为了加强与阿拉伯人的联系，不少马尔代夫人不断到开罗等地进行访问和参观见学，到伊斯兰教圣地麦加、麦地那朝圣的人也日益增多。

三是改变了国家的经济状况。古时候，阿拉伯人的频繁到来，使外部世界新的物种和新的耕作方式大量引入马尔代夫，外国新的产品、新的物资大量流入，外国新的方法、新的技术不断得到吸收。特别是阿拉伯人在马尔代夫从事的各种商务活动，刺激了当地经济的发展。他们以捐赠、纳税等多种形式加速了当地经济的发展，促进了马尔代夫经济的繁荣。随着伊斯兰教的对外扩张，穆斯林在世界各地港口城市的巨大的贸易网逐渐形成，这些贸易网对当地经济的发展也起着举足轻重的作用。据马尔代夫史料记载，从 11 世纪到 14 世纪，卡利卡特的扎莫里恩斯（Zamorins of Calicut）在印度西南部海岸地区的富足，很大程度上与阿拉伯商人和马皮拉斯（Mappilas）的商务活动密切相关，他们缴纳的关税是这一地区主要的经济来源。阿拉伯商人和马皮拉斯给马尔代夫带来了很大的经济利益。[1]

---

① 李玉洁：《马尔代夫共和国》，《南亚与东南亚资料》1982 年第 2 期。

四是宗教信仰的改变，还极大地改变了马尔代夫人的社会文化和生活习惯。人们从信仰佛祖变成信仰真主，从原来的吃斋念佛变成做礼拜，甚至连纪元方式都发生了彻底改变，伊斯兰教历成为人们新的纪元方式。总之，宗教信仰改变之后，马尔代夫在各方面发生了翻天覆地的变化。

第二节　苏丹王朝统治时期（1153～1968年）[①]

一　苏丹王朝统治的建立与发展

1153 年，马尔代夫建立了以伊斯兰教为国教的苏丹国，从此进入了以苏丹为代表的王朝统治时期。到 1968 年成立共和国以前，马尔代夫共经历了蒂穆格（或马累）王朝、希拉利王朝、乌蒂姆王朝、伊斯杜王朝、迪亚米吉利王朝和胡拉王朝 6 个封建苏丹王朝，共有 90 多位苏丹和苏丹女王先后对马尔代夫进行过统治。16 世纪以后，马尔代夫虽然先后经历了葡萄牙、荷兰和英国的殖民统治，但是马尔代夫的苏丹和苏丹女王们从未放弃过对国家的管理。

（一）蒂穆格王朝（1153～1388年）

蒂穆格王朝（Theemuge Dynasty）又称马累王朝（Malei Dynasty），是马尔代夫历史上建立的第一个苏丹王朝，建于 1153 年，1388 年结束，共延续 235 年，先后经历了 26 位苏丹的统治。

蒂穆格王朝的首任苏丹是奴尼尔（月亮）王朝的第二任国王杜维米，他将马尔代夫的国教由原来的佛教改为伊斯兰教。

（二）希拉利王朝（1388～1573年）

希拉利王朝（Hilaii Dynasty）是马尔代夫的第二个王朝，建于 1388

[①] 本部分除特别注明外，主要参考资料为李玉洁的《马尔代夫共和国》（《南亚与东南亚资料》1982 年第 2 期）、刘金源的《印度洋英联邦国家：马尔代夫、毛里求斯、塞舌尔》（四川人民出版社，2003）。

年。1558 年，葡萄牙人侵入马尔代夫并取得统治地位，希拉利王朝的最后一位苏丹被迫流亡印度果阿。至此，希拉利王朝已延续了 170 年，经历了 29 位苏丹的统治。

由于葡萄牙人的入侵，希拉利王朝的结束年代至今仍众说纷纭，莫衷一是。一般认为，葡萄牙人的进入并实行殖民统治，从此宣告了希拉利王朝的结束。此后有 15 年是马尔代夫的非正常时期。如果认真研究马尔代夫的历史，就会发现其实这是不确切的。据史料记载，葡萄牙人侵入马尔代夫时，希拉利王朝的最后一位苏丹已经即位，这就是马努埃尔（Manoel），君王名为迪里库萨·洛卡（Dhirikusa Loka）。由于葡萄牙人的到来，这位苏丹被迫到印度的果阿避难，国内事务交由摄政王卡奴兹迪·卡马纳吉·波杜·穆罕默德（Khanuzeedhi Kamanaage Bodu Mohamed）掌管。1573 年，葡萄牙人结束对马尔代夫的统治后，马努埃尔恢复了苏丹地位，但由于身患重病，仍然留在印度果阿。为了继续对国家实施管理，他与穆罕默德·塔库鲁法努（Muhammed Thakurufaanu）兄弟签订了一纸协定，国内事务交由穆罕默德·塔库鲁法努和他的弟弟哈桑·塔库鲁法努（Hassan Thakurufaanu）联合掌管。1573 年，穆罕默德·塔库鲁法努由于抗击葡萄牙入侵有功而被拥立为苏丹，并建立了乌蒂姆王朝。因此，1558 ~ 1573 年的 15 年间，虽然葡萄牙人对马尔代夫实行了殖民统治，马尔代夫的苏丹马努埃尔尽管也长期在印度果阿避难，但国内事务一直由摄政王代为管理。从这一历史事实来看，希拉利王朝的结束年代应该是 1573 年。

希拉利王朝时期，马尔代夫先后遭到葡萄牙和印度远征队的入侵。在这一时期，马尔代夫人民奋起反抗，英勇斗争，表现出了高度的爱国主义精神，也涌现出了众多的英雄人物。如在反抗葡萄牙的斗争中英勇抗敌的四世苏丹"阿里烈士"和穆罕默德·塔库鲁法努兄弟三人，以及在抗击印度远征队的斗争中英勇不屈的易卜拉欣·伊斯坎达尔一世苏丹等。

（三）乌蒂姆王朝（1573 ~ 1701 年）

乌蒂姆王朝（Utheemu Dynasty）是马尔代夫的第三个王朝。乌蒂姆王朝建立于公元 1573 年，公元 1701 年结束，延续 128 年，经历了 12 位苏丹的统治。乌蒂姆王朝的创建者是穆罕默德·塔库鲁法努。他领导了反抗葡萄牙侵略者的斗争。解放全国以后，他便开始在许多领域进行改革，发行马尔代夫的统一货币，采用新文字，改革行政机构，设立司法系统，并建立了一支常设国民军。

（四）伊斯杜王朝（1701～1704年）

伊斯杜王朝（Isdhoo Dynasty）是马尔代夫的第四个王朝，也是存在时间最短的一个王朝。伊斯杜王朝建立于公元1701年，公元1704年结束，其间只有3位苏丹统治。

（五）迪亚米吉利王朝（1704～1759年）

迪亚米吉利王朝（Dhiyamigili Dynasty）是马尔代夫的第五个王朝。迪亚米吉利王朝建立于公元1704年，公元1759年结束，延续55年，经历了3位苏丹的统治。1752年，印度卡纳罗尔的阿里大公（Ali Raja of Cananore）派出的马拉巴尔远征队侵占了马累岛。他们摧毁宫殿，抓走苏丹，马尔代夫人民在加齐·哈桑·伊米迪恩的领导下奋起反抗。侵略者占领马累仅2个月，便被赶走。

从1573年马尔代夫人民赶走葡萄牙殖民者到1752年粉碎印度马拉巴尔远征队的入侵，这170余年，是马尔代夫历史上的一个动乱时期。这段时期中，有15位苏丹执政。为保卫国家独立，马尔代夫人民英勇地同侵略者进行了13次浴血奋战。

（六）胡拉王朝（1759～1968年）

胡拉王朝（Huraage Dynasty）是马尔代夫的第六个王朝，也是历时最久的一个王朝。胡拉王朝建立于1759年，一直延续到1968年马尔代夫成立共和国为止，历时209年，共经历了13位苏丹的统治。1953年1月，马尔代夫曾废黜苏丹，实行总统制，成立了马尔代夫第一共和国。共和国政府成立以后，开始执行一系列的反封建、反殖民政策，这引起了国内保守势力和英国殖民势力的不满，于是他们共同谋划颠覆共和国的活动，造成马尔代夫的"共和国"试验仅仅持续七个月就宣告失败。1954年，由保守势力控制的国民议会罢黜了总统，恢复了苏丹制。

胡拉王朝时期的重要人物是穆罕默德·阿明。他被称为马尔代夫的"民族之父"。他领导创建了马尔代夫第一共和国，改革了教育制度，对马尔代夫的文学和语言发展做出了巨大贡献。同时，他还为提高妇女的社会地位进行了巨大的努力。

二　外国对马尔代夫的入侵①

随着欧洲资本主义的发展，16 世纪初，东西方之间的海上航线变得日益繁忙，邻近南亚次大陆的马尔代夫，因为其在政治、经济和地理位置上的重要性，引起了向海外寻找殖民地进行掠夺和侵略的欧洲殖民者的极大兴趣，他们争相入侵马尔代夫。为了维护祖国的独立和自由，从 15 世纪至 20 世纪的 500 年中，马尔代夫人民先后同葡萄牙、荷兰、法国和英国殖民者以及印度远征队进行了不屈不挠的斗争，一次又一次地战胜了殖民者的控制和入侵，最终获得了独立。

（一）葡萄牙侵入马尔代夫

15 世纪末，葡萄牙人在印度西海岸建立了若干基地。鉴于马尔代夫的重要性，葡萄牙人早就想将马尔代夫据为己有，但苦于一时找不到合适的机会。1513 年，马尔代夫被废黜的苏丹卡卢·穆罕默德为了重新夺取王位，便向驻扎在印度西海岸的葡萄牙军队求助。这个引狼入室的举动，给葡萄牙人提供了一个求之不得的大好机会，他们利用马尔代夫王室夺取王位继承权的矛盾，在帮助卡卢·穆罕默德顺利夺取王位的同时，作为回报和交换条件，乘机迫使卡卢·穆罕默德同意葡萄牙人在马尔代夫首都马累驻军和修筑堡垒，并且设立贸易货栈，这样，葡萄牙势力毫不费力地侵入了马尔代夫。然而，西方殖民势力的渗透引起了马尔代夫人民的强烈不满，各地群众奋起反抗。在他们的英勇斗争下，1518 年，驻扎在马累的葡萄牙驻军被一举歼灭，马尔代夫人民第一次取得了反对外来侵略和干涉斗争的伟大胜利。

但是，葡萄牙人并没有因此放弃吞并马尔代夫的野心，而是继续等待机会。1551 年，马尔代夫苏丹哈桑九世（Sultan Hassan IX）因为对伊斯

---

① 李玉洁：《马尔代夫共和国》，《南亚与东南亚资料》1982 年第 2 期；刘金源：《印度洋英联邦国家：马尔代夫、毛里求斯、塞舌尔》，四川人民出版社，2003。

兰教不敬而遭废黜，逃到印度西海岸葡萄牙的基地科钦（Cochin）请求庇护。哈桑九世在科钦待了两年，在那里与葡萄牙人联合在一起。1552 年，哈桑九世在葡萄牙传教士的劝说下皈依了基督教，并且与葡萄牙的一位贵妇结婚。据史料记载，他皈依基督教以后，曾要求葡萄牙果阿当局派遣舰队征服马尔代夫，以图恢复王位。1552 年，葡萄牙的舰队卷土重来，企图再次占领首都马累，由于马尔代夫人民英勇反抗，葡萄牙未能得逞。

1558 年，葡萄牙殖民者组织了第三次进攻。在力量悬殊的情况下，马累遭到了侵略者的占领。葡萄牙侵略者在马累修起了要塞，并向许多环礁派出军队镇压起来反抗的马尔代夫人民。自此，马尔代夫沦为殖民地，整个国家完全处于葡萄牙殖民者的残暴统治之下，统治时间长达 15 年零 6 个月之久。

马尔代夫本国的史学家把这一时期称为马尔代夫历史上最为黑暗的时期。他们认为，在这一时期，马尔代夫的"男人被贬为奴，妇女被肆意蹂躏，葡萄牙走狗的恐怖甚至延伸到了外部环礁，他们还总是强迫每一个人都去信奉基督教"。事实上，葡萄牙确立起对马尔代夫的殖民统治以后，不仅把马尔代夫作为其商船和舰队在印度洋上的一个中转基地，而且还粗暴地试图将欧洲文明植入马尔代夫，这主要体现在葡萄牙人企图强迫马尔代夫人改信基督教上。对于马尔代夫来说，无论是苏丹还是平民，信奉伊斯兰教已经有 400 多年的历史，伊斯兰教信仰本身已成为人们日常生活中的一个不可或缺的组成部分，要想通过强迫的方式让他们改宗，必将遭到他们强烈的反对。

1558 年，为了抵抗葡萄牙殖民者的入侵，即位才 2 个月的阿里四世苏丹表现出了高度爱国主义和勇敢精神，他领导马尔代夫人民对侵略者进行了英勇的反击，不幸壮烈牺牲，被称为"阿里烈士"。虽然他执政时间不长，但被认为是马尔代夫最伟大的君主之一，受到马尔代夫人民世世代代的尊崇和歌颂。

在反对葡萄牙的入侵中，穆罕默德·塔库鲁法努兄弟三人团结一心，前仆后继，在人民的积极响应下，领导了一场反对葡萄牙殖民者的斗争，并设法得到了南印度卡纳罗尔的阿里大公的支持。通过英勇不懈的游击战争，到 1573 年，葡萄牙在马累的驻军全部被歼灭，其首领即马尔代夫的实际统治者安迪林在战斗中也被刺死。马尔代夫的国土得到光复，第一次异族统治宣告结束。

葡萄牙殖民者被驱逐后，仍然野心不死。此后，他们又多次企图重返马尔代夫，并准备拥立哈桑的曾孙为苏丹，以建立傀儡政权，最后仍以失败而告终。

穆罕默德·塔库鲁法努因抗击葡萄牙侵略者功绩卓著而被拥立为苏丹，并且建立了乌蒂姆王朝。

（二）荷兰侵入马尔代夫

17 世纪上半叶，葡萄牙在南亚的殖民势力逐渐走向衰落，而新兴的荷兰东印度公司的势力蒸蒸日上，他们四处排挤葡萄牙人的势力，试图把南亚纳入自己的控制范围。荷兰东印度公司在斯里兰卡立足以后很快将目标对准了马尔代夫。17 世纪中叶，荷兰人已经取代葡萄牙人成为马尔代夫的主要贸易伙伴，当时，马尔代夫通过向荷兰东印度公司出售贝壳等海产品，从荷兰人手中换取香料、槟榔果以及用来反击外来入侵的军火等物资。在与荷兰保持贸易往来期间，马尔代夫不时面临南印度马拉巴尔海盗的侵袭。为抗击强敌，马尔代夫的苏丹有意请求荷兰人的帮助。对马尔代夫垂涎已久的荷兰东印度公司正好抓住机会，宣布马尔代夫为其势力范围，不容许外来势力染指。这样一来，尽管来自马拉巴尔海盗侵袭的威胁被解除了，但苏丹的这一做法无疑也是引狼入室，荷兰人乘机加强了其在马尔代夫的势力，并力图将马尔代夫变成受其控制的附属国。

1662 年，荷兰东印度公司向马尔代夫派出了所谓的"友谊代表团"，名义上是为加强双方之间的政治、经济和文化等方面的沟通和交流，可实际上是为其扩张做准备。1671 年，荷兰东印度公司驻斯里兰卡的总督指示"对马尔代夫群岛进行研究，其目的是保证荷兰船舶从斯里兰卡到波斯和荷兰之间的安全航行"。然而，其实际目的在于企图进一步控制马尔代夫。极度珍视自由的马尔代夫苏丹和人民严厉拒绝了荷兰殖民者的无礼要求，这才使得荷兰殖民者的扩张野心始终未能实现。不过，荷兰东印度公司的船舶经常以各种理由停靠在马尔代夫，而荷兰殖民者粗暴干涉马尔代夫内政的行为也经常发生。

总的来看，在 17 世纪的后半叶，虽然荷兰殖民者一直处心积虑地试图控制马尔代夫，而且事实上也向马尔代夫派出了所谓的"友谊代表团"。然而，由于马尔代夫的苏丹和人民的坚决反对和持续斗争，荷兰殖民者的企图一直未能实现。虽然马尔代夫的内政时常遭到荷兰人的干涉，但其独立和自由并没有在荷兰殖民者的威胁和利诱下丧失过。到了 18 世纪初，荷兰殖民者不得不无功而返，灰溜溜地撤出了马尔代夫。

（三）印度远征队占领马尔代夫

17 世纪中叶，马尔代夫与南印度的卡纳罗尔的阿里大公之间的关系开始恶化，到迪亚米吉利王朝伊斯坎达尔一世苏丹执政时，马尔代夫拒绝向卡纳罗尔的阿里大公朝贡已达一个半世纪之久，使得卡纳罗尔的阿里大公非常恼火，于是派遣一支马拉巴尔远征队讨伐马尔代夫。经过一场小规模寡众悬殊的战斗之后，马尔代夫不幸战败。卡纳罗尔的阿里大公提出马尔代夫可以停止朝贡，但必须将距离南印度很近的、原属于马尔代夫的米尼科伊岛（Minicoy Island）割让给南印度的卡纳罗尔的阿里大公。伊斯坎达尔一世苏丹被迫应允，这才换来了国家暂时的和平与安宁。

1752 年，在一次海上巡行中，一群来自南印度的马拉巴尔海盗，在公海上劫持了马尔代夫迪亚米吉利王朝的苏丹穆罕默德·伊马杜丁（Muhammed Imaduddin）三世，并且还将其流放到拉克沙群岛（Lakshadweep）的卡瓦拉蒂岛直至其 1757 年去世，并洗劫了马累。为了解救被马拉巴尔海盗劫持的人质，马尔代夫被迫向法国驻印度本地治理司令官求助，在得到法国人的允诺之后，一群勇敢的马尔代夫人决心把被马拉巴尔海盗占领的国家解救出来。1753 年 4 月 7 日，在哈桑·马尼库法努（Hassan Manikufaanu）的精心策划和法国军队的配合下，马尔代夫人民对马拉巴尔人发动了袭击，并全力追杀侵略者，马拉巴尔人占领马尔代夫的时间仅仅持续了 2 个月。此后，马拉巴尔人并未停止对马尔代夫的骚扰。一次，一群马拉巴尔人登上多纳库里岛，并以该岛为基地，向各个岛屿派出人员进行烧杀抢掠。得知这一消息后，哈桑·马尼库法努立即组织力量进行抵抗，成功地击退了马拉巴尔人。

（四）法国侵入马尔代夫

由于地理位置的重要性，法国殖民者对马尔代夫早就有入侵的企图。17世纪初，一艘法国探险船在马累附近遇险，一个名叫弗朗索瓦·皮拉尔（Francois Pyrard）的船员得到马尔代夫人民的救助，并且在岛上逗留5年。皮拉尔辗转回国以后，写了一本详细描述马尔代夫社会情况的书籍。该书引起了法国殖民者对于马尔代夫的关注。18世纪中叶前后，荷兰在印度洋的殖民势力开始衰落，法国人开始等待入侵时机。

1752年，时机终于来临。当时，南印度卡纳罗尔的阿里大公派遣马拉巴尔远征队侵占了马累岛，他们摧毁宫殿，抢掠财物。为了解救被马拉巴尔人劫持的穆罕默德·伊马杜丁三世和其他人，马尔代夫苏丹哈桑·兰纳巴德依里·基里盖法努在寡不敌众的情况下，被迫向法国驻印度本地治理司令官求助，法国人当即表示支援。这样，在法国殖民者的支援以及马尔代夫军民的奋勇抗击下，南印度侵略军占领马累仅两个月就被赶走。在法国人的帮助下，马尔代夫人最后打败了马拉巴尔人。返回马累以后，苏丹雇请28名法国士兵在马累驻守了一段时间。1753年，法国殖民者与马尔代夫苏丹签订了一项危及马尔代夫国家主权的条约，规定法国可以在马累驻军。然而，一向不愿屈服的马尔代夫人，同样没有向法国的舰队和驻军屈膝。条约签订后几个月，马累人民再次展开了对殖民者的坚决斗争，迫使法国驻军和舰队撤离马尔代夫，马尔代夫的主权又一次得到了维护。

总体来看，从15世纪末开始，葡萄牙、荷兰和法国殖民势力先后染指并控制了印度洋区域，马尔代夫由此成为列强争夺的目标。葡、荷、法三国殖民者之所以重视这个岛国，并不在于马尔代夫的资源和财富，而是在于马尔代夫相对重要的地理位置，因为一旦占据或控制了马尔代夫，那么，在漫长的印度洋航线上，殖民船只和舰队就可以找到一个落脚点和补给站，从而为进一步控制南亚次大陆打下基础。对于西方殖民势力的渗透，马尔代夫的苏丹和人民，始终采取坚决抵制的态度，并为之展开了长期而坚决的斗争。正因为如此，除 1558～1573 年马尔代夫为葡萄牙人所占领之外，其他的时间，马尔代夫基本上都成功地维护了自己的领土和主权，成为一个独立的民族国家。在这个独立的民族国家中，由于本土的伊斯兰文化传统极其深厚，虽然几个世纪以来与西方国家的贸易和商务往来不断，但西方文明对马尔代夫政治、经济和社会生活的影响很小，马尔代夫仍然是典型的东方社会。

（五）英国侵入马尔代夫

18 世纪中叶以后，法国和其他殖民帝国在印度洋的地位开始为英国所取代，马尔代夫也就随之被纳入英国的势力范围。从 18 世纪末到 19 世纪初，英国的商船和军舰多次到达马尔代夫进行试探。在 19 世纪 30 年代前后，英国利用马尔代夫上层贵族的内讧，取得了穆罕默德·伊马杜丁四世苏丹的信任，进一步控制了马尔代夫。1882 年，穆罕默德·伊马杜丁四世苏丹去世后，英国殖民者利用马尔代夫内部争夺王位的机会，支持伊马杜丁二世苏丹，并于 1887 年由英国驻斯里兰卡殖民地的省长与马尔代夫苏丹签订条约，马尔代夫从此正式成为英国的保护国。马尔代夫国王承认英国为其宗主国。条约规定，马尔代夫必须通过英国驻斯里兰卡的省长和外界建立关系。英国同时也插手干涉马尔代夫内政，英国军舰经常停泊和出没于马尔代夫群岛，马尔代夫遂成为英国在印度洋的军事基地。

1.《英马条约》的签订与主权的丧失

18 世纪中叶，英、法两国为争夺海外殖民霸权而展开了激烈的战争。在 1756～1763 年的七年战争中，英国大获全胜。法国和其他殖民帝国在印度洋区域的地位逐渐被英国取代，南亚各国以及印度洋上的诸岛国相继被纳入英国的势力范围。1796 年，经过与荷兰几十年的殖民争夺，英国终于取代荷兰而成功建立起在斯里兰卡的殖民统治。由于斯里兰卡是距离马尔代夫最近的南亚国家，所以在接受英国殖民统治期间，科伦坡与马尔代夫之间的商贸往来十分密切。从 18 世纪末到 19 世纪初，英国的商船和舰队多次到达马尔代夫，或是进行商业贸易，或是作短暂停留，进行补给。双方交流的增加使英国人逐渐认识到了这个小小岛国的价值。在英国殖民者看来，在通往斯里兰卡以及东南亚各殖民地的印度洋航道上，马尔代夫是一个不可多得的中转站和补给站。于是，英国人开始想方设法地控制马尔代夫。

在荷兰人统治斯里兰卡时期，马尔代夫人曾向英国寻求保护，并向他们进贡。英国取代荷兰确立了自己在斯里兰卡的统治地位后，仍然担心马尔代夫再向其他国家寻求保护。为了满足自己的需要，英国决定与马尔代夫签署一份正式条约，以确保其对马尔代夫的统治权。虽然英国政府曾保证不干涉马尔代夫的内政，但是他们希望对马尔代夫的国内发展情况和局势变化进行监督，并希望马尔代夫领导人的变更必须征得他们的同意。出于政治上、军事上和经济上的多重需要，英国授权英联邦斯里兰卡政府拟定条约草案。1887年12月16日，英国同马尔代夫在马累签署了《英马条约》。

《英马条约》签订以后，马尔代夫被迫承认英国对马尔代夫行使主权，没有英联邦斯里兰卡政府的授权，苏丹不得同第三国建立任何关系。英国政府承诺保护马尔代夫不受任何外来攻击，并保证不干涉马尔代夫内政。每年马尔代夫向英联邦斯里兰卡政府进贡时，两国互相交换信件。《英马条约》的签订，标志着马尔代夫独立主权的丧失，英国从此成为马尔代夫的保护国。此后，英国军舰经常停泊和出没于马尔代夫群岛，马尔代夫遂成为英国在印度洋上的军事基地。

1948年4月，在英国势力即将撤出南亚前夕，英马两国政府就1887年的《英马条约》的修改问题举行了会谈并对《英马条约》进行了修改。新条约规定，马尔代夫不再向英国政府进贡，英国保证不干涉马尔代夫内政，但马尔代夫仍然接受英国的保护，其外交和防务仍然由英国管理。4月24日，新的《英马条约》的签字仪式正式举行。

需要指出的是，与斯里兰卡、印度等其他国家不同的是，作为宗主国，英国对马尔代夫的控制和管理，完全是通过其驻斯里兰卡殖民当局来完成的，英国并没有派遣自己的殖民官员到马尔代夫实施统治。因此，1887~1965年，马尔代夫虽然是英国的保护国，但是国家仍然由苏丹领导。另外，根据《英马条约》，除了外交之外，马尔代夫拥有完全的内政权，即苏丹有权管理国内的任何事务。然而，在实际操作过程中，英国殖民者仍然以种种理由干涉马尔代夫的内政，其强大的军事威胁使得马尔代夫苏丹不得不言听计从。这样一来，马尔代夫在外交权完全丧失的前提下，内政也在很大程度上受到英国的控制，实际上沦为英国的殖民地。

2. 君主立宪制的建立

第一次世界大战以后，世界民族解放运动风起云涌，马尔代夫人民强烈要求摆脱英国殖民统治，建立独立自主的民族国家的斗争空前激烈。在这样的潮流下，英国殖民者不得不对马尔代夫做出某些让步。

1932 年 12 月 22 日，苏丹被迫批准了马尔代夫的第一部宪法。宪法规定：马尔代夫实行君主立宪制。该宪法的颁布实行，限制了苏丹权力，引入了选举机制，成立了由人民选举的议会，并规定了一系列的人民基本权利和自由。马尔代夫宪法的颁布和第一个君主立宪政体的建立，使马尔代夫延续了 800 多年的苏丹统治受到严重削弱。

3. 第一共和国的夭折和苏丹制的复辟

1943 年 4 月 8 日，哈桑·诺拉丁（Hassan Nooraddin）苏丹退位后，马尔代夫开始着手建立共和国。20 世纪 50 年代初，中东的伊斯兰世界出现了"共和主义"变革思潮，埃及、巴基斯坦等国先后建立了"共和国"，马尔代夫随即加以仿效。1952 年 2 月，民选苏丹阿卜杜勒·马吉德·兰纳巴迪里·基里吉凡（Abdul Majeed Rannabadeyri Kilegefan）让出王位，为共和国的建立提供了大好机会。1952 年 4 月 15 日，马尔代夫召开特别议会，与会者一致赞成通过全民投票来决定治国原则，并决定成立共和国，废除伊斯兰君主的统治。1953 年 1 月 1 日，马尔代夫第一共和国成立，前政府总理穆罕默德·阿明出任总统。

共和国政府成立以后，马尔代夫开始实行一系列反封建、反殖民主义政策，引起了国内保守势力和英国殖民势力的极大不满，于是他们共同谋划颠覆共和国的活动。1953 年 8 月，原副总统易卜拉欣·穆罕默德·迪迪等人经过密谋，趁阿明总统到印度、斯里兰卡等国筹粮之机，借国内饥荒①突然发动政变，推翻了阿明的统治，易卜拉欣·穆罕默德·迪迪自任总统。1953 年 8 月 21 日，国民议会被迫正式罢免了阿明的总统职务，通过了废除共和国制度的法律，并选举穆罕默德·法里德·迪迪（Muhammed Fareed Didi）为苏丹。1954 年 3 月 6 日，穆罕默德·法里德·迪迪苏丹即位，马尔代夫恢复苏丹制政体。共和国的夭折和苏丹制的复辟，是马尔代夫近代史上的一次历史性大倒退。

4. 英国租借甘岛空军基地

第二次世界大战爆发后，英美与日本在印度洋的争夺日益激烈。1941 年"珍珠港事件"后，战火逼近印度洋地区，日本的军舰、潜艇和飞机时常在马尔代夫群岛出现。英国以防卫需要为借口，强迫阿杜环礁甘岛的居民迁移，并在此建立了一个巨大的英国空军基地。

1944 年以后，英国逐步放弃了甘岛空军基地的使用权。1954 年，马尔代夫苏丹制的恢复，再次给殖民者提供了可乘之机。1956 年底，英国与马尔代夫政府达成协议，恢复它在甘岛的军事机场，并租用该机场 100 年，另外英国船只拥有进入阿杜环礁湖及附近水域的特权，英国承租希塔杜岛的 45 公顷土地以建设一个军用无线电台，等等。1958 年，英国军队重新登陆甘岛，挑动阿杜环礁的骚乱，支持分裂主义者阿卜杜拉·阿菲夫·迪迪（Abdula Afif Didi）成立所谓的"苏瓦代夫联合共和国"并让其自任"总统"，作为交换条件，迪迪欣然同意英国承租阿杜环礁。1960

---

① 第二次世界大战的爆发引发了世界范围的大饥荒，饥荒一直延续到二战结束后多年。像马尔代夫这种缺少耕地的国家，战争造成的困难和食物短缺尤其严重。到 1953 年，在离马累远一点的环礁上生活的人们情况更糟糕。在战争造成食物短缺的情况下，政府只能减半定量供给，有时甚至只能发给定量的四分之一。这场战争同时导致马尔代夫正常的商业运输被迫停顿，除粮食外，还造成医药和日用品严重短缺，许多人根本就没有衣服穿，只能把黄麻编起来遮挡身子。女人没有衣服穿，白天只好躲到海上，等天黑了才回来。为应对这种窘况，政府主管粮食的部门经常召集马累的居民用衣服换取粮食，再把换来的衣服发放到生活最困难的环礁。为了应对食物短缺，政府领导人一方面外出筹粮，另一方面制订计划引导人们种植适宜在马尔代夫生长的树和农作物。直到第一共和国结束，食物短缺仍然没有得到缓解。在这个不能自给的小岛上，饥饿和瘟疫横行，造成大量人口死亡。

年，马尔代夫以取缔"苏瓦代夫联合共和国"① 和获得 85 万镑的经济援助为条件，被迫同英国签订协议，将阿杜环礁的甘岛基地租借给英国，租期为 30 年（从 1956 年算起），但是租金必须在 1960～1965 年付清，用于发展马尔代夫经济。这样，甘岛基地由英国当初的"强行占领"一跃变成了"合法租借"，由此，马尔代夫又丧失了不少领土和主权。1965 年，马尔代夫获得独立，英国虽然被迫放弃了宗主国地位，但仍保留了对甘岛和希塔杜岛军事设施的使用权。

20 世纪 70 年代中期，英国政府出于财政方面的原因和防务上的考虑，被迫将租赁期由原定的 30 年缩短为 20 年。1975 年，英国关闭了甘岛基地，1976 年 3 月，英国最后一支部队完全撤离甘岛，甘岛才重新回到马尔代夫人民手中。

5. "苏瓦代夫联合共和国"的分裂活动

长期以来，马尔代夫的大部分对外贸易都是经由马累港进行的，但由于交通不便、管理难度大等原因，马尔代夫北部地区和南部地区的一些环礁（如南部的阿杜环礁和胡瓦杜环礁）的大多数商人直接与印度、斯里兰卡和东印度群岛的港口进行贸易，政府也缺少有效的措施对这些不经由马累港的对外贸易征收赋税。

为了防止中央政权对该地区对外贸易管理的失控，1947 年，马尔代夫发表声明，宣布对南部诸岛商人的对外贸易活动进行监控。根据这项声明，从 1947 年开始，马尔代夫商人进出斯里兰卡或者在该地区与其他英属诸国进行贸易活动，必须出示由马尔代夫马累政府颁发的护照和签证。同时，政府恢复了对南部诸岛的人头税和地皮税的征收，从而导致南部诸岛商人强烈不满。

甘岛地理位置优越，战略地位重要，英国曾多次与马尔代夫政府商量，企图获取对甘岛和希塔杜岛的马门杜（Maamendu in Hithadu）为期

---

① 苏瓦代夫联合共和国（The United Suvadive Republic），亦称"苏瓦代瓦联合共和国"（The Suvadiva United Republic），是 1959 年马尔代夫分裂分子在马尔代夫南部三个环礁擅自成立的分裂政府。

100 年的租借权，遭到了马尔代夫政府的断然拒绝，为此英国大为恼火。为了获得甘岛基地，驻守甘岛的英军鼓动甘岛脱离马尔代夫中央政权的统治。

后来，马尔代夫政府迫于压力，同意阿杜环礁居民给英军当雇工。英军用丰厚的报酬、大量的物资不断对工人进行诱惑，当地有势力的人也不断鼓动当地居民行动起来与政府对抗。

1957 年末，马尔代夫总理易人，易卜拉欣·纳色尔（Ibrahim Nasir）出任新一届总理。1958 年底，纳色尔总理下令英国政府停止在阿杜环礁的一切在建工程，进一步激化了英国当局和当地政府同中央政府的矛盾。为了协调关系，纳色尔总理任命阿卜杜拉·阿菲夫·迪迪为英国人和当地政府的联络官。

1959 年新年前夕，马尔代夫政府宣布了一项新的船税，引起了希塔杜岛的严重骚乱，一名英军士兵甚至给骚乱的群众抱来一箱火柴，鼓动他们烧毁政府设施。1959 年 1 月 3 日，一个由分裂分子组成的"代表团"到达甘岛，就准备宣布独立一事向英国驻军通报。英国驻军一再坚持，要求他们必须任命一个可以信赖的政府领导人，否则不支持他们的叛乱，最后，阿卜杜拉·阿菲夫·迪迪在"劝说"之下同意出任新政府的领导人。

阿杜环礁"独立"的消息迅速传遍了福瓦穆拉环礁和胡瓦杜环礁。1959 年 3 月 13 日，这两个环礁也宣布脱离马尔代夫苏丹的统治，加入阿杜环礁，并成立"苏瓦代夫联合共和国"，从而导致马尔代夫出现了历史上最大的一次分裂。

为了反对分裂，马尔代夫政府和人民进行了坚决的斗争。1959 年 3 月，马尔代夫苏丹政府对这次分裂行动迅速做出反应，易卜拉欣·纳色尔总理亲自率领全副武装的军队抵达胡瓦杜环礁进行平叛。同时，马尔代夫政府还与英国政府展开了积极的外交斡旋，取得重大成果。20 世纪 60 年代初，英马两国政府签署新一轮协议，英国政府声明不再支持叛乱势力。

1961 年，胡瓦杜环礁再次发生大规模叛乱，纳色尔总理再次出动军队和炮艇前往平叛。经过一年的激战，最终平息了这场叛乱，并彻底解散了位于哈瓦鲁蒂纳杜的叛军总部，遣散了岛上所有的居民，将胡瓦杜环礁重新划分成两个行政区，即东胡瓦杜（Huvadu East）和西胡瓦杜（Huvadu West）。后来，这两个行政区又被重新命名为南胡瓦杜（Huvadu South）和北胡瓦杜（Huvadu North）。通过这次平叛，纳色尔总理彻底解散了苏瓦代夫联合共和国，使马尔代夫重新得到了统一。

1963 年 9 月 22 日，根据马尔代夫政府的要求，英国政府驻阿杜环礁当局发出最后通牒，要求马拉杜岛（Maradoo）的居民悬挂马尔代夫国旗。一个叫库巴戈·阿汗马（Kubbage Ahanmaa）的人在一本书中发现了样品，就照样做了一面马尔代夫国旗。1963 年 9 月 23 日凌晨 3 时许，马尔代夫国旗换下了苏瓦代夫联合共和国国旗。1963 年 9 月 30 日，阿卜杜拉·阿菲夫·迪迪根据英国政府的指令，亲自把马尔代夫国旗从甘岛送到希纳杜岛。马尔代夫国旗在希纳杜岛升起，标志着苏瓦代夫联合共和国的彻底灭亡。此后，阿卜杜拉·阿菲夫·迪迪在英国当局的帮助下逃往塞舌尔。

三　获得独立

进入 20 世纪 60 年代后，亚非殖民地国家掀起了又一轮民族解放斗争的高潮，马尔代夫人民抓住这一有利时机，再一次开展了独立运动。1963 年，马尔代夫参加了"科伦坡计划"。1964 年，马尔代夫开始推行实质性的宪政改革，规定取消苏丹世袭制，苏丹由一个特别议会来推选产生；政府首脑是内阁总理，由苏丹根据立法机构的提议任命；组成 54 人的立法机构——"人民议会"（The People's Majlis）；内阁由阁员、部长、首席检察官组成，成员全部由内阁总理指定；总理、阁员、议员任期均为 5 年；国家的一切法律都由人民议会通过，然后呈报苏丹批准。

这次宪政改革，使马尔代夫确立了君主立宪制度，苏丹虽然没有被废黜，但取消了世袭制，且其权力已被削弱，仅成为象征意义上的国家元首；国家的实权由人民议会掌握，重大决策由人民议会做出。这些举措，标志着马尔代夫在向政治民主化转变方面迈出了坚实的一步。

随着政治改革步伐的加快，经过马尔代夫各方的积极努力，1965 年 7 月 26 日，英国和马尔代夫在科伦坡签订一份协议。协议规定，马尔代夫于 1965 年 7 月 26 日脱离英国保护，英国承认马尔代夫完全独立，在内政、外交和国防等方面拥有完全独立地位，马尔代夫成为英联邦内的一个独立主权国家。至此，英国在马尔代夫的殖民统治宣告结束，7 月 26 日因此成为马尔代夫的国庆日。同年 9 月 21 日，马尔代夫加入联合国，成为联合国中领土和人口最少的国家之一。

第三节　第二共和国时期（1968 年至今）

一　第二共和国的建立与发展

1968 年初，内阁向人民议会提交议案，就马尔代夫是继续实行伊斯兰君主体制还是成立共和国进行审议。人民议会投票决定成立共和国。1968 年 3 月，马尔代夫举行公民投票，决定废除苏丹统治，建立共和国政体。同年 11 月 11 日，马尔代夫正式宣布第二次成立共和国。

马尔代夫共和国的成立，是马尔代夫历史上具有划时代意义的事件。一是确立了一个全新的政治体制。随着共和国的成立，苏丹制被彻底废除，总统成为国家元首，总统候选人不但由人民议会通过无记名投票选举产生，还需要经过全民公决得以确认，这同过去的世袭制有了本质的区别。二是推进了马尔代夫的民主进程。共和国成立后，马尔代夫随即进行了大规模的政治体制改革，国家成立了内阁和一院制的人民议会，人民第一次有了基本的人权保障，如自由发表言论和集会的权利，法律面前人人平等的权利，捍卫私有财产的权利，等等。这一变革，对于一个有着 800 多年封建苏丹王朝历史的小国来说，已属十分不易。然而，马尔代夫毕竟是一个有着深厚历史文化传统的国家，传统的东西总会以各种方式体现在国家的政治、经济和社会文化之中。尽管马尔代夫成立了共和国，废除了苏丹制，但伊斯兰教传统丝毫没有受到破坏。时至今日，伊斯兰教对马尔代夫国家政治生活仍具有重要影响。

共和国成立后，在抗英民族解放运动中做出巨大贡献的英雄人物易卜拉欣·纳色尔被拥立为总统，艾哈迈德·扎基（Ahmed Zaki）成为新政府的总理。1973年，纳色尔总统和扎基总理获得连任。1975年，马尔代夫发生了一场不流血政变，扎基总理因涉嫌参与政变，被纳色尔流放到边远小岛①。自此，马尔代夫废除了总理职位，总统独揽了一切国家权力。

20世纪70年代，马尔代夫对斯里兰卡的咸鱼出口价格大幅下跌，对马尔代夫的国民经济打击沉重，造成国内的经济和社会危机；加之1975年英国先后放弃苏伊士运河以东的防务，关闭了甘岛军事基地，1976年3月，英军从甘岛完全撤离，马尔代夫从英国获得的经济援助大为减少，同时也失去了甘岛基地劳务收入，使马尔代夫经济大伤元气，国家财政陷入严重危机。1978年，纳色尔政权在重重危机打击之下和国民的一片反对声中全面崩溃②，穆蒙·阿卜杜勒·加尧姆（Maumoon Abdul Gayoom）在总统选举中获胜，此后一直到2008年，加尧姆连续6次当选总统，牢牢地掌握着马尔代夫政权。因此，从1978年起，马尔代夫进入了加尧姆时代。

二　粉碎政变，平息暴乱

1978年加尧姆当选总统后，大力促进国家的现代化进程，在马尔代夫的经济和社会发展方面采取了一系列重要措施，极大地改善了马尔代夫人民的生活，从而赢得了马尔代夫人民的极大信任。加尧姆政权的空前巩固，既为国家的进一步发展创造了条件，也使一些反对势力极为不满。这些反对势力既包括那些要求在马尔代夫推行所谓民主政治的人，也包括那些受到加尧姆打击或驱逐的人，他们目标一致，借题发挥，不择手段，发起了一场又一场针对加尧姆总统的阴谋活动。

90年代初，加尧姆总统设立了一个委员会，调查政府官员的渎职行为。这一举措触及一些人的利益，一些不满加尧姆专权的官员和议员伙同反对势力，指责加尧姆给自己扣上了腐败和渎职之名，以便将自己从政权

---

① 外界舆论普遍猜测，扎基可能是由于过于出名，并可能危及纳色尔的统治地位而遭到流放。

② 纳色尔总统携带数百万美元巨款逃往新加坡，后因涉嫌贪污腐化以及制造政变而被缺席判处25年监禁。

体系中清除出去，指责调查委员会实际上成为加尧姆打击异己的重要工具；针对加尧姆在政府机构中安排了一些亲信和内亲，并且身居要职，一些反对势力大加渲染，指责加尧姆"任人唯亲"。特别是加尧姆的妻弟伊利亚斯·易卜拉欣（Ilyas Ibrahim）在 90 年代初任国防和国家安全部部长职务后，曾受到挪用公共资金的指控，并一度出逃。他归国以后，加尧姆亲自任命的一个特别调查委员会经过调查后，确认其是"清白"的，给其恢复了名誉，并任命其为环礁管理部部长。反对派对此借题发挥，大肆攻击加尧姆的用人政策。此外，反对势力还针对加尧姆总统本人身兼国防和国家安全部部长、财政部部长两个重要职务，1994 年 8 月又身兼货币局局长职务，攻击加尧姆总统独断专权，实行赤裸裸的集权统治。

　　为了推翻加尧姆总统，仅 20 世纪 80 年代，马尔代夫反对势力就组织和发动了 3 次军事政变。1980 年和 1983 年的两次政变，由于规模较小，很快被加尧姆政府平息。1988 年 11 月 8 日，就在加尧姆第三次当选马尔代夫总统后即将宣誓就职的前 3 天，一名在斯里兰卡的马尔代夫商人阿卜杜拉·卢图菲（Abdulla Luthufi），重金收买了一支属于斯里兰卡泰米尔猛虎组织的雇佣军，策划和发动了一场规模空前的军事政变。这些雇佣军约 160 人，其中约 80 人事先潜入马累，另外 80 人伪装成游客在天亮前乘坐民航客机进入马尔代夫。这些人里应外合，迅速占领了胡鲁累国际机场以及政府的多处设施，四处搜捕总统加尧姆。鉴于政变者来势凶猛，眼看国家危在旦夕，加尧姆不得不向美国、英国、印度和斯里兰卡等国请求援助。根据加尧姆的请求，印度总理拉吉夫·甘地（Rajiv Gandhi）紧急派出 1600 人的特种部队，分乘飞机和军舰及时赶到马累，与马尔代夫国家安全卫队一道，经过约 12 个小时的血战，收复了胡鲁累国际机场，雇佣军除一部分乘坐快艇逃往斯里兰卡外，其他全部被围歼，这场政变被一举粉碎。1998 年以后，在加尧姆总统的领导下，马尔代夫经济迅速发展，人民生活水平不断提高，国内又没有任何党派存在，在此后长达 15 年的时间里，马尔代夫的政权一直比较稳固，国内局势基本保持稳定。

　　尽管如此，马尔代夫政坛仍暗流涌动，企图推翻加尧姆的势力依然存在。2003 年 9 月 20～22 日，在即将进行新一轮总统选举前夕，马尔代夫发生大规模暴乱。这次暴乱的直接原因是，9 月 19 日夜晚，位于马累环礁的马阿夫希监狱发生了一起国家安全卫队人员毒打犯人致死的事件。9 月 20~22 日，犯人亲友前往政府机构进行示威。在示威的过程中，一些暴徒加入了示威队伍。他们打着"加尧姆下台""反对独裁统治"等大幅标语，在街头制造混乱，并且焚烧警察局、警车和法院，这个一般的治安案件最终发展成为一场针对加尧姆总统、破坏大选的大规模政治暴乱。据称，这是 1988 年以来马尔代夫发生的最大规模暴乱。暴乱发生后，马尔代夫政府采取了一系列重要措施：一是迅速成立调查机构，对打人致死事件立即展开全面调查；二是加尧姆总统发表讲话，呼吁市民保持平静；三是严肃军纪，逮捕查办了 11 名国家安全卫队人员；四是采取坚决措施，在马累实行宵禁，并出动国家安全卫队镇压暴乱，从而有效地防止了事态进一步恶化，再次保持了政局稳定。

三 岛国特色经济的确立

长期以来，马尔代夫的经济基本处在一种"生存经济"状态，其特殊的地理环境，狭小的国土面积、有限的资源，加之殖民者对岛国经济的漠视，极大地制约了马尔代夫经济的发展。独立时，马尔代夫的经济还只建立在渔业和少量的农业及手工业基础之上，经济基础十分薄弱。当时，马尔代夫渔业捕捞技术和设施落后，组织性差，冷藏、运输和加工手段也跟不上，产值较低；农业生产以一家一户的小农经济为主，生产力落后，且耕种方法十分原始，农产品远远不能满足国内的需要；工业多为技术水平低下的作坊手工业、家庭手工业和鱼类初加工工业，加之全国教育水平低下，技术劳动力严重缺乏。可以说，独立时的马尔代夫，完全是一个百业待举的烂摊子。

为了发展本国经济，独立以后，马尔代夫历届政府采取了一系列重要措施，到 20 世纪 80 年代中期，马尔代夫终于打破了原有的经济模式，逐步形成了具有岛国特色的经济体系。

1. 加强政府对经济领域的干预

独立后，马尔代夫政府认识到，要实现经济的顺利发展，必须强化国家政权对经济的干预，由国家来制订和推行发展计划。为此，国家专门成立了国家规划署，具体负责经济计划的制订与全面推行工作，同时，还注重加强政府对国民经济的宏观调控。在确保国民经济宏观发展的同时，鉴于外岛环礁与首都马累之间的经济发展差距，政府明确提出了增强马尔代夫的自力更生能力、提高环礁人民的生活水准的目标。为确保这些目标的实现，政府将国内生产总值和外汇收入的平稳增长、加大对医疗保健和教育事业的投入、加速环礁的综合开发、努力实现全国经济社会发展的平衡作为国家优先发展的重点，取得了很大成效。

2. 实行对外开放

1972 年，马尔代夫宣布实行对外开放政策，并以旅游业为突破口，通过吸引外资加速国内经济的发展，取得明显成效。20 世纪 70 年代，联邦德国和意大利等国的一些开发商到马尔代夫进行旅游投资并开发了一些新的旅游景点，此后，其他国家的开发商也纷纷到马尔代夫投资，极大地刺激了马尔代夫旅游业及其他行业的快速发展。从 1989 年开始，马尔代夫开始推行经济改革计划，进一步提高进口商品的配额，将某些产品出口行业向私人开放，大力吸引私人资本和外国资本进入本国的经济部门，因而解决了经济发展面临的资金不足的"瓶颈"问题，极大地推动了经济的发展。1974 ~ 1978 年国内生产总值的年增长率达到了 12.5%，远远高于南亚其他国家的经济增长率。加尧姆当政后的 80 年代，马尔代夫政府致力于在自由经济的框架内谋求社会经济的可持续发展，大力推行港口、电力、通信等基础设施建设，并且把 2/3 的资金用于发展教育、保健、环保以及开发环礁上，取得了很大成效。整个 80 年代，马尔代夫的年均经济增长率达到 10%。

3. 加强环礁开发，促进平衡发展

随着经济发展速度的加快，各环礁与首都马累之间的经济差距日益扩大，由此导致环礁居民大规模向首都马累迁移，造成了诸多经济和社会问题。为此，加尧姆政府在 90 年代的发展规划中，进一步强调人口的合理布局，加大对环礁开发的投入，实行了一些优惠政策，从而大大改善了各环礁的社会经济状况。2010 年，马尔代夫将全国分成 7 个省，全面加强了对 20 个环礁经济开发和各项建设的管理。然而，由于各环礁之间互相隔绝，有的环礁资源匮乏，人烟稀少，开发的经济成本很高，很难达到一定的经济规模，因此，环礁发展问题仍然是马尔代夫十分重视的一个问题。

4. 发展支柱产业，建立特色经济

马尔代夫土地资源紧缺，可耕地面积少，土壤条件差，农业发展受到很大限制；全国没有足够的矿产资源，采矿业和加工制造业极不发达，长期以来只有少量的手工业，工业基础极为薄弱。这种先天不足，严重制约了马尔代夫经济的发展。但是，马尔代夫有着漫长的海岸线，渔业资源非常丰富，加之地理环境特殊，自然风光秀丽，为发展渔业和旅游业提供了得天独厚的条件。独立以后，马尔代夫历届政府从本国情况出发，因地制宜，加大投入，将渔业和旅游业作为国家的支柱产业予以重点发展。经过长期努力，目前马尔代夫已基本建成了具有岛国特色的经济体系。

共和国成立以后，马尔代夫政府在现代化建设的道路上，坚持从本国国情出发，实行了具有本国特色的经济发展战略，注重发挥岛国优势，从而改变了长期贫困落后的面貌，加速了经济现代化的发展进程。特别是随着特色经济的建立，马尔代夫的人均收入大幅增长。据世界银行统计，20世纪 70 年代末，马尔代夫国内人均年收入不足 100 美元，是世界上最不发达的 20 个国家之一。1997 年，马尔代夫人均年收入达到 22151 拉菲亚（合 1882 美元），一跃成为世界上中等偏低收入的国家之一。2011 年，马尔代夫已从联合国最不发达国家名单中除名，阔步迈进了世界中等收入国家行列。

四 21 世纪以来的宪政改革与政治动乱

进入 21 世纪以后，马尔代夫的政治形势持续恶化，要求总统放权、推进民主政治的呼声日益高涨。2003 年 9 月和 2004 年 8 月，马尔代夫相继爆发了大规模的政治暴乱。2005 年初，在国内外舆论的巨大压力下，马尔代夫终于启动了真正意义上的宪政改革。2005 年 2 月，加尧姆总统向特别议会提出了 31 条具体的修宪建议。2006 年 3 月，马尔代夫内阁批

准了加尧姆总统的民主改革路线图计划。6月，议会通过了在马尔代夫实行多党政治的议案，从而使各政党的合法地位得到了正式认可。马尔代夫内政部陆续接受多个政党的注册，从而结束了该国长期无政党的历史。2007年8月，全民公投决定继续实行总统制。2008年8月，新宪法正式生效。规定总统为国家元首、政府首脑和武装部队统帅，有权任命内阁成员，但须经议会批准；所有议员通过选举产生，总统不再有任命议员的权力；实行三权分立，建立独立的最高法院，总统不再是司法系统的最高长官。10月，马尔代夫举行多政党体制下的首次总统选举，民主党候选人穆罕默德·纳希德（Mohamed Nasheed）在第二轮投票中，击败了连续执政30年的时任总统加尧姆，成功当选马尔代夫宪政改革后的首位总统。

纳希德总统上台后，在国际上努力推动各国共同协作，抑制全球气候变暖，以缓解海平面上升对马尔代夫造成的生存威胁，受到国际社会的广泛赞誉。在国内，他积极推行一系列改革措施，不但对20多家负担沉重的国有企业实行私有化，终止了长期隔离当地人的旅游政策，将旅游业扩展到了居民岛，实现了旅游业的多元化；同时还创建了税收、养老金和医疗体制，增加了新税种，实行浮动汇率，并全面恢复了同以色列的外交关系。但由于政策推行过急，出现了不少负面效应。纳希德推行的货币改革，使得本国货币急剧贬值，国内市场物价飞涨，伤害了下层民众和中产阶级的利益；他推行的税收改革，使上层精英阶层承担的税赋增多，得罪了上层精英，损害了不少企业家的利益；马尔代夫与以色列复交、允许饮酒等政策，又触动了保守的伊斯兰势力的利益，因而遭到普遍抵制。各种利益结构的综合作用，严重冲击着纳希德政权。2011年5月，首都马累持续发生游行示威，示威者宣称30万马尔代夫人面临着物价飞涨和高失业率，纳希德无法缓解经济困难，指责政府挥霍开支，金融管理不善。2012年1月16日，纳希德在与反对派隔阂加剧的情况下，"滥用权力"，以"莫须有"的罪名，下令拘捕隶属反对派的刑事法庭首席法官阿卜杜拉·穆罕默德，遭到包括副总统瓦希德以及最高法院、人权委员会、司法委员会和联合国人权事务高级专员办事处相关人员的强烈反对。随后，马尔代夫民众和反对派进行了为期3周的游行示威，抗议纳希德打压反对派，并指责纳希德"独裁"。前总统加尧姆所属的人民党则指责纳希德是"反伊斯兰分子"，呼吁民众进行"伊斯兰圣战"，并推翻纳希德的统治。

2月7日上午，数百名抗议者在国防部大厦前示威，纳希德总统下令军队和警察前往执行驱散任务。出人意料的是，军队和警察突然倒戈，同示威者一起控制了马尔代夫国家广播公司，并号召民众走上街头推翻总统穆罕默德·纳希德。在军队和警察的联合施压下，2月7日下午，纳希德发表电视讲话，宣布辞去总统职务。随后，副总统瓦希德宣誓就职，接任马尔代夫总统。纳希德声称，自己是被迫辞职的。事后，纳希德及其支持者多次走上街头进行游行示威，要求恢复民主，提前进行总统选举，遭到瓦希德总统的断然拒绝。针对这一情况，英联邦部长行动小组派出"真相调查团"赴马尔代夫进行调查。英联邦秘书长特使唐纳德·麦金农多次亲临马尔代夫。根据他的提议，马尔代夫成立了国家调查委员会，围绕权力转移问题展开调查。2012年8月，调查报告出台，证明一切合法。2013年9月7日，马尔代夫举行5年一次的例行总统选举。在第一轮选举中，前总统纳希德以45%以上的选票暂时领先其他3位候选人。由于无人获得50%以上的简单多数，选举委员会决定于9月16日由得票最多的前两名候选人（纳希德和亚明）进行第二轮竞选。后因第一轮选举存在舞弊行为，最高法院宣布第一轮选举作废，重新进行总统选举。由于各政党意见不一，选举一再推迟。11月16日，在重新进行的总统选举中，加尧姆总统的胞弟、马尔代夫进步党领导人亚明以微弱优势获胜，17日宣誓就任马尔代夫第六任总统。至此，马尔代夫长达数年的政治动乱暂告结束。

第四节　重要历史人物

一　首任苏丹达鲁马范塔·拉斯盖法努

原名杜维米（Dhovemi），马尔代夫"狮族"社会（即月亮王朝）的最后一位统治者，也是马尔代夫蒂穆格王朝的第一任苏丹。

1141 年，杜维米登上王位后，实行了 12 年的佛教统治。1153 年，伊斯兰教在马尔代夫取得统治地位，杜维米由佛教领袖变成了信奉伊斯兰教的苏丹，同时宣布建立蒂穆格王朝。1166 年，杜维米去麦加朝圣后未归。

杜维米改变了马尔代夫的宗教信仰，对国家实行了统一管理，促进了马尔代夫政治、经济、文化的统一和发展，在马尔代夫历史上具有重要作用。

二 民族英雄"阿里烈士"和"英勇三兄弟"

1558 年初，希拉利王朝阿里苏丹登基不久，葡萄牙远征队第三次攻打马尔代夫。阿里亲自领军前往拒敌。由于兵力悬殊，阿里苏丹军队被敌击溃，最后只剩下苏丹、总理和一个童仆，他们仍然继续坚持战斗。1558 年 5 月 19 日，君臣三人英勇牺牲。为了怀念这位民族英雄，马尔代夫人民一直将他称为"阿里烈士"。

1573 年，乌蒂姆王朝一位名叫穆罕默德·塔库鲁法努的王子动员自己的两个弟弟对葡萄牙侵略者展开袭击。在一个弟弟被敌人杀害后，他和另一个弟弟潜入敌营，血刃敌酋，最终打败了葡萄牙人，被马尔代夫人民拥立为苏丹。

三 伊斯坎达尔·易卜拉欣一世苏丹

伊斯坎达尔·易卜拉欣一世是乌蒂姆王朝的第九任苏丹，同时也是一位民族英雄。1649 年，在他执政的第二个月，一支葡萄牙远征队从印度果阿出发对马尔代夫发动进攻。他带领马尔代夫人民奋起抵抗，杀死了部分侵略者，其余侵略者被迫逃回了果阿。

此后，印度马拉巴尔人多次派兵侵扰马尔代夫，伊斯坎达尔·易卜拉欣一世亲自率兵抗击，每次都成功击退马拉巴尔人，捍卫了祖国尊严。1686 年，伊斯坎达尔·易卜拉欣一世苏丹去世，享年 57 岁。

四 易卜拉欣·纳色尔

易卜拉欣·纳色尔是共和国成立前的政府总理和马尔代夫第二共和国

首任总统，成功粉碎了 1959 年"苏瓦代夫联合共和国"分裂势力和 1975 年的政变阴谋，为马尔代夫的重新统一和政局稳定做出了贡献。

1968 年 11 月 11 日，纳色尔宣誓就任第二共和国总统，1973 年获得连任。

1978 年，马尔代夫经济严重衰退①，纳色尔在一片绝望声中结束了自己的政治生涯，并携带数百万美元巨款逃往新加坡，后被缺席判处 25 年监禁。

五　穆蒙·阿卜杜勒·加尧姆

穆蒙·阿卜杜勒·加尧姆（Maumoon Abdul Gayoom）1937 年 12 月出生于马累，7 岁随父母到埃及上学，1962 年考入埃及爱兹哈尔大学，取得伊斯兰教法和民法硕士学位，后又在开罗的美利坚大学获文学硕士学位。他曾先后在埃及、尼日利亚和马尔代夫任教。后历任马尔代夫常驻联合国代表、交通部部长等职。任总统期间还兼任马尔代夫国防和国家安全部部长、财政部部长。

1978 年 11 月，加尧姆在大选中获胜，当选总统。此后又获得 5 次连任，2008 年在总统大选中被反对派候选人穆罕默德·纳希德击败，执政时间长达 30 年。

加尧姆曾 16 次访问印度，2 次访问中国（1984 年 10 月和 2006 年 9 月）。

六　穆罕默德·纳希德

穆罕默德·纳希德出生于 1967 年 5 月 17 日，1989 年获得英国利物浦大学文学学士学位。

从 1990 年开始，纳希德因在加尧姆总统执政时期呼吁实现民主、持

---

① 主要原因有：斯里兰卡停止进口马尔代夫鱼干，导致马尔代夫经济严重衰退。1975 年，英国放弃对苏伊士运河东段的防卫承诺后，减少了对马尔代夫的经济援助；同时，英国关闭了甘岛机场，并于 1976 年撤出甘岛，导致机场的高额租金断流，使马尔代夫的经济受到严重影响。

续批评加尧姆政府和瓦希德政府，一共被捕 27 次，入狱时间累计约有 6 年之久。

纳希德于 1999 年开始步入政坛，先后当选人民议会议员和马累市议会代表。2003 年组建马尔代夫民主党，2005 年 12 月当选马尔代夫民主党主席。2008 年在总统选举中成功击败加尧姆，成为马尔代夫第一任多党制民选总统。

2012 年 2 月 7 日，在马尔代夫国内爆发警察哗变及持续数周的群众示威后，纳希德宣布辞去总统职务。2013 年 11 月，纳希德在总统大选中以微弱劣势被加尧姆胞弟亚明击败。

第三章

政　治

第一节　政治制度的演变与发展

马尔代夫的政治制度在很大程度上受到伊斯兰教的影响。公元 1153 年，伊斯兰教取代佛教在马尔代夫取得统治地位后，马尔代夫从此进入了漫长的苏丹王朝统治时期。在长达 800 多年的时间内，无论是葡萄牙统治时期还是英国殖民统治时期，马尔代夫一直保持着一种古典的伊斯兰教义下的封建专制政治制度，即苏丹的寡头统治。1932 年，苏丹被迫批准了马尔代夫的第一部宪法，建立了马尔代夫历史上第一个君主立宪政体。1934 年，英国正式承认马尔代夫的独立。第二次世界大战以后，共和国浪潮在世界各地普遍兴起，阿拉伯伊斯兰世界中也相继出现了一系列的"共和国主义"变革。由于受"共和"浪潮的冲击和影响，马尔代夫的政治制度一度有所改变。1953 年 1 月 1 日，马尔代夫建立了有史以来的第一个共和国，穆罕默德·阿明出任首任总统[①]。1953 年 8 月，原副总统易卜拉欣·穆罕默德·迪迪等人趁阿明总统外出之机，借国内饥荒突然发动政变，推翻了阿明的统治，易卜拉欣·穆罕默德·迪迪自任总统。1953 年 8 月 21 日，人民议会被迫正式罢免了阿明的总统职务，并通过了废除共和国制度的法律。1954 年 3 月 7 日，马尔代夫恢复了苏丹国政体，伊

---

① 马尔代夫总统办公室网站资料，2003 年 1 月 14 日。

斯兰教王国再次代替了共和国的政治制度，导致了马尔代夫的历史大倒退。

1959年，马尔代夫最南端3个环礁宣布成立"苏瓦代夫联合共和国"。1962年，纳色尔政府派出兵船，1963年终于平息了叛乱，马尔代夫重新得到了统一。

1964年，马尔代夫对现行政治制度进行改革，并取得了成效。这次改革规定：苏丹是国家的元首，由一个特别会议选举产生。政府首脑为内阁总理，由议会提议，然后由苏丹任命。议会由54人组成，其中8人由苏丹指定，其余成员全部由内阁总理指定。内阁总理、内阁成员和议会成员的任期均为5年。国家的一切法律都由议会制定，然后呈报苏丹批准。上述政体改革，虽然没有根本改变马尔代夫的封建专制政体，但对一个长期以伊斯兰教规为国家一切准则的国家来说，在当时确实算得上是一个较大的进步。这一改革的另一重大成果是促使马尔代夫获得了完全独立。1965年7月26日，马尔代夫与英国签订条约，英国被迫放弃宗主国地位，马尔代夫终于获得了完全独立。

1968年3月，马尔代夫举行公民投票，决定废除苏丹统治，建立共和国。当年11月11日正式宣布第二次成立共和国。根据新颁布的共和国宪法，易卜拉欣·纳色尔在议会的间接选举中当选为马尔代夫共和国总统，任期4年。纳色尔总统任命艾哈迈德·扎基为政府总理。至此，马尔代夫历时800多年的封建王朝统治才真正宣告结束。

1972年，马尔代夫颁布了宪法修正案，总统任期从4年延长至5年，并规定总理由议会选举产生。1973年，易卜拉欣·纳色尔再次当选总统，艾哈迈德·扎基再次当选总理。

在1978年的总统选举中，穆蒙·阿卜杜勒·加尧姆当选总统。加尧姆就任总统后，一方面加紧巩固共和国的政治制度，另一方面大力加强国家的经济建设，从提高人民生活水平入手，使国家迅速走上了健康发展的道路。1978年，马尔代夫加入了国际货币基金组织和世界银行，同时利用岛国独特的自然资源，及时开放了旅游产业。1985年，入境游客达到12万人次以上，成为国家经济中的一个亮点，民众也因此得到了许多实惠。1985 年马尔代夫正式成为英联邦成员国。尽管 1980 年、1983 年和 1988 年发生过三次未遂政变，但加尧姆总统一直稳掌政权。在 1978 年、1983 年、1988 年、1993 年、1998 年和 2003 年的选举中，加尧姆连续六次当选马尔代夫共和国总统，得票率都在 90% 以上。

2005 年初，马尔代夫开始启动宪政改革。2006 年 6 月，议会通过了在马尔代夫实行多党政治的议案，从而使各政党的合法地位得到了正式认可。2008 年 8 月，新宪法正式生效。10 月，马尔代夫举行多政党体制下的首次总统选举，民主党候选人穆罕默德·纳希德在第二轮选举中，击败了连续执政 30 年的时任总统加尧姆，成功当选马尔代夫宪政改革后的首位总统。

纳希德总统上台后，由于根基不稳，加之政策推行过急，出现了不少负面效应。2011 年 5 月以来，马尔代夫持续发生游行示威和政治动乱。2012 年 2 月 7 日下午，纳希德在巨大的压力下宣布辞去总统职务，将权力移交给副总统瓦希德。2013 年 9 月 7 日，马尔代夫举行总统选举。因存在舞弊行为，最高法院宣布选举结果无效。11 月 16 日，马尔代夫重新进行总统选举。前总统加尧姆的胞弟、马尔代夫进步党领导人亚明与共和党领导人西亚姆结成联盟，以微弱优势击败纳希德，成功当选马尔代夫第六任总统。2014 年 5 月 27 日，共和党被逐出联盟，执政联盟解体，国家大权重新回到加尧姆家族手中。

第二节　宪法

马尔代夫是一个建立在伊斯兰法则上的单一、独立和民主的共和国。在书面宪法制定之前，马尔代夫在政府和行政制度方面曾经历了漫长的演化过程，而这种演化过程完全建立在人们共同遵守的没有书面文字记载的准则之上。

20 世纪以来，在南亚地区，宪法的制定与修改总是与权力的交接相伴而生，马尔代夫也不例外。总的来说，从马尔代夫第一部书面宪法诞生以来，马尔代夫总共经历了五次比较大的历史变革。

一 1932 年宪法

马尔代夫的第一部书面宪法诞生于穆罕默德·夏姆苏丁（Muhammad Shamsuddeen）苏丹统治时期。1931 年 3 月 19 日，马尔代夫专门成立了一个宪法起草委员会，起草了马尔代夫有史以来第一部书面宪法。1932 年 12 月 22 日，该宪法颁布生效。该宪法首次将社会的平等、公正、公民的权利以及人民在和平、安全条件下的生存权利写入宪法，并就行政机构重组做了明确阐述。根据这部宪法，马尔代夫首次宣布建立君主立宪制国家。

随着时间的推移，第一部宪法诞生后虽然经过了几次重大修改，但由于国家各方面情况发生了巨大变化，原有宪法已无法再适应新的形势，1940 年 1 月 31 日，该宪法被废止。

二 1942 年宪法

1942 年 4 月 23 日，马尔代夫颁布了一部新宪法。1952 年，马尔代夫经公民投票成立了共和国，该宪法经修改后成为马尔代夫第一部共和国宪法[①]。1954 年 3 月 7 日，马尔代夫再度恢复君主体制。由于国家政治体制的改变，马尔代夫对该宪法的有关条款进行了重大修改。

三 1968 年宪法

1968 年，马尔代夫举行了一次公民投票，决定废除苏丹制，实行共和制。1968 年 11 月 11 日，马尔代夫第二次建立了共和国。随着共和国的建立，马尔代夫在对原有宪法进行修改的基础上，颁布了新的共和国宪法，原有宪法即行废止。

根据 1968 年宪法，马尔代夫废除苏丹制，组建第二共和国。宪法同时规定，马尔代夫为高度集权化的总统制共和国，总统是国家元首，任期为 5 年，候选人由人民议会（梅伊利斯）通过无记名投票提名产

---

① 马尔代夫总统办公室网站资料，2003 年 1 月 14 日。

生，但所提名的候选人还需要经过全民公决确认。总统有权批准法律，颁布临时法令，宣布召开人民议会特别会议，指定副总统，并任命内阁部长。总统之下曾经短期延续了苏丹体制下的首相职位，称为总理，但是因为与总统的权力之争，在1975年被废除。这样，总统之下的行政机构就变成了内阁，部长可以不是人民议会成员。需要指出的是，由于当时马尔代夫没有任何政党或政治团体，因此在议员选举和总统选举时，候选人都是依靠个人资历和威望参加竞选。马尔代夫的最高立法机构是一院制的人民议会，任期为5年，由48名议员组成，其中40名议员由首都和19组环礁分别选举产生，剩余的8名议员由总统直接任命。人民议会以简单多数通过法律，经总统批准以后生效。宪法体现了伊斯兰教的基本精神，确立了基本人权方面的一些条款，其中包括：自由发表言论和集会的权利，法律面前人人平等的权利，有权捍卫私有财产，等等。

该宪法分别于1970年、1972年和1975年先后进行了三次修改。尽管如此，该宪法的基本内容并没有发生根本性的改变，一直是马尔代夫政治制度的基石。

四　1998年宪法

1998年宪法以1968年宪法为蓝本，经多次修改发展而成。1978年12月31日，马尔代夫时任总统阿卜杜勒·加尧姆第一次当选总统的当年，人民议会通过了修改宪法的议案并对1968年宪法进行了加尧姆总统任期内的首次修改。1980年11月29日，加尧姆总统召开人民议会会议研究修改宪法问题，并责成人民特别议会对1968年宪法进行再次修改。

随着形势的发展变化，1968年宪法虽经多次修改，还是不能适应新的形势。后来，加尧姆总统决定以多次修改后的1968年宪法为蓝本，重新组织新宪法的起草工作。新宪法草案于1997年11月完成，经人民议会批准，同年11月27日获加尧姆总统同意，于1998年1月1日起正式生效，同时1968年宪法被废止。

1998年宪法规定，马尔代夫是完全独立的主权国家，改变了旧宪法中总统候选人只有 1 人的规定，议员均有权利参加总统竞选；总统候选人由人民议会提名，由全体选民直接选举产生，任期 5 年；总统有权批准法律，召开人民议会特别会议，颁布临时法令和实行大赦，任命部长；马尔代夫人民议会为国家最高立法机构，议员任期 5 年；议会以简单多数通过法案；政府实行总统内阁制；马尔代夫实行伊斯兰教法；等等。

五 2008 年宪法

进入 21 世纪以后，马尔代夫民众要求民主的呼声日益高涨，马尔代夫先后爆发了多次大规模的政治暴乱。2004 年初，加尧姆总统着手启动修宪工程，并成立了修宪特别议会。经过 3 年多的艰苦努力，新宪法草案于 2008 年 7 月底完成。同年 8 月，经人民议会批准正式生效，同时宣布废止 1998 年宪法。

2008 年宪法是马尔代夫实行多党制后的第一部宪法，也是马尔代夫的现行宪法。该宪法由 14 章 301 条正文和 3 个附录（政府各级官员宣誓誓言、行政区划和国旗）组成，正文包括国家性质、领土、公民权利、立法、公民资格、基本权利与义务、环境保护、宗教信仰、官方语言、首都、货币、教育、财产保护、言论与集会、结社、通信自由、人民议会和政府的组织形式、程序、选举办法、各环礁首领的产生与职责、各级法院与司法程序、财政审计、宣布国家紧急状态、新宪法的启用和原宪法的废止等各方面，并对一些特定词语的阐释进行具体规定。

新宪法明确规定了国家性质和主权。宪法规定，"马尔代夫是一个建立在伊斯兰教法则之上的主权独立、民主的共和国，同时又是一个单一制国家"。

新宪法确立了多党制选举制度，立法、司法和行政三权分立制度，总统权力制度，最高法院和总检察长独立行使职权等。新宪法规定：立法权、行政权、司法权分别归属人民议会、总统和法院。总统为国家元首、政府首脑和武装部队统帅，由全体选民直接选举产生，任期 5 年，连任最多不得超过两届。内阁由副总统、各大部部长和总检察长组成。除副总统以外的内阁成员由总统任命，经议会批准。

新宪法把确保公民的一切权利放在十分重要的地位，规定"马尔代夫公民在法律面前人人平等"，每个人都享有充分的权利和自由，任何人不得受到歧视，其中包括种族、国籍、肤色、性别、年龄、身体或精神残疾、政治见解、财产、出身等。新宪法规定公民的住处和信件及其他通信方式神圣不可侵犯，公民不但享有财产、工作、退休等各种权利，还享有充分的行动、言论、集会、罢工、组建或参加政治党派等多种自由。同时，新宪法保护穆斯林。

新宪法对国家各级机构的选举制度进行了详尽而明确的规定，上至总统、副总统、议会议员、内阁部长，下至各环礁弗伦的选举和产生程序都做了明确而具体的规定。此外，新宪法还对所有官员提出了严格的财产申报要求，其中包括总统、副总统、议长、副议长等。

2008 年的新宪法，从宪法的高度对分权、建立独立机构以及人民的基本权利和自由等做出了一整套严格规定，这在马尔代夫的历史上还是第一次。总之，新宪法包括了马尔代夫政治体制和管理制度的各个方面，它以现代自由民主精神和伊斯兰精神为基础，以建立崭新的政治制度为目标，是马尔代夫现行的根本大法。

第三节　国家机构

新宪法规定，马尔代夫实行立法、行政和司法"三权分立"的政治制度，其国家机构主要由行政机构、立法机构、司法机构和一些专门机构组成。

一　行政机构

（一）总统

马尔代夫宪法规定，总统由人民直接选举产生。同时规定，总统既是国家元首，又是政府首脑，同时还是国家武装力量总司令。在马尔代夫，总统是国家权力的最高执掌者和国家在对外关系中的最高代表。阿卜杜拉·亚明·阿卜杜勒·加尧姆是马尔代夫共和国第六任总统，2013 年 11

月 17 日宣誓就职。

1. 总统的产生和任期

宪法规定，总统必须是逊尼派穆斯林，必须是年满 35 岁的马尔代夫公民，并具备宪法规定的其他资格。

过去，马尔代夫没有政党，不存在党派之间的竞争，人们常常通过组建利益集团和个人联盟来表达不同的政治态度。新宪法实施以后，根据多党选举制度，各政党都可推选自己的候选人参加竞选。选举一般在现任总统任期届满前 120～130 天时举行，届时，全国各地设立数百个投票站（点），由全体选民以无记名的方式直接投票，参加竞选的候选人所得选票超过 50% 的简单多数即可当选马尔代夫总统，任期 5 年。如无人胜出，则必须在 21 天内由得票最多的前两名候选人进行第二轮竞选。若有候选人中途退出，得票数排名第三者将直接晋升为第二名参加竞选。如首轮选举中有两位候选人得票数相等并列第二，则由得票最多的前三名候选人进行新一轮选举。

宪法对总统的连任次数有严格限制，规定任何人当选总统后，最多只能连任两届。同时规定，上至总统、副总统，下至各级官员，一经到职，不得再在私营企业、商业或其他任何有经济利益的部门担任任何职务。

1968 年马尔代夫共和国成立后，截至 2014 年共举行了 10 届总统选举。首届总统选举于 1968 年举行，前苏丹总理易卜拉欣·纳色尔当选马尔代夫总统，1973 年连任。1978 年、1983 年、1988 年、1993 年、1998 年和 2003 年的总统选举中，加尧姆连续六次当选。2008 年 10 月，马尔代夫举行实行多党制后的首轮总统选举，民主党领袖穆罕默德·纳希德成功当选。2012 年 2 月 7 日，在民众的抗议声中，纳希德总统辞职，根据宪法规定，副总统穆罕默德·瓦希德·哈桑接替总统职位。2013 年 9 月 7 日，马尔代夫举行第 10 届总统选举，4 位候选人（民主党候选人、马尔代夫前总统纳希德，进步党候选人亚明，共和党候选人卡西姆和独立候选人、在任总统瓦希德）参加大选。由于无人获得半数以上的选票，得票率居前两位的民主党候选人、前总统纳希德和马尔代夫进步党候选人亚明进入第二轮投票。其间，共和党候选人卡西姆以选举存在舞弊为由向最高法院提起诉讼。10月7日，马尔代夫最高法院宣布取消第一轮投票结果。11月16日，马尔代夫重新举行总统选举，前总统加尧姆的胞弟阿卜杜拉·亚明·阿卜杜勒·加尧姆以51.3%的微弱优势击败了穆罕默德·纳希德，当选马尔代夫第六任总统。

2. 总统的辞职与罢免

总统必须向议长提交亲笔辞呈，自议长接受其辞呈之日起，总统即行解职。

总统如果已失去工作能力，或因严重失误，或犯有重大罪行不适合继续担任其职务时，只要人民议会1/3的议员向议长呈交弹劾议案，即可弹劾总统。议会将成立专门委员会对相关事项展开调查，弹劾案经2/3议员多数通过后，即可展开对总统的调查。弹劾通知至少在议会讨论前14天送达总统，调查期间，总统有权参加或委派律师旁听调查委员会的各种会议。调查委员会自接案之日起30天内必须写出调查报告提交人民议会。如果情况属实，证据确凿，再由人民议会全体议员2/3多数通过，即可立即罢免总统。

总统因出国、生病等原因暂时不能行使职权时，由副总统作为代理总统行使总统权力；总统、副总统因死亡、辞职、被免等原因同时出现职位空缺时，则需根据宪法规定的总统选举程序另行选举新总统。在新总统上任之前，由人民议会议长、副议长或人民议会中资历最长者代理行使总统职权。

（二）副总统

副总统的产生非常简单，在大选时直接由总统候选人公开提名即可。总统一经当选，副总统随之产生。如总统因各种原因暂时不能行使职权时，副总统可作为代理总统临时行使总统的一切权力。当总统职位出现空缺时，副总统直接升任总统。副总统因死亡、辞职或升迁等原因出现职位空缺时，由总统任命并经议会批准，即可产生新的副总统。

副总统辞职也很简单，只需向总统递交亲笔辞呈。一旦总统接纳其辞呈，副总统即行解职。

2013 年 11 月 17 日，穆罕默德·贾米尔·艾哈迈德（Mohamed Jameel Ahmed）宣誓就任马尔代夫共和国副总统。

（三）内阁

马尔代夫的内阁又称部长会议，由总统、副总统和政府各大部部长等组成，是马尔代夫政府的主要行政机构。

2013 年 11 月，亚明领导的进步党在共和党候选人——马尔代夫首富卡西姆的支持下赢得大选胜利，组建了以进步党和共和党为主体的执政联盟。亚明总统立即解散了瓦希德的内阁班子，并撤销了原运输和通信部部长阿明·易卜拉欣（Ameen Ibrahim）内阁成员的职务，新增了总统办公室的两名部长——阿卜杜拉·阿明（Abdulla Ameen）和侯赛因·夏里夫（Hussain Shareef），此后又撤销了原卫生和性别部部长的内阁成员资格，重新组建了由 17 名成员组成的新内阁。

2013 年 11 月，马尔代夫内阁组成情况见表 3 – 1[①]。

表 3 – 1　马尔代夫现内阁成员一览（2013 年 11 月）

姓　名	职　务	就职时间
阿卜杜拉·亚明·阿卜杜勒·加尧姆（Abdulla Yameen Abdul Gayoom）	总统、政府首脑、武装部队最高统帅	2013 年 11 月 17 日
穆罕默德·贾米尔·艾哈迈德（Mohamed Jameel Ahmed）	副总统	2013 年 11 月 17 日
阿卜杜拉·阿明（Abdulla Ameen）	总统办公室部长	2013 年 11 月 21 日
侯赛因·夏里夫（Hussain Shareef）	总统办公室部长	2013 年 11 月 21 日
乌玛尔·纳色尔（Umar Naseer）	内政部部长	2013 年 11 月 19 日
阿卜杜拉·吉哈德（Abdulla Jihad）	财政部部长	2013 年 11 月 17 日
艾莎斯·西哈姆（Aishath Shiham）	教育部部长	2013 年 11 月 21 日
敦亚·穆蒙（Dunya Maumoon）	外交部部长	2013 年 11 月 17 日
穆罕默德·纳兹姆（Mohamed Nazim）	国防和国家安全部部长	2013 年 11 月 17 日
穆罕默德·肖尼（Mohamed Shainee）	渔业和农业部部长	2013 年 11 月 19 日

① 马尔代夫总统办公室，2014 年 9 月 20 日，http：//www. presidencymaldives. gov. mv/ Index. aspx？lid = 16。

续表

姓　名	职　务	就职时间
艾哈迈德·阿迪卜·阿卜杜勒·加弗尔 （Ahmed Adeeb Abdul Gafoor）	旅游部部长	2013 年 11 月 17 日
穆罕默德·赛义德（Mohamed Saeed）	经济发展部部长	2013 年 11 月 19 日
穆罕默德·姆伊祖（Mohamed Muizzu）	住房和基础建设部部长	2013 年 11 月 19 日
穆罕默德·马利·贾马尔 （Mohamed Maleeh Jamal）	青年和体育部部长	2013 年 11 月 21 日
色克·穆罕默德·夏希姆·阿里·赛义德 （Sheikh Mohamed Shaheem Ali Saeed）	伊斯兰事务部部长	2013 年 11 月 19 日
托利克·易卜拉欣（Thoriq Ibrahim）	环境和能源部部长	2013 年 11 月 19 日
乌兹·穆罕默德·阿尼尔（Uz Mohamed Anil）	总检察长	2013 年 11 月 21 日

资料来源：根据马尔代夫总统办公室 2014 年 9 月 20 日相关资料整理。

2014 年 5 月，由于卡西姆在没有得到执政联盟同意的情况下宣布参加议长竞选，5 月 27 日，以亚明总统为首的执政党——进步党宣布，将卡西姆领导的共和党逐出执政联盟，同时宣布执政联盟解体。

（四）地方政权机构

过去，每个行政区都有一个环礁委员会，环礁委员会的领导人叫环礁弗伦，环礁弗伦由每个行政区选举产生，领导地方政府。此外，在每个有人定居的岛屿上，都设有"卡蒂布"（酋长）和他的助手，管理岛屿上的日常事务。"卡蒂布"和他的助手在环礁弗伦领导下进行工作。[①]

1998 年以后，马尔代夫在各环礁行政区分别任命了一名环礁酋长（Atoll Chief）来负责该行政区的日常工作。2010 年以后，马尔代夫对各行政区从上到下实行三级垂直分散管理体制，即省—环礁—岛屿。每省辖若干个环礁行政区，每个环礁行政区下辖若干个居民岛。目前，马尔代夫全国共分为 7 个省，20 个行政区、1 个特别行政区（首都）和 188 个居民岛，居民岛为最基层行政管理单位。2008 年新宪法第 231 条规定："各行政区分别设立岛屿级、环礁级和城市级委员会"，"各级委员会成员均

---

①　李玉洁：《马尔代夫共和国》，《南亚与东南亚资料》1982 年第 2 期。

由当地民众选举产生","其主席和副主席必须从当选的本级委员会成员中选举产生,每届委员会任期不得超过 3 年"。

二 立法机构

(一) 人民议会

马尔代夫立法机构是人民议会。

马尔代夫议会实行一院制,人民议会是马尔代夫的最高立法机构,有权制定、修订除宪法以外的一切法律法令。

人民议会实行比例代表制。1998 年以前,马尔代夫人民议会由 48 名议员组成。1998 年以后,根据行政区划调整,马尔代夫人民议会议员增加到 50 名,其中总统直接任命 8 名,首都马累选出 2 名,其余 20 个环礁行政区每区各选举产生 2 名。2008 年新宪法生效以后,各行政区的议员人数按当地人口数确定,其中,5000 人以下的居民岛为 2 名议员;5000 人以上的岛屿,每超过 5000 人增加一名议员。2009 年议会选举时,马尔代夫人民议会共设有 77 个席位。2014 年 3 月 22 日马尔代夫举行新的议会选举,共设有 85 个席位。其中,亚明领导的进步党赢得 34 席,同属执政联盟的共和党获得 15 席,进步联盟获得 5 席,纳希德领导的民主党仅获 24 席。宪法规定,全部议员均由选举产生,每届人民议会从召开首次会议之日起任期 5 年,届满即行解散。新一届的议会选举一般在本届议会届满前 30 天内举行。如遇国家处于紧急状态无法举行选举,人民议会可延期解散,但最多不超过一年。在延长期内,国家紧急状态一旦结束或被撤销,人民议会的延长期最多不能再超过 60 天。在这 60 天内,必须完成议会选举。

新宪法规定,马尔代夫人民议会拥有独立的立法权。人民议会有权对宪法修正案进行审议、通过并颁布实行;有权在伊斯兰教义的框架内制定或废除有关法律法令;有权对行政机构的运行情况进行有效监督;与外国签订的一切条约和协议必须经人民议会通过才能生效;国家的财政预算及补充预算必须经人民议会的批准才能实施。

马尔代夫人民议会还拥有最高的人事权。不但有权采纳或拒绝有关官员的任命或罢免建议，也有权罢免总统和副总统，但程序非常严格。罢免总统和副总统时，不但要有 1/3 以上的议员联名提交弹劾动议，详述弹劾理由，还要成立专门机构对动议内容进行调查。一经核实无误，弹劾通知至少在辩论前的 14 天内送达总统或副总统，总统或副总统有权在人民议会为自己辩护。弹劾动议必须经 2/3 以上议员通过才能生效。动议一经生效，总统或副总统即行解职。

人民议会也可对内阁某一成员进行不信任投票，其流程与弹劾总统基本相似，但相对简单。不信任动议只需由 10 人以上的议员联名提出，动议通知至少在辩论前的 14 天内送达当事人手中，当事人有权在人民议会为自己辩护。不信任动议只要经简单多数的议员通过即可生效。动议一经生效，该内阁成员即行解职。

宪法规定，马尔代夫人民议会设议长、副议长、秘书长各一名。

1. 议长（The Speaker）

以前，议长不是人民议会议员，但应具备就任内阁部长的基本资格或者总统认为其有能力履行议长职责，就任时必须向总统进行就职宣誓。2008 年以后，议长改为从当选议员中选举产生。新宪法第 82 条规定，在大选之后的第一次议会会议上，必须从当选议员中以无记名投票的方式选举产生议长和副议长。议长负责管理人民议会的一切事务，并负责传达总统直接决定的重要事项，以及向总统呈交人民议会通过的全部决议。在总统死亡、辞职或被罢免时，如无副总统接替总统职位，议长则可作为代理总统行使总统的一切权力。议长辞职时必须向副议长提交亲笔辞呈，从副议长接收辞呈之日起，议长即行解职。议长一旦丧失议员资格，其职位则自行解除。如果遇到弹劾，议长有权参加有关会议并为自己辩护，但不能主持有关会议。

2014 年 3 月，马尔代夫成立新一届人民议会。2014 年 5 月 28 日，阿卜杜拉·马斯赫·穆罕默德（Abdulla Maseeh Mohamed）当选人民议会议长。

2. 副议长（The Deputy Speaker）

宪法规定，副议长协助议长履行职责，在议长职位出现空缺或议长暂时无法履行职责时，副议长代行议长职责。副议长的产生和辞职与议长相同。

2014 年 5 月 28 日，穆萨·马尼克（Moosa Manik）当选人民议会副议长。

3. 人民议会会议

新宪法第 83 条规定，人民议会每年举行 3 次例行会议，会议的起止日期不再由议长决定，而是根据人民议会的有关规程执行，会议地点一般安排在议会大厦。在每年的首次会议上，总统向议会发表国情咨文及改善国情的有关建议，如果会议内容涉及国家安全或公众利益，议会将向公众开放。新宪法规定，人民议会举行任何一次会议，法定人数必须超过全体议员的 25%。如果某次会议因特殊原因未能达到法定人数，会议必须延期或暂停举行。

人民议会的任何一项决定必须以多数票通过才能生效，总统和内阁成员都有权参加人民议会会议并可发表演讲，但无表决资格，一切表决仅限人民议会议员。

4. 议案

新宪法第 91 条规定，人民议会通过的一切议案，从通过之日起 7 日内必须送达总统，总统必须在收到议案的 15 天内（以前是 30 天内）做出批复。如总统不同意某项议案，在上述时限内应退回人民议会，待人民议会重新审议或对议案进行必要修改后再向总统推荐。总统退回的议案经重新审议或修改后，必须经人民议会简单多数通过才能再次向总统推荐，如未得到多数通过，则为无效议案。再次向总统推荐的议案即被视为总统同意的议案。

对那些人民议会通过并获总统批准将成为法律的议案，一般要在报纸或政府文件上公布后才能付诸实施。

5. 需人民议会批准的特殊事项

（1）条约与协定

新宪法第 93 条规定，马尔代夫与外国及国际组织签订的各种条约和协定，必须得到人民议会的批准才能生效。未经总统和人民议会授权，任何单位或个人都不得与任何外国政府或国际组织签订任何条约和协议。

（2）国家领土

新宪法第 248 条规定，马尔代夫的任何领土不得准予任何外国个人拥有；未经人民议会批准，任何外国个人或团体租用马尔代夫任何领土的期限都不得超过 99 年（以前为 25 年）；未经人民议会批准，马尔代夫的任何领土不得准予任何外国个人或团体用于军事目的；未经法律许可，不得允许任何外国个人或团体在马尔代夫专属经济区的任何区域进行经济开采。

（3）财政预算

新宪法第 96 条规定，每个财政年度开始之前，财政部必须将上一财年的财政收入、预算执行情况及本财年的国家收入及开支预算提交人民议会审议，获人民议会通过后才能生效。如原预算需要进行资金增补或超出原预算数额，必须再经人民议会审议和通过。

（二）特别议会

2008 年以前，马尔代夫设有人民特别议会（The People's Special Majlis），这是国家为制定和修改宪法而设立的专门机构，其成员包括所有内阁部长、所有人民议会议员和另外 50 名成员。这 50 名成员的产生办法与人民议会议员完全一样。人民特别议会设主席（President）、副主席（Vice-President）各一名，从该特别议会所有成员中选举产生，并宣誓就职。一旦职位出现空缺，立即增补。

如果总统认为有必要或人民议会需要召开人民特别议会会议时，根据总统指示，人民特别议会即行组成，议程结束后总统以书面形式宣布解散。人民特别议会的首次会议由人民议会议长主持，直至人民特别议会的主席和副主席产生为止。

人民特别议会虽有修改宪法的权力，但规定也很严格。宪法规定，人民特别议会对现行宪法的任何修改，必须经人民特别议会成员以投票方式多数票通过并以法律形式经总统批准后方可实施。修改后的宪法议案经人民特别议会通过后 7 日内必须报送总统。总统接到后 90 天内必须做出批复。如果总统认为需要退回人民特别议会进行重新审议或修改，该修改或重新审议的议案必须经人民特别议会 2/3 多数通过才能再次向总统推荐。如果未得到 2/3 多数通过，该议案则无效。

2008 年生效的新宪法中已没有关于人民特别议会的任何表述。

三　司法机构

马尔代夫的司法机构由最高法院、高等法院、各审判法庭和各地方法院组成。目前，全国在马累设有 1 家最高法院、1 家高等法院和 5 家审判法庭，并在各环礁建立了相当数量的岛屿法院。其中，最高法院是马尔代夫司法系统的最高权力机构，最高法院和高等法院除负责审理敏感的政治案件外，还作为国家的上诉法院，终审来自各地方法院的各类上诉案件。而地方法院和专门法庭主要负责审理如债务、偷盗、财产纠纷等一般案件。宪法规定，上级法院有权推翻下级法院的一切判决，而下级法院必须服从上级法院的判决，最高法院对各类案件拥有最终裁决权。与大多数国家不同的是，马尔代夫不实行陪审制度。各法院的案件只由法官审理而无任何陪审团参加，但案件在一般情况下都进行公开审理。马尔代夫各级法官实行终身制，一经任命，如无特殊原因（如行为不良或徇私枉法等）不得免职，各级法官的退休年龄为 70 周岁。但是，如果司法委员会发现其严重不称职或犯有重大失误需要免职时，须得到人民议会多数议员的支持，并经议会出席表决的议员以 2/3 多数通过决议。

马尔代夫实行司法独立，国家司法工作由司法部主管，由最高法院、高等法院、低等法院具体实施。

（一）最高法院（Supreme Court）

新宪法第 141 条规定，最高法院由 1 名首席大法官（The Chief Justice）和若干名法官组成。最高法院全体法官（含首席大法官）均由总统任命。无论是首席大法官或是普通法官，在任命前，总统必须与司法服务委员会（Judicial Service Commission）进行充分协商并获得人民议会多数议员投票通过才能任命。马尔代夫宪法对最高法院的首席大法官和全体法官的任职条件规定十分严格，不但要求必须是穆斯林，年龄必须满 30 岁，并具有 7 年以上法官或律师工作经历的马尔代夫公民，而且要具备宪法规定的其他必要条件，还要具备必要的学历资格以及从事最高法院工作的能力。

最高法院是马尔代夫司法系统中的最高权力机构，对宪法、法律、法令和下级法院、法庭处理过的任何案件具有最终解释权。最高法院的一切裁决必须经法官会议合议并获得多数通过才能生效。

（二）高等法院（High Court）

马尔代夫高等法院由 1 名首席法官和若干名法官组成，法官数量没有具体规定。高等法院的全部法官都由司法服务委员会任命。

过去，高等法院一直是马尔代夫的高级司法机关，各特种法庭和各环礁法庭都必须遵照执行高等法院的裁决。作为全国的最高一级法院，其职责主要有：根据总统颁布的规定，最终审理和裁决全国各法庭的一切民事和刑事案件，审理由总统决定并以国家名义提出起诉的各类重大案件，并就总统、议会和内阁提出的法律或其他特别问题提供咨询意见等。2008年以后，随着最高法院的建立，高等法院的地位有所下降，但在实际操作中，仍具有很高的权威性。

（三）低等法院（Lower Courts）

马尔代夫的低等法院主要包括设在首都马累的各特种法庭以及设在各环礁行政区的各地方法院。新宪法规定，低等法院的全部法官由司法服务委员会任命。

马尔代夫低等法院法官的任职条件与高等法院法官基本相同，只是在年龄上更加年轻一些。宪法规定，马尔代夫的低等法院全体法官必须是穆斯林，必须是年龄在 25 岁以上的马尔代夫公民，不但要具备宪法规定的其他必要条件，还要具备必要的学历资格以及从事本级法院工作的能力。

马尔代夫的低等法院除在首都马累设有民事法庭、刑事法庭、家庭法庭、少年法庭、毒品法庭等各种专门法庭外，还在各环礁行政区建立了188 个岛屿法院。

马尔代夫各级法院（法庭）情况见表 3 - 2。

表 3 – 2　马尔代夫各级法院（法庭）一览

名称		原名	位置	电话
最高法院		Supreme Court	马累	（960）3009901
高等法院		High Court	马累	（960）3325029
低等法院	民事法庭	Civil Court	马累	（960）3323682
	刑事法庭	Criminal Court	马累	（960）3332633
	家庭法庭	Family Court	马累	（960）3325502
	少年法庭	Juvenile Court	马累	（960）3332645
	毒品法庭	Drug Court	不详	不详
地方法院（岛屿法院）		Island Courts	188 个	

资料来源：马尔代夫总统办公室：http：//www. presidencymaldives. gov. mv/Index. aspx？lid =114。

四　独立机构

除政府、立法和司法三大机构外，马尔代夫还根据宪法和有关法律规定，设立有许多独立机构。

（一）根据宪法设立的独立机构

1. 司法服务委员会

该委员会由 10 人组成，其中包括议会议长、公务员委员会主席、总检察长和 1 名最高法院法官、1 名高等法院法官、1 名审判法庭法官、1 名议会议员、1 名议会指定的公众成员、1 名总统指定人员、1 名从业律师。每名成员任期 5 年，不得连任。除议长、公务员委员会主席和总检察长外，其他成员均可辞职，辞职时必须向总统递交亲笔辞呈。

该委员会的主要职责是负责各级法院法官的任命、晋升和调动（最高法院首席法官和法官除外）；负责向总统提出有关最高法院首席法官和法官任命事项的建议；负责调查对司法部门的有关投诉，并对相关人员给予处分，甚至可以提出解雇建议；负责制定司法系统的有关规章制度，如人员招募制度、法官任命程序、各级法院法官的职业道德标准等；负责向总统和人民议会就有关司法机关的其他事项提出建议等。

司法服务委员会会议的法定人数为 5 人以上，一切决议须经到会表决人数的多数通过才能生效。

2. 选举委员会（The Elections Commission）

该委员会设主席一名，至少由 5 名成员（含主席）组成，所有成员必须经议会批准，由总统任命，任期 5 年，再任需要经议会批准，但不得超过 5 年。所有成员必须具备应有的教育资历、经验和公认的能力，一旦获任，便不能再从事任何其他职业。任何成员均可辞职，辞职时必须向总统递交亲笔辞呈；如因渎职或丧失工作能力，经人民议会与会者多数投票通过，即可罢免其在选举委员会的职务。

选举委员会主要负责与选举和公投有关的一切事宜，其中包括对选举和公投情况进行管理和监督，确保选举和公投的自由和公正，不受恐吓、威胁、不正当影响或腐败等任何干扰，保证公民能正确行使自己的选举权；及时准备、维护和更新选民名册，为选举和公投做好一切安排；在法律规定的时限内，掌握并公布选举和公投结果；负责每个选区的选民登记，编辑选民信息；依法选定、鉴别、区分并经常检查所有选区或投票点设置情况；做好政党登记造册工作，掌握政党活动情况；向公众宣传选举进程和选举目的等。

选举委员会组织的一切选举或公投均以无记名方式进行。

3. 公务员委员会（The Civil Service Commission）

该委员会的人员组成、任免程序、任期、成员素质、辞职与解职等和选举委员会完全一致。

该委员会主要负责各级公务人员的招募、任免、晋升和调动事宜，建立统一的公务员组织和管理标准；制定公务员绩效考核措施；建立有关招聘、任免、调动和晋升等人事管理程序；等等。

4. 人权委员会（The Human Rights Commission）

该委员会的人员组成、任免程序、任期、成员素质、辞职与解职等和选举委员会完全一致。

该委员会的主要职责是促进对人权的尊重，促进、保护和发展人权事业，监测、评估、调查和报告人权状况，在公民人权遭到侵犯时采取必要措施予以救助，对公众进行人权宣传教育等。

5. 反腐败委员会（The Anti-Corruption Commission）

该委员会的人员组成、任免程序、任期、成员素质、辞职与解职等和选举委员会完全一致。

该委员会的主要职责是了解和调查腐败行为，调查处理一切涉嫌腐败的投诉，必要时可重新调查其他机构进行的调查，如经授权，还可对总检察长处理过的案件进行再调查。对预防腐败进行研究，并向有关当局提出改进意见，通过在全国范围内的实际行动促进诚实和正直价值观的建立，使公众认清腐败的危害。

6. 总审计师办公室（The Auditor General's Office）

马尔代夫设总审计师1名。总审计师经人民议会全体议员多数通过后由总统任命，任期7年，如果再任，则需要经议会全体议员多数批准，且不得超过5年。总审计师必须具备应有的教育资历、经验和公认的能力，一旦获任，便不能再从事任何其他职业。如需辞职，则必须向总统递交亲笔辞呈；如因渎职或丧失工作能力，经人民议会与会者多数投票通过，即可罢免总审计师的职务。

总审计师的审计范围很广，主要包括财务审计、绩效审计、管理与监管审计和专项审计。被审计单位包括政府各部、国有企业、总统办公室、总统府、警察局、议会、法院、由公共基金资助的政党、大使馆和驻外高级专员署、各环礁办公室、学校、医院、法定机构，以及包括公务员委员会、人权委员会、警察廉洁委员会等在内的所有独立机构。总审计师必须向总统、议会、被审计单位及媒体等法律规定的有关机构上报审计报告和年度报告，报告内容主要集中在公共资金使用的客观评价、政府收入和支出的审核情况，所有政府部门以及国有企业和合资企业的资产和负债情况等。

7. 总检察长办公室（The Prosecutor General's Office）

马尔代夫设总检察长1名。总检察长经人民议会全体议员多数通过后由总统任命，任期5年，再任需要经议会全体议员多数投票通过，且不得超过5年。总检察长必须具备应有的教育资历、经验和公认的能力，一旦获任，便不能再从事任何其他职业。如需辞职，则必须向总统递交亲笔辞呈；如因渎职或丧失工作能力，经人民议会与会者多数投票通过，即可罢免总检察长的职务。

总检察长的主要职责是检查和维护司法的公正性。其职责范围包括：对在马尔代夫的所有刑事犯罪指控进行监督；对调查机构提供的所有证据进行评估，以确定是否提出起诉；对有关机构调查犯罪嫌疑人的合法性进行监督，对庭审前嫌疑人的有关情况进行检查，其中包括逮捕、拘役、剥夺自由等情况，对诉讼对象下调查令，对任何检察机构根据授权所进行的所有刑事诉讼案件进行接管、检查并审理，对有关法院对所有嫌疑人进行起诉、不起诉或停止任何起诉的相关决定进行检查，纠正错误决定；对各级法院已经发生法律效力并确有错误的判决和裁定，依法向上级法院提出抗诉，在整个刑事起诉过程中发布政策指令等。

总检察长具有完全独立的法律地位，在执行公务时不受任何机构和个人的控制和影响。总检察长可视情况指定代理人代行其全部或部分职责。

（二）根据有关法律设立的独立机构

资本市场发展局（Capital Market Development Authority）；

马尔代夫金融管理局（Maldives Monetary Authority）；

就业仲裁法庭（Employment Tribunal）；

马尔代夫养老金管理办公室（Maldives Pension Administration Office）；

马尔代夫媒体委员会（Maldives Media Council）；

警察诚信委员会（Police Integrity Commisson）；

马尔代夫国税局（Maldives Inland Revenue Authority）；

税务上诉法庭（Tax Appeal Tribunal）；

马尔代夫国立大学（Maldivian National University）；

马尔代夫广播委员会（Maldives Broadcasting Commission）；

马尔代夫海关（Maldives Customs Service）；

马尔代夫民航管理局（Maldives Civil Aviation Authority）。

第四节 主要政党

过去，马尔代夫一直没有任何政党存在，也没有任何带有政治性质的社会团体。因此，人民通常是通过利益集团和个人联盟来表达不同的政治态度，年满 21 岁的男女公民都有选举权。

2005 年 6 月 2 日，马尔代夫议会通过了实行多党政治的议案，各政党的合法地位得到了正式承认，此后，马尔代夫内政部陆续接受多个政党的注册，从而结束了该国长期无政党的历史。

根据马尔代夫的有关法律，成功注册的政党不但拥有参政的合法地位，还能得到政府的财政支持。据统计，2011 年，政府向 15 个成功注册的政党共拨款 13236363 拉菲亚（约合 110 万美元），2012 年略有减少，但也达到了 11600567 拉菲亚（约合 98 万美元）。

截至 2012 年底，马尔代夫注册政党见表 3-3。

表 3-3 马尔代夫注册政党一览（截至 2012 年底）

序号	政党名称		注册日期	党员数量（人）	政府拨款（拉菲亚）
	译名	原名			
1	马尔代夫民主党	Maldivian Democratic Party	2005. 6. 26	46349	3632254
2	马尔代夫人民党	Maldivian Peoples Party	2005. 7. 21	22575	1965343
3	正义党	Adhaalathu Party	2005. 8. 18	5881	794846
4	伊斯兰民主党	Islamic Democratic Party	2005. 12. 12	3113	—
5	马尔代夫社会民主党	Maldivian Social Democratic Party	2006. 12. 25	1797	—
6	人民党	Peoples Party	2007. 12. 26	1613	445595
7	马尔代夫国民大会党	Maldivian National Congress	2007. 12. 26	1373	478768
8	社会自由党	Social Liberal Party	2007. 12. 02	598	—
9	共和党	Jumhooree Party	2008. 8. 3	11154	1164561
10	人民联盟	Peoples Alliance	2008. 8. 3	2101	—
11	马尔代夫工党	Maldivian Labour Party	2008. 9. 4	838	—
12	科米伊蒂哈德党	Gaumee Ihthihaadh	2008. 9. 4	3219	608200
13	迪维希科米党	Dhivehi Qaumee Party	2009. 1. 27	2099	529671
14	马尔代夫改革运动党	Maldives Reform Movement	2011. 3. 22	1969	—
15	马尔代夫进步党	Progressive Party Of Maldives	2011. 10. 27	22803	1981329
总　计				127482	11600567

资料来源：Statistical Yearbook 2013，DNP - Republic of Maldives-Political Parties & Elections。

马尔代夫进步党 成立于 2011 年，党员人数超过 23000 人，创始人为前总统加尧姆。加尧姆曾经是马尔代夫人民党的创始人，2011 年 9 月 4 日，加尧姆从马尔代夫人民党辞职，第二天即宣布成立马尔代夫进步党。同年 9 月 8 日，经选举委员会同意，该党在未完成注册的情况下先行投入运转，9 个月内完成注册。2012 年 8 月，该党谴责国内最大的反对党——马尔代夫民主党向联合国人权委员会施压，将"呼吁在马尔代夫允许同性恋和宗教自由"写进《2012 年马尔代夫报告》，并称这是一起"非常严重的事件"。2013 年 11 月 16 日，该党候选人亚明（加尧姆总统的胞弟）击败纳希德，当选马尔代夫新一任总统。

马尔代夫民主党 2001 年申请注册未果，2003 年 11 月 10 日在斯里兰卡成立，初始成员为 42 人。2005 年 4 月 30 日返回马尔代夫，6 月 2 日马尔代夫通过多党制议案之后，于 6 月 26 日申请注册获得批准，成为马尔代夫第一个注册成功的政党。2008 年 10 月 10 日，该党候选人纳希德参加总统选举，在第二轮投票中以 54% 的得票率击败时任总统加尧姆，成功当选马尔代夫实行多党制后的首位民选总统。在 2009 年 5 月 9 日举行的首次多党制议会选举中，该党以 34% 的选票，获得 77 个议席中的 26 席。2012 年 2 月 7 日，由于军队和警察倒戈，纳希德总统在国民的抗议声中被迫辞职。2013 年 9 月 7 日，纳希德再次参加总统选举，并以超过 45% 的得票率遥遥领先其他 3 名候选人。后由于有人指控该轮选举存在舞弊行为，法院宣布取消投票结果。在 11 月 16 日进行的重新选举中，纳希德以微弱劣势被进步党击败。目前，马尔代夫民主党仍是马尔代夫各政党中规模最大的政党。[①]

马尔代夫人民党 又称迪维希人民党（The Dhivehi Rayyithunge Party），成立于 2005 年 7 月 21 日，创始人是前总统加尧姆，现任领导人是艾哈迈德·塔斯明·阿里（Ahmed Thasmeen Ali）。

2005 年 7 月 21 日，马尔代夫人民党申请注册获得批准，成为实行多党制后第二个注册成功的政党。

① Maldivian Democratic Party, http://en.wikipedia.org/wiki/Maldivian_ Democratic_ Party.

马尔代夫人民党是国内第二大政党，在 2009 年 5 月 9 日举行的多党制议会选举中，该党以 36% 的选票获得了 77 个议席中的 28 席，成为获得议席最多的政党。目前，马尔代夫人民党已经成为人民议会中的主要政党之一。

正义党 2005 年 8 月注册，党的首任主席是谢赫·侯赛因·拉希德·艾哈迈德（Sheikh Hussain Rasheed Ahmed）。该党的政治理念被认为与伊克瓦奴尔兄弟会（Ikhwaanul Muslimeen）或埃及兄弟会相似。马尔代夫一些当地新闻媒体将其描述为"埃及穆斯林兄弟会运动的一个分支"。

在 2008 年的总统选举中，该党候选人在第一轮选举中失利后，继而加入马尔代夫民主党组建的反对党联盟，在第二轮选举中一举击败加尧姆总统。虽然在随后举行的议会选举中，该党未获得任何议席，但该党的一名党员作为独立候选人参选，赢得了一个议席。2011 年 6 月 3 日，该党举行第二次内部选举，谢赫·伊姆兰·阿卜杜拉（Sheikh Imran Abdulla）当选党的主席，副主席为穆罗夫·侯赛因（Mauroof Hussein）。

伊斯兰民主党 2005 年成立，领导人是哈桑·扎利尔（Hassan Zareer）。

马尔代夫社会民主党 2006 年成立，领导人是雷柯·易卜拉欣·马尼克（Reeko Ibrahim Manik）。

人民党 2007 年成立，领导人是艾哈迈德·里亚兹（Ahmed Riyaz）。

马尔代夫国民大会党 2007 年成立，领导人是阿里·阿姆贾德（Ali Amjad）。

社会自由党 2007 年成立，领导人是马兹兰·拉希德（Mazlaan Rasheed）。

该党是从马尔代夫民主党中分裂出来的，为争取注册进行了长期的努力。2008 年 5 月 4 日，该党最后经法院裁决，才完成注册。同年，该党候选人易卜拉欣·伊斯梅尔（Ibrahim Ismail）参加了总统竞选。2011 年 5 月 8 日，易卜拉欣·伊斯梅尔同其他 5 名重要成员脱离社会自由党加入马尔代夫民主党。

共和党 又名贾姆鹤里党，成立于 2008 年 5 月 26 日，当初由一批议员组建而成。该党发展极为迅速，很快便成为马尔代夫国内较大的政党。

该党领导人是艾哈迈德·纳希德（Ahmed Nashid）。前财政部部长卡希姆·易卜拉欣（Qasim Ibrahim）曾作为该党总统候选人参加 2008 年总统选举。

人民联盟　2008 年成立，领导人是艾哈迈德·纳兹姆（Ahmed Nazim）。

马尔代夫工党　2008 年成立，领导人是艾哈迈德·穆萨（Ahmed Moosa）。

迪维希科米党　2009 年成立，领导人是哈桑·赛义德（Hassan Saeed）。赛义德曾任加尧姆政府的总检察长，2008 年作为该党总统候选人参加选举，后任纳希德政府的外交部部长。

马尔代夫改革运动党　2011 年成立，领导人是穆罕默德·木拉瓦尔（Mohamed Munavvar）。

然而，政府的财政支持政策带来了很大的负面影响，各种政治力量纷纷登台亮相，短短几年时间便出现了 20 多个大大小小的政党。2013 年 3 月 12 日，瓦希德总统批准了一个新的政党注册方案，提高了政党注册的门槛，规定将各政党党员的最低注册人数从过去的 3000 人提高到 10000 人。根据这一规定，有 11 个规模较小的政党先后被政府取消注册，其中包括人民联盟、迪维希科米党、伊斯兰民主党、马尔代夫社会民主党、人民党、马尔代夫国民大会党、马尔代夫工党、马尔代夫改革运动党、马尔代夫发展联盟等。

第四章

经　济

第一节　概述

一　经济发展简况

马尔代夫是一个珊瑚岛国，各岛面积小，可耕地面积十分有限，农业不太发达，国家经济规模小，主要由旅游业、渔业、交通运输业及少量的加工制造业组成。此外，马尔代夫还有少量的传统产业，主要有造船（多尼船）业、手工艺品加工（如织席、珠宝加工、漆艺）业等；主要出口产品为鱼产品。

马尔代夫长期处在殖民统治之下，经济落后。第二次世界大战后，国民经济才开始得到重视并有所发展。此后，特别是1963年马尔代夫加入科伦坡计划后，英国及其他一些参加科伦坡计划的国家提供的一些经济和技术援助，对马尔代夫的经济发展起到了一定的促进作用。1968年共和国成立后，马尔代夫在经济发展方面做出过一定努力，但由于国家经济基础薄弱，土地面积有限，可耕地面积不多，特别是人力资源严重不足，加之缺乏指导性的宏观发展计划，因而经济发展十分缓慢。

1974年，印度国家银行在马累设立分行后，人们逐渐改变了以往以现金或珠宝等形式进行储蓄的习惯。1982年，马尔代夫第一家合资商业银行开始营业，1993年，该银行产权已经全部国有化。

从 1971 年开始，一些国家与组织对马尔代夫提供了部分援助，对马尔代夫的经济发展帮助很大。1978 年加尧姆就任总统后，马尔代夫政府实行积极而又谨慎的整体经济政策，国民经济开始得到较快发展。1983～1984 年以及在 20 世纪 90 年代初期，马尔代夫两度放宽财政政策，增加国内信贷、刺激消费，虽然在一定程度上有效地拉动了经济的发展，但也加剧了通货膨胀，增加了财政赤字。1985 年，马尔代夫开始实行国家发展三年计划，1989 年以后，政府又采取了一系列新的经济政策，其中包括减少进口配额、降低进口关税、取消国家对干鱼和咸鱼出口的垄断，同时修改了《外国投资法》，积极吸引外国资金，积极鼓励外国在马尔代夫进行各种投资。2001 年，马尔代夫将国家发展三年计划改为国家发展五年计划，并制定了 2001～2020 年的 20 年长远发展规划。

马尔代夫土壤贫瘠，没有河流，农业比较落后，畜牧业不发达，工业基础也比较薄弱，现代工业很少。但鱼类资源丰富，长期以来，渔业一直是国家的龙头产业。20 世纪 70 年代末，渔业产值约占国内生产总值的 40%。1985 年以后，随着旅游业及其他相关产业的迅速崛起，渔业在国民经济中的比重逐年下降，2013 年仅占国内生产总值的 1.6%[1]。

马尔代夫风光秀丽，旅游资源得天独厚。从 1972 年开始，马尔代夫政府加大了对旅游业的开发和投资力度，并采取很多保护措施，经过 40 多年的不断开发，马尔代夫的旅游业发展迅速。从 20 世纪 90 年代开始，旅游业收入在国内生产总值中所占份额稳步上升，1985 年，旅游业收入首次超过渔业成为国家外汇收入的主要来源。2000 年，旅游业收入占国内生产总值的 33.4%，2001 年占国内生产总值的 34%。2004 年的印度洋大海啸和 2008 年的全球金融危机以后，旅游业逐渐走出低迷状态，2013 年，旅游业对 GDP 的贡献率已升至 27.9%。旅游业的快速发展，极大地刺激了进口配额的增长，也大大地带动了建筑业、运输业和通信业的发展。目前，旅游业、建筑业、运输业和通信业已经成为马尔代夫经济的重

---

① 马尔代夫国家规划署：《统计年鉴》2012 年卷。

要领域，其生产总值已超过国内生产总值的60%。

2008 年民主转型以后，马尔代夫加快了私有化进程，先后将一批国有资产实现了私有化①。2013 年1月，政府颁布了私有化法令，并成立了私有化和公司化委员会，管理和规范政府的一切私有化行为，加快私有化进程。

从总体上看，独立以来，经过马尔代夫政府和人民的不懈努力，国民经济稳步增长，人民生活水平不断提高。世界银行统计资料显示，20世纪70年代末，马尔代夫国内人均收入不足100美元，是世界上最不发达的20个国家之一。80年代初，人均收入也只有160美元。1997年人均收入达22151拉菲亚（约合1882美元），一跃成为世界上中等偏低收入国家之一。1999年人均收入首次突破2000美元大关，达到2098美元；2000年达到25774拉菲亚（约合2190美元）②。此后，由于受2004年印度洋大海啸和2008年全球金融危机的严重影响，马尔代夫经济受到重创，但恢复很快。2006年以来，马尔代夫年人均收入都在3000美元以上。2011年，马尔代夫从联合国最不发达国家名单中除名。2012年，马尔代夫GDP总量达到16.11亿美元，人均GDP达到3836美元③。据美国政府统计，2012年，马尔代夫GDP总量超过20亿美元，人均收入达到约5200美元（远远高于南亚其他国家约2000美元的平均值）④。尽管统计数据存在出入，但不可否认的是，马尔代夫的人均收入确实已位居南亚地区国家前列。

2006~2012年马尔代夫宏观经济情况见表4-1。

---

① 2009 年，马尔代夫将一所公立学校（Ghiyaasuddin 小学）租给印度，为期15 年；2010年1月，又将水和卫生设施公司的20%股份卖给了日本日立公司；2010年6月，马尔代夫以5.11亿美元的价格，将马累国际机场租赁给印度和马来西亚 GMR 与马来西亚机场控股财团，为期25 年（2012 年12 月，马尔代夫政府取消了租赁合同），该机场现仍由私人经营；2010年10 月，迪拉古通信公司实现私有化，并首次向社会公众发行股票。

② 马尔代夫计划和国家发展部：《统计年鉴》2003 年卷。

③ 马尔代夫国家规划署：《统计年鉴》2013 年卷。

④ U. S. Department of State；http://www.state.gov/e/eb/rls/othr/ics/2013/204687.htm.

表 4 - 1   2006 ~ 2012 年马尔代夫宏观经济数据

年份	2006	2007	2008	2009	2010	2011	2012
GDP(亿美元)	11.67	12.90	14.47	13.94	14.93	15.90	16.11
增长率(%)	19.6	10.5	12.2	-3.7	7.1	6.5	1.3
人均 GDP(美元)	3293	3441	3707	3625	3794	3913	3836

资料来源：马尔代夫国家规划署：《统计年鉴》2013 年卷。

二   经济发展计划

马尔代夫从 20 世纪 50 年代开始实施社会经济发展计划。1950 年，马尔代夫出台了 1950 ~ 1952 年三年发展计划，这是马尔代夫历史上第一个社会经济发展计划。该计划阐明了当时马尔代夫面临的诸多社会和经济发展问题，制定了国家发展目标和计划实施的战略措施。由于国家共和体制被废除，这个社会经济发展计划未能继续实施下去。在此后的 33 年里，马尔代夫未实行过国家经济发展计划。1978 年加尧姆总统当政后，成立了国家计划署（National Planning Agency），重新着手研究制订详细的国家社会经济发展计划。1982 年，国家计划署升格为国家计划和发展部。1985 年，马尔代夫第一个比较系统全面的国家发展三年计划（1985 ~ 1987 年）开始实施。该计划包括国家重点发展的领域、经济发展的战略与计划、国家社会结构的发展等内容。截至 2014 年，马尔代夫共实施了5 个三年计划和 3 个五年计划。

在 5 个国家发展三年计划（1985 ~ 2000 年）中，由于准备认真，计划严密，目标具体，措施得力，每一个计划都达到了预定的经济和社会发展目标。通过 5 个国家发展三年计划的实施，马尔代夫经济结构渐趋合理，国家经济得到发展，社会事业进步显著，特别是教育和医疗卫生事业得到很大程度的发展，政府更加民主，社会经济发展体系更加完善。

2001 年，马尔代夫第六个国家发展计划（2001 ~ 2005 年）付诸实施，这是马尔代夫进入 21 世纪后第一个国家发展计划。这个国家发展计划一改过去三年为一个计划周期的传统，首次采用了五年计划制。2006
年和 2011 年，马尔代夫先后实施了第七个和第八个国家发展计划。截至
2014 年，马尔代夫共完成了 5 个三年计划（1985～1987、1988～1990、
1991～1993、1994～1996、1997～2000）和 2 个五年计划（2001～2005、
2006～2010），第 3 个国家发展五年计划（2011～2015）正在实施之中。

马尔代夫历次国家发展计划的起止时间是：

第 1 个国家发展计划：1985～1987 年（三年计划）；

第 2 个国家发展计划：1988～1990 年（三年计划）；

第 3 个国家发展计划：1991～1993 年（三年计划）；

第 4 个国家发展计划：1994～1996 年（三年计划）；

第 5 个国家发展计划：1997～2000 年（三年计划）；

第 6 个国家发展计划：2001～2005 年（五年计划）；

第 7 个国家发展计划：2006～2010 年（五年计划）；

第 8 个国家发展计划：2011～2015 年（五年计划）。

近 40 年来，马尔代夫政府一直致力于实施开放性的经济政策，创造
有利于竞争和经营的政策环境，推动经济持续稳定发展。2009 年 11 月，
马尔代夫公布了《2009～2013 年战略发展规划》。该规划提出了五大承
诺：完善国内交通设施体系，降低民众生活成本，提供经济适用的住房，
加强全民医疗体系建设和坚决打击毒品犯罪行为，重点加强政府在执政能
力、发展科教文卫事业、加快经济发展三方面实施改革，被誉为马尔代夫
经济腾飞的"羽翼"。

2010 年 3 月，马尔代夫召开 2010 年援助国会议，确立了五大优先发
展领域：实施公共财政和宏观经济体制改革，实施公共行政改革，打造法
治政府，有效提供社会产品，积极应对气候变化。政府呼吁各国际组织和
援助国就以上优先发展领域加强对马尔代夫的援助。

2013 年 8 月，马尔代夫出台了一个全新的经济发展战略——《马
尔代夫经济多样化战略》，在分析目前马尔代夫经济过分依赖旅游业和
进口状况的基础上，强调"必须避免由一个部门为主导的经济，建立
一个多元化的基础广泛的经济"，"必须摆脱依赖进口和过度消费，朝

着储蓄、投资和净出口的方向迈进","必须从依赖石油进口转变为发展可再生能源,确保一个安全、低碳、可持续能源的未来","必须确保一个更加小而稳健的政府和公共部门债务水平,实现宏观经济的稳定"。

三 经济发展速度

马尔代夫政府推行经济改革,1989 年开始取消进口配额,创立私营出口机构,放宽政策限制,允许更多外资进驻。最近十几年马尔代夫GDP 年平均增长率超过 7.5%。马尔代夫强调发展国民经济,实行小规模开放型经济政策。坚持在保护环境的前提下,发挥自身资源优势,积极吸收国外资金与援助,加速了经济发展。据马尔代夫官方统计,1980~1991年,GDP 平均以 10.2% 的速度递增。20 世纪 90 年代的前几年,经济年平均增长率为 6%。在第 5 个三年计划期间 (1997~2000 年),马尔代夫国内生产总值的年平均增长率达到 6.8%①,实际国内生产总值增长率平均达到 7.6%。

马尔代夫经济对外依存度很高,自然灾害或是国内政治形势和国际经济走向都会对马尔代夫经济产生重要影响。2001 年 9 月 11 日,美国发生的恐怖袭击事件对全球经济产生了严重的影响。由于旅游安全环境和全球消费能力的影响,马尔代夫的入境旅游人数大幅减少。2001 年,马尔代夫 GDP 增长率从 2000 年的 4.6% 回落到 2.1%。突然低迷的旅游业造成了一系列的连带影响,批发零售业回落了 0.4%,运输和通信业更是以两位数的速度急剧下滑,渔业、金融业、商业、房地产业等产业的发展势头相当疲软,增长率只有 1% 或不足 1%。

为了阻止"9·11"事件以来马尔代夫经济的进一步下滑,2001 年以后,马尔代夫政府采取了一系列重要措施。一是实行本币贬值。2001 年 7月 25 日,马尔代夫宣布对马尔代夫拉菲亚实行贬值,将拉菲亚钉住美元

---

① 马尔代夫计划和国家发展部:《第六个国家发展计划——对第五个国家发展计划的回顾》。

事实上的固定汇率从 11.77 调为 12.80，贬值幅度达到 8.75%，从而缓解了对拉菲亚形成的强大压力，贬值获得圆满成功。二是进一步放开金融市场。继 2001 年 7 月取消了自 1995 年以来实行的对银行特殊贷款最高限额的规定以后，8 月又引进了新型的商业银行软件系统，使之在紧急情况下实现各银行间的资金流动；此外，还对拉菲亚的存款、贷款利率进行了必要的调整，使其差距缩小了 7 个百分点。

由于采取的措施及时有效，马尔代夫经济在经过一年多的低迷后很快得到了复苏，2002 年经济增长率回升至 6.1%。2003 年，马尔代夫经济开始强力反弹，一跃升至 14.2%，2004 年略有回落，增速仍达 12.5%。2004 年 12 月印度洋大海啸使马尔代夫经济受到重创，2005 年马尔代夫经济增长率为 - 8.7%，跌至低谷。在国际社会的大力帮助下，马尔代夫大力开展灾后重建，经济很快复苏，2006 年、2007 年、2008 年增速分别达到 19.6%、10.6% 和 12.2%。2008 年受全球金融危机的影响，马尔代夫旅游业出现严重滑坡，经济形势再度恶化，2009 年，马尔代夫经济再次出现负增长。2010 年经济复苏，增速达到 7.1%，2011 年达到 6.5%。2012 年，国内局势持续动荡导致政局突变，GDP 增速下滑至 1.3%。

2006 ~ 2016 年马尔代夫国内生产总值增长态势及预测见图 4 - 1。

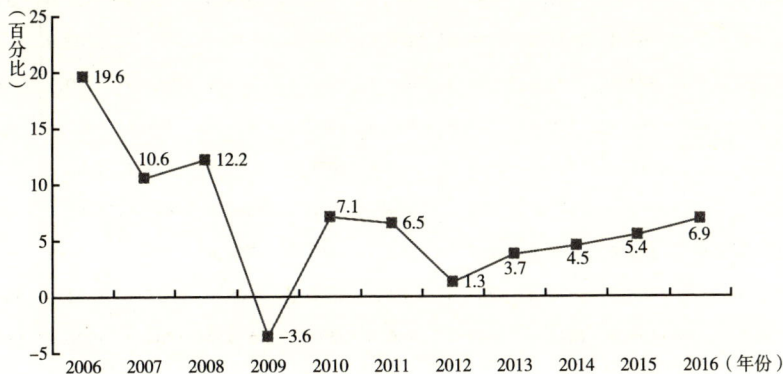

图 4 - 1 2006 ~ 2016 年马尔代夫国内生产总值增长态势及预测

资料来源：马尔代夫国家规划署，2013 年 10 月发布。

第二节　主要产业

马尔代夫的产业构成比较简单，第一产业只有农业、渔业和矿业，2012 年产值约占 GDP 的 3.3%；第二产业主要由建筑业、加工制造业和水电供应业等组成，年产值占 GDP 的 15% 左右；第三产业是马尔代夫国民经济的主体，年产值占 GDP 的 80% 以上。在所有产业中，旅游业名列首位，年产值占 GDP 的 30% 左右，其次是运输业和通信业，年产值各占 GDP 的 10% 左右；近年来，建筑业异军突起，年产值占 GDP 的 8% 以上。

2004～2012 年马尔代夫主要产业产值情况见表 4 - 2。

表 4 - 2　2004～2012 年马尔代夫主要产业产值对比

（2003 年不变价格，单位：100 万拉菲亚）

年份	2004	2005	2006	2007	2008	2009	2010	2011	2012
国内生产总值（基本价）	13675.8	12489.4	14935.5	16512.2	18526	17853.0	19113.2	20351.0	20621.8
第一产业	742.3	786.2	820.8	722.9	698.3	681.1	675.2	682.3	682.0
农业与矿业	327.7	300.1	331.4	341.4	344.8	336.9	350.6	361.2	363.2
渔业	414.5	486.1	489.4	381.5	353.5	344.3	324.6	321.0	318.8
第二产业	2203.1	2431.0	2680.8	3284.8	3597.4	2657.4	2771.5	3107.8	3143.7
加工制造业	824.4	793.1	849.3	894.1	1016.5	814.9	759.0	780.1	815.8
水电供应业	290.4	339.7	382.8	439.9	502.8	539.8	588.6	633.5	654.3
建筑业	1088.2	1298.3	1448.8	1950.8	2078.1	1302.8	1423.9	1694.3	1673.6
第三产业	10993.8	9477.3	11659.6	12729.0	14446.1	14689.9	15864.9	16783.2	17022.1
批发零售业	565.6	608.6	702.8	762.5	862.7	765.4	770.0	850.1	907.0
旅游业	4488.1	2971.5	4287.6	4704.3	4870.0	4608.1	5335.4	5824.6	5820.2
运输业	1169.8	1043.5	1319.4	1436.6	1521.3	1539.8	1800.9	1926.9	1893.9
通信业	782.1	808.6	965.8	1113.6	1446.7	1769.9	1803.1	1954.2	2045.3
金融服务业	391.6	343.0	424.6	475.3	513.0	488.0	512.4	527.8	530.5

续表

年份	2004	2005	2006	2007	2008	2009	2010	2011	2012
房地产业	1638.2	1598.7	1608.3	1587.9	1519.1	1517.0	1568.3	1596.9	1617.8
商业服务	165.5	145.0	179.4	200.9	216.8	207.7	216.7	224.0	225.2
政府管理	1090.5	1214.5	1323.3	1481.7	2047.0	2251.8	2290.0	2279.0	2345.1
教育	391.2	406.6	468.9	513.9	740.7	796.3	812.7	836.4	862.8
医疗	188.8	205.0	239.4	304.5	494.2	564.4	571.9	577.7	583.8
社会服务	122.5	132.4	140.1	147.9	214.7	181.4	183.6	185.7	190.5

资料来源：马尔代夫国家规划署：《统计年鉴》2013 年卷，表 16.1（因四舍五入后个别数据计算结果会有出入，此处仍维持原统计数据不作改动）。

一 农业和畜牧业

（一）农业

马尔代夫是以旅游业和渔业为主的群岛国家，全国只有 76 个农业岛[①]，农业用地约 70 平方公里，只占全国陆地面积的 23.5%[②]，其中可耕地面积不到 10%。受地质条件的限制，马尔代夫的土壤层一般都比较浅，在 6~9 英寸（1 英寸约合 2.54 厘米）厚的土层里常常混杂一些大大小小的碎珊瑚岩块，表层土壤中含有数量不等的腐殖质。表层土壤之下是 1~2 英寸厚的硬砂岩层。在砂岩层之下，是一层软黄沙层。大部分土壤蓄水能力较差。由于碱性珊瑚释放出过多的钙，土壤含碱量很大（PH 值约为8.5）。土壤一般缺少氮、钾、铁等成分[③]。由于可耕地较少，土地贫瘠，长期以来，马尔代夫农业十分落后。

马尔代夫没有丘陵，没有高山，也没有河流，农业用水主要有两种来源：一种是储备在地下的雨水，另一种是储存在水塘或湖里的雨水。后一

[①] 这里的农业岛是指租赁用于农业活动的无人岛和列入海啸灾后重建的居民岛，不含常年有人居住并在本岛从事农业生产的岛屿。马尔代夫国家规划署：《马尔代夫基础设施图解》，2011，http：//www.planning.gov.mv/en/npc/Infrastructure – Map – 4th – Edition –（30.05.2011）.pdf。

[②] http：//knoema.com/atlas/Maldives/Agricultural – land – sq – km。

[③] 陈桥驿等：《马尔代夫共和国》，浙江人民出版社，1979。

种水里，如果渗入海水，就会使储存的雨水含有盐分。由于岛上淡水资源有限，井水不能用于灌溉，庄稼生长全靠降雨。绝大部分降雨集中在西南季风季节。南部地区与北部部分地区多种白薯，南部还有许多地方种木薯。一些低洼的沼泽地带全年都能种芋头。除以上作物外，马尔代夫农民还种植玉米、高粱等粮食作物。

为了保护环境，马尔代夫人民主要使用有机肥。虽然马尔代夫不产大米，但大米是岛民的主食，主要靠从邻国进口。马累的面包店经常出售新鲜的面包、蛋糕和糕饼。

马尔代夫蔬菜品种比较少。各地种植的蔬菜有面包果、苦瓜、丝瓜、南瓜、西红柿、辣椒、卷心菜、茄子等。但由于种植面积小，产量有限，尚不能满足国内需要。近年来，随着旅游业的不断发展壮大，蔬菜种植业发展较快。

马尔代夫盛产水果，品种多样，终年不断，可以称得上是丰富多彩的热带果园。主要水果有：香蕉、杧果、柠檬、石榴、橘子、甜橙、菠萝、荔枝、西瓜、西番莲果、露兜果、木瓜、甘蔗、凤梨、蒲桃等。由于马尔代夫陆地面积小，水果产量远远不能满足国内需求。

在马尔代夫群岛上，椰子树是最重要的植物，椰子生产在马尔代夫农业中占重要地位，给马尔代夫人民带来了丰厚的收入。目前，全国大约有100万棵椰子树。全国绝大多数岛屿自古以来就普遍栽种椰子树。椰林成荫，葱翠挺拔，成为马尔代夫各岛屿的独特风光。马尔代夫人民历来珍视椰子树，细心栽培。马尔代夫谚语说："砍掉椰子树，不如砍掉自己的手。"马尔代夫人民和椰子树的关系可见一斑。

家庭经济在马尔代夫农业生产中占有相当大的比重，在大部分岛屿上，每家每户都有菜园，常年种植一些蔬菜以满足家庭的生活需要。据估计，这些家庭菜园所种植的蔬菜，约占马尔代夫岛民所需食品的30%。

由于土地资源有限，马尔代夫的农业发展受到很大限制，1990年，农业收入仅占国内生产总值的10%，只有近7%的劳动力参与农业生产。1995年，马尔代夫农业产值为4574万美元，2009年增加到1.18亿美元，2011年降至1.13亿美元。2012年，马尔代夫农业产值只有7.44亿拉菲亚（约合 4800 万美元），农业和矿业产值仅占国内生产总值的 1.8%。农业的不发达，导致农产品无法满足国内需求。以蔬菜和水果为例，马尔代夫虽然盛产蔬菜和水果，但由于产量有限，国内生产的蔬菜和水果只能满足小部分需求，大部分仍需从邻国或西方国家进口。据世界粮农组织统计，马尔代夫粮食生产仅占总需求量的10%，其余90%依赖进口。

2005～2012 年马尔代夫农产品进口情况见图 4-2。

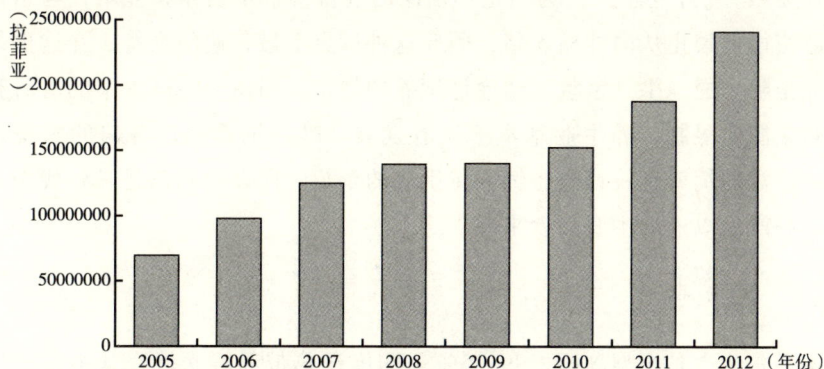

图 4-2 2005～2012 年马尔代夫农产品进口态势

资料来源：马尔代夫国家规划署：《统计年鉴》2013 年卷。

为了减少农作物的进口量，节约国家外汇支出，同时也为了增加农民收入，从第 4 个国家发展计划（1994～1996 年）起，马尔代夫政府提出了发展农业的主要目标，其中包括改善农业体制、改良耕种技术、提高土地利用率、改进分配制度、引进先进灌溉技术、大力植树造林、增加木瓜和香蕉产量，实现自给自足。为了达成上述目标，政府采取了一系列措施，主要有：

（1）加强品种研究，开发新的适应性强的农作物品种；

（2）实施天然林保护运动，大力发展植树造林；

（3）鼓励妇女参加农业生产；

（4）对农民和在校学生进行农业技术培训；

（5）在渔业和农业部增加有农业生产经验的工作人员数量，以更好地指导全国的农业生产。

目前，农业在马尔代夫国民经济中所占比例仍不足 2%，随着其他产业的发展，这一比例还在陆续下降，而农产品进口则一直呈持续走高态势。

（二）畜牧业

马尔代夫的畜牧业很不发达，这与马尔代夫人民多年来的宗教信仰有密切关系。《古兰经》认为猪是不洁净的牲畜，禁止饲养和食用，马尔代夫的法律也禁止从国外输入猪，因此这种世界上最普遍的家畜，在这里却是完全陌生的。牛是宗教习惯允许饲养的牲畜，但由于经济水平的落后和饲料来源的限制，养牛业基本上没有发展。唯一饲养比较普遍的家畜是羊。家禽的饲养也较普遍，饲养特别多的是鸡。所以羊和鸡是马尔代夫人民除海产品以外的主要肉食来源。

二　渔业

马尔代夫是小型岛国，99.75% 是印度洋热带温暖水域，其中专属经济区达 859000 平方公里。广阔的海洋，丰富的鱼类资源，使马尔代夫具有发展渔业的得天独厚的条件。马尔代夫人民有捕鱼的传统，鱼类资源历来都是马尔代夫人民赖以生存和发展的重要基础。

1978 年以前，渔业一直是国民经济的龙头产业。随着旅游业的发展，渔业对国民经济的贡献率逐年降低。1985 年以来，虽然渔业产量每年都有相当程度的提高，但其产值在国内生产总值中的比重远远落后于其他各产业。2012 年，渔业产值对 GDP 的贡献率不足 1.6%[①]。2012 年，马尔代夫共有 56 个渔业岛[②]，各类渔船 1200 多艘，从事渔业生产的专业渔民

---

① 马尔代夫国家规划署：《统计年鉴》2013 年卷。
② 渔业岛包括有养殖活动的岛屿，以及那些建有渔业相关专用基础设施的岛屿，如鱼类加工及出口的岛屿和建有制冰厂等设施的岛屿。多数人口从事渔业工作的居民岛不包括在内。马尔代夫国家规划署：《马尔代夫基础设施图解》，2011，http：//www.planning.gov.mv/en/npc/Infrastructure－Map－4th－Edition－（30.05.2011）.pdf。

达 10264 人[①]。

（一）渔业发展概况

1971 年以来，马尔代夫在日本、伊朗、印度、科威特、泰国等国家以及联合国开发计划署的援助下，渔业生产得到快速发展。1975 年 11 月 13 日，马尔代夫政府和印度政府签订了关于鱼类加工合作的谅解备忘录。双方商定，印度政府将协助马尔代夫在费利瓦卢建立一个日产 10000 瓶罐头的金枪鱼罐头制造厂，所需的专家、工程师及马尔代夫不能提供的其他职员以及相关设施全部由印度政府提供。自此，马尔代夫的现代渔业开始起步。1979 年，马尔代夫联合日本丸红公司（Japanese Marubeni Corporation）组建了马尔代夫日本鱼产品罐装和处理有限公司。同年，马尔代夫政府也成立了马尔代夫渔业有限公司（Maldives Fisheries Corporation），以开发本国的渔业资源。

马尔代夫渔业的发展还得益于世界银行在马尔代夫进行的渔业项目。1983～1985 年，马尔代夫加强了对港口和冷冻冷藏设备的改造，从而使罐装鱼产品收入增加了 4 倍。1994 年以来，马尔代夫在日本和世界银行的资助下，进一步改善了冷冻冷藏设备，有效地增强了鱼类产品的储存和处理能力。

过去，马尔代夫渔民的捕鱼方法比较落后，渔船都是用椰木制成的多尼船，船长普遍在 12 米以下，船上有船帆和一些简单的捕鱼设备。由于设备简陋，又需依赖风向，因此不可能进行远海作业，大多数渔民只能在离岸 8～10 公里的近海水域进行捕捞，能在离海岸 25～30 公里的海域进行捕捞作业的船只寥寥无几。这种传统的捕鱼方式受季节的影响很大，一般在季风期才能出海。

为了摆脱季节和距离对捕鱼作业的不利影响，增大捕捞量，20 世纪 70 年代初，马尔代夫从国际发展联合会（International Development Association）贷款 320 万美元，并于 1974 年开始将一部分木帆渔船改装成机动渔船。到 1979 年，马尔代夫改装的机动渔船达到 730 艘。为了提高

---

① 马尔代夫渔业和农业部：《基本渔业统计》2012 年卷，表 1，http：//www. fishagri. gov. mv/ index. php/en/statistics/fisheries - statistics/194 - basic - fisheries - statistic - 2012。

渔业产量，政府还对渔民进行先进捕鱼方法的训练，使他们更快地掌握现代化的捕鱼方法与技术。改装以后的渔船虽然增加了油料消耗成本，但1982～1985年，马尔代夫的渔获量翻了一番。1992年，马尔代夫渔业捕获量达到82000吨，比1987年的56900吨净增25100吨，创下历史最高纪录。2002年，在全国244376艘各类渔船中，机动渔船数量达到219324艘，占各类渔船的89.7%。

20世纪60年代，一些大型外国曳网渔船纷纷到马尔代夫近海进行掠夺性捕捞，马尔代夫近海渔业资源面临很大的危机。为了保护本国渔业资源，1969年，马尔代夫政府宣布，用新的海域界线代替过去确定的岛屿沿岸宽度的海域界线。新的海域界线东至东经73°46′，西至东经72°30′5″，南至南纬0°45′25″，北至北纬7°10′25″。在这个范围之内，都属于马尔代夫共和国的海域，禁止外国渔船入境捕捞。马尔代夫同时派出军用飞机和军舰武装巡逻，没收和扣留了一些擅自入境捕捞的外国渔船，并处以罚款，外国渔船掠夺性捕捞情况从此有了好转。1976年7月，马尔代夫同印度和斯里兰卡签署了马纳尔湾三国边界交界点协议，并重新划定了三国的海上边界。海上边界的重新划定，不但有效地防止了马尔代夫与其他国家的边界纠纷，也有效地保护了本国的渔业资源。

为了更有效地开发渔业资源，马尔代夫还对捕捞区域进行了明确划分。根据马尔代夫有关法律，马尔代夫设有两个捕捞区，一是沿海捕捞区（the coastal fishery zone），该区域范围为离海岸0～75海里，是专供本地渔民作业的捕捞区域；二是外海专属经济区捕捞区（outer EEZ），范围是离海岸75～200海里，这一区域既对本地渔民开放，也对经特许的外国渔业公司开放。为了提高渔业产量，马尔代夫政府还针对气候变暖海表水温上升导致鱼类活动减少的特点，在全国各地设置各种集鱼装置。到2011年，已在各环礁边缘海域设置了50多个类似装置。

长期以来，特别是20世纪90年代中期以来，世界银行和日本等向马尔代夫投入了大量资金，在很大程度上加速了马尔代夫的港口建设和冷藏技术的迅速发展，大大刺激了渔业发展。目前，马尔代夫的渔业已经基本实现了捕捞、储存、加工、处理的现代化。

近年来，马尔代夫引进了海洋生物养殖技术。在联合国开发计划署的资助下，马尔代夫海洋研究中心（Marine Research Center）一直从事珍珠养殖示范项目。私营公司开始在孵化场养殖海参，此举吸引了越来越多的人参与海参养殖。2010年12月10日，马尔代夫政府宣布建立一项基金，鼓励开展水产养殖项目。

（二）渔业产量

马尔代夫渔业资源十分丰富，拥有近千种海洋生物。但在众多的鱼类中，金枪鱼是马尔代夫重点捕捞的鱼类。从近年捕获的种类上看，鲣鱼和金枪鱼约占全部渔获量的80%以上，其他种类的鱼数量很少，仅为15%左右。2012年，马尔代夫鲣鱼捕获量占44.5%，黄鳍金枪鱼占37.5%[①]。

近年来，为了保持生态平衡，政府对鱼类的捕捞和出售一律实行一年一审的许可证制度，捕捞量受到很大限制，鲣鱼和黄鳍金枪鱼等鱼种海存量得到保护，加之油料价格上涨，渔船作业成本提高，2008年以来，马尔代夫年渔获量逐年下降，近年来一直徘徊在12万吨左右，2012年鱼类出口值为24.38亿拉菲亚（约合1.39亿美元）。2006～2012年马尔代夫渔业产量情况见表4－3。

表4－3 2006～2012年马尔代夫渔业产量统计

单位：千吨

类 别	2006年	2007年	2008年	2009年	2010年	2011年	2012年
总渔获量	184.2	144.1	132.6	116.7	122.1	120.8	120.0
鲣鱼（含专属经济区）	138.5	97.3	87.1	66.2	73.7	57.7	53.4
黄鳍金枪鱼（含专属经济区）	23.0	24.4	23.8	20.7	21.8	35.6	45.0
其他鲔鱼相关物种	5.7	7.1	6.7	8.9	7.1	4.9	2.5
其他海洋鱼类（含专属经济区）	17.0	15.3	15.0	20.9	19.5	22.6	19.1

资料来源：马尔代夫国家规划署：《统计年鉴》2013年卷。

[①] 马尔代夫渔业和农业部：《基本渔业统计》2012年卷，表4，http：//www.fishagri.gov.mv/index.php/en/statistics/fisheries－statistics/194－basic－fisheries－statistic－2012。

（三）国外主要市场

以前，斯里兰卡是马尔代夫鱼产品的主要外销市场，年销量占马尔代夫干鱼与咸鱼产量的90%。1988年的未遂军事政变，使马尔代夫同斯里兰卡的关系一度陷入低谷，斯里兰卡大幅削减了这类产品的进口配额，马尔代夫鱼产品出口受到重创。此后，日本和泰国一些公司开始直接从渔民手里购买鲜鱼，并在现场以现金支付，深受马尔代夫渔民的欢迎，渔业生产得以维持。1992年以后，随着马斯关系的恢复，特别是随着马尔代夫对外交往范围的日益扩大，鱼产品的出口额也随之大幅增长。2006年，马尔代夫的鱼产品出口量高达14.8吨，是1976年的14倍。近年来，马尔代夫鱼产品出口量逐渐走低，到2012年，出口量仅为5.6吨，不足2006年的40%。

马尔代夫出口的鱼产品主要有两种：一种是鱼类加工厂生产的各类产品，一般以鲜鱼、冻鱼或鱼罐头等形式出口；另一种是家庭作坊手工生产的鱼产品，一般以熏干鱼和咸鱼的形式出口。鱼产品是马尔代夫的主要出口产品，2010年出口额高达7400万美元，占全国总出口额的96%[①]。2010年马尔代夫鲣鱼产品出口情况见表4-4。

表4-4　2010年马尔代夫鲣鱼产品出口情况一览

鱼产品类别	数量（公斤）	金额（拉菲亚）	每公斤单价（拉菲亚）
冻鲣鱼	16352427.70	235959209.05	14.43
熏干鲣鱼（马尔代夫鱼）	3807397.10	143172548.01	37.60
盐干鲣鱼（咸鱼）	1621606.95	15891815.47	9.80
预加工、储存鲣鱼	688013.78	36528655.51	53.09
干鱼块（鲣鱼、金枪鱼）	44692.00	1038371.70	23.23
鲣鱼腰（新鲜或冷藏）	134.75	5066.61	37.60
鲣鱼（新鲜或冷藏）	10.04	232.20	23.13

资料来源：马尔代夫渔业和农业部：Background report of fishery products - The Maldives。

---

① 马尔代夫渔业和农业部：Background report of fishery products - The Maldives。

一般说来，家庭作坊生产的鱼产品，运营成本低，卖价高，很有市场。熏干鱼和咸鱼主要销往斯里兰卡，鱼类加工厂的鱼产品则外销泰国、斯里兰卡、伊朗、突尼斯、英国、德国和日本，新鲜鱼或冻鱼主要销往泰国，鱼罐头则主要销往欧洲，以英国、德国为主。2010 年，马尔代夫销往泰国的鱼产品约占鱼产品出口的 60%。伊朗市场行情看好，价格高于泰国，是一个很有发展潜力的国际市场。近年来，马尔代夫鱼产品出口价格一路走高，行情看涨。据世界银行统计，2012 年，马尔代夫鲣鱼出口价平均每吨由 2001 年的 1699 美元上升到 2197 美元，黄鳍金枪鱼出口价也从 2011 年的每吨 4869 美元上涨到每吨 5084 美元。

马尔代夫鱼产品出口目的地主要有亚洲、欧洲、北美洲和大洋洲，其中以亚洲和欧洲国家居多。2012 年，马尔代夫鱼产品出口目的地排名前 10 位的依次是泰国、法国、意大利、英国、斯里兰卡、德国、伊朗、美国、韩国、荷兰，位列第 11 至 13 位的分别是中国、西班牙和日本。

三　工　业

马尔代夫长期处于殖民统治之下，国民经济发展水平一直很低，加之矿物资源贫乏，工业基础非常薄弱。目前，马尔代夫仍然没有大型的工业企业，国内工业只有部分传统手工业和以中小型加工制造业为主的现代工业。

（一）传统工业

马尔代夫的传统工业以手工业为主，包括鱼类加工业、编绳业、织席业、榨油业、珊瑚与贝壳采集业和其他以家庭为单位的小型工业，妇女是传统工业生产的主要劳动力。马尔代夫的手工业历史悠久，主要分散在各居民岛上。

鱼类加工业　全国最重要的手工业是鱼类加工业。20 世纪 70 年代以前，马尔代夫的鱼类加工只有两种方式，即熏干金枪鱼（俗称"马尔代夫鱼"）和咸鱼。这种传统的鱼类加工多系手工作业，但它当时是马尔代夫渔业获得外汇的重要来源之一，在工业中占有重要地位。"马尔代夫鱼"非常有名，制作方法完全依靠手工。渔民们把金枪鱼处理后烧煮，将鱼刺分离后，将鱼切成片，放在竹制的架子上用椰子树干进行烧熏，将鱼熏成黑色，再放在太阳下暴晒几天，最后集束存放。经过这样加工的干鱼，重量只有鲜鱼的 1/5 到 1/6，储存和运输都比较方便。这种鱼不仅是一种食物，也是一种调味品，南亚各国特别是斯里兰卡人民对此十分喜好，是马尔代夫的主要出口产品之一。

编绳业 用椰子壳的硬纤维编织绳子和其他用品，是马尔代夫居民广泛经营的传统手工业，这种手工业主要是以家庭为单位，由妇女们从事，没有工厂和作坊之类的部门，这种手工业在马尔代夫已经有几个世纪的历史。数百年来，依靠妇女们熟练的技巧和传统市场，这种绳子在纺织方法上始终保持着相同的特色，由于这种椰壳纤维制品色泽柔和、轻巧而美观，使得这种传统的手工艺长盛不衰，颇受国际市场的欢迎。

和这个工业部门在技术上有联系的是织带子和制作枕头花边。这种手工业是 17 世纪时由荷兰人引入的。用从印度进口的金、银丝线织成精美的带子和枕头花边，这同样是妇女们的家庭手工业，而且也同样为国家挣得一些外汇。

织席业 编制席子是马尔代夫另一个重要的传统手工业，其原料是一种特殊的芦苇，这种芦苇主要分布在马尔代夫南部的一些环礁上，因此，这种手工业只在南部的 3 个环礁上才有。妇女们先砍伐这种芦苇，放在阳光下晒干，然后加以编织。由于这种席子色泽美观，质地轻巧，历史上曾经作为奉献给斯里兰卡君主的贡品，现在在国际市场上仍然销路看好。

榨油业 20 世纪 70~80 年代，榨油业是仅次于鱼类加工业和造船业的第三大工业。马尔代夫居民以椰子为原料，以土法榨得椰子油。椰子油为岛民日常食用，但也有相当数量出口，特别是输往印度和东南亚地区。

珊瑚和贝壳采集业 珊瑚和贝壳采集业曾经是 20 世纪时马尔代夫的创汇产业。马尔代夫贝壳早已闻名于世，各个岛屿海滨有许多色泽美丽又罕见的贝壳。特别是一种叫玛瑙贝的贝壳更为珍贵。马尔代夫近海还有许多珊瑚，都是上等的装饰品。这些天然工艺美术品，曾是马尔代夫大量出口的特色商品。近几十年来，马尔代夫对珊瑚和贝壳采取保护政策，严格限制游人随意采集珊瑚和贝壳，这不仅是为了保护环境，同时也是为了保护民族手工业。

马尔代夫传统工业历史悠久，风格独特，深受国内外人民的喜爱。特别是旅游业、运输业和现代制造业的兴起，极大地推动了马尔代夫传统工业的发展，使之始终保持着旺盛的生命力。

（二）现代工业

随着社会的进步和科学技术的发展，马尔代夫一些新型的现代工业不断出现。1999 年，马尔代夫国家贸易组织在蒂拉夫希建立了一个水泥包装厂，对从印度尼西亚进口的水泥进行包装和处理。目前，马尔代夫的现代工业主要有鱼罐头生产、船舶制造、电力供应、PVC 管生产、玻璃纤维艇制造、清洁剂生产、水泥包装和瓶装汽水生产等。此外还有其他一些小型企业，如机械修理厂、木材加工厂、造砖厂、液化石油气罐装厂、纸袋生产厂、锯木厂、空调装配厂、铝合金门窗制造厂、海水和地下水脱盐工厂以及部分电源插座制造厂等。马尔代夫将这些产业统称为加工制造业。根据马尔代夫政府统计，2012 年，第二产业占 GDP 的份额为 15.8%，其中加工制造业占国内生产总值的 4%。

服装加工业 20 世纪 90 年代以后，服装加工业在马尔代夫发展迅速，从 1998 年起，服装加工业产值一度超过了鱼罐头加工业产值，服装成为马尔代夫的主要出口产品。1997～2000 年，马尔代夫服装加工业年产值平均以 36.98% 的速度增长，其中 2000 年增幅达到 46.1%，成为马尔代夫经济中增长速度最快的领域之一。2005 年，《多种纤维协定》到期，所有的服装厂被迫关闭。在近年来马尔代夫发布的统计报告中，我们再也没有见到有关服装加工业和服装产品的任何信息。

鱼罐头加工业 过去，马尔代夫的鱼类加工完全建立在家庭手工作业的基础之上，主要以烟熏干鱼和咸鱼为主。这种家庭式的手工作业，加工速度慢，效率低，不但数量上受到很大限制，质量也很难得到保障。为了使捕捞到的大量鲜鱼能够加工成出口产品，1975 年，马尔代夫和印度签订协议，决定进行鱼类加工生产方面的合作。1977 年，在印度的帮助下，马尔代夫在费利瓦鲁建立了一个金枪鱼处理厂，日产 10000 瓶金枪鱼罐头。此后又在该地建立了一家大型的冷冻厂。1979 年，马尔代夫又和日本公司合作，组建了马尔代夫日本鱼产品罐装和处理有限公司，此后又组建了马尔代夫渔业实业公司。1987年，马尔代夫在该地又新建了一座金枪鱼加工厂，新厂建有自己的发电厂、海水淡化厂、水储存罐和制冰厂，日产罐头150000瓶。

马尔代夫的听装鱼大部分是鲣鱼，这也是一种金枪鱼，其体积比一般金枪鱼大，是马尔代夫捕捞数量最多的一种海鱼，也是马尔代夫出口的主要鱼种，主要出口地区为欧洲，对泰国和日本等国也有一定数量的出口。2001年，马尔代夫政府实施了一项渔业加工发展计划，根据这一计划，私营企业已经开始参加鲣鱼和其他金枪鱼产品的加工、生产和出口。近年来，马尔代夫鱼罐头出口量呈逐年减少趋势。2011年，出口总量为1463.39吨，总产值达到1.25亿拉菲亚（约合810万美元）。

造船业　造渔船是马尔代夫人的普通技艺，技术优秀的工人仅用60天就可以用木料造好一艘渔船。在现代造船工业建立之前，马尔代夫的各种渔船及其他小型船只主要靠手工打造。在大部分岛屿上都有一些手工造船厂，这些小型的船厂以制造木帆小渔船、木帆运输船和船具为主。这种手工造船业技术落后，规模较小。1958年，马尔代夫现代造船业开始起步，并在胡鲁累岛建立了马尔代夫第一座现代化造船厂。目前，马尔代夫的主要造船厂位于北马罗斯马杜鲁环礁的阿里夫希岛。

造船厂建立以后，马尔代夫逐渐改造了一大批用手工打造的小型船只，安装了动力驱动装置，实现了机械化，使传统的马尔代夫渔船实现了更新换代。由于经改造的第二代渔船只更新了部分设备，船身并无多大变化，其装载能力也只有5吨左右，远海捕捞能力仍受到很大限制。进入20世纪90年代，马尔代夫对第二代渔船再次进行了更新换代，不但将船身从过去的10~12米加长到20~26米，而且还增强了动力驱动系统，提高了续航能力，装载量也从过去的5吨提高到了10~15吨，所有大型机动渔船（特别是大型多尼船）都配备了卫星导航系统、液压管路搬运、声呐探鱼仪和其他技术设备，船员也有专门的休息船舱，从而大大增强了在恶劣天气进行远海捕捞的能力。

为了提高渔船性能，马尔代夫还成立了马尔代夫渔业实业公司船坞有限公司（The Maldives Industrial Fisheries Company Boat Yard Ltd.），这是一家专门研究、设计和改建木制渔船的公司，经该公司改造的渔船，除增强了续航能力外，还在船体上安装了冷冻冷藏设备，大大延长了渔民在海上的作业时间，很受渔民欢迎。到 2012 年，机动渔船的渔获量已占全国渔获总量的 94.2%[①]。随着渔船性能的提高，马尔代夫渔民的作业范围日益扩大。目前，一大批私营企业在专属经济区作业活动逐渐增多，本国船队取代外国特许船队在该区域捕鱼作业的趋势逐渐形成。

建筑业　马尔代夫建筑业起步较晚，但发展迅速。进入 21 世纪以后，随着大型旅游度假项目开发热潮的兴起，国家基础设施建设的加快，特别是海啸灾后重建的展开，以及持续升温的住宅和商业地产开发等，马尔代夫建筑业的发展势头十分强劲。据统计，2003 年，马尔代夫建筑业对 GDP 的贡献率不到 6%；2005～2008 年，连续 4 年接近或超过了两位数。2008 年全球金融危机发生以后，马尔代夫建筑业产值有所下滑，目前已回升至 8% 以上。

电力　马尔代夫电力基本为柴油发电。由于能源供应主要依赖进口，电力供应过去一直较为紧张。1995 年前，全国电力十分短缺。1995 年，马尔代夫成立国家电力公司并开始向部分地区供电。到 2000 年，该公司已能向首都马累和 23 个外岛供电。此外，国家还在一些环礁实施了社区电力计划。到 2001 年，供电岛屿增加到 73 个，其他岛屿也实现了有条件供电。2004 年前，马尔代夫只有 4 个边远居民岛完全无电，缺电原因主要是电力输送能力不足。

目前，马尔代夫电力相对充足，居民岛和旅游岛全部实现了电力供应，并计划不断扩大发电能力。根据马尔代夫 2013 年能源情况报告，全国居民岛共有 191 家发电厂，主要由三家电力公司运营（STELCO、FENAKA 和 MWSC），总装机容量为 141 兆瓦，全年电力总消费为 4.6 亿度，其中首都马累的电力消费量达 50%。

目前，在世界银行、亚洲开发银行以及有关国家的资助下，马尔代夫

---

① 马尔代夫渔业和农业部：《基本渔业统计》2012 年卷，表 3，http：//www.fishagri.gov.mv/index.php/en/statistics/fisheries-statistics/194 - basic - fisheries - statistic - 2012。

政府积极发展太阳能等清洁能源，计划投入 11 亿美元发展可再生能源，并希望到 2020 年，可再生能源发电比例达到 60%。其中约 50% 的电力来自太阳能，另有 10% 的电力来自风能和生物能源。

四　旅游业

马尔代夫气候常年如夏，全国 1192 个岛屿，犹如一颗颗珍珠镶嵌在碧波万顷的洋面上，又像是上帝抛向人间的一串璀璨的宝石项链，甚是美丽。旖旎的热带风光、众多的名胜古迹、独特的伊斯兰建筑、绚丽多彩的海洋生物、浓郁纯朴的民族风情，加之方便快捷的交通、热情周到的服务，不断吸引着世界各地的游客前来旅游观光。

（一）发展概况

马尔代夫旅游业起步较晚。1972 年，随着 12 名意大利游客的到来，马尔代夫将古伦巴和班多斯两个岛屿建成了现代化的旅游度假村，整个国家的旅游业开始起步。

在旅游业发展初期，马尔代夫并不是一个单独的旅游目的地，而是斯里兰卡 - 马尔代夫游的一个旅游站点。当时，斯里兰卡的"文化"旅游十分火热，而马尔代夫的潜水场所和独特岛屿风光所具有的那种"天堂"假日给游人的感觉也很良好。由于地缘关系，斯里兰卡和马尔代夫便形成了一个有机的旅游组合。1972～1980 年，随着沙滩、海洋和阳光假日等主流市场重要作用的日益显现，旅游开发商发现，将马尔代夫作为一个单独的旅游目的地进行开发和培育有着巨大的潜力，于是马尔代夫的旅游市场逐渐从数量极少的潜游人群逐步发展到海滩度假的较大规模市场。

1972～1982 年，马尔代夫的旅游业主要以旅游经营商为主，其发展规模和发展速度完全受入境旅游人数的制约，国家没有相应的发展规划，也没有统一的旅游政策。因此，这一阶段旅游业基本处在一种自由发展的状态。1979 年，马尔代夫的旅游度假岛发展到 27 个，旅游床位增至 1742 张，入境旅游人数升至 33140 人次，旅游总收入达到 540 万美元。1982 年，马尔代夫将 44 个无人定居岛屿开发成旅游度假区，拥有旅游床位 4000 张，旅游旺季的床位占用率达到 80%。一拨又一拨境外旅游者的不断涌入，掀起一浪又一浪的旅游热潮，极大地推动了马尔代夫旅游业的发展，而非常可观的外汇收入，使马尔代夫政府真正认识到发展国际旅游业对促进马尔代夫经济的重要性。

1982 年以后，马尔代夫旅游业以国家旅游局的成立为契机，以旅游发展总体规划为指导，以马累机场扩建为突破口，打破原有季节模式，大力发展全方位旅游，不但实现了向外岛的扩展和延伸，而且成功开辟了国际旅游市场。1985 年，旅游收入在 GDP 中的份额首次超过渔业，成为马尔代夫的第一大产业。1982 ~ 1992 年，马尔代夫在对现有旅游区进行改造、合并的同时，又新增加了 36 个旅游区，旅游床位达到 8500 张。到 1992 年末，马尔代夫已将全国 75 个无人居住岛开发成旅游区，并全部投入运营。

马尔代夫旅游业的发展，极大地推动了马尔代夫经济的快速增长，特别是极大地促进了通信业、建筑业、运输业（尤其是海上运输业）、银行业等许多相关行业的快速发展。一些几乎被人遗忘的行业如漆品制造工业、织席业等已成为农村地区增加收入的主要来源。旅游景点建筑物的构筑与维护，为木匠和泥瓦匠们创造了新的就业机会，建筑业也因此成为一个独立的产业。

1992 年以来，马尔代夫以树立旅游品牌为突破口，将着眼点放在国际市场上，大力加强旅游基础设施建设和法制建设，旅游业蓬勃发展。

在旅游区的开发方面　20 世纪 80 年代末，马尔代夫在对现有旅游岛进行调整合并的基础上，重新进行了资源配置。1994 年，政府颁布了《无人定居岛开发旅游胜地租赁法》（Law on Leasing of Uninhabited Islands for the Development of Tourist Resorts），将各岛屿的租赁期从过去的 10 年延长到 21 年。1999 年，政府颁布新的旅游条例，规定每床每年的租赁费用已从过去的 2000 美元增加到 8000 美元，同时延长了旅游岛屿的租赁期限。条例规定，从 1999 年旅游条例颁布之日起，马尔代夫旅游岛的最长租赁期限从过去的 21 年延长至 25 年；如果在一个岛上用于旅游开发的最初投资超过 1000 万美元，租赁期可延长至 35 年；2010 年政府出台旅游新政，允许在一定条件下将租赁期分别延长至 50 年和 99 年。旅游岛屿租赁期限的延长，从根本上保证了旅游业发展的长期性和稳定性。

在宾馆饭店的建设方面 1992 年以后，考虑到狭小的面积和脆弱的生态系统，马尔代夫重点打造高端旅游，先后关闭了一些档次低、设施少、服务质量差的宾馆和饭店，兴建了大量豪华度假村和酒店，最高达到了七星级。2008 年纳希德总统上台后，为了应对全球金融危机，吸引更多中、低端消费人群，使旅游业走出低迷，决定建设一批中、低档次的宾馆酒店，同时允许当地人在居民岛设立宾馆和客房。2009 年，首批宾馆在居民岛建成并投入使用，改变了游客只能在无人岛度假村活动的规定，将旅游业延伸到了各环礁的居民岛。

在交通运输方面 马尔代夫从提高运力入手，一方面大力发展国际航线，增加来马航班；另一方面，马尔代夫还加大投入，大力改善和发展国内交通。为了将旅游业扩展到马累以外的各个环礁，政府旅游部门和私营旅游企业先后购置了大量的快艇、直升机和水上飞机，在首都马累等一些较大的岛上还开展了小汽车出租业务。

在旅游场所的管理方面 为了规范旅游行为，1999 年，马尔代夫将1979 年颁布的《马尔代夫旅游法》和 1994 年颁布的《无人定居岛开发旅游胜地租赁法》两部法律的内容进行了修改和合并，重新颁布了《马尔代夫旅游条例》（Maldives Tourism Act）。该条例对土地出租、新旅游区的开发以及旅馆、宾馆、码头、潜水中心的建设和管理，对旅行社和代理商的商业行为以及税收等进行了全面的规范。2010 年，政府又对该条例进行了重大修改，使之更加适应目前旅游市场的发展需要。

在旅游规划方面 继 1983 年出台了首个旅游发展总体规划（1983～1992 年）后，1996 年，马尔代夫第二个旅游发展总体规划（1996～2005年）出台。这两个总体规划，详细阐述了马尔代夫在发展旅游业方面的政策、策略、目标和具体细节。规划还涉及一系列其他方面的工作，其中包括新旅游市场的开发、旅游市场发展的优先安排、空中旅游及其他运输问题、旅游基础配套设施建设，以及法律、人力资源开发、社会文化及环境影响等各方面。根据新的发展规划，马尔代夫政府在提高现有各岛旅游度假村质量的同时，还先后在许多新的环礁开辟了数十个旅游度假村。2006 年以后，马尔代夫将十年规划改为五年规划，先后出台了第三个和第四个旅游发展总体规划。目前,第三个旅游发展总体规划(2007~2011 年)已经完成,第四个旅游发展总体规划(2013~2017 年)在实施之中。

特别值得提出的是,40 多年来,马尔代夫在发展旅游业的同时,特别重视环境保护。马尔代夫政府深知,外国人之所以来马旅游,最重要的是因为马尔代夫独特的自然环境。如果牺牲环境搞旅游,实际上是在破坏旅游业。因此,马尔代夫政府对岛上植被和旅游建筑进行了严格规定:严格控制砍伐树木,岛上宾馆饭店的建筑高度一律不得高出岛上植被,房地产项目占地不得超过该岛屿面积的 20%;禁止在首都以外的岛屿上修建 3 层楼以上的房屋,所有建筑物一律限制在 2 层以内,而且还必须要有足够植被遮掩,确保从海上看不到任何建筑物。政府对旅游宾馆、饭店的方向性也进行了严格规定,所有客房必须面向海滩,每间客房离海滩基线不得少于 5 米。在客房位置上,政府规定,客房不能超过海滩长度的 68%,其余的 20% 作为公共用地,12% 作为空地[①]。政府禁止在暗礁和潟湖上修建任何建筑。因此,在这些地方,旅游开发商只好修建一些带走廊的水上平房。而这种水上平房,已经成为马尔代夫的一大景观。由于政府在发展旅游业时特别重视对环境的保护,截至 2012 年,马尔代夫 105 个旅游度假村,除了建有一些宾馆、饭店和必要的道路外,基本上都保持了这些岛屿的原始风貌。

40 多年来,马尔代夫旅游业持续发展,势头强劲。近 10 年来,尽管发生过 2004 年的印度洋大海啸和 2008 年开始的全球金融危机,马尔代夫旅游业在经过短暂的低迷之后迅速复苏。2005~2012 年,旅游度假岛增加了 17 个,宾馆、饭店等增加了 58 家,旅游设施总数增加了 107 个。2008~2012 年,马尔代夫的客床拥有量每年以 4.8% 的速度增长,到 2012 年,马尔代夫已建成 105 个旅游度假村(另有 74 个在建)、19 家豪华酒店、28 家宾馆和 120 余艘过夜游船,总旅游床位达到 28120 张(比 2001 年增加 9293 张)[②]。度假村和酒店的夜床接待能力从 2007 年的 640 万张增

---

① 马尔代夫旅游部:TOURISM AND THE MANAGEMENT OF ENVIRONMENTAL IMPACTS IN THE REPUBLIC OF MALDIVES。

② 马尔代夫国家规划署:《统计年鉴》2013 年卷。

加到 2011 年的 820 万张，实际过夜床位从 530 万张增加到 640 万张。目前，马尔代夫的夜床增速大于需求增速，因此床位占用率已从 2007 年的 82.5% 下降到 2011 年的 77.5%。

2005～2012 年马尔代夫宾馆、饭店及床位发展情况见表 4－5。

表 4－5　2005～2012 年马尔代夫宾馆、饭店及床位发展情况一览

类　别		2005 年	2006 年	2007 年	2008 年	2009 年	2010 年	2011 年	2012 年
床位数（张）	度假村（含码头）	17348	17802	19028	19860	20942	21232	22120	22889
	酒店	636	713	836	1110	1368	1449	1603	1627
	宾馆	425	391	400	400	462	476	659	1101
	游船	1789	1599	1923	2094	2206	2434	2514	2503
	总　计	20198	20505	22187	23464	24978	25591	26896	28120
机构数（个）	度假村（含码头）	88	89	92	94	97	97	101	105
	酒店	8	9	11	13	14	17	19	19
	宾馆	28	21	24	24	22	25	38	75
	游船	121	116	133	143	145	156	157	154
	总　计	245	235	260	274	278	295	315	353

资料来源：马尔代夫国家规划署：《统计年鉴》2013 年卷。

马尔代夫旅游业虽然起步较晚，但发展很快，游客人数持续攀升。起步后不到 10 年时间，外国游客即达 7 万余人次，创收 2000 万美元；1985 年，游客增加到 12 万人次，创收 3550 万美元；1992 年，外国游客增加到 23 万人次，创收 7000 万美元。20 世纪 90 年代以来，马尔代夫的旅游业持续高速发展，入境旅游人数和旅游创收均呈直线上升态势，旅游创汇成为马尔代夫外汇收入的主要来源。1991 年，尽管受到海湾战争的影响，马尔代夫的旅游收入仍然高出以往任何一年；2001 年美国"9·11"事件对世界旅游市场产生重大影响，但马尔代夫旅游业收入仍占全国总收入的 30.7%[①]。2004 年 12 月的印度洋大海啸，使马尔代夫旅游业遭到重创，入境游客人数从 2004 年的 60 万人次陡降至 2005 年的 39.5 万人次，降幅

---

① 马尔代夫总统办公室 2003 年 1 月 14 日发布。

达到34%。在经过短暂的低迷之后，马尔代夫的旅游业恢复很快，2006年，游客数量再次达到60.1万人次。2008年，尽管爆发了全球金融危机，来马旅游人数仍达到68万人次。2012年初，马尔代夫持续动荡，政局突变，总统被迫辞职，虽然没能实现国家制定的入境游客突破100万人次的目标，但仍达到了95.8万人次，实现旅游收益58.2亿拉菲亚，占全国总收入的38%，对GDP的贡献率达到了28.4%。2013年入境游客达到112.5万人次，人均停留时间为6.3天，旅游岛客房入住率达到81.3%，实现旅游产值61.39亿拉菲亚，占全国总收入的27.9%。

（二）国际旅游市场

旅游业开展初期，马尔代夫的境外游客主要来自西欧，特别是意大利、英国和德国，后来又成功开发了日本市场。随着旅游业的发展，马尔代夫的旅游市场逐步扩大，目前，马尔代夫的境外游客已遍及世界各地。

2005~2012年马尔代夫客源状况见表4-6。

表4-6　2005~2012年马尔代夫客源状况一览

单位：人次

地　区	2005年	2006年	2007年	2008年	2009年	2010年	2011年	2012年
欧　洲	306856	457535	495371	497565	462192	505421	537757	517807
亚　洲	69498	117055	144363	145494	155538	239822	334692	367680
美　洲	7244	10813	14198	14480	15159	18601	23654	26774
非　洲	3460	4169	4846	5694	5034	5628	6465	7095
中　东	2404	4372	6450	9205	9525	11629	14570	21843
大洋洲	5858	7979	10661	10574	8404	10756	14195	16826
总　计	395320	601923	675889	683012	655852	791857	931333	958025

资料来源：马尔代夫旅游、艺术与文化部：《旅游统计年鉴》2013年卷。

欧洲是马尔代夫最早开发的国际旅游市场。自旅游业开展以来，欧洲一直是马尔代夫的第一大客源地。2008年，受全球金融危机的影响，不良的经济状况导致欧洲来马游客总量下降了3.7%，其市场份额降至54%。与2011年相比，2012年，除中东欧和西欧市场分别增长了5.1%和4.3%外，北欧市场下降了10.1%，南欧市场下降了21.9%。在整个欧洲，只有德国、英国、俄罗斯、意大利、法国和瑞士等国际市场表现仍较突出。

亚太地区是马尔代夫目前的第二大客源地，也是近年来发展最快的旅游市场。2008～2012 年，入境旅游人数平均增速达到了 21.6%，其市场份额从 2008 年的 22.9% 提高到 2012 年的 40.1%。2012 年，来自亚太地区的游客达到 384506 人次，较 2011 年增长了 10.2%。在亚太地区，大洋洲增幅最大，达到 18.5%，其次是东南亚，增长 17.8%，东北亚增长 11.1%，南亚增长 1.2%。在亚太地区，马尔代夫的旅游市场主要集中在中国、日本、印度和韩国。

美洲是马尔代夫的第三大客源地，2008～2012 年，客源一直保持平稳增长，其市场份额从 2.1% 提高到 2.8%。入境游客人数平均年增长率达到 13.9%，2012 年游客达到 26774 人次。2012 年表现最好的是美国市场，赴马旅游人数达到 16049 人次。

中东地区也是马尔代夫的重要客源地，2008 年以来，平均增幅达到了 28.6%。2012 年，入境旅游的中东游客达到了 21843 人次，其市场份额从 2008 年的 1.3% 提高到 2012 年的 2.3%。

马尔代夫的非洲市场比较薄弱，2012 年，来自非洲的游客只有 7000 余人，其市场份额仅为 0.7%。虽然市场份额与 2011 年持平，但每年的赴马游客人数保持了增长态势（2009 年除外）。

2012 年，居客源数量前 10 位的国家，赴马游客总量达到 733162 人次，其市场份额占整个客源量的 77%。尽管市场份额无多大变化，但各国名次略有不同。近年来，赴马旅游的中国游客增势强劲，2012 年接近 23 万人次，连续三年成为马尔代夫最大旅游客源地。2013 年 1～7 月，中国游客已达 17.9 万人次，同比增加 50.7%[①]，其市场份额从 2011 年的 21% 增长到 2012 年的 24%。相比之下，英国则失去了 2% 的市场份额，其排名降至第三位，而德国以微弱的增长态势，排名升至第二位，俄罗斯和意大利居第四位和第五位，排在第六位至第十位的依次是法

---

① 环球网，http://go.huanqiu.com/news/2013-11/4550443.html。

国、日本、瑞士、印度和韩国。

2008～2012 年马尔代夫境外游客数量情况见表 4-7。

表 4-7 2008～2012 年马尔代夫境外游客统计

单位：人次

国家或地区		2008 年	2009 年	2010 年	2011 年	2012 年
欧洲	奥地利	13462	13274	14944	16655	18164
	比利时	3368	3437	4386	5738	1509
	捷克	3811	3851	5137	6471	5588
	丹麦	1834	1722	2422	3173	3493
	芬兰	865	1088	1281	1535	1402
	法国	48100	50373	54789	59694	56775
	德国	69240	69085	77108	90517	98351
	希腊	4926	5406	4630	3009	2058
	匈牙利	2052	1848	2434	2596	2408
	爱尔兰	2884	2420	2514	2444	2483
	以色列	1588	1380	2113	2433	2569
	意大利	103824	89292	89596	83088	62782
	荷兰	5595	5355	5682	5693	6077
	挪威	2596	2120	2153	2775	2902
	波兰	3325	3357	3795	4158	3918
	葡萄牙	4150	4822	4555	4434	3660
	俄罗斯	48978	40014	49111	63936	66378
	斯洛伐克	1916	1970	2348	2822	2636
	斯洛文尼亚	1372	1324	1647	1609	1295
	西班牙	8217	7279	8912	9710	8824
	瑞典	3542	3165	3638	4896	5230
	瑞士	26983	26783	27766	32504	35457
	土耳其	3235	2758	4637	4542	5416
	乌克兰	5399	4643	5445	6729	8044
	英国	116821	105950	114158	104508	91776
	其他国家或地区	9482	9476	10220	12088	18612
	小 计	497565	462192	505421	537757	517807

续表

	国家或地区	2008 年	2009 年	2010 年	2011 年	2012 年
亚洲	孟加拉国	455	388	525	1496	1221
	中国大陆	41511	60666	118961	198655	229551
	印度	16663	15850	25756	30978	31721
	印度尼西亚	581	677	818	1283	1772
	日本	38193	36641	38791	35782	36438
	韩国	20934	16135	24808	25285	23933
	马来西亚	3137	3139	3894	6055	6766
	巴基斯坦	1191	1046	1256	1842	1857
	菲律宾	871	979	1066	1652	2265
	新加坡	4956	5214	5332	7990	9625
	斯里兰卡	9752	7833	7872	9670	8860
	中国台湾	2233	1975	3831	5305	4430
	泰国	3952	3813	5397	6214	6896
	其他国家或地区	1065	1182	1575	2485	2345
	小　计	145494	155538	239882	334692	367680
非洲	南非	3732	2975	3157	3684	3967
	其他国家或地区	1962	2059	2471	2781	3128
	小　计	5694	5034	5628	6465	7095
美洲	巴西	1327	1304	1761	2342	3061
	加拿大	2966	3043	3815	4690	5070
	美国	8853	9438	11482	14490	16049
	其他国家或地区	1334	1374	1543	2132	2594
	小　计	14480	15159	18601	23654	26774
大洋洲	澳大利亚	9368	7392	9622	12778	15208
	新西兰	1184	991	1103	1390	1579
	其他国家或地区	22	21	31	27	39
	小　计	10574	8404	10756	14195	16826
中东	科威特	1340	1181	1409	1797	2987
	黎巴嫩	1139	984	1145	1346	1666
	沙特阿拉伯	2747	3036	4040	5005	7263
	阿拉伯联合酋长国	1394	1580	1699	2292	4047
	其他国家或地区	2585	2744	3336	4130	5880
	小　计	9205	9525	11629	14570	21843
游客总数		683012	655852	791917	931333	958025

资料来源：马尔代夫国家规划署：《统计年鉴》2013 年卷。

146

第三节 交通

马尔代夫是一个群岛国家，没有铁路，交通运输系统主要由海上运输、航空运输和少量的陆路运输组成，业务涉及人员、邮件和货物运输等多个方面，马累是全国交通运输的中心。

一 海上运输

船运是马尔代夫国内乘客运输和货物运输的主要方式，在马尔代夫交通运输业中占有很大比重。以前，马尔代夫的货运主要是由一种被称为"布加洛斯"的木帆船承担。这种船和阿拉伯的单桅商船相似，船长不到30米，载重120吨，经常往返于马累和科伦坡之间。20世纪70年代以前，马累港货物的装卸主要依靠停泊场中的一些小型平底船进行。港口的内港与外洋之间有防波堤隔开，因为内港的深度只有0.9~1.8米，所以只有汽艇和小吨位的船舶可以出入。后来，马尔代夫政府对马累港进行了改造，大大提高了港口的货物吞吐量。1992年，马累港第一期扩建工程完工后，运输和货物装卸状况有了很大程度的改善。1993年，马尔代夫借助亚洲开发银行提供的贷款，开始对马累港实施第二期扩建，该扩建工程于1997年结束。2013年，马累港已成为一个现代化的贸易港，年货物吞吐量达到18184个集装箱单位，比1997年初增长了62%，船只在马累港的停留时间已经从20世纪80年代末的9天缩短到21世纪初的2.92天。经过多次扩建和改造，马累港已建成全国最大的客运、货运港口，可容纳万吨以上巨轮（10.5米水深），并拥有1.7公顷开放式存储区（最多可容纳819个标准集装箱）和0.3公顷的封闭存储区，年货物吞吐量达到120万吨以上。但载重量更大的货船只能停靠在马累和甘岛附近海面，货物由驳船装卸。现在，马累与科伦坡、孟买、金奈、卡拉奇、仰光以及印度洋沿岸其他一些外国港口保持通航，一些大吨位的船舶可以自由往返于马累和上述各港口之间。

中小型船舶和水上飞机是马尔代夫岛际交通的主要运输工具，马尔代夫一些私人控股的船运公司承担着各环礁间的部分乘客和货物运输任务。岛屿间的船舶往来主要由小船和汽艇承担，由渔民们按自己的需要灵活安排。有些小型船舶对风浪的适应能力很差，在暴风雨和风浪较大的日子里，岛屿之间常常无法往来。因此，各岛屿之间的交通很不方便。另外，由于各环礁岛屿缺乏正规的港口，环礁间水道又多浅滩和暗礁，所以大型船舶很少用于环礁各岛屿之间的运输。多尼船是马尔代夫人民使用最多的水上交通工具，这种船除了被用于捕鱼外，还用于岛际交通。它虽然装备了帆，但是多数还是靠动力驱动。多尼船主要在环礁附近水域活动。

为了提高其他岛屿的运输能力，1997年以来，马尔代夫还兴建了2个地区性港口，分别位于马尔代夫的北部和南部地区。1995~2005年，马尔代夫在74个岛屿新建了港口，对全国14个中小型港口进行了加深改造，全国105个岛屿拥有港口及相关设施。2005年12月，马尔代夫在北部地区和南部地区建成的地区性港口相继投入使用。目前，政府已在所有居民岛建有港口设施，形成了本国的海上交通网。

经过几十年的发展，马尔代夫已建立了一支非常活跃的船运队伍，用于进出口货物运输。马尔代夫政府下辖的马尔代夫国家船舶管理有限公司是国内几个较大的船运公司之一。目前，海运业主要经营香港到波斯湾和红海地区及国内诸岛间的运输业务。

马尔代夫的水上飞机可在各岛屿之间随时起降，实行按距离收费。

截至2011年，马尔代夫共有各类船只10647艘，其中大部分是"多尼船"，占船只总数的59.1%，大型汽艇占19.5%，此外还有一些快艇、游艇、渡船及少量作业用船（含拖船、驳船和挖泥船等）。

二 陆路运输

马尔代夫陆地面积小，各岛面积十分有限，人们在岛内一般以步行为主。在几个较大的岛屿上，也只有一些摩托车和自行车。马尔代夫全国拥有的汽车不多，而且能通行汽车的，主要限于马累和其他几个岛屿，摩托车和自行车是最常见的陆路交通运输工具，因此马尔代夫是世界上机动车拥有量最少的国家之一。

1990 年，马尔代夫注册摩托车为 4026 辆。20 世纪 90 年代以后，在马累和一些大的旅游岛屿，陆续出现了一些出租车和巴士，供游人在飞机场和相邻的岛屿之间使用。20 世纪 90 年代以后，马尔代夫十分重视交通设施建设，投入巨资铺路购车，从而使全国的陆路交通状况有了明显改善。近年来，为了保护环境，马尔代夫已采取了多项措施，如增加渡船和绿色出租车数量、尽量减少私家车的购入和登记。尽管如此，马尔代夫各类车辆仍然增长迅速。与 2002 年相比，2012 年，马尔代夫小汽车数量从 1986 辆增加到 3708 辆，摩托车从 15957 辆增加到 46409 辆，轻型货车和卡车从 730 辆增加到 2280 辆，其他车辆如吉普车、越野车、公交车等也有不同程度的增加，各类车辆总数达到 56497 辆，是 2002 年（21843 辆）的 2.59 倍[①]。从车辆构成上看，2012 年，马尔代夫的摩托车总量占车辆总数的 82%，小汽车占 7%，轻型货车占 3%，其他各类车辆仅占 8%。

2009～2012 年马尔代夫各类陆路交通工具数量变化情况见表 4 - 8。

表 4 - 8 2009～2012 年马尔代夫各类陆路交通工具数量变化情况一览

类 别　　　　年 份	2009	2010	2011	2012
摩托车	35794	38860	42571	46409
小汽车	3219	3348	3505	3708
公交车	88	99	128	132
轻型货车	1622	1681	1754	1806
货运汽车	739	750	756	768
厢式货车	954	986	1034	1077
吉普车	373	391	474	484
救护车	17	18	20	21
吊车	121	125	130	134
卡车	358	402	440	474
叉形起重机	203	214	221	237
挖掘机	288	304	333	345

① 马尔代夫计划和国家发展部：《统计年鉴》2003 年卷。

类　别 ＼ 年　份	2009	2010	2011	2012
垃圾倾倒车	109	111	113	113
拖拉机	128	130	135	141
陆地巡逻车	1	1	1	1
消防车	10	11	11	15
反铲装载车	26	28	30	32
装载车	96	98	101	109
T 型牵引车	4	4	4	4
道路滚压车	10	10	10	12
道路清扫车	1	1	2	3
压土机	1	1	1	5
拖车	1	1	1	1
电瓶摩托车	170	286	333	363
电池汽车	0	0	0	9
微型卡车	0	1	1	1
打桩机	0	1	1	1
混凝土移动车	0	3	3	7
其他车辆	51	54	68	85
总　　计	44384	47919	52181	56497

资料来源：马尔代夫国家规划署：《统计年鉴》2013 年卷。

三　航空运输

马尔代夫航空运输业起步于 20 世纪 70 年代末。过去，马尔代夫国内虽有两个机场（胡鲁累机场和甘岛机场），但均为英国军队所有，无法开展国内外航空运输业务。1972 年马尔代夫开始发展旅游业以后，斯里兰卡"锡兰航空公司"开通了到马累的国际航班，当时的航班并不固定，只有一种阿维罗飞机，载客量仅为 48 人。胡鲁累机场是第二次世界大战期间英国修建的，1958～1959 年反英运动时期遭到破坏。1964 年，在斯里兰卡政府的帮助下，马尔代夫对该机场进行了重建，机场跑道加长到 1200 米，为混凝土跑道，1966 年 4 月 12 日，该机场完成重建，成为马尔代夫第一个由国家控制的大型机场。1969～1972 年，马尔代夫对该机场进行了扩建，跑道加长到 1800 米，可以升降大型飞机。1974 年，马尔代夫政府成立了马尔代夫航空公司，当时只有一架 18 座的小型飞机。随着旅游业的飞速发展，为了提高入境游客的接待能力，1981 年，马尔代夫对该机场再次进行了扩建，跑道加长到 2440 米，可起降欧洲航空公司的大型飞机。

目前，马尔代夫有两个跑道超过 2440 米的国际机场，一个位于邻近马累的胡鲁累岛，称为易卜拉欣·纳色尔国际机场（Ibrahim Nasir International Airport）（过去称马累国际机场），跑道长度达 3200 米；另一个位于阿杜环礁最南部的甘岛，即甘岛国际机场（跑道长度为 2650 米）。易卜拉欣·纳色尔国际机场位于马累岛东北部 2 公里处的胡鲁累岛，是进入马尔代夫的门户。该机场设有银行、药房、免税商店、换汇处、餐馆和邮局等，还可对旅客提供急救和行李寄存等服务。随着马尔代夫旅游业的复苏和发展，每周有来自全世界 16 个国际机场的 50 架航班和包机在该国际机场降落。另外，该国际机场也提供水上飞机传送服务。2011 年 7 月 26 日，马累国际机场正式易名为易卜拉欣·纳色尔国际机场①。甘岛机场原为英国的空军基地，1976 年英国完全撤出后，甘岛回归马尔代夫。1977 年，马尔代夫政府宣布将甘岛开辟为国际旅游中心，接待外国游客。2007 年底，马尔代夫将该机场升级为国际机场，香港佳美航空和马尔代夫航空两个航空公司在此从事飞行业务。

为了解决首都同偏远环礁行政区的交通问题，20 世纪 80 年代，马尔代夫着手开展国内航空建设。1986 年、1990 年和 1994 年，马尔代夫分别在哈顿马蒂环礁的卡德杜岛、南蒂拉顿马蒂环礁的哈尼马杜岛和南胡瓦杜环礁的卡阿德杜岛建成 3 个区域性机场。近年来又建成了福瓦穆拉环礁的福瓦穆拉机场、南阿里环礁的马阿米吉里（Maamigili）机场和南马罗斯马杜鲁环礁的达拉万杜（Dharavandhoo）机场。截至 2013 年，马尔代夫共建有 2 个国际机场、6 个地区性机场、多个直升机机场和数十个专为旅游业提供服务的浮式平台，另有多个新的机场已列入国家建设计划。

---

① http：//maldives. net. mv/1962/male – international – airport – to – become – ibrahim – nasir – international – airport/.

1. 国内航空

1989 年，马尔代夫组建了国内首家私立飞机公司——"蜂鸟岛际直升机公司"，除专门从事岛屿间的人员接送外，还开创了将游客送往旅游度假村的先例。1993 年，马尔代夫另一家水上飞机运营商——"马尔代夫空中出租车公司"（Maldivian Air Taxi）宣告成立。1997 年，国内第一架水上飞机投入运营。1999 年，"蜂鸟岛际直升机公司"转型为水上飞机运营商，并改名为"跨马尔代夫航空公司"（Trans Maldivian Airways）。两家公司共有 71 条国内航线，实际年输送能力达到 80 万人次。2013 年，这两家公司被美国黑石集团收购，仍以"跨马尔代夫航空公司"的名义继续提供水上飞机运营服务，其主要服务项目有：观光、度假村游客接送、野餐、包机和国内航空服务等。目前共有 44 架双水獭投入运营，其中有 3 架是全新的双水獭 dhc - 6 - 400 型飞机。由于是独家垄断经营，水上飞机运费较贵，一般 40 分钟航程约需 400 美元以上。

2. 国际航空

2009 年以来，中国广州、成都、昆明、上海、北京、重庆先后成功开通了至马尔代夫的航线①。截至 2013 年，马尔代夫已开通了全球 29 家航空公司的数十条国际航线②，另有 17 家航空公司开展了对马尔代夫的

---

① 中国 6 座城市至马尔代夫航线的开通时间是：广州（2009 年 9 月 26 日）、成都（2010 年 7 月 27 日）、昆明（2010 年 8 月 31 日）、上海（2011 年 7 月 16 日）、北京（2011 年 7 月 22 日）、重庆（2011 年 11 月 25 日）。

② 29 家国际航空公司的国际航线主要有：中国东方航空（科伦坡、昆明、上海）、欧洲航空（米兰、罗马）、印度航空（班加罗尔、特里凡得琅）、意大利国内航空（波隆那、米兰、罗马）、塞舌尔航空（塞舌尔）、贝斯特航空（达卡、科伦坡）、蓝色全景航空（科伦坡、米兰、罗马）、曼谷航空（曼谷）、四川航空（成都）、中国南方航空（广州）、神鹰航空（法兰克福、慕尼黑）、阿联酋航空（科伦坡、迪拜）、欧洲飞行航空（科伦坡、波隆那、米兰、罗马）、岛屿航空服务（甘岛、哈尼马杜、卡阿德杜、卡德杜、特里凡得琅、科伦坡）、半岛航空（迪拜、科威特）、李文斯顿活力航空（米兰、罗马）、LTU 国际航空（杜塞尔多夫、慕尼黑）、马来西亚航空（科伦坡、吉隆坡）、马丁航空（阿姆斯特丹）、佳美航空（香港）、君主航空（伦敦、曼彻斯特）、尼尔斯航空（米兰）、卡达航空（多哈）、新加坡航空（新加坡）、斯里兰卡航空（科伦坡、伦敦、东京）、汤马斯航空（伦敦、曼彻斯特）、泛航航空（莫斯科）、跨马尔代夫航空（甘岛、卡阿德杜）、XL 航空（巴黎）。

包机服务①。目前，马尔代夫的飞行目的地遍及全球数十个国家，中国、印度、意大利、塞舌尔、泰国、法国、阿拉伯联合酋长国、马来西亚、英国、孟加拉国、新加坡、斯里兰卡等均有飞往马累的定期航班。2012 年，马尔代夫共起降国际航班 19282 架次，国内航班 36759 架次。仅易卜拉欣·纳色尔国际机场就输送旅客 314.4 万人次（其中国际航线 2347330 人次，国内航线 796333 人次），邮件吞吐量达到 16.88 万吨，虽然暂无该机场年度货运吞吐量的精确统计数据，但其运量之大不难想象。

第四节　通信

一　电信

马尔代夫的电信业由固定电话、电报、移动通信和国际互联网等组成，国营迪拉古（Dhiraagu）电信公司是马尔代夫最大的电信运营商。

（一）电信事业的概况

过去，马尔代夫通信事业十分落后。1943 年，马尔代夫首次开通了至科伦坡高级专员署的无线电报通信线路。1955 年安装了第一部 20 门磁石电话交换机，仅限内阁部长和特别资深的政府官员使用。1967 年，马尔代夫开通了马累与哈顿马蒂环礁和科鲁马杜鲁环礁首府的无线电话服务（Radio Telephone Service），其国际国内通信主要依靠无线电台进行预约联系，其中国际通信仅限首都马累与锡兰（现斯里兰卡）首都科伦坡之间。马累和各岛之间，以及各环礁与下属各岛行政机构之间，完全依靠手提式的无线电通话设备保持日常联络。1968 年，马尔代夫无线电话服务延伸

① 开展包机服务的主要有：俄罗斯航空（莫斯科）、中国国际航空（北京、昆明）、Atlant-Soyuz Airlines（莫斯科、迪拜）、贝尔航空（苏黎世、Goi）、国泰航空（科伦坡、香港）、海岸航空（巴黎）、捷克航空（迪拜、布拉格）、瑞士国际航空（苏黎世、科伦坡）、Kras Air（莫斯科、迪拜）、马丁航空（阿姆斯特丹）、君主航空（曼彻斯特）、尼尔斯航空（米兰）、大韩航空（首尔）、马斯航空（伦敦、曼彻斯特）、TUIfly Nordic（斯德哥尔摩、奥斯陆）、乌克兰航空（基辅、迪拜）、香港航空（香港）。

到了多个环礁行政区首府。

　　马尔代夫现代通信业起步于 20 世纪 60 年代末。1968 年，马尔代夫安装了有史以来第一部 300 门手动电话交换机，电话首次对公众开放，并在马累开设了公共电话（Public Telephone）服务业务，公话通信成为现实。1973 年，电传打字机进入马尔代夫，1974 年，电报业在马尔代夫开始起步，并开通了马累—孟买的电报业务。随着旅游业的兴起，本地电话和国际电话的需求量日益上升，极大地推动了马尔代夫电信事业的发展。继 1976 年在甘岛安装了第一部 BP02000 型 300 门自动电话交换机后，1977 年，马尔代夫建立了第一座卫星地球站，首次开通了国际电话和电报服务。自此，马尔代夫电信业开始步入快速发展阶段，电话也开始进入普通百姓家庭。1980 年，BP04000 型 1500 门和 1700 门自动电话交换机先后投入运行；1988 年，NEAX 61E 型 10000 门数字电话交换机在马累投入使用；同年，马尔代夫成立了国营迪拉古电信公司，从而结束了长期以来英国电报和无线电公司对马尔代夫通信业的垄断和控制。

　　为了将电信业扩展到马累以外的各个环礁，1990 年，马尔代夫开始在全国实施建设长途电话干线工程，计划将数字微波网络覆盖到马累以南 7 个环礁行政区。同年，在阿里环礁人口稠密岛屿建立起对流层散射通信系统，并在马累环礁的维林吉里岛建立了标准卫星地球站。1993 年，磁卡公用电话投入使用。由于受地形条件的限制，马尔代夫外岛通信建设进展较为缓慢。1994 年以前，马尔代夫仅开通了马累与南部地区的哈顿马蒂环礁和马累与北部地区的法迪坡鲁环礁的电信服务系统。从 1995 年开始，马尔代夫逐步在全国 20 个环礁行政区实施电信网络工程。当年就在最南部的阿杜环礁安装了一个 4000 门数字电话交换设备，其电信系统经卫星中转，向南延伸到了阿杜环礁，并开始向阿杜环礁、福瓦穆拉环礁、南胡瓦杜环礁提供电信服务。1996 年，南蒂拉顿马蒂环礁、北蒂拉顿马蒂环礁、北马罗斯马杜鲁环礁和南米拉顿马杜鲁环礁 4 个环礁行政区首府相继开通了电信业务。到 1996 年底，马尔代夫在全国 85% 的环礁行政区建立了电信业务服务系统，72 个行政岛电话安装量达到 1506 部，另外在 13 个岛开通了 63 部专线电话，在 74 个旅游度假村安装了 444 部电话。到

1997 年底，全国 20 个环礁行政区中，19 个环礁行政区开通了电信业务，电话覆盖到 221 个岛屿（含旅游岛），占全国应覆盖岛屿的 81%；到 1998 年底，全国 20 个环礁行政区全部建立起了电信系统，电话覆盖到全国 275 个岛屿（含旅游岛），电话装机总数达到 19985 部，占应覆盖岛屿的 87%，可以使用公共电话的人口达到全国人口总数的 99%。

（二）电信事业的发展

1. 固定电话

固定电话是马尔代夫的主要通信方式，也是马尔代夫最早开展的电信业务之一。到 21 世纪初，马尔代夫已在全国所有居民岛上开通了电信服务业务。近年来，随着移动通信的广泛使用，马尔代夫的固定电话装机量大为减少。据马尔代夫电信局统计，2008～2011 年，马尔代夫固定电话装机量都在 4 万部以上，最多达到 4.9 万部（2009 年），截至 2013 年 10 月，马尔代夫拥有固定电话数量已下降到 23698 部。与 2009 年相比，降幅达到了 52%。

从固定电话分布上看，首都马累是全国固定电话使用最为集中的地区。2012 年，马累及其附属岛屿拥有电话 17377 部，占全国电话装机量的 73.3%；其他居民岛（含旅游岛）拥有电话 5247 部（有线电话 3856 部，无线电话 1391 部），占 22.1%；马累政府办公电话 1074 部，占 4.5%。其所占比例与往年相比大致相同。

2004～2013 年马尔代夫固定电话数量和分布情况见表 4 – 9。

表 4 – 9　2004～2013 年马尔代夫固定电话数量和分布情况一览

地区分布	2004 年	2006 年	2008 年	2009 年	2010 年	2011 年	2013 年
固定电话装机总量	31503	32181	46925	49025	48019	48056	23698
马累、维林吉里、胡鲁马累	—	—	—	—	—	—	17377
其他居民岛有线电话	—	—	—	—	—	—	3856
其他岛屿（含旅游岛和无人岛）	—	—	—	—	—	—	1391
马累政府办公室	—	—	—	—	—	—	1074

资料来源：马尔代夫电信局：http://www.cam.gov.mv/Statistics.htm。

2. 移动通信

马尔代夫移动通信业务开展较晚。1987 年，马尔代夫开始建立 AMPS 移动通信系统。为了方便欧洲游客，1999 年 11 月，马尔代夫引进了欧洲 GSM 全球移动通信系统，2000 年 5 月，马尔代夫开始开展 GSM 国际漫游服务。

马尔代夫移动通信包括传真和数据服务、国际漫游及其他多项新的增值服务，其收费方式主要有预付费（Pre-Paid）和后付费（Post-Paid）两种。目前，马尔代夫全国各地均已开通移动通信服务。

随着移动通信服务项目的日益增多和服务质量的大幅提高，加之各项费用的大幅降低，马尔代夫移动电话用户数量增长迅速。据马尔代夫电信局统计，1999 年，全国移动电话用户仅有 2776 户；2000 年猛增至 7640 户；2001 年更是增长迅速，达到 18894 户；2002 年，马尔代夫的移动电话用户达到 41899 户，比 1999 年增加了 39123 户，4 年内增加了 14 倍多。2002 年4 月，马尔代夫的移动电话用户总数首次超过固定电话用户，到 2002 年底，马尔代夫的移动电话用户是固定电话用户的 146%，成为马尔代夫电信业发展最快的产业部门。截至 2013 年 10 月，马尔代夫移动电话用户达到 631168 户，是当年固定电话用户的 26.6 倍，10 年增长了 457%。

2004～2013 年马尔代夫移动电话用户及付费方式见表 4–10。

表 4–10   2004～2013 年马尔代夫移动电话用户及付费方式一览

方 式	2004 年	2005 年	2006 年	2007 年	2008 年	2009 年	2010 年	2011 年	2013 年
后付费	—	—	—	—	—	—	71803	77652	74156
预付费	—	—	—	—	—	—	422548	462352	557012
合 计	113246	203620	271053	319539	435627	457770	494351	540004	631168

资料来源：马尔代夫电信局：http：//www. cam. gov. mv/Statistics. htm。

3. 国际互联网

1996 年 10 月 14 日，马尔代夫正式开通国际互联网业务，1998 年，互联网覆盖率已达 87%。2000 年，凡是已通电话的地方，均能提供拨号上网业务。同时，全国还开展了多项新的互联网业务，其中包括直接上网（无开通费和月租费）和免费电子邮件等。

2000 年，马尔代夫开通了 ISDN 综合服务数字网，从而有力地推动了高速拨号上网的互联网接入，并在马累、胡鲁累、库鲁达夫希和以电话号码 "44" 和 "45" 开头的其他岛屿开通了 ISDN 拨号业务。2002 年，马尔代夫开通了 ADSL 宽带业务，成功实现了 "永远在线" 高速上网，并引入了预付费上网业务，马尔代夫公民可以利用任何电话线路实现即时上网。近年来，随着网络技术的不断发展，马尔代夫互联网用户暴增。2002 年，马尔代夫互联网用户仅有 1067 户，2010 年宽带用户就增至 11779 户，2012 年增至 82091 户，2013 年进一步增至 133904 户，是 2010 年的近 11.4 倍，更是 2002 年的 125.5 倍。

二 邮 政

马尔代夫邮政业起步于 1906 年。由于长期受英国的殖民统治，邮政事业发展十分缓慢，数十年中仅与很少几个国家建立和保持双边通邮业务。20 世纪 70 年代以来，随着旅游业的发展及其他经济生活的日益活跃，马尔代夫的邮政业得到了极大的促进，邮政从此便一直作为政府的一个十分重要的部门，并在通信、科学和技术部设有邮政处。1994 年 7 月 1 日，马尔代夫邮政公司（Maldives Post Limited）宣告成立，邮政业务直接由该公司负责经营，但邮政方针、政策的制定等仍由国家通信、科学和技术部负责。

1967 年，马尔代夫加入万国邮政联盟后，积极发展同联盟成员国的邮政业务关系，并同所有成员国建立了通邮业务。目前，马尔代夫的邮政业已遍及世界 100 多个国家和地区。

近 10 年来，马尔代夫邮政业发展很快，从业人员不断增多，邮政设施不断完善，邮政网点进一步增多。从邮政业务范围看，目前，马尔代夫邮政业已涵盖现代邮政的各个方面，从传统的信件、包裹投递到金融和代理服务、特快专递、邮票生产等；从邮政的服务地域看，马尔代夫的邮政业已包括国内邮政服务和国际邮政服务；从邮政网点看，1994 年以前，马尔代夫只在个别岛屿上建立了邮政网点，目前，马尔代夫的邮政服务处已遍布全国各个环礁，建成了以马累为中心的全国邮政服务网络。据马尔代夫官方统计，到 2003 年，全国已建立了 1 个邮政总局（General Post Office，位于首都马累）、9 个地区邮局（Regional Post Office）、32 个邮政服务处（Postal Service）、215 个邮政代办处（Agency Post Office）。

马尔代夫的邮政业务范围较广，分为信件和包裹投递、汇款、汇薪、货运、邮政汇票等①。所有邮品均可通过快递（Fast Post）和特快专递（EMS）两种方式进行投递，其中快递仅限于国内，特快专递可在7～14天内将邮件送至世界任何地方。邮资实行按重量、投递方式和投递距离分别计价。一般说来，在同类邮件中，重量较轻、投递速度较慢、距离较近的，邮资相对较少。2012 年，经航空投递的国内外邮件就达到 395712 公斤。为了方便客户，近年来，马尔代夫在继承传统的基础上，还启用了一些新的服务模式，如"邮件重定向服务"（Mail Redirection Service）"邮件保留服务"（Mail Retention Service）"挂号信追踪服务"等。"邮件重定向服务"就是客户可以要求邮局按他们的要求将邮件重新投递到马尔代夫或海外的另一个地址。"邮件保留服务"就是邮局可将客户的邮件在邮局保留无限长的时间直至该邮件被成功投递为止。如果是挂号信，客户还可以根据邮局给出的 9 位数号码对邮件进行追踪。

发行邮票是马尔代夫邮政业的重要组成部分，在马尔代夫邮政业中占有重要地位。21 世纪初，马尔代夫每年的邮票销售量就达到 1300 万～1600 万拉菲亚（约合 102 万～125.5 万美元）。马尔代夫发行的邮票，既有普通邮票，也有许多颇具收藏价值的邮票珍品。在马尔代夫发行的各类纪念邮票中，邮票图案涉及当代马尔代夫自然景观、人文景观等各个方面，小到花鸟鱼虫，大到船只建筑物，甚至还涉及国内外重要历史人物、重大历史事件和世界名画等。

在马尔代夫发行的各类邮票中，有关中国的邮票占有一定的比重。2001 年，马尔代夫发行的四套人物纪念邮票中，有一套就是为纪念中国

---

① 马尔代夫邮政局：https://www.maldivespost.com/store/。

人民的伟大领袖毛泽东而专门发行的。邮票票面图案为毛泽东正面戴帽彩色照片，分为普通邮票和纪念邮票两种类型。普通邮票为一套 3 枚，面值 15 拉菲亚；纪念邮票一套 1 枚，面值 25 拉菲亚。2012 年 12 月 27 日，《中马建交 40 周年》纪念邮票在马累发行，马尔代夫总统和政府高官出席首发式。这套邮票一共 6 枚，分别以中国郑和宝船和马尔代夫多尼船、中国德化白瓷和马尔代夫漆器、中华鲟和马尔代夫玳瑁为主题，小全张采用激光摄影全息技术印制，这是马尔代夫邮票首次由中国人担纲设计并在亚洲印制，也是马尔代夫首次发行的全息邮票。

第五节　财政与金融

一　财政

（一）财政收入与税制

过去，马尔代夫国家预算中的财政收入主要来自关税，关税采取征收实物的形式。例如，每进口 12 袋稻米，政府要征收一袋；同样，每进口 12 听煤油，政府也要征收一听。此外，国营贸易公司的利润、国有土地出卖和出租的收入以及印花税等，也是财政收入的重要来源。政府没有直接向人民征税的规定，但每个强壮的男子，每年要为国家从事一定时间的义务劳动。

目前，马尔代夫财政收入的主要来源有三个方面，一是税收，二是国有企业的直接非税收收入，三是国际赠款。

在税收方面，1988 年以前，马尔代夫对贸易和工资采取了少量的税额限制。1989 年，政府取消了有关税收，并调低了相当一部分进口产品的关税。2000 年，马尔代夫政府再次对进口关税进行了调整，进口货物按价值征收从价关税。出口商品中则只对龙涎香征收关税，征税额度为 50%。

长期以来，马尔代夫不征收个人所得税、资本收益税、财产税、房地产税等，也不征收外资企业所得税、公司税或财产税，其税收来源主要依靠进口关税、旅游床位税和少量的银行利润税等。2003 年，马尔代夫税收收入为 11.309 亿拉菲亚（约合 8869 万美元），占政府财政总收入的 39.34%；在非税收收入方面，马尔代夫的各国有企业是国家创收的重要渠道。2003 年，马尔代夫非税收收入达 16.957 亿拉菲亚（约合 1.33 亿美元），占政府财政总收入的 59%。在赠款方面，2003 年，马尔代夫获得赠款 1.13 亿拉菲亚（约合 886 万美元），约占政府财政总收入的 4%。在马尔代夫政府财政总收入中，绝大部分为现金收入，资本收入占的比重很小。2003 年，马尔代夫政府财政总收入为 28.744 亿拉菲亚，其中现金收入达到 28.266 亿拉菲亚，占财政总收入的 98.34%；资本收入为 4780 万拉菲亚，仅占财政总收入的 1.66%。

2008 年纳希德总统执政以后，不但增设了新的税种，还相应提高了有关税率，从而使税收收入有所增加。2011 年上半年，马尔代夫财政总收入达到 40 亿拉菲亚，较 2010 年同比增长约 40%，其中税收收入达到 23 亿拉菲亚（约合 1.49 亿美元），同比上升了 69%（仅旅游商品和服务税就获税 2990 万美元）。2013 年，全国计划税收总收入为 85.9 亿拉菲亚（约合 5.58 亿美元），占财政总收入的 72.97%；非税收入为 27 亿拉菲亚（约合 1.75 亿美元），占 22.94%；各类赠款为 4.49 亿拉菲亚（约合 2900 万美元），占 3.81%。

2008～2014 年马尔代夫财政收入情况见表 4－11。

表 4－11　2008～2014 年马尔代夫财政收入情况

单位：百万拉菲亚

类　别	实际 2008 年	实际 2009 年	实际 2010 年	修正 2011 年	预算 2012 年	计划 2013 年	计划 2014 年
总收入与赠款	7456.5	5734.8	6546.9	9095.8	11480.3	11771.9	11779.6
总收入	6939.5	5313.3	6392.4	8323.3	10869.5	11322.9	11424.6
当期收入	6897.2	5299.4	6343.0	8292.9	10838.7	11290.7	11390.8
税收	3366.8	2732.0	2931.0	4862.1	7389.7	8590.5	8568.7
进口税	2448.8	1848.8	2055.8	2452.7	1961.0	2308.6	2654.9
旅游税	566.6	531.4	597.3	765.3	875.3	919.4	—
银行利润税	240.8	245.7	203.3	229.8	230.2	264.9	315.0

类 别	实际	实际	实际	修正	预算	计划	计划
	2008 年	2009 年	2010 年	2011 年	2012 年	2013 年	2014 年
旅游消费税	—	—	—	872.6	1579.1	2017.2	2284.7
机场服务税	—	1.6	35.5	328.9	216.2	329.7	364.1
营业利润税	—	—	—	26.9	763.7	784.8	806.5
商品和服务税	—	—	—	146.8	1658.2	1849.2	2014.1
其他*	110.6	104.5	39.1	38.5	105.9	116.8	129.4
非税收入	3530.4	2567.4	3412.0	3430.8	3449.1	2700.2	2822.0
国营贸易组织	2.5	137.9	106.9	28.1	38.6	42.3	46.9
Dhivehi Rajjeege Gulhun 公司	392.5	192.0	505.7	345.8	295.7	147.9	147.9
马尔代夫邮政局	4.3	0.9	—	—	—	—	—
马尔代夫货币局	237.9	146.7	304.9	120.0	136.0	155.0	188.5
马尔代夫工业渔业公司	2.0	—	—	—	0.0	0.0	0.0
岛际航空服务有限公司	8.0	8.8	3.4	7.0	10.0	12.0	14.0
建筑施工与公共工程服务公司	1.0	—	—	—	2.1	2.9	3.6
马尔代夫交通工程有限公司	—	10.0	—	—	—	—	—
马尔代夫港务局	60.0	60.0	36.2	76.2	30.9	31.1	39.3
马尔代夫银行	27.4	24.7	—	—	12.8	38.3	38.3
马尔代夫机场公司	171.5	65.5	62.8	165.7	108.0	141.0	172.0
胡鲁马累发展公司	—	—	6.6	8.8	22.1	13.3	17.7
公立旅馆	5.5						
马尔代夫供水和污水处理公司	54.5	16.3	41.8	51.7	66.8	74.7	86.5
住房开发金融公司	—	—	—	5.5	—	—	—
马尔代夫旅游发展公司	47.6	13.9	12.0	17.5	—	—	—
马尔代夫国家航运有限公司							
蒂拉夫希岛屿有限公司	—	—	—	25.0	30.0	30.0	30.0
马尔代夫国家广播公司	—	—	—	—	—	—	—
租赁和政府财产租金	1517.2	995.7	1218.1	1705.0	1947.9	1246.5	1250.2
度假村租赁金	1403.2	898.4	1106.3	1602.9	1761.4	1056.0	1056.0
租赁和其他政府财产的租金	114.0	97.3	111.8	102.1	186.5	190.5	194.2
其他**	998.6	895.0	1113.5	874.5	748.2	765.3	787.1
资本收入	42.3	13.9	49.4	30.4	30.8	32.3	33.8
捐赠***	517.0	421.5	154.5	772.5	610.9	449.0	355.0

资料来源：马尔代夫国家规划署：《统计年鉴》2012 年卷。

* 其他：包括绿色税、机场税、营业税、消费税、牌照税、公司注册税和印花税。

** 其他：包括罚款、没收财产、版税和管理费用。

*** 捐赠：不包括捐助者直接支出拨款。

近年来，马尔代夫政府酝酿推行新的税收改革。2011 年 1 月，马尔代夫增设了旅游商品和服务税（Tourism Goods and Services Tax）[1]，税率为 6%。6 月 20 日，马政府在推出经济改革计划（Economic Reforms Package）的同时，向议会提出了 4 项涉税议案，即"一般商品和服务税"议案［Goods and Services Tax（General）Bill］、"公司利润税"议案（Corporate Profits Tax Bill）、"个人所得税"议案（Personal Income Tax Bill）和"税收征管法修订"议案（Amendment Bill to the Tax Administration Act）。8 月底，一般商品和服务税议案获议会通过，并在 9 月初颁布为法律，10 月生效[2]，而其他议案则滞留在议会审议。

截至 2013 年底，仍在议会审议的议案有[3]：

公司利润税议案。该议案建议简化目前的营业利润税法案（法 5 号/2011），将起征点保留在 50 万拉菲亚，年税率为 15%，代扣所得税 10%。政府还建议取消现行的银行利润税法案（法 9 号/85），主张根据新的企业所得税制度对银行征税，银行税维持现行的 25% 应税利润，无免税门槛。

个人所得税议案。该议案建议增设个人所得税，无论本国或外国从业者，其个人工资、红利和其他收入（包括个人从事的营业收益）将全部计入纳税范围，并将有关个人方面的一切相关因素从现行的营业利润税中剥离出来。根据该项议案，凡年收入超过 36 万拉菲亚（约合 23376.6 美元）者，将根据不同情况分别缴纳 3% ~ 15% 的个人所得税[4]。

目前，马尔代夫除进口税外，全国共设有 6 种税，即银行利润税、营业利润税、商品和服务税、土地出售税、旅游税和旅游消费

---

① 世界银行报告："Maldives Economic Update"，2011 年 9 月。
② 该法规定旅游商品和服务税的税率也同时从 2012 年的 6% 提高到 2013 年的 8%，来源同上。
③ 马尔代夫税务局：http://www.mira.gov.mv/Tax_ Bills. aspx，2013 年 12 月 25 日。
④ 该议案建议根据年收入高低，分档次征收。其中年收入低于 36 万拉菲亚者，纳税率为 0；年收入 36 万 ~72 万拉菲亚者，纳税率为 3%；年收入 72 万 ~120 万拉菲亚者，纳税率为 6%；年收入 120 万 ~180 万拉菲亚者，纳税率为 9%；年收入 180 万拉菲亚以上者，纳税率为 15%。

税。

(二) 财政支出

马尔代夫的财政支出主要为发展性支出和经常性支出两大类，马尔代夫的财政收入以满足一般的经常性支出为主，如政府机关的日常支出，军队和海岸防护的经费以及工资、养老金和社会福利的支出等。近年来，随着马尔代夫各项事业的发展，政府的财政负担日益加重，支出数额逐年提高。2013 年，马尔代夫的财政支出达到 153 亿拉菲亚（约合 10 亿美元），比 2003 年的 37 亿拉菲亚（约合 2.9 亿美元）增长 3.1 倍。

2008 ~ 2014 年马尔代夫财政支出情况见表 4 - 12。

表 4 - 12 2008 ~ 2014 年马尔代夫财政支出情况

单位：百万拉菲亚

类 别	实际	实际	实际	修正	预算	计划	计划
	2008 年	2009 年	2010 年	2011 年	2012 年	2013 年	2014 年
支出和纯借贷	10176.0	10953.4	10815.1	12159.9	14567.0	14848.1	14043.1
经常性支出	7463.2	8764.9	8428.1	9463.2	10684.1	10992.4	11537.3
货物和服务支出	6704.0	7725.4	7113.5	8008.4	8970.4	9136.0	9568.3
薪金与工资	2588.9	2944.8	2486.5	2786.0	2607.0	2607.0	2607.0
其他补助	977.2	1797.9	1691.9	1760.8	1869.2	1869.2	1869.2
其他福利和津贴	126.3	286.5	155.4	151.4	193.0	160.1	166.8
差旅费	173.5	133.4	103.0	119.9	168.5	188.6	220.4
供应与必需品	435.7	345.7	315.8	302.9	364.1	357.4	437.3
修理与维护	181.1	138.2	121.9	172.3	155.0	171.6	216.0
公用事业和其他服务	1044.6	883.9	864.9	1370.9	1151.9	1326.5	1402.5
支付国际组织	21.2	16.2	13.4	15.9	22.6	21.6	22.3
社会福利发放和转让	1155.5	1178.8	1360.7	1328.7	2439.1	2434.0	2626.6
利息支付	280.0	617.9	675.8	730.1	934.3	1073.6	1182.4
补贴和转让	479.2	421.6	638.8	724.7	779.4	782.8	786.6
食品、药品和其他	409.5	326.7	389.5	450.7	472.9	482.8	485.9

续表

类　别	实际	实际	实际	修正	预算	计划	计划
	2008 年	2009 年	2010 年	2011 年	2012 年	2013 年	2014 年
养老金	69.7	94.9	249.3	274.0	306.5	300.0	300.7
资本支出和净贷款	2712.8	2188.5	2387.0	2696.7	3882.9	3855.7	2505.7
发展性支出	2879.2	2339.3	2568.3	3040.7	4008.9	3982.3	2633.2
国外贷款	1098.0	738.4	1256.3	1430.5	1938.5	2219.1	962.4
其他 *	1781.2	1600.9	1311.9	1610.2	2070.4	1763.2	1670.8
净贷出	(166.4)	(150.8)	(181.3)	(344.0)	(126.0)	(126.6)	(127.5)

资料来源：马尔代夫国家规划署：《统计年鉴》2012 年卷。

* 包括国内和外国用于发展性支出的资助和赠款。

马尔代夫的各类财政支出，主要用于四个方面。一是公共事业，如政府行政开支、公务员工资、补贴、养老金发放以及维护社会秩序和国内安全等的开支；二是社会事业，如教育、医疗卫生、社会治安、福利事业以及各大环礁的社区发展计划等的开支；三是各经济部门，如渔业、农业、交通、通信、旅游、工业和电力等部门的支出；四是债务偿还等其他开支。

马尔代夫的发展性支出虽然也列入预算，但在国家财政收入中的比重不是很大。2000 年以前，马尔代夫用于发展性支出的资金仅占全国经济发展总支出的 30% 左右，其他部分主要依靠外国政府及各种非政府组织提供的各种赠款和援助。2000 年以后，马尔代夫用于发展性事业的财政开支逐渐增多，到 2013 年，发展性支出达到 26.33 亿拉菲亚，比 2003 年的 14.59 亿拉菲亚增长了 0.8 倍。

为了减少政府支出，亚明在 2013 年 11 月 16 日当选马尔代夫新一任总统后，当即宣布将总统的薪金减少一半，并承诺要整顿经济，尽力减少政府开支。11 月底，亚明下令减少国有及政府控股企业高管人员薪金，要求最高薪金必须低于内阁部长的薪金水平。12 月 17 日，亚明下令将政府部长的月薪从 4.6 万拉菲亚减少到 4.1 万拉菲亚，副部长从 3.5 万拉菲亚减少到 3 万拉菲亚。这项减薪计划每月可为政府节省 36 万拉菲亚的开支。

（三）财政赤字和债务

长期以来，马尔代夫政府的财政收支入不敷出，财政赤字庞大。特别是 2011 年的"9·11"事件、2004 年的印度洋大海啸和 2008 年的全球金融危机，一次又一次地加剧了马尔代夫的财政赤字。2000 年，马尔代夫的财政赤字率为 4.9%，2001 年扩大到 5.3%，2009 年财政赤字已占 GDP 的 21%。随着经济的复苏，从 2010 年起，马尔代夫的财政赤字逐步减少，2012 年已降至 GDP 的 13%。

导致财政赤字的原因很多，除 GDP 增幅减缓、出口减少和进口增加外，庞大的政府开支也是导致财政赤字的重要原因之一。2000 年，马尔代夫的政府支出占 GDP 的 40.8%，2001 年上升到 41.3%，2008 年进一步上升到 54.9%。由于受 2008 年全球金融危机的影响，2009 年，马尔代夫旅游业收入下滑严重，而政府支出却有增无减，政府开支占 GDP 的比重达到了 61.35%。近年来尽管马尔代夫一再强调减少政府支出，财政状况不但未见好转，反而更加严重。2012 年，政府支出占 GDP 的比重进一步上升到 70.6%，创下历史新高。

为了削减财政赤字，政府采取"增收"和"减支"两条腿走路的方法。一方面采取新的税收征管措施，对现有税率进行了部分调整，其中旅游商品和服务税从 6% 提高到 8%，2013 年 7 月进一步上调至 12%；并宣布相应提高一般商品和服务税税率，机场离境税税率已从过去的 18% 调升至 25%，从而增加了部分税收。另一方面，大力推行政府工作人员自愿退休计划（voluntary retirement scheme），以减少政府的财政支出。尽管如此，马尔代夫的财政赤字依然十分严重。2009 年，马尔代夫的财政赤字占 GDP 的 23.4%，2010 年降至 GDP 的 12.7%，2011 年后，马尔代夫的财政赤字开始出现反弹，2012 年升至 GDP 的 17.9%[1]，2013 年约为 GDP 的 15%。据世界银行推算，按照目前的政策，预计到 2030 年，马尔代夫的财政赤字将达到 GDP 的 30.6%[2]。

---

[1]　马尔代夫国家规划署：《统计年鉴》2012 年卷。

[2]　世界银行报告："Maldives Economic Update"，第 9 页，2011 年 9 月。

为了弥补国家财政的不足，马尔代夫主要采取向国内外借债的方式填补亏空。近年来，马尔代夫政府不但向银行进行高利率贷款，还向国内发放了大量的高利率债券（其中多数为银行认购）。在国际上，随着国际社会赠款数额的逐渐减少，马尔代夫的借贷款数额逐年上升。据马尔代夫财政部统计，截至 2012 年 5 月，国家债务总量达到 104.91 亿拉菲亚（约合 6.81 亿美元），其中多边债务为 47.3 亿拉菲亚，双边债务为 32.61 亿拉菲亚，商业贷款为 12.5 亿拉菲亚，供应商信贷为 11.8 亿拉菲亚，担保债务为 7000 万拉菲亚。据世界银行等机构统计，1998 年，马尔代夫的对外债务为 1.8 亿美元，占 GDP 的 58%；2001 年，马尔代夫总债务占 GDP 的 33.9%；2012 年，国家债务总量高达 GDP 的 81.3%。据国际社会估计，2012 年马尔代夫的国家外债（包括公共部门的外债和私营部门的外债），已经达到国内生产总值的 86%，2015 年预计为 GDP 的 115%[①]。

2001～2012 年马尔代夫国家债务占国内生产总值情况见表 4－13。

表 4－13　2001～2012 年马尔代夫国家债务占 GDP 比重变化情况

年度	占 GDP 的比重(%)	较上年增减(%)
2001	33.9	—
2002	36.4	7.42
2003	33.6	－7.59
2004	31.1	－7.47
2005	39.8	27.85
2006	35.8	－10.09
2007	35.4	－1.11
2008	35.9	1.51
2009	52.7	46.91
2010	60.2	14.09
2011	66.4	10.30
2012	81.3	22.49

资料来源：http://knoema.com/atlas/Maldives/General－government－gross－debt。

---

① 世界银行报告："Maldives Economic Update"，第 11 页，2013 年 4 月。

（四）外汇储备

马尔代夫是目前世界上没有实行外汇管制的少数国家之一，外汇交易尚无法律限制，无论是常住居民还是非常住居民，都可通过外汇市场自由输入或输出任何资本，居民们不需经过任何允许即可在国内或国外持有外币账户，外国人或非常住居民在马尔代夫持有的银行账户与本地常住居民并无任何区别，外国的直接投资者一旦获准进入马尔代夫，其经营利润即可随时转到国外，马尔代夫并不加以任何限制。长期以来，马尔代夫一直是一个外汇非常短缺的国家，外汇储备十分有限。

统计数据表明，最近几年马尔代夫的外汇储备有所下降。截至 2013 年 11 月底，马尔代夫的外汇储备只有 3.56 亿美元，较 2011 年的 3.26 亿美元略有增长，只能满足 2.8 个月的进口需求。2012 年底，政府偿还印度 5000 万美元的分期贷款后，外汇储备降至 3.04 亿美元[①]。马尔代夫货币局（Maldives Monetary Authority）表示，目前，马尔代夫外汇储备已降到警戒水平[②]。

马尔代夫进口依赖度高，而国内可供出口的产品又非常有限，如不改变外汇管理政策，拓宽外汇来源，马尔代夫的外汇储备在短期内不可能有大的改观。

二　金　融

（一）金融系统

马尔代夫的金融系统始建于 20 世纪 70 年代。1974 年，印度国家银行在马尔代夫建立支行，这是马尔代夫历史上第一家银行。1976 年，继巴基斯坦哈比卜银行在马尔代夫设立了另一家支行后，斯里兰卡的锡兰银行也在马尔代夫设立了两家支行。1981 年，马尔代夫货币局成立，1982年，马尔代夫第一家商业银行——马尔代夫银行股份有限公司（The Bank of Maldives，Limited）宣告成立。这家银行当时虽然是由马尔代夫政府、

---

① U. S. Department of State：http：//www. state. gov/e/eb/rls/othr/ics/2013/204687. htm.

② 中国金融信息网：http：//world. xinhua08. com/a/20131202/1280316. shtml？f = arelated。

国际金融投资组织和孟加拉国信贷银行（Credit Bank of Bangladesh）共同组建的，但到 1993 年，马尔代夫政府就拥有该银行 100% 的股份，该银行成为一家地地道道的马尔代夫国家银行。

近年来，为了加强国家对财政的管理，规范金融秩序，马尔代夫政府先后出台了一系列金融领域的法律法规。2007 年出台《马尔代夫货币局法案》，2006～2007 年马尔代夫颁布《审计法》和《公务员法》，2009 年推出公共财务系统，2010 年颁布实施《银行法》，2011 年马尔代夫又出台了《金融交易报告规则》。此外，还建立了一个小型的金融情报机构，以打击洗钱和恐怖融资。

目前，马尔代夫的金融系统由银行系统、非银行金融机构和资本市场组成，以银行系统为主。银行系统由 7 家银行组成，其中 1 家是国有商业银行，4 家是外资银行所属分行，1 家是在马尔代夫注册的合资银行，还有 1 家是马尔代夫伊斯兰银行。非银行金融机构包括金融租赁公司、住房开发金融公司、保险公司以及货币服务机构。银行和非银行金融机构必须由马尔代夫货币局颁发营业许可证，并全部由马尔代夫货币局实施监管。马尔代夫资本市场由资本市场发展局（The Capital Market Development Authority）实施管理，资本市场中介机构包括经纪人、交易商、投资顾问，以及证券交易所和中央储备库等都必须由资本市场发展局核发经营许可证。

1. 银行系统

马尔代夫的中央银行是马尔代夫货币局（亦称"马尔代夫金融管理局"），负责制定和实施货币政策、监督管理金融业和规范金融秩序、防范金融风险。它是马尔代夫的宏观管理部门，同时也是保障金融系统稳健运行、调控宏观经济的国家行政机关。目前，马尔代夫的银行系统由 7 家银行组成。截至 2012 年底，银行系统总资产超过 20 亿美元①。

本地银行（2 家）：

马尔代夫银行股份有限公司（简称马尔代夫银行），成立于 1982 年

---

① 美国经济和商业事务局：2013 Investment Climate Statement—Maldives，2013 年 4 月发布。

11 月 11 日，是一家由政府控股的马尔代夫国家商业银行，并承担发展银行的部分职责。到 2011 年 11 月在全国各地已开设 25 家分行。

马尔代夫伊斯兰银行（Maldives Islamic Bank），成立于 2011 年 3 月，由伊斯兰发展公司和马尔代夫政府联合控股。伊斯兰发展公司拥有 85% 的股份，马尔代夫政府占 15% 的股份。

外资银行分行（4 家）：

印度国家银行马累分行（State Bank of India, Male' Branch），建于 1974 年 2 月 4 日，是马尔代夫国内成立最早的银行，为马尔代夫旅游业的最初发展提供了强有力的资金支持。

巴基斯坦哈比卜银行马累分行（Habib Bank Limited, Male' Branch），建于 1976 年 4 月 11 日。

斯里兰卡锡兰银行马累分行（Bank of Ceylon, Male' Branch），建于 1981 年 5 月 7 日。

中国香港上海汇丰银行马累分行（HSBC, Male' Branch），成立于 2002 年 3 月 11 日，主要从事金融合作和个人银行业务，是迄今马尔代夫唯一的全球性商业银行。

合资银行（1 家）：

毛里求斯商业银行马尔代夫有限公司（Mauritius Commercial Bank Maldives Pvt. Ltd.），成立于 2008 年 5 月，起初是毛里求斯商业银行驻马尔代夫的分行，2010 年 9 月转为毛里求斯商业银行马尔代夫有限公司。

2. 非银行金融机构

马尔代夫非金融机构由保险公司、金融租赁公司、住房开发金融公司和货币服务机构组成。

马尔代夫联合保险公司（Allied Insurance Company of Maldives），1984 年由国家贸易组织和英国商业联盟担保公司联合成立，是全国唯一的综合保险公司。目前，国家贸易组织已掌握全部股份，在国际保险机构的支持下进行运作。

斯里兰卡保险公司（The Sri Lanka Insurance Corporation Ltd.），1976 年在马累成立了分支机构，是马尔代夫最早成立的保险服务提供商，其业务范围包括海运保险、火灾保险、普通事故保险、机动车辆保险等。

斯里兰卡还在马尔代夫设有几家保险公司和中介机构的代理机构，它们通常以指定当地代理商的方式开展工作，其中包括 Ceylinco 保险有限公司（Ceylinco Insurance Company Limited）和 Amana Takaful 保险公司等。

马尔代夫金融租赁公司（Maldives Finance Leasing Company Pvt. Ltd.）成立于 2002 年 5 月，其成员有斯里兰卡国家发展银行、马尔代夫运输和合同承包公司、马尔代夫银行和另外 3 家国内私营公司。该公司是目前马尔代夫唯一的金融租赁公司，主要为各经济部门提供中长期融资服务。

住房开发金融公司（The Housing Development Finance Corporation Ltd.）2004 年 3 月由政府发起成立，是一家住宅信贷机构，主要为马累及其他地区的民用住宅和商业用房建设提供急需的大量资金。2006 年 2 月注册为公共公司（public company），2008 年 7 月 23 日改为股份制公司，股东有马尔代夫政府、亚洲开发银行、国际金融组织和印度住房开发金融公司。马尔代夫政府占 49% 的股份，亚洲开发银行和国际金融组织各占 18% 的股份，印度住房开发金融公司占 15% 的股份。

货币服务机构（亦称转账机构），全国有 3 家本国公司作为国际汇款公司的代理机构，这些公司的服务对象主要是外籍人士，为其从马尔代夫向国外进行转账和汇款提供服务。

3. 资本市场

马尔代夫资本市场起步较晚。20 世纪 60 年代，虽然有几家公司为公共经济活动筹集过一些资金，但运作并不规范，不能算作真正意义上的资本市场。直到 1999 年，马尔代夫在金融管理局内成立了资本市场局（Capital Market Division），资本市场才正式起步。2006 年，马尔代夫颁布了《马尔代夫证券法》（Maldives Securities Act），并组建了资本市场发展局，负责规范和发展马尔代夫资本市场。2008 年 1 月，证券交易和证券登记业务从资本市场发展局分离出来，随即组建了两家私营机构——马尔代夫证券保管处（Maldives Securities Depository）和马尔代夫股票交易股份有限公司（Maldives Stock Exchange Company Pvt. Ltd.），当时参加投资的机构非常有限，主要有马尔代夫银行和其他3家国有公司，即马尔代夫运输和建设股份有限公司（Maldives Transport and Contracting Company Plc）、国家贸易组织股份有限公司（State Trading Organization Plc）和马尔代夫旅游发展股份有限公司（Maldives Tourism Development Corporation Plc），此外还有1家本国私人公司（Dhivehi Ekuveri Kunfuni Plc）也曾参与交易。这些公司的股票通过马尔代夫股票交易股份有限公司在二级市场上进行交易。截至2012年底，在证券交易所上市的所有公司的市值为75亿拉菲亚（约合4.8亿美元）[①]。

目前，马尔代夫共有3家证券特许经营公司——马尔代夫证券经纪股份有限公司（Stock Brokers Maldives Pvt. Ltd.）、首选经纪股份有限公司（First Option Pvt. Ltd.）和阿里亚证券股份有限公司（Aariya Securities Pvt. Ltd.）。可以交易的股票有6支，其中4支为国营公司的部分流通股份，即马尔代夫银行、马尔代夫运输和建设股份有限公司、国家贸易组织股份有限公司和马尔代夫旅游发展股份有限公司，另外2支为私营公司。马尔代夫尚无面向公众的债券市场。马尔代夫中央银行代表政府向商业银行和国有企业发行国债，马尔代夫住房开发金融公司也曾向上述机构投资者发行企业债券。

（二）货币与汇率

马尔代夫的本币全称为"马尔代夫拉菲亚"（Maldives Rufiyaa，简写为Rf.），亦称"马尔代夫罗菲亚"或"卢非亚"，简称"拉菲亚""罗菲亚"或"卢非亚"。马尔代夫拉菲亚创立于1981年7月1日，由马尔代夫货币局发行，辅币为拉雷（Laari，简写为L），1拉菲亚等于100拉雷。马尔代夫货币有纸币和铸币两种形式。1拉菲亚以下的为铸币，面值有1拉雷、5拉雷、10拉雷、25拉雷、50拉雷及1拉菲亚6种；2拉菲亚以上的为纸币，面额分别为2拉菲亚、5拉菲亚、10拉菲亚、20拉菲亚、50拉菲亚、100拉菲亚、500拉菲亚。

以前，马尔代夫的本币为马尔代夫卢比（Maldives Rupee，简称

---

① 美国经济和商业事务局：2013 Investment Climate Statement—Maldives，2013年4月发布。

M. R.)。马尔代夫卢比的法定票面价格与斯里兰卡卢比相等，1 美元约折合 3.93 马尔代夫卢比，1 英镑约折合 6.85 马尔代夫卢比，斯里兰卡卢比和印度卢比在马尔代夫可作为法币使用。政府发行的有 0.5 卢比、1 卢比、2 卢比、5 卢比、10 卢比、50 卢比和 100 卢比的流通券，1 马尔代夫卢比等于 100 拉雷。1960 年，马尔代夫委托英国伦敦造币厂代为铸造了刻有阿拉伯文和迪维希文的硬币，面额有 1 卢比、2 卢比、5 卢比、10 卢比、25 卢比和 50 卢比 6 种。此外还有 1 拉雷和 4 拉雷（习惯上称为"博拉里"）的铜币。在马尔代夫，由于岛屿分散、交通阻滞和经济落后等原因，国家的货币也并不是在所有岛屿都充分流通。在有些偏远的岛屿上，一直有用传统的被称为"考里"的贝壳作为流通手段的情况。历史上曾经流通的货币，如 16 世纪通行的鱼钩状银币，17 世纪通行的由法国马赛造币厂铸造的圆形银币和铜币，有时仍在市场上出现。

第二次世界大战结束后，马尔代夫卢比官价为 13.3333 卢比兑换 1 英镑，3.30 卢比兑换 1 美元。1949 年随同英镑贬值 30.4%，兑美元贬值为 4.7619 卢比兑换 1 美元。1967 年 11 月 18 日英镑贬值 14.3%，11 月 21 日马尔代夫卢比平价改为 14.2857 卢比兑换 1 英镑。1971 年 12 月 18 日美元贬值，马尔代夫卢比改与美元挂钩，兑美元官方汇率升为 4.37 卢比兑换 1 美元。1973 年 2 月 12 日美元再次贬值，重新确定官方汇率为 3.93 卢比兑换 1 美元，私有部门结汇通过自由市场办理。

1981 年 7 月 1 日，马尔代夫政府发行新货币，用马尔代夫拉菲亚取代马尔代夫卢比，并以 1∶1 的比率收回旧货币。官方汇率为 3.93 拉菲亚兑换 1 美元，适用于公共部门的交易；自由市场浮动汇率为 7.55 拉菲亚兑换 1 美元，适用于私营部门交易。1982 年 1 月 25 日，马尔代夫取消双重汇率制度，实行管理浮动的有效汇率适用于所有交易。1985 年 7 月 1 日，马尔代夫拉菲亚钉住其主要贸易货币的"一揽子"加权数，订出 7.10 拉菲亚兑换 1 美元。从 1987 年 3 月 1 日开始，马尔代夫货币局实行浮动汇率政策，汇价依据市场的供求关系来确定。1994 年 10 月，马尔代夫订出 1 美元兑换 11.77 拉菲亚。2001 年 7 月，马尔代夫宣布拉菲亚贬值

8%，美元与拉菲亚的比率调整为 1∶12.80。自 2001 年 7 月 25 日以来，马尔代夫一直实行固定汇率制。此前，马货币局曾表示，由于缺乏灵活与谨慎的货币政策，马国内面临继 1985 年、1994 年和 2000 年之后的第四次美元短缺问题。

2011 年 4 月 10 日，马尔代夫时任总统穆罕默德·纳希德宣布本国货币拉菲亚兑换美元实行新的汇率。根据新汇率，美元兑换拉菲亚可以此前的固定汇率 1∶12.85 为基准上下波动 20%（即 1 美元可兑换 10.28~15.42 拉菲亚）。2011 年 6 月开始实行新的汇率。截至 2013 年底，马尔代夫拉菲亚兑美元汇率为 1∶15.40。拉菲亚与人民币尚不能直接兑换，只能在机场柜台进行少量兑换，美元在马尔代夫可直接使用。

第六节 对外经济关系

一 对外贸易

对外贸易在马尔代夫的经济生活中占有重要地位。但由于多种因素的限制，马尔代夫的对外贸易发展十分缓慢。国家独立后，马尔代夫曾采取多种措施，对外贸易取得了一定的进步。1977 年，马尔代夫外贸额达到480 万美元。1978 年加尧姆就任总统后，国家将发展对外贸易放在十分重要的地位，实行了一系列倾斜政策，使马尔代夫对外贸易得到了较快发展。1990 年，马尔代夫对外贸易额达到 5810 万美元。2000 年以来，随着经济全球化进程的逐步加快，马尔代夫对外贸易的发展速度进一步加快。根据亚洲开发银行统计，2005 年以来，马尔代夫进出口贸易总额呈现上涨势头。2001 年，马尔代夫进出口贸易额为 56.785 亿拉菲亚（约合 4.45 亿美元），2011 年升至 222.56 亿拉菲亚（约合 14.45 亿美元），2012 年进一步升至 263.677 亿拉菲亚（约合 17.12 亿美元），是 2001 年的 4.6 倍[①]。

---

① 马尔代夫国家规划署：《统计年鉴》2013 年卷，表 15.1、表 15.6。

从总体上看，由于受多种因素的制约，马尔代夫可供出口的商品极为有限，出口面很窄，大部分经济活动依赖进口，因此，进出口贸易逆差不断扩大。2008 年，马贸易逆差占贸易总额的 75.48%，2010 年升至 87.31%。2011 年以来，马尔代夫贸易逆差略有回落，但仍居高不下。2012 年，马贸易逆差仍达到了 214 亿拉菲亚（约合 13.89 亿美元），占贸易总额的 81.16%。

2008~2012 年马尔代夫对外贸易情况见表 4-14。

表 4-14　2008~2012 年马尔代夫对外贸易情况

单位：千拉菲亚，%

类　别 ＼ 年　份	2008	2009	2010	2011	2012
进出口总额	21385566	13349846	14967286	22256547	26367714
进口（到岸价格）	17760114	12368528	14017488	20486217	23884654
出口（离岸价格）	1617452	981318	949798	1770330	2483060
逆差	16142662	11387210	13067690	18751887	21401594
逆差占进出口总额的比重	75.48	85.30	87.31	84.25	81.16

资料来源：马尔代夫国家规划署：《统计年鉴》2012 年卷、2013 年卷。

（一）进口

马尔代夫农业和工业不发达，一切生产和生活用品几乎都要依靠进口。从近年来进口产品的结构看，马尔代夫的主要进口物资涉及 21 类数十个品种，主要有：一般日用品、食品、畜产品、蔬菜、矿产品（如食盐、石油等）、药品、化工产品、林产品、纺织品、机电产品、车辆、飞机、大型水上运输工具、建筑材料等。

在各类进口产品中，食品和生活日用品的进口数量一直占进口总量的 50% 以上，矿产品所占比重已从 2008 年的 26.6% 升至 2012 年的 34.3%[①]，机械及机电制品比重略有下降，从 2008 年的 18.6% 降至 2012

---

① 马尔代夫尚未发现石油、天然气或煤炭资源，各类能源依赖进口。2012 年，马尔代夫燃料进口额高达 4.88 亿美元，占 GDP 的 22%，燃料开支较 2011 年增加了 33%。

年的 14.1%，其他各类产品的进口额均在 10% 以下，所占比重较小。

2008～2012 年马尔代夫进口物资比重变化情况见表 4 – 15，2000～2012 年进口趋势见图 4 – 3。

表 4 – 15 2008～2012 年马尔代夫进口物资比重变化情况

单位：%

序号	主要类型	占进口总量的比重				
		2008 年	2009 年	2010 年	2011 年	2012 年
1	活体动物及动物产品(肉、乳、蛋)	4.1	5.6	6.1	5.9	6.0
2	蔬菜产品	5.9	7.8	7.5	6.6	6.5
3	动物油、植物油	0.5	0.6	0.6	0.6	0.8
4	食品与饮料	5.6	8.5	8.3	8.0	8.1
5	矿产品(食盐与矿物油)	26.6	23.8	26.2	27.6	34.3
6	化工产品(含药品和肥料等)	4.2	5.5	5.2	4.6	5.0
7	塑料、橡胶及其制品	2.9	3.0	3.0	3.0	2.9
8	皮革、皮毛及其制品	0.1	0.1	0.1	0.2	0.2
9	木料及木制品	5.0	3.4	3.6	3.1	3.1
10	纸浆材料	1.7	2.1	1.8	1.5	1.4
11	纺织品	2.2	2.7	2.6	2.3	2.5
12	鞋、帽、伞具	0.4	0.5	0.5	0.5	0.6
13	石材、石膏、水泥、石棉及其制品	2.5	2.3	2.1	2.3	2.2
14	珠宝	0.1	0.1	0.1	0.1	0.1
15	贱金属及其制品	6.7	4.8	4.7	5.1	4.7
16	机械及机械用具、电气	18.6	18.9	18.4	17.9	14.1
17	汽车、飞机及其零件	8.4	5.2	4.5	5.9	3.1
18	光学、摄影、电影	1.1	1.2	1.3	1.5	1.1
19	武器和弹药零件及附件	0.0	0.0	0.0	0.0	0.0
20	杂项制品	3.4	3.9	3.4	3.3	3.3
21	艺术品、古董等收藏品	0.0	0.0	0.0	0.0	0.0

资料来源：马尔代夫国家规划署：《统计年鉴》2013 年卷，表 15.2、表 15.8。

近年来，马尔代夫进口值呈增长趋势。2001 年，马尔代夫进口额为 47.41 亿拉菲亚（约合 3.718 亿美元），较上年增长了 3.7%。2004 年印度洋大海啸和 2008 年全球金融危机后，马尔代夫经济虽然经历了两度下滑，但国内刚性需求增加，进口额进一步扩大。2012 年，马尔代夫进口

175

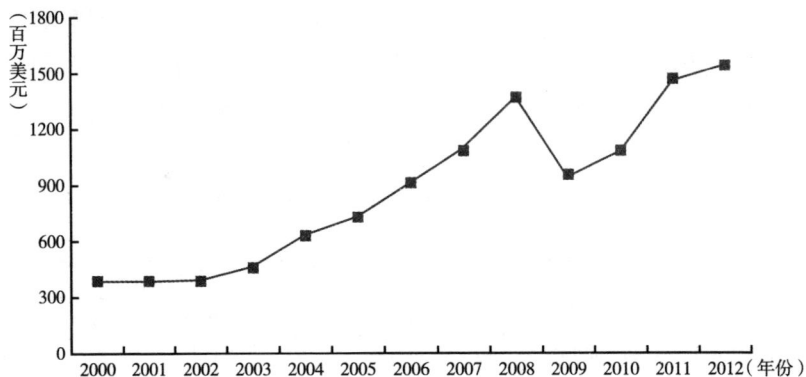

图 4 - 3　2000 ~ 2012 年马尔代夫进口趋势

资料来源：马尔代夫经济发展部："Maldives Economic DivErsification Strategy"，2013 年 8 月发布。

额达到 238.85 亿拉菲亚（约合 15.5 亿美元），比 2001 年增长了 4 倍。

2008 ~ 2012 年马尔代夫进口情况见表 4 - 16。

表 4 - 16　2008 ~ 2012 年马尔代夫进口情况一览

单位：千拉菲亚

序号	主要类型	进口额				
		2008 年	2009 年	2010 年	2011 年	2012 年
1	活体动物及动物产品(肉、乳、蛋)	730031	687051	853376	1215930	1426034
2	蔬菜产品	1041092	967948	1055869	1360294	1563288
3	动物油、植物油	88621	68674	78482	117459	181458
4	食品与饮料	987478	1045166	1167430	1633092	1929803
5	矿产品(食盐与矿物油)	4727591	2949525	3667796	5654910	8180981
6	化工产品(含药品和肥料等)	750366	675305	728687	941529	1195700
7	塑料、橡胶及其制品	514731	369314	413954	621284	685736
8	皮革、皮毛及其制品	16649	17855	17254	39036	36257
9	木料及木制品	889458	422033	508639	639319	743528
10	纸浆材料	295454	262387	248769	310398	324099
11	纺织品	391015	340074	366317	468473	598692
12	鞋、帽、伞具	67317	66264	74448	100270	133708
13	石材、石膏、水泥、石棉及其制品	449836	282032	288584	463613	514231

续表

序号	主要类型	进口额				
		2008 年	2009 年	2010 年	2011 年	2012 年
14	珠宝	22391	15784	13187	16351	18491
15	贱金属及其制品	1188721	595236	665214	1044690	1147189
16	机械及机械用具、电气	3301787	2332077	2574294	3657878	3363330
17	汽车、飞机及其零件	1493075	646049	626197	1208471	757848
18	光学、摄影、电影	195636	149691	176952	307263	260574
19	武器和弹药零件及附件	—	—	26	10	
20	杂项制品	608218	475615	491947	685912	823553
21	艺术品、古董等收藏品	647	451	68	34	152
	合 计	17760114	12368531	14017490	20486216	23884652

资料来源：马尔代夫国家规划署：《统计年鉴》2013 年卷，表 15.2、表 15.8。

马尔代夫的进口市场主要集中在亚洲、中东地区和欧洲。2012 年，马尔代夫从亚洲（不含中东地区）的进口额达到 125.33 亿拉菲亚，占进口总额的 52.5%；从中东进口 73.82 亿拉菲亚，占 30.9%；其次分别是欧洲、美洲、大洋洲和非洲，其中从欧洲进口 17.84 亿拉菲亚，占 7.5%；从美洲进口 14.72 亿拉菲亚，占 6.2%；从大洋洲进口 5.99 亿拉菲亚，占 2.5%，马尔代夫从非洲进口较少，仅占 0.4%。马尔代夫是一个伊斯兰国家，由于风俗习惯和生活方式相同，长期以来，马尔代夫和中东地区的伊斯兰国家保持着密切的外贸关系，中东地区一直是马尔代夫重要的生活物资进口地区，每年的进口额长期保持较高的比例。2008～2012 年，尽管受到全球金融危机的影响，马尔代夫与中东地区的贸易额仍持续攀升，年进口额从 2008 年的 20 多亿拉菲亚上升至 2012 年的 70 多亿拉菲亚，进口份额也从当时的 20% 左右升至 30% 以上。

在所有的贸易伙伴中，新加坡、斯里兰卡、印度和阿联酋一直是马尔代夫最重要的贸易伙伴。2012 年，阿联酋取代新加坡成为马尔代夫最大的进口来源国，年进口额达到 4.8 亿美元，占总进口额的 30%；新加坡居第二位，年进口额达到 2.92 亿美元，占 18%；印度列第三位，年进口额为 1.53 亿美元，占 9.5%；中国对马尔代夫的出口额较以前虽有大幅增长，但数额仍然较小，2012 年才达到 11 亿拉菲亚（约合 7104 万美元），仅占马尔代夫进口总额的 4%。

2012~2013 年马尔代夫主要进口国见表 4-17。

表 4-17　2012~2013 年马尔代夫主要进口国一览

单位：到岸价，千美元

国家或地区	2012 年进口额	2012 年 1~4 月进口额	2013 年 1~4 月进口额
阿联酋	483821	172407	167185
新加坡	291997	103005	101277
印度	153207	53707	50912
斯里兰卡	94566	31787	30410
马来西亚	88520	30033	28167
中国	71038	25512	23859
法国	16512	6503	23829
泰国	76932	25794	23690
美国	47697	21214	11136
澳大利亚	32569	12268	9829
德国	29769	11282	9278
印度尼西亚	26191	7593	7570
加拿大	7462	3137	4245
巴拿马	32586	9585	58
其他国家	160543	53035	67927
总进口	1613410	566862	559372

资料来源：马尔代夫国家规划署：Maldives at a Glance，2013 年 4 月发布。

（二）出口

由于受特殊的地理条件限制，马尔代夫生产基地小，可供出口的商品品种很少，出口面很窄，出口商品主要是以鱼和鱼产品为主的水产品，此外还有少量的服装产品。在各类出口水产品中，新鲜鱼和冻鱼销量最大，占水产品出口总额的 59.24%，其次是干金枪鱼和腌咸鱼，占 35.35%，鱼罐头仅占总出口额的 5.41%。总的来看，马尔代夫出口额呈持续增长势头。2012 年，马尔代夫出口商品总额从 1990 年的 7800 万美元增至

3.14 亿美元，是 1990 年的 4 倍多。

2000～2012 年马尔代夫出口趋势见图 4-4。

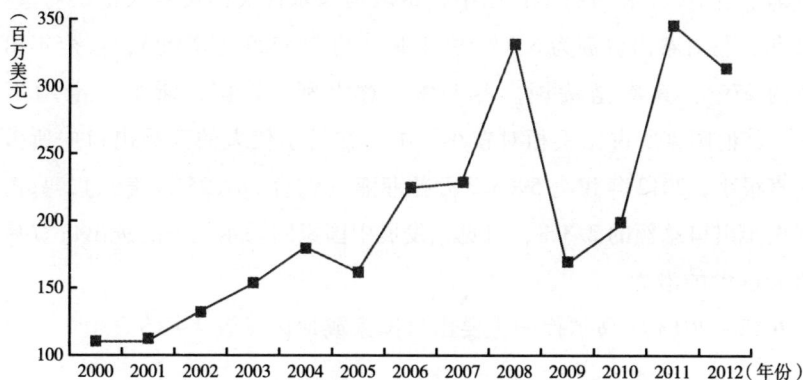

图 4-4 2000～2012 年马尔代夫出口趋势

资料来源：马尔代夫经济发展部："Maldives Economic DivErsification Strategy"，
2013 年 8 月发布。

近年来，马尔代夫的主要出口商品价格普遍较往年有所提高，其中鱼产品升幅平均达到 10% 以上，特别是鲣鱼价格，与 2011 年相比，2012 年升幅接近 30%。其他各类商品，除极少数稍有下降外，也普遍高于 2008 年的出口价格。从 20 世纪 90 年代中后期开始，马尔代夫出口量逐年增长。2000 年以来，马尔代夫出口贸易保持了持续上升的良好势头。2000 年，马尔代夫商品出口额达到 8.968 亿拉菲亚（约合 7620 万美元），比 1999 年增长了 19.1%；2001 年和 2002 年，马尔代夫出口额较上年分别增长了 4.5% 和 23.9%。虽然受到 2004 年底印度洋大海啸的严重影响，马出口额迅速回落，但经过几年的灾后重建，到 2008 年，马出口总额升至 16.17 亿拉菲亚（约合 1.1 亿美元）。全球金融危机以后，马尔代夫出口额再度急剧下降，2009 年和 2010 年均降至 9 亿多拉菲亚，2011 年开始回升，2012 年马出口额达到 24.83 亿拉菲亚（约合 1.61 亿美元），创下历史最高纪录。

过去，马尔代夫的商品出口以亚洲和美洲为主，美国是马尔代夫的第一大出口对象国。近年来，马尔代夫逐渐减少了对美洲的出口，对欧洲的出口急剧增加。据马官方统计，2012 年，亚洲占马尔代夫出口总额的 46.84%，欧洲占 45.42%，美洲仅占 3.75%，中东地区占 3.4%，大洋洲和非洲都不足 1%。在所有出口国中，泰国是马尔代夫的第一大出口对象国，2012 年，马对泰出口额为 6.8 亿拉菲亚（约合 4529 万美元），占全年出口总额的 27%；其次是法国，占 17%，意大利、英国、斯里兰卡均不足 10%，其他国家所占比重相对较小。中国在马尔代夫的商品出口中所占份额一直很小，2012 年仅为 5963.7 万拉菲亚（约合 387.25 万美元），只占马尔代夫年出口总额的 2.3%，可见，发展中国家同马尔代夫的进出口贸易仍然有着巨大的潜力。

2012~2013 年马尔代夫主要出口国家或地区见表 4-18。

表 4-18 2012~2013 年马尔代夫主要出口国家或地区一览

单位：离岸价，千美元

国家或地区	2012 年		2012 年 1~4 月		2013 年 1~4 月	
	数量	%	数量	%	数量	%
泰国	45294	27	11096	20	23040	35
法国	27785	17	9919	18	7261	11
斯里兰卡	12160	7	4748	9	3686	6
德国	5719	3	2004	4	3279	5
意大利	12923	8	5137	9	3181	5
英国	12397	7	4204	8	2963	5
印度	2957	2	1222	2	1578	2
日本	3469	2	1266	2	1112	2
中国台湾	2705	2	1328	2	646	1
其他国家	41619	25	14382	26	18406	28
总　计	167028	100	55306	100	65152	100

资料来源：马尔代夫国家规划署：Maldives at a Glance，2013 年 4 月发布。

二　国际援助

马尔代夫经济基础薄弱，外国援助和捐赠在马尔代夫经济生活中占有十分重要的地位，国家财政开支的很大部分来源于外国援助和捐赠。20

世纪 80 年代以前，马尔代夫从联合国获得的经济援助仅限于几个专门机构，其他国际援助主要来源于中东地区的几个石油生产国，如沙特阿拉伯、科威特和阿联酋等。1978 年加尧姆当选马尔代夫总统后，为了加速经济发展，提高人民生活水平，马尔代夫政府加大了国家建设和发展资金的筹措力度。同年，马尔代夫加入世界银行，1979 年开始获得世界银行的经济援助。据世界银行统计，1979 年以来，该行共向马尔代夫旅游和教育领域提供了 6 笔贷款，贷款总额达到 4730 万美元。据不完全统计，1980 ~ 1994 年，马尔代夫平均每年获得的捐赠和借贷形式的外援达到1550 万美元。1991 年，马尔代夫遭受风灾，全国受灾严重，印度、巴基斯坦、美国和世界其他许多国家纷纷伸出援手，为马尔代夫提供了大量的人道主义援助。1992 年，马尔代夫从世界银行、亚洲开发银行等国际机构和各国政府（特别是日本）获得的经济援助达到 1160 万美元①。除人道主义援助外，马尔代夫所获得的赠款和借贷款主要用于教育、医疗卫生、交通运输、渔业生产和人力资源开发等。

从资金来源上看，1990 年以前，马尔代夫获得的各项援助主要来源于有双边经济合作关系的政府，其次是联合国有关机构，其他国家和非政府组织所占比例不到 10%。过去，马尔代夫的援助提供方主要有经济合作与发展组织（The Organization for Economic Co-operation and Development）的成员国以及亚洲开发银行、联合国机构、国际金融组织等，此外日本、英国、澳大利亚、新西兰等国也以多种方式向马尔代夫提供了大量的经济援助。联合国开发计划署和石油输出国组织等是向马尔代夫提供赠款的较大的国际机构。亚洲开发银行也向马尔代夫的财政管理、外岛社会和经济基础设施以及环境建设提供资金支持。从 1991 年起，日本一直是马尔代夫最大的赠款国，主要提供基础设施建设方面的资金支持，如防波堤、学校、通信设施建设和食品供应等。此外，伊斯兰发展银行也为马尔代夫的经济发展提供了大量的贷款。世界银行统计数据显示，1980 年以来，一大批双边赠款国家和国际组织（如德国、欧共体、沙特基金会等）为马

---

① CIA：*Maldives Economic Aid.*

尔代夫的给排水设施建设提供了强有力的援助，解决了外岛 86% 的居民的安全用水问题。科威特基金会从 20 世纪 80 年代开始一直对马尔代夫旅游发展计划进行资助，从而极大地促进了马尔代夫旅游业的快速发展。国际金融组织对马尔代夫旅游宾馆、饭店建设进行了大量的投资，加速了马尔代夫旅游业的进一步发展。1993～1995 年，欧共体向马尔代夫的旅游业、渔业和妇女就业等项目提供了 160 万欧洲货币单位的经济援助；1996 年，澳大利亚向马尔代夫提供了 350 万美元的经济援助，1997 年上升到 373 万美元。1999 年，新西兰提供 64.294 万新西兰元，资助了 17 名来自马尔代夫、尼泊尔、斯里兰卡和不丹的在新西兰就读的贫困学生。据统计，1994～1998 年，马尔代夫平均每年可从国际社会获得 4000 多万美元的赠款或低息贷款。2000 年，世界银行向马尔代夫提供了 1740 万美元的经济援助，用于发展教育事业。国际货币基金组织统计资料显示，到 2001 年 3 月底，马尔代夫在一年时间内就获得了 1.12 亿美元的多边经济援助。

进入 21 世纪以后，随着国家经济的快速发展和财政收入的逐年增多，马尔代夫直接接收外国政府的赠款数额呈逐渐下降趋势。据马尔代夫官方统计，2000 年，马尔代夫共接收各国赠款 2.117 亿拉菲亚（约合 1660 万美元）；2001 年，赠款数额下降到 1.47 亿拉菲亚（约合 1153 万美元）；2002 年下降到 1.134 亿拉菲亚（约合 889.4 万美元）。2004 年底印度洋大海啸以后，为了恢复民生和马尔代夫经济，国际社会向马提供了大量的人道主义援助和发展援助。2005 年，马尔代夫收到各类捐赠 8.246 亿拉菲亚（约合 5363 万美元）；2006 年为 8.67 亿拉菲亚（约合 5632 万美元）；2007 年突破 10 亿拉菲亚大关，达到 10.44 亿拉菲亚（约合 6779 万美元）；2008 年全球金融危机发生后，国际社会对马捐赠有所减少，马尔代夫当年仅收到各类赠款 3.99 亿拉菲亚（约合 2590 万美元）；2010 年更是降到 1.06 亿拉菲亚。2011 年，国际捐赠开始回暖，赠款达到 7 亿多拉菲亚，但到 2012 年，国际赠款再次萎缩，仅为 4.65 亿拉菲亚（约合 3019 万美元）。

此外，为了帮助马尔代夫发展经济和社会事业，国际社会还向马提供了大量贷款。这些贷款中，大部分属于低息贷款，有些甚至是无息贷款。

在马尔代夫收到的各类款项中，既有现金援助，也有资本援助。长期以来，联合国开发计划署、世界银行和其他多边及双边机构积极帮助马尔代夫，支持马政府改善教育、卫生、住房、社会保障、基础设施、环境，并创造就业机会。近年来，印度和中国向马尔代夫捐赠较为慷慨；在多边援助中，世界银行和中国进出口银行较为积极。

2006～2013 年马尔代夫从国外贷款情况见表 4-19。

表 4-19　2006～2013 年马尔代夫从国外贷款情况一览

单位：百万拉菲亚

类别　　年度	2006	2007	2008	2009	2010	2011	2012	2013
总借贷	806.1	816.5	755.1	778.8	1283.0	1398.4	1900.0	1300.6
双边借贷	120.4	24.2	28.1	531.2	350.9	272.7	253.7	237.5
沙特阿拉伯	77.9	11.6	1.8	40.1	22.5	182.0	128.9	186.6
科威特基金会	42.5	12.6	4.3	4.1	65.4	41.6	—	38.6
日本	—	—	22.0	73.3	249.1	32.7	—	—
阿布扎比基金	—	—	—	—	13.9	16.5	124.8	12.3
印度	—	—	—	413.7	—	—	—	—
多边借贷	685.7	792.3	727.0	247.6	932.1	1125.7	1646.3	1063.1
石油输出国基金会	3.2	0.1	0.1	—	—	10.2	12.6	40.9
国际开发协会	43.7	66.4	53.8	73.6	56.1	114.4	87.2	38.9
亚洲开发银行	64.9	65.1	34.9	81.4	125.4	111.0	57.6	8.8
IDB	146.1	30.8	68.6	60.4	27.2	86.7	94.4	82.4
国际农业发展基金	5.1	5.1	—	1.0	16.6	26.3	15.7	19.4
锡兰银行	4.6	117.8	35.1	30.7	46.2	—	5.8	—
ING 银行（荷兰）	—	35.9	129.3	—	386.5	233.8	—	—
中国进出口银行	—	—	—	—	270.7	265.7	1000.8	721.6
印度进出口银行	—	—	—	—	—	—	246.6	18.5
法国国际开发署	32.0	—	—	0.5	3.4	0.5	6.9	74.0
丹麦国际开发署	—	—	—	—	—	277.1	118.9	58.5
印度国家银行	—	—	80.3	—	—	—	—	—
拉博银行	106.2	24.4	—	—	—	—	—	—
欧盟投资银行	256.0	320.0	325.0	—	—	—	—	—
意大利一般社会	15.4	28.0	—	—	—	—	—	—
SBI	8.5	98.7	—	—	—	—	—	—

资料来源：马尔代夫国家规划署：《统计年鉴》2013 年卷，表 13.7（因四舍五入后个别数据计算结果会有出入，此处仍维持原统计数据不作改动）。

三 外国投资

外国对马尔代夫进行投资始于 1973 年，最初主要集中在旅游度假管理方面，也包括电信、银行、保险、航空运输、快递服务和部分制造业。进入 21 世纪以后，为了弥补国内的资源短缺，发展经济和社会事业，马尔代夫以宽松的投资环境和一系列优惠政策，积极鼓励外国投资者在马投资。在公共服务领域，马尔代夫政府通过公私合营的方式将公共服务逐步私有化，在机场、港口、供水、排污等基础设施，以及道路和电力设备建设等方面均向外国投资者开放。同时，马尔代夫在传媒、娱乐、公共事业、医疗设施、医院管理、机场区域管理，以及住宅基础设施（度假别墅）建设方面也积极寻求投资。在马尔代夫，没有外资企业所得税、公司税或财产税，外国投资享受法律保护，企业可以自由聘用外国管理、技术人员和劳工，投资利润和所得可自由汇出。

2009 年 3 月 18 日，马尔代夫教育部公开招标进行学校教育私有化，欢迎私营企业或个人参与学校的管理运营。马尔代夫学校教育私有化的目标是提高教学质量，改善教学环境，使更多的马尔代夫学生能继续深造。目前，已有很多海外教育机构对马尔代夫教育私有化表示了浓厚的兴趣①。

尽管马尔代夫的投资环境宽松，但由于市场规模有限，资源短缺，外国投资进入马尔代夫的空间有限，马尔代夫实际吸收到的外国投资并不是很多。据统计，1973 年，马尔代夫的外国直接投资额仅为 20 万美元，1975 年达到 197 万美元，1982 年突破 200 万美元，此后长期徘徊在 100 万美元以内，直到 2000 年才上升至 220 万美元。此后，随着私有化进程的逐步加快和投资领域的进一步放宽，马尔代夫的外国直接投资额呈持续增长趋势，2005 年达到 5300 万美元，2007 年达到 1.25 亿美元，2011 年进一步升至 2.82 亿美元，占 GDP 的份额也从 2005 年的 5.34% 上升到 2011 年的13.73%。截至 2013 年底，马尔代夫吸收外资存量为 19.8 亿美元。2012

---

① http：//www.cngateway.cn/Article.aspx? id＝3174，2013 年 5 月 15 日。

年，马尔代夫共吸收外国直接投资 2.84 亿美元[1]，达成 18 项外国直接投资协议[2]。2013 年，马尔代夫吸收外资 3.25 亿美元。

1973～2011 年马尔代夫吸收外国直接投资情况见表 4 - 20。

表 4 - 20 1973～2011 年马尔代夫吸收外国直接投资一览

年度	投资金额（美元）	年度	投资金额（美元）	年度	投资金额（美元）	年度	投资金额（美元）
1973	200000	1983	240000	1993	6900000	2003	31774440
1974	70000	1984	140000	1994	8742866	2004	52933700
1975	1970000	1985	1210000	1995	7230711	2005	52991120
1976	180000	1986	5400000	1996	9315252	2006	63826810
1977	1200000	1987	5100000	1997	11408880	2007	125562800
1978	970000	1988	1200000	1998	11517970	2008	175022000
1979	800000	1989	4400000	1999	12322250	2009	153955000
1980	130000	1990	5600000	2000	22312450	2010	216468900
1981	30000	1991	6500000	2001	20541050	2011	281565800
1982	2880000	1992	6600000	2002	24718600		

资料来源：http：//www. indexmundi. com/facts/maldives/foreign-direct-investment。

目前，外国在马尔代夫的直接投资主要集中在旅游、交通、电信、海水淡化以及银行等领域。马尔代夫政府曾经表示，马尔代夫计划实行经济私有化政策，主要是对电力、交通、港口和机场等领域的国有企业进行改革。马尔代夫政府可以放弃控股地位，由外国投资者控股，并希望外国投资者对马尔代夫开展多领域投资，以参股方式参与马尔代夫国有企业私有化改革进程[3]。

---

[1] 马尔代夫：《太阳报》2013 年 6 月 27 日。http：//www. sun. mv/english/13807.

[2] 美国经济和商业事务局：2013 Investment Climate Statement-Maldives，2013 年 4 月发布。

[3] 中华人民共和国商务部：http：//www. mofcom. gov. cn/aarticle/i/jyjl/j/200901/20090105999843. html。

第五章

军　事

第一节　军事简史

马尔代夫历代统治者都十分渴望建立一支本国的军队。早在16世纪，马尔代夫就组建了常设民兵武装力量。到19世纪，马尔代夫已建成了多支陆地与海上武装力量，其中陆地民兵称为"杭昆"（hangun），海上民兵称为"卡拉圣"（kalaaseen）。这些民兵武装力量后来由于欧洲的殖民统治而被迫解散。

19世纪70年代，马尔代夫国王派唐·马尼库格·伊斯梅尔·迪迪（Don Manikuge Ismail Didi）到斯里兰卡西部港口城市加勒（Galle）的英国学校接受军事训练。据称这是第一个在国外接受正规军事训练的马尔代夫人。伊斯梅尔·迪迪回国后，根据国王的要求，按照西方军事训练的方式训练了一批又一批年轻人，并引进了一部分轻武器，这些人后来逐步发展成为一支能独立担负作战任务的民兵——"西法恩"（Sifain），伊斯梅尔·迪迪被任命为"西法恩"的首任指挥官。

1892年4月21日，马尔代夫将"西法恩"重建为新的安全部队，苏丹亲任总司令，并首次在庆祝典礼上公开亮相。此后，"西法恩"虽不断发展，但由于长期以来马尔代夫的内政、外交和国防大权一直由英国控制，"西法恩"的发展受到极大的限制，这支部队一直没有发挥国防军的作用，他们只是贵族阶层的保护神。1933年3月29日，马尔代夫在"西法恩"内组建了一支警察分队，不久后被解散。1970年，"西法恩"更名为"国家卫队"（National Guards），并改由公共安全部（Ministry of Public Safety）管辖。1972年3月13日，国家卫队再次组建了警察分队。

1965年，英国殖民统治结束，马尔代夫获得完全独立，特别是1976年英国从甘岛撤离后，"西法恩"才真正获得了发展机会。自此，马尔代夫将国家卫队的现代化建设提上日程，先后派出大批人员到印度接受各种类型的军事训练，并相继购置了部分比较先进的军事装备，如枪支、火炮、舰艇以及部分通信工具等。1979年1月10日，公共安全部和国家卫队分别更名为"国防和国家安全部"（Ministry of Defence and National Security）和"国家安全部队"（National Security Service）。1988年发生的未遂军事政变，使马尔代夫更加清醒地认识到加强军队建设的重要性，军队从原来的1000人左右迅速扩充到1500人，两年后的1990年，增至1800人[①]。

进入21世纪后，马尔代夫对国家安全部队进行了重大调整和改组。2004年9月1日，马尔代夫将警察职能从国家安全部队中分离出来，专门成立了警察系统，隶属民政部。2006年4月21日，在庆祝建军114周年之际，"国家安全部队"再次更名为"马尔代夫国防部队"（Maldives National Defence Force），分别成立了海岸警卫队（Coast Guard）、海军陆战队（Marine Corps）等10支不同的兵种部（分）队，并在全国范围内设立了4个地区司令部（Area Commands）和训练与教育国防学院。

马尔代夫军队组建以来，多次完成平息国内骚乱的任务，取得了不俗的战绩。

1958年，在英国军队的唆使下，马尔代夫最南端的阿杜环礁及其他两个环礁发生严重骚乱，并于1959年宣布成立"苏瓦代夫联合共和国"。1961年，马尔代夫政府派出国家的常设国民军"西法恩"前往平息叛乱，经过两年激战，1963年9月，"西法恩"最终彻底粉碎了这次叛乱，取得了作战胜利，马尔代夫重获统一。

1988年11月8日，在斯里兰卡泰米尔猛虎组织的纵容和支持下，马

---

① Library of Congress Country Studies, *Armed Forces in National Life*, 1994.

尔代夫发生了企图推翻加尧姆总统的军事政变。马尔代夫国家安全部队与前来支援的印度特种部队一道，经过两天两夜的激战，粉碎了政变。

2001 年 8 月，法迪坡鲁环礁首府奈法鲁发生骚乱，国家安全部队派出舰艇，很快平息了这次骚乱。

2003 年 9 月以来，马尔代夫首都马累和部分环礁多次发生大规模暴乱，马尔代夫军队屡次派出官兵在市内和有关岛屿维持秩序，防止了事态的进一步恶化。

第二节　国防体制

一　最高统帅

马尔代夫宪法规定，总统既是国家元首，又是政府首脑，同时还是国家武装力量的最高统帅。总统通过国防和国家安全部对军队实施垂直控制和指挥，在紧急情况下，总统也可直接向国防部队下达命令。在国家面临战争、内乱等紧急情况时，总统可向全国发布战争动员或紧急状态令。2013 年 11 月，阿卜杜拉·亚明·阿卜杜勒·加尧姆（Abdulla Yameen Abdul Gayoom）就任总统，成为马尔代夫国家武装力量最高统帅。

二　国防和国家安全部

国防和国家安全部是马尔代夫最高层次的国家安全机构，同时也是国防部队一切作战和训练事务的主管部门。国防部设部长 1 名，国务部长 3 名，情报局局长 1 名，国防合作和政策局局长 1 名。2012 年 2 月 8 日，退休上校穆罕默德·纳兹姆被任命为马尔代夫国防和国家安全部部长。

马尔代夫国防和国家安全部下设部长办公室（Minister's Bureau）、行政局、法律事务局、战略通信局、人事管理局、财政与物资局、宗教局、反恐局、航空安全司令部（Aviation Security Command）、国家灾难管理中心（National Disaster Management Center）、国际防务合作和政策局

（Department of International Defence Cooperation and Policy）、国防情报局
（Department of Defence Intelligence）等机构。

三　国防部队

马尔代夫国防部队总部设在首都马累，设司令、副司令各 1 名。最高
执行长官为国防部队司令（Chief of Defence Force），少将军衔。2012 年 2
月 9 日，艾哈迈德·希亚姆（Ahmed Shiyam）少将被任命为国防部队司
令。2012 年 3 月 4 日，艾哈迈德·穆罕默德（Ahmed Mohamed）准将被
任命为国防部队副司令。

第三节　力量编成

马尔代夫没有陆军、空军和海军，只有一支规模不大的国防部队，它
是一个小规模的陆军、海军联合体，兵种少，成分新，构成简单。目前，
这支军队主要由下列单位组成：海岸警卫队、海军陆战队、消防与救援分
队（Fire and Rescue Service）、勤务部队（Serves Corps）、特种部队
（Special Forces）、工程部队（Corps of Engineers）、特别保护组（Special
Protection Group）、宪兵部队（Military Police）、医务分队（Medical
Service）、飞行大队（Air Wing）和一些非军事服务保障机构。其中，海
岸警卫队、海军陆战队、特种部队、勤务部队和工程部队是目前国防部队
的主要构成力量。

目前，马尔代夫国防部队共编成 4 个地区司令部、10 个兵种部（分）
队和 1 个国防学院。具体情况如下。

一　地区司令部

北部地区司令部（MNDF Northern Area）　驻哈尼马杜，主要担负
马尔代夫北部地区 7 个环礁行政区的防务任务，其防务范围包括北蒂拉顿
马蒂环礁、南蒂拉顿马蒂环礁、北米拉顿马杜鲁环礁、南米拉顿马杜鲁环
礁、北马罗斯马杜鲁环礁、南马罗斯马杜鲁环礁和法迪坡鲁环礁。

马累地区司令部（MNDF Male' Area） 驻马累，主要担负首都马累的防务任务。

中部地区司令部（MNDF Central Area） 驻卡德杜，主要担负中部地区9个环礁行政区的防务任务，其防务范围包括马累环礁、北阿里环礁、南阿里环礁、费里杜环礁、穆拉卡托鲁环礁、北尼兰德环礁、南尼兰德环礁、科鲁马杜鲁环礁和哈顿马蒂环礁。

南部地区司令部（MNDF Southern Area） 驻阿杜环礁，主要担负南部地区4个环礁行政区的防务任务，其防务范围包括北胡瓦杜环礁、南胡瓦杜环礁、福瓦穆拉环礁和阿杜环礁。

二 主要部（分）队

（一）海岸警卫队

海岸警卫队的前身是马尔代夫国家安全部队的海上安全勤务部队，1980年1月1日正式组建，首任指挥官是已故上校侯赛因·福鲁（Hussain Fulhu）。2014年1月1日，穆罕默德·易卜拉欣上校（Colonel Mohamed Ibrahim）被正式任命为指挥官[①]。

由于马尔代夫无海军，海岸警卫队一直作为国家的重要海上力量。2008年新政府上台后，海岸警卫队发展速度空前加快。目前，马尔代夫海岸警卫队已拥有各类舰只16艘，并建有4个中队，分别部署在北部地区、中部地区、南部地区，另有一个中队作为战略预备队部署在首都马累。

（二）海军陆战队

2006年组建，由前步兵定向快速反应部队（俗称"快速反应部队"）改编而成，下辖若干海事部署分队（Marine Deployment Units），装备有装甲运兵车和步兵战斗车。它既是特种支援部队，又是两栖作战的快速反应部队。该部队机动性强，自组建以来，一直部署在全国各战略要冲和敏感地区。目前，马尔代夫国防部队所属的4个地区司令部均有海事部署分队。

---

① MNDF appoints commanders to three sections，http：//minivannews. com/news-in-brief/mndf-appoints-commanders-to-three-sections – 74479.

2014 年 1 月 1 日，阿里·祖海尔准将（Brigadier General Ali Zuhair）被任命为海军陆战队指挥官。

（三）特种部队

成立于 2009 年 10 月 27 日[①]，由时任总统兼武装部队总司令纳希德创建。

该特种部队所辖的特战队（Special Forces Team）实际上是马尔代夫国防部队的一支空降分队，据称是马尔代夫特种部队的精英，可完成非常规作战、反恐、抗暴、解救人质等多种特种作战任务。

2014 年 1 月 1 日，艾哈迈德·吉亚斯中校（Lieutenant Colonel Ahmed Ghiyas）被任命为特种部队指挥官。

（四）勤务部队

马尔代夫的勤务部队主要包括通信、电力、情报等技术勤务分队，医务分队、运输分队、给养补给分队（Quartermaster Service）、仪仗与军乐分队以及其他保障分队（如军械分队、媒体与出版分队等）。

2014 年 1 月 1 日，穆罕默德·谢里夫上校（Colonel Mohamed Shareef）被任命为勤务部队指挥官。

（五）工程部队

主要由军事工程部队和电力、医疗工程部队构成。

（六）兵役部队

主要包括特别保护组、宪兵部队、飞行大队和训练与教育国防学院。其中，宪兵部队下辖 6 个主要机构，即宪兵总部、执法处、调查处、拘留所、安全支持处以及礼仪处。

三 非军事服务保障机构

主要有消防与救援分队和其他非军事服务机构。其中，消防与救援分队目前只部署在马累及附近有人居住的岛屿上，尚未在全国范围内部署。其他非军事机构主要包括马尔代夫国防部队主办的《西法恩联合》杂志

---

① http：//www.mndf.gov.mv/v1//index.php? page = SF_ into_ eng.

社、西法恩家庭协会（Sifainge Family Association）、西法恩福利公司（Sifainge Welfare Company）、马尔代夫老兵联谊会（Maldives Military Veterans）、迪维希西法恩俱乐部（Dhivehi Sifainge Club）以及爆炸物和军械处理机构等。

第四节　主要军事人物

一　国防和国家安全部部长

穆罕默德·纳兹姆，马累人，上校军衔，2012 年 2 月 8 日被任命为马尔代夫国防和国家安全部部长。

穆罕默德·纳兹姆早年就读于马吉迪亚学校，毕业后，于 1987 年 3 月 11 日入伍，曾赴英国桑德赫斯特皇家军事学院、巴基斯坦奎达步兵战术学校、美国贝宁堡步兵学校、科威特穆巴拉克阿卜杜拉指挥和参谋学院学习和深造，并以优异成绩获得军事学硕士学位。他还在马来西亚维和训练中心完成了联合国军事观察员课程，在英国伯恩茅斯大学和泰国曼谷亚洲备灾中心等地多次接受灾害管理课程培训。

穆罕默德·纳兹姆从英国桑德赫斯特皇家军事学院毕业后，不久即被任命为国防部队吉利夫希训练中心（Girifushi Training Center）教官。在该中心长达 7 年的时间内，他从教官一直升至该中心主管。穆罕默德·纳兹姆曾是第二快速反应部队指挥官和阿杜环礁甘岛地区司令部司令。

穆罕默德·纳兹姆参加了大量的学术会议，是美国安全研究学院亚太安全研究中心、美国国防大学近东南亚战略研究中心和美国陆军协会会员。

穆罕默德·纳兹姆擅长灾害管理，曾参加许多课程和研讨会，具有丰富的知识和现场经验，制订过许多减灾应急计划，指挥过众多的救援和疏散演习，在国家灾难管理、计划制订和行动实施方面起着至关重要的作用。2004 年底印度洋大海啸发生后，他随即组建了国家灾难管理中心，并为国家的灾害管理做了大量富有成效的工作。

穆罕默德·纳兹姆获得的主要奖项有：总统绶带、竭诚服务绶带、长期服役绶带、成就绶带、特殊技能绶带，总统勋章、竭诚服务勋章、11月3日勋章、杰出服务勋章等。

2011年1月15日，穆罕默德·纳兹姆从军中退休，退休前为上校军衔。2012年2月8日，穆罕默德·纳兹姆被瓦希德总统任命为马尔代夫国防和国家安全部部长。2013年11月17日获得阿卜杜拉·亚明·阿卜杜勒·加尧姆总统重任。

穆罕默德·纳兹姆的夫人是阿发夫·阿卜杜勒·玛吉德（Afaaf Abdul Majeed），生有两女一男。

二 国防部队司令

艾哈迈德·希亚姆，少将军衔，2012年2月9日被任命为马尔代夫国防部队司令。

希亚姆于1986年9月16日入伍，在马尔代夫国防部队服役，参加过粉碎1988年未遂政变的军事行动，后分别在印度国防学院、美国本宁堡步兵学院、巴基斯坦奎达指挥和参谋学院学习，在英国皇家军事学院毕业后，长期担任国防部队吉利夫希训练中心教官。

希亚姆从担任训练教官起步，出任过训练与教育国防学院院长、北部地区司令部司令、南部地区司令部司令、胡鲁累地区司令部司令、国防部队执行官（Executive Officer）、国防部执行官、电机工程部队司令、第二支援营指挥官、快速反应部队指挥官等。2009年3月15日出任海军陆战队首任司令官，此后又任马尔代夫国防部队中部军区司令，2011年9月1日任马尔代夫国防部队海岸警卫队第二任司令，2012年2月9日被任命为马尔代夫国防部队司令。

希亚姆曾获得杰出服务勋章、总统勋章、11月3日勋章、国防服务勋章、热忱服务勋章、良好行为勋章和世纪勋章等。

希亚姆有一个幸福美满的家庭，生有3个女儿和1个儿子。

三 国防部队副司令

艾哈迈德·穆罕默德准将生于1964年7月9日，北米拉顿马杜鲁环礁莫罗希岛（Maroshi）人，2012年3月4日被任命为马尔代夫国防部队副司令。

穆罕默德1983年毕业于马吉迪亚中学，1984年3月13日入伍，在马尔代夫国防部队服役8年，曾参加过粉碎1988年未遂政变的军事行动，1992年起在巴基斯坦奎达指挥和参谋学院学习，后又赴英国克兰菲尔德大学皇家军事科学院攻读国防管理专业。曾任夏威夷亚太安全研究中心研究员、美国国防大学近东南亚战略研究中心会员、德国马歇尔欧洲安全问题研究中心会员。毕业后回国，先后出任规划和研究发展大队指挥官、第二快速反应部队指挥官、阿杜和哈顿马蒂地区司令官、国防部执行官、军需部队指挥官、工程部队指挥官、国防安全部队司令部执行官、北部地区司令官等职，2009年2月获准将军衔，2012年3月4日被任命为马尔代夫国防部队副司令。

穆罕默德服役期间，曾获得服务奖章勋章、总统勋章、杰出服务勋章、热忱服务勋章、国防服役勋章、11月3日勋章和良好行为勋章等。

穆罕默德的妻子是塞尔维埃·哈米德（Selvia Hameed），生有一个女儿和一个儿子。

第五节　对外军事关系

马尔代夫是一个十分热爱和平的国家，马尔代夫政府十分重视建立和发展与世界各国军队的友好合作关系，尤其注重保持、加强和发展同亚洲各国特别是南亚各国军队的紧密联系，并重视与区域外军队进行各种层次的亲密交往，保持一定的友好关系。

一　同中国的军事关系

马尔代夫与中国在军事领域的交流合作不多，进入2000年后，马中两国高层军事人员才开始有所往来。2000年9月20～30日，应中国中央军委邀请，马尔代夫国防和国家安全部部长安巴里·阿卜杜勒·萨塔尔对中国进行友好访问，这是中马两军的第一次正式交流。2001 年 4 月，中国人民解放军总参谋长傅全有上将访问马尔代夫，双方签署了军事援助协定，这是中马两国签署的第一份军事援助协定。同年 11 月，马尔代夫国家安全部队总参谋长穆罕默德·扎希尔准将率团对中国进行了正式访问。2008 年纳希德总统上台后，马中两国仍保持了有限的军事交往，并签署了一份军事协定①。2009 年 2 月，马尔代夫国防和国家安全部部长费萨尔访华。2012 年 12 月，马尔代夫国防和国家安全部部长穆罕默德·纳兹姆访华，并会见了中国中央军委副主席许其亮和国防部部长梁光烈。

2013 年 6 月 29 日~7 月 4 日，中国海军"和平方舟号"医院船对马尔代夫进行了为期 6 天的友好访问和人道主义医疗服务②，这是自 1972 年中马建交以来，中国海军舰艇首次访问马尔代夫，也是中国医疗队首次赴马尔代夫开展人道主义医疗服务③。

二　同印度的军事关系

马尔代夫是南亚小国，也是军事弱国。在国家安全问题上，马尔代夫对印度的依赖性很大。

1988 年 11 月 8 日，在总统就职前夕，马尔代夫发生军事政变，其规模之大、行动之快，为马尔代夫历史上所罕见。应马尔代夫政府的请求，印度军队迅速行动，紧急出动 1600 人的特种部队前往救援，并与马尔代夫国家安全部队一道，经过两天两夜的激烈战斗，迅速粉碎了政变阴谋，有效地保护了总统安全，维护了马尔代夫政权的稳定。

对印度的这次出兵平乱，世界舆论褒贬不一，甚至多有微词，但是，它在很大程度上对进一步密切印度同马尔代夫各方面的关系起到了巨大的

---

① http：//mil. huanqiu. com/world/2012 – 02/2449082. html.
② http：//www. defence. gov. mv/english/index. php/mndf-articles/96.
③ "和平方舟号"在马期间，根据马尔代夫岛屿众多、居民分散的特点，派出 10 支机动医疗分队，通过舰载直升机、当地水上飞机和快艇等，深入马尔代夫南部、中部和北部 8 个岛屿开展医疗服务。同时，医院船还为马尔代夫培训了医护人员，与当地医护人员进行了联合手术，并派出医疗分队赴当地孤儿院、敬老院、学校等开展医疗服务捐赠活动。

推动作用。此前，印度根据科伦坡计划仅在经济和社会领域与马尔代夫有所合作，如教育、海事、交通和文化事务合作等，通过这次出兵平乱，马尔代夫将印度看成"患难之交"（Friend in Need），不但迅速提升了同印度的政治和经济关系，还进一步密切了两国的军事关系。

1988 年以后，印度一直担负着马尔代夫国防部队的军官和士兵的军事训练任务，马尔代夫每年都要输送一批军人到印度有关军事院校进行军事课程训练。据不完全统计，近年来，在印度各类军事院校接受过训练的马尔代夫国家安全部队人员已达数千名，目前仍有数以百计军人在印度有关军事院校接受各种科目的军事训练。此外，印度一方面邀请马尔代夫军人观摩印度军队举行的有关演习，同时还定期或不定期地举行两国联合海军演习。

近年来，马尔代夫与印度的军事合作关系日益加深，并逐渐向高层发展。进入 21 世纪以后，两国国防部部长互访频繁，并签订了多项军事合作协议。2000 年 8 月，在马尔代夫总统兼武装部队总司令加尧姆出访印度期间，双方一致同意加强防务与安全合作，印度答应继续向马尔代夫提供防务设备和训练器材，帮助马尔代夫训练安全人员，并就两国继续举行联合海军演习达成一致。

2001 年 1 月，印度国防部部长费尔南德斯访问马尔代夫期间，两国签署了谅解备忘录，印度同意向马尔代夫赠送高级雷达设备，并提供技术培训。

为了进一步加强与印度的军事关系，2005 年 3 月 7 日，马尔代夫在其驻印度高级专员署中设立了一个专门的防务合作机构——防务专员办公室（Defence Attaché's Office），并指派了一名中校担任防务专员，这是马尔代夫在国外设立的唯一军事机构。

马尔代夫没有国防军事工业，武器装备全部依靠进口。印度是马尔代夫的最大邻国，也是马尔代夫最大的武器进口国之一，印度每年都要向马尔代夫出口一定数量的武器装备。为了加强印马军事关系，印度还对马尔代夫国防部队的有关武器装备提供无偿援助，特别是一些较大型的武器装备。2006 年 4 月，印度决定将一艘长 46 米的印度海军特林卡特级快速攻击艇无偿捐赠给马尔代夫，并于 2009 年正式交付马尔代夫国防部队海岸警卫队。

印度认为，马尔代夫是一个伊斯兰国家，加之是一个高度分散的小型岛国，其独特的意识形态和地理环境，是中东和巴基斯坦的恐怖分子逃避打击、建立基地的理想之地。马尔代夫是印度近邻，为防止恐怖分子从马尔代夫向印度发起袭击，近年来印度以反恐为由，进一步加强了同马尔代夫的军事关系。2009 年 8 月，印度国防部部长安东尼访问马尔代夫，两国就加强双边安全合作达成共识，并同马尔代夫签署一项内容广泛的军事协议，主要包括：在马尔代夫 26 个珊瑚礁岛屿上架设地面雷达网，对接近这些岛屿的船只和飞机实现无缝覆盖，并将其与印度军事侦察系统连接在一起，与印度沿海雷达系统实现互联互通，由印度军方完全控制；以加强马方监测能力和迅速应对威胁的能力为由，印度在马尔代夫设立了直升机永久性基地；印度海岸警卫队定期派飞机飞临马尔代夫上空进行侦察，以搜寻可疑目标或舰船。2014 年 2 月，印度捐建的马尔代夫国防部大楼已经奠基。印度与马尔代夫方面接洽，准备翻修前英军甘岛军事基地，以便在此部署印军侦察监测飞机①。

印度是南亚大国，也是马尔代夫的友好近邻。由于地缘和实力因素，1988 年以来，马尔代夫一直将印度视为自己的安全依靠，国内一旦出现安全危机或自然灾害，印度便迅速施以援手；印度也早已将马尔代夫纳入了自己的军事领地，两国之间互相都有着巨大的军事需求。因此，马尔代夫同印度之间的军事关系已经远远超出了一般国家间的军事关系。

三 同美国的军事关系

1988 年 11 月，美国对印度出兵帮助马尔代夫平息政变企图的"干涉"行动表示公开认可，并将它看成支持和尊重马尔代夫独立、主权和领土完整的具体表现。进入 21 世纪以来，美国以确保马尔代夫海上通道和反恐需要为由，一直向马尔代夫秘密提供武器装备，并努力同马尔代夫

---

① http：//ecurrentaffairs. in/blog/special-article-on-india-maldives-relations/.

商议签署《驻马美军地位协定》，以便在印度洋"中心地区"建立新的军事基地①。近年来，马尔代夫与美国有着比较密切的军事交往，高层互访逐年增多，军事交流与合作进一步加强，美国海军舰船常常停泊于马累港。此外，马尔代夫国防部队还多次参加美国军队举行的联合军演，演练科目主要以反恐、打击海盗和海上搜救为主。

四 同世界其他国家的军事关系

长期以来，马尔代夫坚持奉行独立自主的外交政策，不与任何国家建立军事同盟关系，不参与任何性质的国际或地区性军事组织，不参加在国外的一切军事行动。除 1960 年和英国签订了关于租让阿杜环礁的甘岛作为空军基地等协议外，没有和任何国家签订过共同防御条约，也没有与任何国家建立过任何形式的军事同盟。由于地缘因素，马尔代夫虽然与印度关系密切，但除 1988 年请求印度军队帮助粉碎企图推翻政府的政变外，到目前为止，还没有任何外国军队进驻过马尔代夫。冷战时期，为了避免超级大国的干预，马尔代夫曾经拒绝苏联提出的租赁甘岛空军基地的要求和苏联为马尔代夫提供其他"援助"的建议。2013 年，为了维护国家主权，马尔代夫断然拒绝了美国在阿杜环礁建立军事基地的要求。

---

① http://military.china.com/important/11132797/20130608/17881956.html，http://www.huaxia.com/thjq/jswz/2009/09/1577401.html.

第六章

社　会

第一节　国民生活

共和国成立以后，马尔代夫政府在现代化建设的道路上，坚持从本国国情出发，实行了具有本国特色的经济发展战略，注重发挥岛国优势，从而加速了经济现代化的进程，改变了长期以来贫困落后的面貌。随着特色经济的建立，马尔代夫的人均收入大幅增长，人民的生活得到了一定程度的改善。据世界银行统计，20 世纪 70 年代末，马尔代夫国内人均收入不足 100 美元，是世界上最不发达的 20 个国家之一。1997 年，马尔代夫人均收入达到 22151 拉菲亚（约合 1882 美元），一跃成为世界上中等偏低收入的国家之一。2011 年，马尔代夫已从联合国最不发达国家名单中除名，阔步迈进了世界中等收入国家行列。目前，马尔代夫人均收入已经超过6300 美元，居南亚、东南亚各国前列[①]。

一　贫困人口

由于历史的原因和特殊地理条件的限制，贫困和饥饿长期困扰着马尔代夫人民，特别是生活在边远小岛的居民，相当一部分人长期饱受贫困和饥饿的煎熬。

为了消除贫困，马尔代夫历届政府做出了艰苦的努力。他们从发展本

---

① 世界银行：Maldives Overview，http：//www.worldbank.org/en/country/maldives/overview。

国经济着手，努力提高国家的经济实力和人民的收入水平，在很大程度上减少了贫困人口数量。20 世纪 70 年代初以来，马尔代夫实行经济开放政策，着手发展岛国特色经济，取得了显著成绩。进入 21 世纪以后，马尔代夫的经济一直高速发展。短短的 10 年时间，马尔代夫国内生产总值就从 2001 年 100 亿拉菲亚（约合 9 亿美元）上升到 2010 年的 180 亿拉菲亚（约合 16.36 亿美元），2012 年进一步增长到 21.1 亿美元，人均收入也随之增长了 1 倍以上。1997 ~ 2004 年，马尔代夫的家庭收入增长率达到了 35% 以上，2005 年在此基础又增长了 7%[①]。2010 年，马尔代夫平均月收入在 2000 拉菲亚（约合 130 美元）以下的家庭已经很少。

2009/2010 年度马尔代夫家庭平均月收入情况见图 6 - 1。

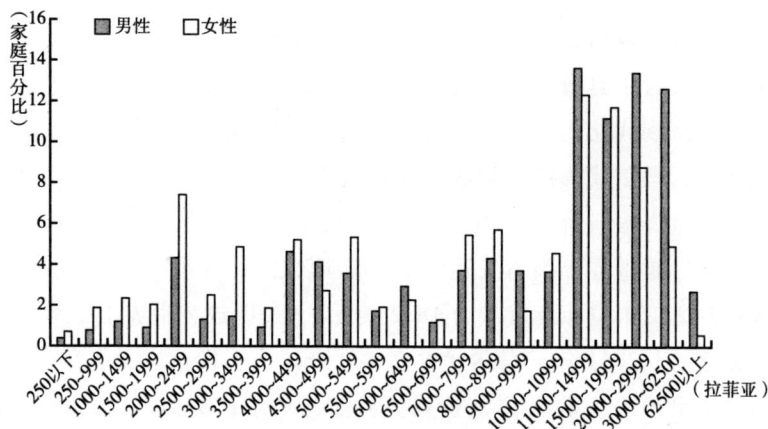

图 6 - 1　2009/2010 年度马尔代夫家庭平均月收入情况

资料来源：马尔代夫国家规划署：Household Income and Expenditure Survey 2009 - 2010。

2000 年，马尔代夫政府签署了《联合国千年宣言》，承诺在 2015 年之前，将每天收入不足 1 美元的极端贫困人口数量在 1990 年的基础上减

---

① 马尔代夫国家规划署：Household Income and Expenditure Survey 2009 - 2010，http：//planning. gov. mv/hies/HIES2012/FINAL% 20HIES% 20report% 20for% 20website. pdf。

少一半，成为南亚地区唯一签署《联合国千年宣言》的国家。经过近4年的努力，马尔代夫于2004年提前完成了"减半"任务。马累的贫困人口从1997年的23%下降到2004年的5%以内，各环礁行政区的贫困人口也从原来的52%减少到25%[1]。据亚洲开发银行统计，2004年，马尔代夫已基本消除了绝对贫困现象。用每天每人消费1美元和2美元的贫困线标准衡量，马尔代夫的贫困率分别为4%和7%，是南亚地区贫困率最低的国家[2]。

尽管如此，马尔代夫国内的贫困现象仍很突出。据马尔代夫国家报告透露，2004年，有6%的人每天收入不足15拉菲亚（当时1美元约等于11拉菲亚），有1/5的最贫困人口年消费量不足全国消费总量的6%，有31%的5岁以下儿童因为营养不良而体重不达标[3]。据2006年人口普查，全国仍有约1%的人口每天收入不足1美元，特别是在北部省和中北省，贫困现象更加突出，这里集中了全国60%的贫困人口。世界银行公布的数据显示，2002/2003年度，全国有9%的人口每天生活标准在1.25美元以下，2009/2010年度仍达到8%[4]。如果按照每天2美元的国际贫困线标准计算，2010年马尔代夫贫困率则高达24%。马尔代夫政府估计，如果按照每天3美元的高限贫困线标准计算，马尔代夫的贫困率将会更高[5]。因此，要实现彻底消除贫困，马尔代夫政府还要进行艰苦的努力。

2003年和2010年马尔代夫贫困率对比情况见表6-1。

---

① 马尔代夫国家规划署："Millennium Development Goals Maldives Country Report 2010"，http：//planning. gov. mv/mdg/MDG%20report%20final%20（july%2011）. pdf。

② 世界卫生组织：Social disparities in health in the Maldives：An assessment and implications Technical Report，http：//apps. searo. who. int/pds_ docs/B4573. pdf。

③ 国际人口与发展会议："ICPD BEYOND 2014：MALDIVES OPERATIONAL REVIEW 2012——Progress, Challenges and Way Forward"，http：//www. planning. gov. mv/publications/2013/ICPD%20Beyond%202014%20 -%20Maldives%20Operational%20Review%202012 - 13. 05. 2013. pdf。

④ 世界银行，Maldives Overview，http：//www. worldbank. org/en/country/maldives/overview。

⑤ 马尔代夫国家规划署："Millennium Development Goals Maldives Country Report 2010"，http：//planning. gov. mv/mdg/MDG%20report%20final%20（july%2011）. pdf。

表 6 - 1　2003 年和 2010 年马尔代夫贫困率对比

单位：%

国际贫困线标准	全国		马累		各环礁	
	2003	2010	2003	2010	2003	2010
每天 1.25 美元（联合国千年发展目标为每天 1 美元）	9	8	2	7	12	8
每天 2 美元	31	24	9	19	39	27

资料来源：马尔代夫国家规划署：Household Income and Expenditure Survey 2009 - 2010。

二　就业

过去，马尔代夫的最低劳动年龄为 12 周岁，最高为 65 周岁。2008 年以后，最低劳动年龄提高到了 15 周岁，最高劳动年龄保持不变。

随着经济的发展，马尔代夫就业岗位相对增多，就业人数逐年增加。但由于人口增长速度较快，马尔代夫的就业增长率远远低于人口增长率。2010 年，马尔代夫就业人数从 2001 年的 86245 人增加到 98393 人，净增长 14%。从有劳动能力的人口总数看，2001 年，马尔代夫 12 岁以上的国内劳动力人口为 184522 人；2010 年，全国 15 岁以上劳动力人口为 213872 人，净增 29350 人，增幅达到 15.9%。

从就业结构来看，2006 年人口普查时，在全国 110231 个就业岗位中，男性达 69701 人，占 63.23%，女性只有 40530 人，仅占 36.77%[1]。2010 年，全国就业人口为 144658 人，其中男性占 57%（81958 人），女性占 43%（62700 人）。无论男性还是女性，就业人数往往随着年龄的增长而逐渐减少，其中 19～40 岁为最佳就业年龄段。

从失业率来看，2006 年人口普查时，马尔代夫的失业率为 14.4%[2]，

---

[1]　马尔代夫国家规划署：《统计年鉴》2011 年卷。

[2]　马尔代夫计划和国家发展部：Census 2006，Analytical Report，http：//planning. gov. mv/ en/images/stories/publications/analysiscd/index. html#。

2010 年失业率已高达 28.1%[①]。根据 2006 年人口普查，在失业人口中，一是青年人失业率高，将近 38% 的 15 岁以上劳动力未进入任何劳动力市场，在青年人中，马累的失业率为 12.5%，外岛失业率为 18.71%。二是女性失业人数明显多于男性。2006 年，男性失业率为 7.9%，而女性失业率则达到了 23.7%。三是外岛失业率高于马累的失业率。2010 年，马累的失业率为 23.7%，而外岛则达到了 30.8%[②]。

2010 年马尔代夫就业情况见表 6-2。

表 6-2　2010 年马尔代夫就业情况一览

单位：人，%

年龄段	15 岁以上人口数	就业状况			失业率（%）
		有劳动能力人口总数	已就业	未就业	
15～19 岁	38443	8528	5530	2998	35.2
20～24 岁	34248	21905	17172	4733	21.6
25～29 岁	27600	16836	15239	1597	9.5
30～34 岁	21387	13274	12348	926	7.0
35～39 岁	19725	13243	12248	995	7.5
40～44 岁	18950	12858	12090	768	6.0
45～49 岁	14537	9434	9072	362	3.8
50～54 岁	11915	7877	7560	317	4.0
55～59 岁	6483	3312	3141	171	5.2
60～64 岁	4678	2036	1986	50	2.5
65 岁以上	15520	2030	1913	117	5.8
年龄不明者	387	95	95	0	0.
全国总计	213873	111428	98394	13034	11.7

资料来源：马尔代夫国家规划署：《统计年鉴》2012 年卷，表 5.1。

造成失业率高的原因，归纳起来有这样几点：一是社会岗位问题。无论是首都马累还是外岛，特别是外岛，现有岗位十分有限，远远满足不了

---

① 马尔代夫国家规划署：《统计年鉴》2012 年卷，http://planning.gov.mv/yearbook2012/yearbook/Employment/5.2.htm。

② 马尔代夫国家规划署：《统计年鉴》2012 年卷，http://planning.gov.mv/yearbook2012/yearbook/Employment/5.2.htm。

求职需要。二是传统观念问题。失业者中有相当一部分人有较高的学历，他们往往不愿到产业（如渔业、旅游业等）部门工作，认为旅游岛都是无人岛，长期与家人分离，倍感孤独，渔业部门工作辛苦，而希望能进入收入稳定、受人尊敬的政府部门工作，但政府部门毕竟职位有限。三是人员素质问题。由于受到教育和技术水平等多方面的限制，马尔代夫许多具有技术含量的工作岗位历年来一直被外国人占据着。据权威统计，2011年，马尔代夫的外籍雇员总量达到79777人，约占全国人口总数的1/4，广泛分布在农林渔业、制造业、水电气、建筑业、教育、商业、宾馆和饭店、旅游业、通信业、运输业、金融业、保险业、企业、社区与个人服务业等各行业的关键岗位[1]。因此，除了国家不断增加就业岗位、增大就业机会外，努力提高劳动者的受教育程度，着力培养和提高劳动技能，是降低失业率、提高就业人口比例的重要途径。

2011年马尔代夫外籍雇员情况见表6-3。

表6-3 2011年马尔代夫外籍雇员情况

单位：人

职 位	农林渔业	制造业	水电气	建筑业	教育	商业	宾馆和饭店	旅游业	运输和通信业	金融保险企业	社区与个人服务业	总计
高级官员和管理者	4	17	4	100	12	19	24	880	36	417	35	1548
专家	47	11	3	304	2009	24	20	658	105	637	1208	5026
技术人员和专家助理	13	63	0	77	41	35	14	1428	537	369	1301	3878
文职及相关工人	0	2	0	6	0	6	0	101	3	15	0	133
服务行业人员	35	31	0	138	0	90	3547	4257	64	543	338	9043
农业和渔业熟练工人	70	0	0	12	0	0	3	311	0	7	8	411

① 马尔代夫国家规划署：《统计年鉴》2012年卷。

续表

职 位	农林渔业	制造业	水电气	建筑业	教育	商业	宾馆和饭店	旅游业	运输和通信业	金融、保险企业	社区与个人服务业	总计
工艺及相关行业工人	31	1094	2	16988	0	41	18	912	69	1356	52	20563
种植、机器操作员	5	154	9	152	1	74	25	33	204	353	234	1244
其他	1441	1191	86	16483	51	1905	944	4908	986	3163	6773	37931
总 计	1646	2563	104	34260	2114	2194	4595	13488	2004	6860	9949	79777

资料来源：马尔代夫国家规划署：《统计年鉴》2012 年卷。

三 物价

长期以来，马尔代夫的总体物价水平很不稳定，物价指数一直呈上升趋势。特别是 2011 年新汇率实施后，物价出现较快上涨。从全国消费品价格指数看，以 2004 年 = 100 计算，2006 年全国平均价格指数（不含鱼类）为 106.3，2007 年为 112，2008 年为 125.8，2009 年为 132.1，2010 年为 140.8，2011 年进一步上升到 155。与 2010 年相比，2011 年涨幅达到了 10.1%。在所有消费品中，鱼类从 2006 年的 86.7 一跃升到 2011 年的 239.9，成为涨幅最大的消费品。值得指出的是，马尔代夫对大米、食糖和面粉等主要生活资料实行价格补贴政策，虽然主要依赖进口，但能长期低价供应。在马尔代夫，大米、面粉和食糖价格，多年来一直保持同一水平，每公斤分别为 3.98 拉菲亚、2.98 拉菲亚和 4 拉菲亚[①]（相当于人民币的 2.60 元、2.00 元和 2.60 元），比我国现行市场价格低出很多。

2006~2011 年马尔代夫消费品价格指数见表 6 - 4。

[①] 马尔代夫国家规划署：《统计年鉴》2012 年卷，http://planning.gov.mv/yearbook2012/yearbook/Prices/17.4.htm。

表 6 - 4　2006 ~ 2011 年马尔代夫消费品价格指数

单位：指标基数：2004 年 = 100

类　别	年　度						较上年增长（%）				
	2006	2007	2008	2009	2010	2011	2007	2008	2009	2010	2011
食品和饮料（含鱼类）	108.2	125.5	147.8	150.0	157.9	188.8	16.0	17.8	1.5	5.2	19.6
食品和饮料（不含鱼类）	111.6	123.5	147.2	153.0	160.7	180.7	10.7	19.2	3.9	5.1	12.4
鱼类	86.7	137.8	151.8	131.5	140.7	239.9	58.9	10.1	- 13.3	7.0	70.5
烟草	109.0	111.6	117.7	115.3	113.5	145.2	2.3	5.6	- 2.1	- 1.5	27.9
服装和鞋类	101.8	105.8	109.0	112.2	114.8	128.4	3.9	3.0	3.0	2.3	11.9
住房、水电气和燃料	109.2	113.8	126.9	136.5	145.7	150.4	4.2	11.5	7.6	6.7	3.2
实际房屋租金	108.7	113.2	125.8	143.8	153.0	161.2	4.2	11.1	14.3	6.4	5.3
家具、家用设备及维护	108.2	114.3	123.1	135.0	143.6	157.1	5.6	7.7	9.6	6.4	9.4
医疗卫生	111.2	119.3	139.4	142.9	155.8	170.0	7.2	16.8	2.5	9.0	9.1
运输	120.8	124.2	148.8	149.5	154.8	175.5	2.8	19.8	0.5	3.6	13.4
通信	74.7	68.1	66.2	65.9	66.0	66.0	- 8.9	- 2.8	- 0.5	0.1	0.0
文化娱乐	95.0	93.6	90.8	94.0	98.7	101.1	- 1.5	- 3.0	3.5	5.0	2.4
教育	103.1	107.5	109.1	135.0	144.7	167.2	4.3	1.5	23.7	7.2	15.5
酒店、咖啡馆和餐馆	102.1	119.2	137.8	141.3	145.9	168.7	16.7	15.6	2.6	3.2	15.6
日用品及服务	100.9	105.2	110.1	116.6	122.5	133.0	4.3	4.6	6.0	5.0	8.6
宗教活动	100.0	100.0	100.0	100.0	100.0	100.0	0.0	0.0	0.0	0.0	0.0
平均价格指数	105.4	113.2	127.0	132.1	140.8	158.9	7.4	12.3	4.0	6.6	12.8
平均价格指数（不含鱼类）	106.3	112.0	125.8	132.1	140.8	155.0	5.4	12.4	5.0	6.6	10.1

资料来源：马尔代夫国家规划署：《统计年鉴》2012 年卷。

　　马尔代夫人民的消费涉及方方面面，既有日常生活中的衣食住行，也有用于就医、就学等方面的途中花费，还有度假和朝圣方面的一切开销。据统计，在马尔代夫，每户家庭月平均支出达到 9404 拉菲亚，而马累地区更是高达 15493 拉菲亚（折合人民币 10000 元以上）。

　　近年来，马尔代夫的经济一直在高通胀状态下运行，2013 年 4 月，马尔代夫的通胀率达到了 14.77%。持续攀升的物价，大大增加了人民的生活成本，导致国人严重不满，人们纷纷走上街头，抗议政府的物价政策。

四 住房

2006 年人口普查时，马尔代夫共有各类家庭 46194 户（其中马累为 14107 户，各环礁为 32087 户），共有各类住房 39859 套（处），全国有 6335 户租房居住，租房率约占全部家庭的 13.7%。

马尔代夫是珊瑚岛国，不适宜高大乔木生长，建筑材料十分缺乏。由于受自然条件的限制，马尔代夫人民的房屋设施历来比较简陋，居住环境拥挤。马尔代夫独立后，随着人口的快速增长，居住拥挤现象变得越来越突出。即使在首都马累，除政府大楼等少数建筑外，居民住房一般都是一层的草房，只有少数富人才能住上两层以上的楼房。2004 年的印度洋大海啸，造成了马尔代夫 18 个环礁行政区、83 个岛屿、8300 多处房屋被毁，34000 余人无家可归[1]。突然降临的灾难，使得本来就很紧张的住房状况变得更加紧张。马尔代夫家庭成员一般较多，平均每户达 6 人以上。由于房少人多，许多家庭几代同堂，拥挤在十分狭窄而又低矮的简易住房里。特别是在首都马累，许多家庭只有一间住房，既当卧室，又当厨房和客厅。一半以上的家庭根本没有住房，只能以高昂的价格租房居住。2010 年，马尔代夫进行了一次全面的家庭调查，结果显示，到 2010 年，在全国 8410 个租房户中，有 99%（8318 户）集中在首都马累，占马累家庭总数的 52%[2]。

马尔代夫住房问题主要体现在两个方面。一是现有住房数量少，需要增建大量住房；二是质量差，大部分住房构造简单，耐用性差，基本上都要升级改造成坚固耐用的永久性住房。

为了解决住房困难，马尔代夫历届政府采取积极措施，努力筹措资金，在修缮、改造旧房的同时，力争增建一大批新的住房。海啸过后，加

---

[1] 马尔代夫国家规划署：Maldives – 4 Years after the tsunami Progress and remaining gaps，2009 年 7 月发布，http：//www. planning. gov. mv/publications/tsunami/031209 _ v1 _ maldives_ 4_ year%20final_ %20IFRC_ July2_ con_ 2003. pdf。

[2] 马尔代夫国家规划署：Household Income and Expenditure Survey 2009 – 2010：KEY INDICATORS，http：//planning. gov. mv/hies/HIES2012/FINAL% 20HIES% 20report% 20for% 20website. pdf。

尧姆政府把"灾后重建"作为国家发展的重中之重，采取各种措施，帮助灾民重建家园。在数以万计无家可归者得到基本安置后，国家立即启动了规模宏大的灾后重建计划，其中包括修缮和改造5700多处危旧住宅，新建2800多处新型住宅。但由于原材料缺乏和高昂的造价，重建任务未能全部按计划完成。到2009年，只有85%的危旧住房得到了修缮，新建住房也只完成了55%，还有340处住房尚未动工①。2008年纳希德总统上台以后，立即承诺采取措施，努力解决国内存在的住房紧张问题，并将住房建设作为新政府的工作重点之一。据统计，2006～2011年，马尔代夫仅在首都马累就增建新型住宅2846处，建筑面积达1860527平方米，其中居住面积达1223224平方米②。2010年，马尔代夫政府推出了住房补贴政策，决定向申请政府经济适用房的民众发放住房补贴，同时积极寻求国际援助，争取优惠贷款，开始在胡鲁马累岛和南部省、上南部省等地建设经济适用房以满足民众的住房需求。2012年瓦希德总统执政后，继续大力解决国内的住房问题，并亲自深入工地视察住房工程进展情况。目前，中国援建胡鲁马累岛的1000套经济适用房项目早已交付使用，在南部省和上南部省援建的1500套住房项目已于2013年7月完成，新的10000套住房项目已经列入建设计划。但由于住房缺口太大，危旧房升级改造任务繁重，加之各种建材都需进口，成本很高，受资金影响，许多工程进展缓慢。因此，马尔代夫的住房问题在短期内还难以全部解决。

五　社会保障与福利③

过去，马尔代夫没有社会保障和社会福利方面的法律法规，政府实行

---

① 马尔代夫国家规划署：Maldives – 4 Years after the tsunami Progress and remaining gaps，http：//www. planning. gov. mv/publications/tsunami/031209 _ v1 _ maldives _ 4 _ year% 20final_ %20IFRC_ July2_ con_ 2003. pdf。

② 马尔代夫国家规划署：《统计年鉴》2012年卷。

③ 国际人口与发展会议：ICPD Beyond 2014 The Maldives Operational Review-Progress, Challenges and Way Forward, http：//www. planning. gov. mv/publications/2013/ICPD% 20Beyond% 202014% 20 - % 20Maldives% 20Operational% 20Review% 202012 - 13. 05. 2013. pdf。

的政策往往是临时应付，带有很大的被动性。2009 年 8 月，随着新宪法的生效，马尔代夫开始实行社会保障制度，并相继颁布了一系列新的法律，如《养老金法》（2009 年）、《残疾人法》（2010 年）、《全民健康保险法》（2011 年）等，并成立了国家级的社会保障局。自此，国家在社会保障和社会福利方面投入了大量资金，先后增发和补发了自 1995 年以来的社保金。从 2000 年开始，马尔代夫平均每年的社保金发放量较以前提高了 3 倍。2000~2005 年，平均每年发放量达到 1.16 亿美元；2005~2009 年，平均每年的发放量进一步提高到 3.37 亿美元[①]。

养老金　《养老金法》的实施，旨在为所有达到 65 岁退休年龄的人员提供最低标准的生活保障。法律规定，无论雇主或雇员，只要能按规定至少缴纳标准工资的 7% 作为退休基金，退休后即可享受独立的养老金保障。2012 年，马尔代夫共支付各类养老金 6.76 亿拉菲亚，比上年增加了 1.4 亿拉菲亚。其中基本养老金 4.14 亿拉菲亚，占 61%；退休金 0.21 亿拉菲亚，占 3%；其他养老金 2.41 亿拉菲亚，占 36%[②]。

免费教育　宪法规定，国家为 16 岁以下公立学校的中小学生提供免费教育，并免费提供午餐、教科书和文具等。对于因条件限制必须到邻岛就学的学生，国家还为其提供交通补助。

免费医疗与健康保险　马尔代夫长期实行免费医疗制度（药品除外）。2011 年 1 月 1 日，马尔代夫正式启动"阿桑达计划"（Aasandha Programme），这是一种面向全国公民的普通健康保险，国家向健康服务机构注入巨额资金，以保障全国公民享受免费医疗。对于患有癌症及需要进行隔离治疗的病人，政府则通过财政援助的方式及时提供资助。

财政补贴　为了消除贫困，援助那些包括单亲家庭在内的弱势群体，马尔代夫还通过发放财政补贴的方式进行特别援助。在一般情况下，政府

---

① 国际人口与发展会议：ICPD Beyond 2014 The Maldives Operational Review-Progress, Challenges and Way Forward, http://www.planning.gov.mv/publications/2013/ICPD% 20Beyond% 202014% 20 - % 20Maldives% 20Operational% 20Review% 202012 - 13. 05. 2013. pdf。

② 马尔代夫国家规划署：《统计年鉴》2013 年卷，表 18.1。

向每个未成年人每月补贴 1000 拉菲亚，但一个家庭每月得到的补贴最多不得超过 3000 拉菲亚。凡已在国家注册的残疾人，除每人每月领取 2000 拉菲亚的财政补贴外，还可获得政府提供的轮椅、助听器或安装假肢等福利。从 2009 年开始，对收养儿童的家庭，每个被收养儿童每月可享受 1000 拉菲亚的补贴，其法定监护人每人每月还可领取 500 拉菲亚的财政补贴。全国每个家庭都可享受国家的电力补贴，外岛家庭甚至还可享受电表补贴。此外，全国 65 岁以上老人除每月可领取 2300 拉菲亚的生活补助外，还可根据全民健康保险计划享受医疗保险，并可根据需要享受国家社保局提供的另外的福利服务和残疾补贴。

其他福利　马尔代夫《就业法》规定，一切从业人员每周的法定工作时间为 48 小时，无加班工资，从而从法律的高度，强制雇主必须实行每天 8 小时、每周 6 天的工作制度。此外，还规定女性可以休带薪产假，男性可以休带薪陪护假。为促进母乳喂养，凡 1 岁以下婴儿的母亲，每天享有两次哺乳时间，每次半小时。从 2012 年起，国家公务员的工作时间也相应缩短，以便有更多的时间照顾家庭。

为了保护妇女和儿童，从 2006 年起，马尔代夫性别和家庭部在各环礁行政区首府相继建立了一大批"儿童服务中心"（Children's Service Centers）；马尔代夫警察局也成立了"家庭和儿童保护署"（Family and Child Protection Department），专门负责调查那些涉及家庭和儿童方面的案件；英迪拉·甘地纪念医院也设立了"家庭和儿童保护室"（Family and Child Protection Unit），为受害者提供医疗评估和救治。针对因毒品和药物滥用与高离婚率导致的儿童遭受性侵、暴力、遗弃等，马尔代夫在部分环礁还成立了"儿童之家"（Children's Home），并为 9～18 岁的男孩开设了"教育培训中心"（Education and Training Center）。为了保护残疾人，2012 年性别、家庭和人权部成立后，专门成立了残疾人委员会（Disability Council），以处理与残疾人有关的问题。为解决残疾儿童的上学问题，马尔代夫在现有学校中开设了 18 个特教班，非政府组织的"护理发展中心"（Care Development Center）也向马累的残疾儿童提供教育服务。

第二节　社会管理与治安

一　社会管理

独立后，马尔代夫注重继续发挥家族、家庭、慈善团体等组织对社会事务的自我管理作用，同时，政府把社会管理纳入其职能体系，设立了以内政部为代表的专门从事社会管理的政府机构，政府其他各部门、各生产组织也承担着各种具体的社会管理职责。此后，国家利用政策强制、行政干预、法律规范、道德宣教等多种手段，积极干预社会生活，国家在社会管理中扮演着越来越重要的角色。

随着旅游业的兴起和岛国特色经济的建立，马尔代夫社会形态从传统向现代的迅速转变，打破了原有的社会结构，使社会利益结构和收入分配格局发生了明显分化，社会公共事务日趋繁杂，社会公共领域迅速扩展。同时，失业、贫富分化和区域差异、弱势群体、环境污染等问题相继出现，它们与原有的社会治安、自然灾害等社会问题交织在一起，既扩大了社会管理的范围，又增大了社会治理的难度。综观近年来马尔代夫的社会管理，大致有以下几个方面的基本变化。

一是社会管理范围逐渐多元化。目前，马尔代夫的社会管理已涉及公共教育、科技进步、扶贫帮弱、医疗与社会保险、社会福利、交通管理、防灾救灾、城市建设的规划与管理、保护海洋生物与自然环境等。同时，随着经济的发展和社会的进步，社会中的新矛盾和新问题层出不穷，这使得政府在信息、咨询、服务、卫生、保险、环境保护等方面所承担的公共管理职能进一步加强。

二是社会管理职能逐渐市场化。马尔代夫实行国家福利政策，社会对政府的依赖度增强，从而造成政府的负担过重，并引发了严重的财政危机。近年来，马尔代夫逐渐削减政府开支，并开始在社会管理方面引入市场竞争机制。

三是社会管理模式逐步法制化。随着社会管理日益复杂，政府对社会管理体制进行调整改革，先后出台了一系列新的法律法规，如《养老金法》《社会保障法》《就业法》等，从而使社会管理朝着法制化的方向发展。

二　社会规范

马尔代夫是伊斯兰国家，全民信奉伊斯兰教。伊斯兰教要求穆斯林不仅在信仰上，而且在行为上，都要按伊斯兰教法规定的方式进行生活。因此，马尔代夫的社会规范，在很大程度上受到伊斯兰教法的影响和制约。

（一）在个人生活领域

饮食方面　伊斯兰教法明确规定了穆斯林在饮食方面应该遵循的行为准则。长期以来，马尔代夫的穆斯林，和世界各地的穆斯林一样，通过言传身教，使各种饮食禁忌延续下来，成为他们生活习惯的一部分。禁食猪肉、自死物、血液和酒类，早已成为马尔代夫最为基本的民族特征。

服饰方面　伊斯兰教法禁止男人戴金饰和穿丝织品；严禁着奇装异服，男女不分；禁止文身、戴假发和染发，并为妇女规定了适宜的服装，严禁奢侈、浪费等。在这些规范的影响下，马尔代夫人民养成了清洁、勤俭、节约的良好生活习惯，在装束打扮上仍然保持着伊斯兰文化的传统。

谋生方面　伊斯兰教法规定，有工作能力者停止工作是非法的，除非特殊情况，不得乞讨和接受布施。受其影响，马尔代夫人民自幼养成了自力更生、勤劳致富、清正廉洁的民族精神，视乞讨为耻辱。

（二）在婚姻家庭领域

关于两性关系　伊斯兰教法保护正当合法的婚姻关系，严禁私通以及与非至亲女性私会。这些规范不仅成为穆斯林处理两性关系的基本依据，同时也成为调整婚姻关系的基本准则。

关于婚姻关系　伊斯兰教法既禁止放纵情欲，也反对禁欲主义。倡导正当合法的婚姻，反对过独身生活，允许一定条件下的多妻，但规定了禁婚的对象和范围，严禁重婚。在允许离婚的同时，又限制随意离婚，为此确立了较多的离婚禁忌。这些规范在马尔代夫穆斯林生活中都有不同程度的反映，他们的婚姻观念、夫妻关系具有较浓厚的宗教色彩。

关于家庭关系　伊斯兰教法确立了处理父母子女、兄弟姐妹关系的基本准则。伊斯兰教法还要求，对待子女，应一律平等；把忤逆父母、辱骂父母视为犯罪，提倡尊老爱幼的美德。这些优良传统，已经作为马尔代夫的民族文化和民族心理得到了传承和发扬。

（三）在社会生活领域

关于信仰　伊斯兰教法禁止迷信活动，严禁一切邪术和旁门左道，其目的在于维持真主唯一和神圣独尊的地位，使信徒的思想和言行统一到一个标准上。这不仅强化了集体观念和团结精神，同时由于禁止搞迷信活动而减少了前进的阻力，使信徒更富有进取性和勇往直前的拼搏精神。

关于社会关系　伊斯兰教法把自己与社会成员之间的关系建立在以下两个基本支柱上：一是把谨守穆民兄弟关系作为彼此之间最坚固的纽带；二是维护每个人应有的权利并保证其不受侵犯。这是伊斯兰教法关于处理人与人之间关系的一般准则。这一准则经过教法学家们的延伸解释，具有了普遍性和可操作性。在这些法律精神的指导下，马尔代夫穆斯林形成了具有民族特色和宗教色彩的处理人际关系、群体关系方面的良好习俗。他们团结互助、彼此尊重、行善避恶、光明正大、尊老爱幼、体恤孤寡、济困救危等美好品德，受到了世界其他国家人民的普遍尊重。

伊斯兰教法经过长期实践，已经成为马尔代夫的民族习俗，成为他们人生观、价值观的一部分，有些规范正积淀为民族心理，成为他们的传统法律观念。

三　社会治安

长期以来，马尔代夫政府采取多种措施，大力强化治安管理，确保了国内秩序的基本稳定，犯罪率一直较低。虽然近年来各类刑事案件时有发生，但从总体上看，规模都很小，大多案件属于个人作案，国内没有大的犯罪团伙，所有案件都处于可控状态。近年来，马尔代夫政治形势复杂多变，骚乱暴乱频繁发生，国内政局持续动荡，严重影响了马尔代夫的社会稳定。

（一）案件构成与发案率

目前，马尔代夫的刑事案件主要有打架斗殴、盗窃、抢劫、毒品犯罪、交通肇事、性侵、家庭暴力、贪污等。近 20 年来，马尔代夫的发案率虽然较低，但上升明显。据统计，1992 年，马尔代夫共发案 3843 起，1993～1996 年每年保持在 5000 起左右，1997 年升至近 7000 起，2003 年达到 9000 余起。2007 年，马尔代夫的年案件总数首次突破 10000 起大关，达到 11400 余起，此后持续走高，2009 年达到 19000 余起，2012 年突破 20000 起大关，达到 20500 余起，是 20 年前的 5 倍。从近年来马尔代夫发案情况看，毒品犯罪、盗窃、家庭暴力等呈上升趋势。据马尔代夫警察局统计，2013 年 1～10 月，全国共发生各类案件 14516 起，其中盗窃案件（5000 余起）、毒品犯罪（近 3000 起）、交通肇事（1500 余起）分别列案件总数的第 1 位、第 2 位、第 3 位，其中毒品犯罪发案率已经超出 2012 年全年案件总数的 15%。

2008～2014 年马尔代夫各类案件情况见表 6－5。

表 6－5　2008～2014 年马尔代夫各类案件情况一览

单位：件

年份 案件类别	2014	2013	2012	2011	2010	2009	2008
打架斗殴	823	1394	1414	1418	1637	1998	1626
盗窃	3873	6683	6571	4734	4001	4007	3926
抢劫	452	729	972	717	547	591	600
毒品犯罪	2487	3970	2534	1824	1618	2258	2429
交通肇事	1627	1941	2200	2271	2471	3010	3840
性侵	330	573	577	642	523	564	469
家庭暴力	138	207	179	146	84	110	115
仿造与伪造	53	97	125	136	167	133	99
损坏	387	728	880	775	849	902	651
贪污	264	391	311	364	406	391	330
物品遗失	1450	1983	1508	1479	1713	2139	1520

资料来源：马尔代夫警察网，http：//www.police.gov.mv/，2014 年 9 月 21 日。

(二) 服刑人员性别与年龄构成

从性别上看,在马尔代夫各类刑事案件中,男性犯罪人数占 95% 以上,远远多于女性犯罪人数。2012 年,马尔代夫男性犯罪人数为 6115人,占 98.38%,而女性犯罪人数仅为 101 人,占 1.62%[①]。从年龄上看,18~34 岁年龄段的人群是犯罪主体,占全部服刑人员的 71.9%,18 岁以下的占 7.5%,35 岁以上的占 20.6%。从国籍上看,既有本地人,也有外籍人。其中,马尔代夫本地人占 90%,外籍人占 10%。

2012 年马尔代夫犯罪人员性别和年龄构成情况见表 6 - 6。

表 6 - 6 **2012 年马尔代夫犯罪人员性别和年龄构成情况一览**

单位:人

年 龄	男	女	总 计
18 岁以下	439	26	465
18~34 岁	4459	13	4472
35 岁以上	1217	62	1279
总 计	6115	101	6216

资料来源:马尔代夫国家规划署:《统计年鉴》2013 年卷。

值得指出的是,长期以来,马尔代夫没有恐怖组织,没有恐怖主义训练基地,也从未发生过任何形式的恐怖事件。但由于马尔代夫是伊斯兰国家,又是一个高度分散的小型岛国,其独特的意识形态和地理环境,已经成为恐怖分子进行渗透的重要目标。进入 21 世纪以后,特别是"9·11"事件以后,恐怖分子进一步加强了对马尔代夫的渗透。他们利用马尔代夫青年在国外就学的机会,向其灌输伊斯兰极端思想。有些人受恐怖主义思想的影响,回国后宣传恐怖意识,煽动和组织一些不明真相的人进行恐怖行动。2007 年 9 月 29 日,首都马累苏丹公园发生一起自制炸弹爆炸事件,包括 8 名中国游客、2 名英国游客在内的 12 名外国游客被炸伤。2008 年 1 月,马尔代夫时任总统穆蒙·阿卜杜勒·加尧姆在视察外岛时,

---

① 马尔代夫国家规划署:《统计年鉴》2013 年卷。

遭到一名持刀男子的袭击。这个暗杀未遂的刺客当时呼喊的就是"真主至大"的口号。2010 年 5 月 25 日，马尔代夫的迪维希科米党党员曾写信给美国总统奥巴马，对马尔代夫国内的反恐形势表示了严重关注和深切担忧[①]。在世界反恐形势的驱动下，马尔代夫对恐怖活动保持着高度警惕。近年来，马尔代夫在国防部设立了专门的反恐机构——反恐局，马尔代夫警察局也将反恐作为其五大工作重心之一。

第三节　医疗卫生

一　医疗卫生事业的发展

由于地处印度洋中部，高温潮湿、群岛林立，加之 800 多年殖民统治时期殖民当局对人民健康的漠视，马尔代夫成为一个疾病流行、医疗卫生事业十分落后的国家，许多传染病广泛流行，如疟疾、肺结核、小儿麻痹症、丝虫病、麻风病和各种皮肤病等。其中，疟疾是马尔代夫的头号疾病。在 20 世纪初的 25 年里，这种疾病甚为流行。1922 年，仅马累岛一次疟疾流行，就夺去了 300 人的生命，占当时该岛人口的 4.89%[②]。由于特殊的地质条件，马尔代夫的地下水源水位距地表只有 1.2 米，极易受到人畜排泄物等的污染，各种热带传染病很容易在全国传播和蔓延。因此，饮用水污染是威胁马尔代夫居民健康的重要方面之一。长期以来，殖民统治者对居民的健康持漠视态度，没有在马尔代夫建立系统的医疗机构和医疗设施，也没有培养足够的卫生医护人员，致使马尔代夫绝大多数居民只能靠土著医生和他们自己配制的草药治病，有的病人还常常不得不求助于神灵的保佑。

1965 年独立后，特别是 1968 年共和国成立后，马尔代夫政府在提高居民的健康水平、改善全国的医疗卫生条件方面做出了巨大的努力。1965

---

① http：//www.qaumee.org.mv/english/wp-content/uploads/2010/06/Obama-Letter.pdf.
② 陈桥驿等：《马尔代夫共和国》，浙江人民出版社，1979 年。

年，马尔代夫作为独立国家参加了世界卫生组织。从 20 世纪 70 年代末开始，马尔代夫开展了一场旨在改变医疗卫生观念、改善医疗卫生条件、提高全民健康水平的卫生革命，这场革命历时 10 年，马尔代夫不但投入大量经费（卫生和教育经费占全部国家预算的 35%），购置了大量的医疗卫生设备，培训了一大批具有一定专业技术知识的医务人员，而且在全国范围内构筑了自上而下四层医疗卫生网络，即国家卫生部和首都医院、地区医院、环礁级医院及医疗中心和岛屿卫生所，从而改善了国家的卫生状况，全民的健康水平得到了明显提高，特别是母婴健康水平有了明显提高。1980 年，马尔代夫实施了第一个国家卫生计划。通过国家卫生计划的成功实施，过去曾广泛流行的疟疾很快得到了控制并被根除。1989 年，国家又实施了旨在根除破伤风、急性骨髓灰质炎、百日咳的全民免疫计划，这一计划也获得了极大的成功，上述疾病很快得到了控制，有些还得到了根除。此外，麻风病、丝虫病也得到了较好的控制。1991 年，马尔代夫正式颁布了保护儿童权利、增强儿童健康和提高儿童福利水平的法律。由于近年来人口增长过快，影响了国家经济的发展，马尔代夫这个十分传统的国家首次提出并实行了计划生育政策，向出生率最低的岛屿颁发总统奖章。此外，国家还提倡健康有益的生活方式，在全国范围内控制吸烟，限定吸烟场所，严禁一切烟草产品广告。

马尔代夫全国没有河流和淡水湖泊，全国的淡水供应主要依赖于距地表不足 2 米的地下水。由于各岛面积普遍较小，地质条件较差，地下水多为过滤不完全的海水，含盐量往往超过饮用标准，加之缺少排污设施，地下水源极易受到各种污染。因此，长期以来，水是引发各种疾病乃至导致人员死亡的主要因素。

为了提高人民的健康水平，马尔代夫政府大力加强淡水资源建设，实施了给排水系统，兴建了部分人畜饮用水蓄水池，并提高了地下水的提取能力，使淡水供应量逐年增加。2000 年，马尔代夫外岛居民安全饮用水覆盖率已达到 85% 以上。

2004 年的印度洋大海啸，使马尔代夫十分有限的地下水源遭到严重污染，遍布全国的雨水收集和存储装置遭到破坏。为了解决饮水困难问题，马尔代夫政府做出了巨大的努力。在紧急提供大量瓶装水的同时，一方面为全国所有居民岛的 41000 户居民及时提供了部分水箱和雨水储水池，另一方面计划为受损最严重的 50 个岛屿建立作为应急水源的小型海水淡化厂。然而由于受各方面条件的限制，工程进展十分缓慢。到 2009 年，仍有 4524 个水箱未分配到户，有 6666 个水箱尚未安装；50 个海水淡化厂只有 32 个投入运行，有 8 个厂尚未完成安装，有 7 个厂需要维修，有 1 个厂完全未使用，每人每天只能获得 5 升淡化水的供应[1]。由于油料供应困难，技术力量有限，海水淡化技术在马尔代夫的可持续性很差，因此，马尔代夫在饮水工程方面仍然任务艰巨。

为了发展国家的医疗卫生事业，提高全民族的健康水平，马尔代夫政府对医疗卫生系统的投入也不断增加。1995 年，政府用于医疗卫生领域的费用为 1460 万美元，2009 年已上升到 6900 万美元[2]。2011 年，马尔代夫卫生支出已占全国 GDP 的 9.2%[3]。1996 年，马尔代夫卫生部出台了 1996 ~ 2005 年十年卫生发展规划。根据这一规划，2005 年，马尔代夫在全部有人定居的岛屿上，以 30 英里为半径，建立了地区级医疗卫生机构，为各岛居民提供医疗服务，并在各医疗卫生机构覆盖区域内兴建地区级医院。此外，再在此基础上以 15 英里为半径，为各岛建立医疗卫生中心、卫生所等岛屿级医疗卫生机构。

近年来，在世界卫生组织的帮助下，马尔代夫又在首都地区修建了胡鲁马累公立医院，在 9 个环礁行政区分别修建了新的环礁医院。到 2011 年，马尔代夫的公立医院已增至 21 家，其中首都公立医院 2 家，地区公

① 马尔代夫国家规划署：Maldives – 4 Years after the tsunami Progress and remaining gaps, 2009 年 7 月发布，http：//www. planning. gov. mv/publications/tsunami/031209 _ v1 _ maldives_ 4_ year% 20final_ % 20IFRC_ July2_ con_ 2003. pdf。
② 国际人口与发展会议："ICPD BEYOND 2014：MALDIVES OPERATIONAL REVIEW 2012——Progress, Challenges and Way Forward", http：//www. planning. gov. mv/publications/2013/ICPD% 20Beyond% 202014% 20 – % 20Maldives% 20Operational% 20Review% 202012 – 13. 05. 2013. pdf。
③ 马尔代夫卫生部：《卫生统计年鉴》2012 年卷，http：//www. health. gov. mv/publications/10_ 1371553027_ The_ Maldives_ Health_ Statistics_ 2012_ FINAL_ May_ 2013_ To_ BE_ PUBLISHED. pdf。

立医院 6 家，环礁公立医院 13 家。此外，还有一大批公立健康中心和岛屿级诊所及私立医院（诊所）。截至 2010 年，马尔代夫共有各类医护人员 3827 名，其中公立医院有 3470 名，占 90.67%。

2010 年马尔代夫医护人员统计情况见表 6 - 7。

表 6 - 7　2010 年马尔代夫医护人员统计

单位：人

人员类别	公立医院				公立医院合计		私立医院合计		总计
	马累		环礁						
	外籍	本地	外籍	本地	外籍	本地	外籍	本地	
全科医生	58	39	218	6	276	45	4	5	330
医生（专科）	44	45	82	0	126	45	22	2	195
护士	342	264	639	569	981	833	44	10	1868
实验室技术人员	28	109	94	41	122	150	3	1	276
理疗师	11	0	8	0	19	0	3	0	22
放射线技师	14	9	21	0	35	9	6	2	52
牙科医生	1	18	4	1	5	19	1	7	32
药剂师与药房人员	0	0	0	0	0	0	177	70	247
社区卫生人员	0	2	0	276	0	278	不详	不详	278
家庭保健员	0	0	0	313	0	313	不详	不详	313
传统接生员	0	0	0	214	0	214	不详	不详	214
总　计	498	486	1066	1420	1564	1906	260	97	3827

资料来源：马尔代夫卫生部：《卫生统计年鉴》2012 年卷。

随着饮用水源和医疗卫生条件的逐步改善，马尔代夫人民的健康水平明显提高，全国第一大疾病——疟疾被彻底根除，儿童死亡率和孕产妇死亡率大大降低，人均寿命大幅度提高。据统计，马尔代夫 5 岁以下儿童死亡率已从 1978 年的 120‰ 和 1990 年的 48‰ 下降至 2010 年的 16‰，活产婴儿死亡率从 1990 年的 34‰ 降至 2012 年的 9‰，孕产妇死亡率也从 1990 年的 500/10 万降至 2011 年的 56/10 万，提前完成了原定于 2015 年完成的联合国千年目标任务，1 岁以下儿童免疫接种目标任务已于 2009 年提

前 6 年完成。从人均寿命来看，1978 年为 48 岁，1997 年为 62 岁，2004
年为 68 岁①，2010 年已提高到男性为 72.83 岁，女性为 74.81 岁。

二 医疗卫生系统

马尔代夫医疗卫生系统的最大特点是政府在投资、规范和管理方面发
挥着核心作用。整个医疗卫生系统以公立医疗服务为主，以私人诊所为
辅。这些私人诊所，既有单个医生的简易诊所，也有具有化验室和住院接
待能力的综合诊所。此外，还有一些非政府组织（如有竞争力的医药市
场、传统医院和私立高等医院等）也在医疗卫生领域发挥着重要作用。

20 世纪 70 年代，马尔代夫开始建立全国统一的医疗卫生系统，该系
统当时分为岛屿级、环礁级和中央级三个基本层次。随着地区医院的建
立，马尔代夫的医疗卫生系统增加到四个层次，即中央级、地区级、环礁
级和岛屿级。此后，又在环礁级和岛屿级之间增加了一个次环礁级。目
前，马尔代夫共实行五个层次的医疗卫生体制，即中央级、地区级、环礁
级、次环礁级和岛屿级。

（一）中央级

马尔代夫的中央级卫生机构由多个部门构成，主要有：卫生部及其下
辖的公共卫生局、英迪拉·甘地纪念医院、胡鲁马累医院、"塞拉希亚"
军医院（"SenaHiya" Military Hospital)②、全国地中海贫血中心、马尔代
夫水与环境卫生总局、公共卫生实验室和马尔代夫高等教育学院卫生科学
院（现已并入马尔代夫国立大学）等。

卫生部主要负责全国的医疗卫生计划与发展工作，它处于马尔代夫
医疗卫生系统的最上层，是马尔代夫医疗卫生系统的主管机构，主要负

---

① 马尔代夫卫生部：《卫生年鉴 2012 年》，http：//www. health. gov. mv/publications/10_
1371553027_ The_ Maldives_ Health_ Statistics_ 2012_ FINAL_ May_ 2013_ To_ BE_
PUBLISHED. pdf。

② 'SenaHiya' Military Hospital officially inaugurated by Indian Defense Minister, http：//
www. defence. gov. mv/english/index. php/mndf-articles/68 – military-hospital-officially-inaugurated-
by-the-indian-defence-minister. http：//minivannews. com/politics/'senahiya'-military-hospital-
officially-opened-by-indian-defense-minister – 43891。

责制定有关政策和卫生发展计划，并对全国的卫生状况及时做出科学的评估。

公共卫生局负责传染病的预防和控制以及健康宣传。英迪拉·甘地纪念医院是全国主要的三级转诊医院，拥有 200 多张病床。"塞拉希亚"军医院是一所由印度国防部援建的军队医院，位于首都马累，2012 年 9 月 16 日落成。该院所有设施由印军提供，并驻有印军一个医疗分队，目前主要为马尔代夫军警及其家属提供医疗服务。马尔代夫水与环境卫生总局主要负责水源和环境卫生的规划和调控。公共卫生实验室确保食品、水和药品的质量，也是国家鱼类出口的认证机构。原马尔代夫高等教育学院在发展卫生人力资源方面起着重要的作用。其卫生科学院培养了大量的专职医疗人员，包括具有学位证的护士、实验室技术员、药剂师、社区卫生工作者、家庭卫生工作者和受过培训的接生员等。

（二）地区级

地区级卫生机构是马尔代夫为外岛居民提供医疗卫生服务的重要机构。1982 年，马尔代夫第一所地区级医院在北部地区的南蒂拉顿马蒂环礁行政区首府库鲁杜夫希建成并投入使用，此后又建立了 3 所地区级医院。为了给各环礁的居民提供有效的医疗保障，马尔代夫投入大量资金，对各地区医院进行了扩建和升级，增设了操作室、血库、自动检验室、X 光室和外科手术室等。2000 年马尔代夫第 5 所地区级医院在南胡瓦杜环礁行政区首府蒂纳杜建成。2002 年，马尔代夫第 6 所地区级医院在哈顿马蒂环礁行政区的甘岛建成并投入使用。截至 2013 年底，马尔代夫共有 6 家地区级医院。

马尔代夫各地区级医院负责 3~5 个环礁的医疗保障。这些地区级医院还以巡诊服务的形式向各岛居民提供中等程度的医疗卫生保障，在对疾病的预防以及对各环礁医疗卫生情况进行监督方面发挥着重要作用。

（三）环礁级

为改善各环礁居民的就医条件，2001 年，马尔代夫分别将南马罗斯马杜鲁环礁、北米拉顿马杜鲁环礁、法迪坡鲁环礁和福瓦穆拉环礁的 4 个医疗卫生中心升级为环礁医院，从此，马尔代夫有了第一批环礁医院。到

2013 年底，马尔代夫的每个环礁行政区都有一家医院。这些医院有些是新建的，有些则是由过去的次环礁健康中心升级而成。这些医院除地区医院外，一般规模不大，仅设有住院部、手术室、产科和实验室等科室，可提供一般咨询和实验室服务，以及健康宣传和预防。

（四）次环礁级

大多数环礁建有次环礁健康中心，大部分健康中心设有住院部和产房等医疗卫生设施。1993 年以来，各健康中心便开始拥有自己的医务人员，其中包括医生和社区医务工作者，可提供基本的医疗服务。目前这种健康中心已遍及全国各个环礁。

（五）岛屿级

以前，各岛没有专门的医疗卫生机构，只有少量的家庭医务工作者和传统接生员提供上门服务。目前，大部分岛屿都建有医疗站，无医疗站的岛屿则在岛屿办公室设有附属医疗室，无专业医生护士，只有少量受过专门训练的家庭医务工作者和接生员，他们可为岛民提供非常基本的健康服务。

随着旅游业的兴起，马尔代夫还在各旅游岛上设立了一些应急医疗卫生设施，特别是针对旅游项目设立了一些医疗服务设施，如急救设施和潜游减压舱等。

此外，马尔代夫还有许多非政府组织和社会团体在医疗卫生领域发挥着积极作用，比较突出的有健康教育协会、FASHAN、护理学会、马尔代夫眼科学会，马尔代夫残疾人、癌症和糖尿病学会。健康教育协会主要集中关注生殖健康和地中海贫血问题；而 FASHAN 专注于青少年的健康问题，包括艾滋病毒/艾滋病问题；护理学会主要服务于残疾人和关注心理健康领域。

自 20 世纪 90 年代以来，尽管马尔代夫医疗卫生事业取得了较大的进步，但目前医疗资源仍十分有限，尤其缺少医生。虽然首都有两家大的综合性医院，各环礁行政区也建有一家或多家各级医院，但由于受医疗条件限制，只能处理较简单的病情，病情稍微复杂的病人需赴首都医治。而首都医院接待能力有限，很多马尔代夫人往往选择到海外就医。

三　疾病防控

马尔代夫是传染病高发国家，主要传染病有疟疾、麻疹、痢疾、登革热、腹泻、肺结核、麻风病、丝虫病等。

独立后，马尔代夫将传染病的防控作为医疗卫生工作的重中之重。进入 21 世纪以后，马尔代夫推行"全民健康"的医疗卫生方针，通过健康保险的方式，使每一个马尔代夫人都能够享受到足够的医疗保障，尤其强调加强对妇女、儿童和其他易患病人群的疾病预防工作。由于政府采取了多种措施，流行性疾病的发病率已逐渐降低。

马尔代夫的疾病防治工作主要包括儿童、孕妇和处于哺乳期妇女的免疫和流行疾病的预防（如肺结核、疟疾、丝虫病、登革热和腹泻等），以及开展全民健康教育和计划生育等。马尔代夫曾在一年之内就完成了对全国妇女和儿童全面接种疫苗，受到联合国儿童基金会和世界卫生组织的高度赞扬。作为一项经常性的工作，马尔代夫除在各医院和卫生中心进行接种疫苗外，还定期向各环礁派出流动医疗小组对岛上居民接种疫苗。

2002 年底至 2003 年上半年，全球暴发急性呼吸道综合征（Severe Acute Respiratory Syndrome，简称 SARS，又称非典型性肺炎），新加坡、中国大陆和香港特别行政区疫情较为严重，印度也有 10 例确诊病例。为防止疫情向岛国蔓延，马尔代夫政府迅速采取了一系列重要措施，国家成立了 SARS 委员会，医疗卫生部门一方面及时向全国人民通报疫情，宣传防治知识，同时积极做好防治 SARS 的各种准备；除明令禁止到疫情严重的国家和地区访问或旅游外，还成立了特别行动分队，在马累机场和主要港口对每一位入境旅客进行体温检测，对来自疫区的乘客进行隔离观察，并阻止疫情严重的国家和地区的乘客入境，尽量将疫情拒于国门之外；积极参与国际合作，共同防范 SARS 病毒。由于政府措施得力，马尔代夫未发现一例非典病例或疑似病例。

为了提高新生儿的存活率，确保母子平安健康，2009 年，马尔代夫在全国各岛建立了产前诊所，在各环礁医院设立了妇产科，同时加强并规范了各级紧急妇产护理服务系统。据统计，有 87% 的孕妇至少有过 1 次产前检查，有 85% 的孕妇做过 4 次以上产检，几乎所有的婴儿出生时有熟练的接生员在场。2009 年，马尔代夫的熟练接生员达到了接生员总人数的 94.8%①。

在艾滋病防治方面，2010 年，马尔代夫在首都和各环礁建立了自愿咨询检测机构，卫生部对 316 名医护人员进行了专门培训，当年就有 112 名吸毒人员接受了艾滋病检测。由于措施得当，马尔代夫艾滋病发病率一直保持在 0.01%②。

在传染性疾病的防控方面，马尔代夫也取得了很大的成功，早在 1998 年，马尔代夫就彻底消灭了疟疾，此后又根除了麻风病和丝虫病。目前，肺结核已得到了较好的控制，腹泻的发病率也呈下降趋势。尽管如此，仍然有一些传染病处在多发和高发状态，急待控制，其中包括急性呼吸道感染和登革热。在马尔代夫，急性呼吸道传染病仍然是导致婴儿和儿童发病乃至死亡的主要原因；在全国广为分布的寄生虫和蛔虫仍然是导致儿童贫血和营养不良的主要因素。

2001～2011 年马尔代夫主要传染病发病人数情况见表 6-8。

表 6-8　2001～2011 年马尔代夫主要传染病发病人数统计

单位：人

年度	肺结核	登革热	基孔肯雅热	麻风病	腹泻	艾滋病*
2001	71	—	—	25	8329	43329(10)
2002	60	—	—	29	17350	41200(9)
2003	82	—	—	20	13854	45739(3)
2004	69	—	—	8	13598	50279(3)
2005	80	—	—	15	23199	49623(1)
2006	68	2568	—	8	9593	47752(6)

① 国际人口与发展会议："ICPD BEYOND 2014：MALDIVES OPERATIONAL REVIEW 2012—Progress, Challenges and Way Forward", http：//www. planning. gov. mv/publications/2013/ICPD%20Beyond%202014%20-%20Maldives%20Operational%20Review%202012-13. 05. 2013. pdf。

② 国际人口与发展会议："ICPD BEYOND 2014：MALDIVES OPERATIONAL REVIEW 2012—Progress, Challenges and Way Forward", http：//www. planning. gov. mv/publications/2013/ICPD%20Beyond%202014%20-%20Maldives%20Operational%20Review%202012-13. 05. 2013. pdf。

年度	肺结核	登革热	基孔肯雅热	麻风病	腹泻	艾滋病*
2007	95	1492	10579	11	12120	40238（8）
2008	60	1617	1714	16	12656	29936（8）
2009	37	774	1074	10	17096	27753（5）
2010	33	752	479	7	18509	49495（5）
2011	51	2429	40	14	18979	31016（7）

* "艾滋病"一栏中，括号内为死亡人数。

资料来源：马尔代夫卫生部：《卫生统计年鉴》2012年卷。

近年来，虽然有些传染病得到了根除，许多疾病得到了控制，病人数量大为减少，但像心脏病、糖尿病、各种癌症等一些"现代病"的发病率明显升高。目前，因缺血性心脏疾病、脑血管疾病和高血压病入院病人比例大增，肾脏疾病、糖尿病、胃肠道疾病和精神障碍的发病率也不断增加，宫颈癌、口腔癌等癌症发病率也呈上升趋势。据马尔代夫卫生部统计，2010年，在死亡率最高的十大死因中，绝大多数是高血压病、心脏病、脑血管疾病、恶性肿瘤和糖尿病等"现代病"。

2010年马尔代夫十大死因排名情况见表6-9。

表6-9 2010年马尔代夫十大死因排名

单位：人

排名	死亡原因	男	女	总计
1	高血压病	127	82	209
2	其他形式的心脏病	65	51	116
3	缺血性心脏病	67	21	88
4	不明原因的死亡	47	29	76
5	脑血管疾病	31	25	56
6	恶性肿瘤	31	22	53
7	慢性下呼吸道疾病	18	33	51
8	肾功能衰竭	18	16	34
9	糖尿病	14	15	29
10	意外伤害	23	6	29

资料来源：马尔代夫卫生部：《卫生统计年鉴》2012年卷。

过去，马尔代夫医疗机构少、医务人员少、药品药具少，大多数马尔代夫人有病无处医，不得不靠自己采集某些草药治病或求助于神灵保佑。而今天，随着医疗条件的改善和人民保健意识的提高，马尔代夫人对自己的身体状况更为关注，全国各地的马尔代夫人都可就近得到一定程度的免费治疗。

2010 年和 2011 年马尔代夫公立医院门诊和入院病人情况见表 6-10。

表 6-10 2010~2011 年马尔代夫公立医院门诊和入院病人统计

单位：人

地区	医 院 名 称	2010 年		2011 年	
		门诊病人	入院病人	门诊病人	入院病人
马累	英迪拉·甘地纪念医院	263369	13568	284462	13996
	胡鲁马累医院	21861	2516	48653	1368
	小计	285230	16084	333115	15364
地区医院	库鲁杜夫希医院（南蒂拉顿马蒂环礁）	48605	2620	48357	2911
	乌古法鲁医院（北马罗斯马杜鲁环礁）	23413	1317	34017	1444
	穆利医院（穆拉卡托鲁环礁）	12814	396	12752	411
	甘医院（哈顿马蒂环礁）	29093	1481	31908	2303
	蒂纳杜医院（南胡瓦杜环礁）	34334	2395	37430	2649
	希塔杜医院（阿杜环礁）	45405	3209	51786	3572
	小计	193664	11418	216250	13290
环礁医院	北蒂拉顿马蒂环礁迪德杜医院	22828	1204	22677	1108
	北米拉顿马杜鲁环礁费纳杜医院	10787	238	10428	547
	南米拉顿马杜鲁环礁马纳杜医院	12491	341	12476	674
	南马罗斯马杜鲁环礁艾达夫希医院	16509	630	17613	648
	法迪坡鲁环礁奈法鲁医院	23481	873	25951	1014
	北阿里环礁拉斯杜医院	9153	249	6735	221
	南阿里环礁马希巴杜医院	16165	710	18340	592
	费里杜环礁费里杜医院	5098	195	3955	109
	北尼兰德环礁尼兰德医院	10144	525	10110	456
	南尼兰德环礁库达胡瓦杜医院	11942	567	14851	615
	科鲁马杜鲁环礁维曼杜医院	15002	664	16024	765
	北胡瓦杜环礁维里吉里医院	20688	796	19961	698
	福瓦穆拉环礁福瓦穆拉医院	31129	1859	33851	2174
	小计	205417	8851	212972	9621
全 国 合 计		684311	36353	762337	38275

资料来源：马尔代夫国家规划署：《统计年鉴》2012 年卷。

第四节　资源开发、利用与环境保护

一　资源开发与利用

（一）土地资源的开发与利用

马尔代夫的土地资源十分有限，在全国 298 平方公里的陆地面积中，可用于农业耕作的土地不足 10%。当前，马尔代夫的土地资源为国家控制下的个人所有。

为了控制土地资源的无计划开发，国家已开始在私营的基础上对土地资源实行统一调控，土地只可作为商用出租，严禁以任何形式出售，并按用途的不同由国家实行分别管理。《马尔代夫第六个国家发展计划》规定，各环礁行政区居民岛的土地资源由国家实施管理，渔业和农业部负责无人定居岛屿的土地管理并负责将这些岛屿用作农业出租，对那些已经租赁作为旅游景点的岛屿，其管理权归旅游部所有，政府各职能部门负责制定各种土地政策和规定，并在其管辖范围内分配土地。现存的土地使用形式重新分为三种，一是国家用地，二是私有土地，三是私人用于居住或用作其他用途的国有土地。

（二）矿产资源的开发与利用

由于地理条件的限制，马尔代夫以前未发现矿产资源。近年来，已有资料显示在近海可能蕴藏有海底石油资源，马尔代夫政府目前正积极进行勘探，一旦条件成熟，即可组织开采。

（三）能源的开发与利用

马尔代夫的天然能源主要有风能、太阳能和植物能，特别是风能和太阳能资源十分丰富。

风能：尚未用于发电，目前只用于航海。

太阳能：除晒鱼干和进行鱼类加工外，还用于烧水。目前，太阳能热水器已推广到部分农村地区。

水能：马尔代夫淡水资源缺乏，无法利用水力进行发电。

植物能：主要用于农村家庭，是农村家庭日常生活的主要燃料。

石油：目前，马尔代夫尚不产石油，全部油料需要从国外进口。为了满足渔业、交通运输业和社会生活的需要，马尔代夫每年需要进口大量石油及石油制品，如柴油、汽油、煤油和液化天然气等。柴油和汽油主要用于汽车、轮船和火力发电。

（四）淡水资源的开发与利用

马尔代夫是一个以珊瑚礁为主的群岛国家，各岛面积普遍狭小，地形单一，群岛上没有高山，也没有河流，仅有一些湖泊和沼泽。由于群岛地质构造的特殊性，马尔代夫陆地淡水资源比较缺乏。但是充足的降水使群岛有大量的地下水蓄积。坚硬的珊瑚底使雨水不易流失，所以多数岛屿的地下淡水水位仅为 1.2～1.5 米，只需打浅水井就能取到淡水。由于近年来对淡水需求量日益增加，马尔代夫的地下水与海水交融的现象日益严重，地下水必须经过脱盐处理才能饮用。蓄积雨水是居民获取淡水的另一方法，许多地方都修筑有小型人工蓄水池。

二　环境保护

数千万年的地质运动，造就了马尔代夫奇异的自然风光。千百年来，马尔代夫人民在这片散发着神秘与独特魅力的群岛上繁衍生息，创造出了光辉灿烂的文明，也与严酷的自然环境融为一体，建立起密不可分的联系。马尔代夫地理位置优越，加之没有大型企业和工厂，工业"三废"（废气、废水、废物）的排放量甚微，这里也没有如潮的车流，空气中悬浮颗粒物很少，空气和水的质量很好。马尔代夫国内没有酸雨，更不存在任何人为的放射性污染，全国没有严重的环境污染问题。目前，马尔代夫仍是地球上为数不多的保持最良好自然生态环境的国家之一。

马尔代夫良好的自然生态环境，既有地理方面的因素，也与马尔代夫政府和人民的长期努力密切相关。马尔代夫历来十分重视环境保护，特别是 20 世纪 80 年代以来，马尔代夫政府和人民采取多种有效措施，在环境保护方面做出了巨大的努力，取得了显著的成绩。

早在 1984 年，马尔代夫就成立了国家环境保护委员会（National

Commission for the Protection of the Environment）；1989 年，马尔代夫制定
了第一个国家环境保护十年行动计划，1990 年成立了环境研究部门，此
后又在内阁设立了环境部，主管全国的环境规划和环境保护工作；1993
年国家出台了环境保护法案，此后，又在媒体和非政府组织的帮助下发起
了一项旨在提高环保意识的全民运动，在各学校建立了环保俱乐部；2001
年，马尔代夫成立了臭氧层保护委员会；2002 年马尔代夫发布了第一份
国家环境报告，对本国的环境问题进行了全面系统的总结和规划。后来又
提出了一项崭新的环保口号，要将马尔代夫建成一个"洁净的马尔代
夫"，并要将马累建成全世界最洁净的首都城市。2009 年，马尔代夫提
出，计划到 2020 年将马尔代夫打造成全球第一个碳中和国家，即二氧化
碳排放量为零。

马尔代夫是一个提倡全民环保的国家，各相关政府部门均制定了相关
行业的环保条例；明确了负责环境保护和评估的政府职能部门和职责；对
废弃物、油、有毒和有害物品进行了界定；制定了破坏环境的具体惩罚标
准。目前，马尔代夫已成为南亚地区乃至全世界最重视环境保护的国家之
一。

（一）对水环境的保护

由于马尔代夫特殊的地形特点，各岛不但面积普遍较小，而且海拔很
低，即使没有工业污染，农药、除草剂、化肥以及居民的生活垃圾及人畜
粪便等，仍会对水环境造成相当严重的污染。特别是马尔代夫地下水离地
表只有 1.2～1.5 米，居民生活区普遍离海岸不远，稍不留意，就会对生
活用水和近海海水造成污染。马尔代夫是一个群岛国家，淡水资源短缺。
因此，保护好水环境，保障全国人民生活用水的安全，是马尔代夫政府不
能不考虑的现实问题。长期以来，马尔代夫政府采取多种措施，在水环境
的保护方面取得了明显的进展。

一是兴建污水处理厂。为了防止生活污水渗入地下污染地下水源，同
时也为了防止这些生活污水流入大海，马尔代夫在首都马累建立了污水处
理厂，并计划在各环礁行政区兴建一些新的废水处理设施。

二是建立垃圾分类处理中心。为了防止生活垃圾对环境造成污染，目

前，马尔代夫除在首都马累建有垃圾分类处理中心外，还在各环礁行政区建立固体垃圾处理中心，以保护该国的水环境。

三是对全国的厕所建造实行强制性规范。

2004年印度洋大海啸，给马尔代夫的水环境造成了很大破坏。10年来，政府将水资源管理、海岸区管理、固体和有害垃圾处理、污水处理等列为环境保护的重点，进一步加强了综合治理。目前，马尔代夫在水环境保护方面有了新的进步。

（二）对生态环境的保护

马尔代夫独特的生态环境，是马尔代夫人民赖以生存和发展的基本条件，也是马尔代夫发展经济，特别是发展旅游业的重要前提。长期以来，马尔代夫政府特别重视对生态环境的保护。

在植被环境方面：一是制定了"一岛一度假村"的政策。每一个无居民海岛的开发，均先由一个经济主体（投资公司）向政府租赁一个无居民海岛，在海岛上建一家酒店，以完整、独立、封闭式的度假村模式经营发展。同时，马尔代夫对每个度假村内的建筑占地面积进行了严格限制，规定海岛建筑面积不能超过海岛总面积的20%，海岛建筑不得超过两层，从根本上杜绝了为片面追求客房数量而过度开发造成对生态环境的人为破坏。二是进行大规模的植树造林运动。为了增加群岛的植物资源，改善群岛的气候条件，并将马尔代夫建设成世界上"最绿的国家"，从1996年开始，马尔代夫在全国范围内开展了一场规模浩大的植树运动，植树量达到200万株以上。三是在住房建设中宁愿不惜重金进口建材，也不许砍伐岛上树木。四是采取多种措施，努力减少对植物燃料的依赖。马尔代夫能源短缺，日常生活中，特别是在农村，采用植物能源烧水做饭，是马尔代夫人民的长期习惯。为了保护群岛上宝贵的植被，马尔代夫政府一方面在各岛广泛实施太阳能开发利用计划，同时每年进口大量煤油和液化天然气作为全国人民的生活燃料，从而在很大程度上减少了对植被的采伐，有效地保护了植被环境。

在海洋环境方面：马尔代夫海洋生物资源丰富，特别是在近海海域，生长着大量的观赏鱼。为了保护鱼类资源和海洋生态环境，马尔代夫不但规定了鱼类及其他海洋生物的捕捞种类，划分了禁渔区（在规定时间内禁止在这些区域进行捕捞作业），同时还严格禁止任何人（包括游人）在海岸垂钓，钓鱼必须到远离海岸的海上进行"海钓"。因此，"海钓"已成为马尔代夫旅游的一大特色。

特别值得提出的是，为了保护自然环境，当前，马尔代夫除对鲸、海龟、海豚、鲨鱼等一些重点物种采取了特殊保护措施（如禁止捕杀和严禁出售上述海洋动物及动物制品等）外，为了防止对珊瑚和沙石的随意开采，国家鼓励建筑业在建筑施工中尽量采用替代品，同时，还对一切开发项目委以环保责任。在马尔代夫，农业和渔业是国家至关重要的两个产业，同时也是最有可能对环境造成破坏的产业，国家加强了对这两个产业的协调。金枪鱼是马尔代夫的重要出口产品，为了防止过量捕捞，政府规定全国只能采用传统的捕捞方式。旅游业虽然是国家经济的第一支柱，但也只能在严格保护环境的前提下进行。

2012年6月20日，瓦希德总统在联合国宣布，马尔代夫已成为世界上第一个整个国家都是海洋保护区的国家，同时也是世界上最大的海洋自然保护区。

（三）对大气环境的保护

马尔代夫的1192个岛屿，平均海拔都在2米以下，其中大多数岛屿海拔不到1米。据测算，只要印度洋水位上升50厘米，马尔代夫80%的土地将被淹没。2002年，世界气象组织指出，20世纪的气温比19世纪上升了0.6摄氏度，20世纪最后25年，地表温度升高的速度较前75年加快了3倍。2003年5月，该组织再次警告，全球变暖引起的气候变化可能会使极端气候的出现频率和强度不断增加。随着温室效应造成大气层温度的持续上升，很多科学家预测，到2100年，由于气候变暖的影响，全球海平面将上升20厘米至60厘米，马尔代夫的很多岛屿因此将被完全淹没。因此，有专家预言，在未来100年内，马尔代夫也许就会完全从地球上消失。因此，早已有人将马尔代夫称为"即将消失的国度"。

全球环境的严重恶化使海平面不断上升，对马尔代夫群岛造成了严重威胁，引起马尔代夫政府的极大关注。早在1987年，马尔代夫总统加尧姆就在联合国大会上，就全球气候变暖、海平面上升对马尔代夫和全球其他低海拔国家带来的威胁阐明了观点，提出了建议，得到了与会国家的广泛认同。

1989年，马尔代夫在马累主持召开了有关海平面上升问题的小国会议，并在《马累宣言》中呼吁小国采取多方面的合作行动。继1990年参加了第二次世界气象会议之后，马尔代夫又于1992年参加了在里约热内卢召开的全球气候峰会。1991年，小岛屿国家联盟成立后，马尔代夫积极加入，并借助这一平台，与众多小型岛国一道，在联合国框架内，在不同场合呼吁各国为控制全球气候变暖尽快付诸行动。1994年，马尔代夫参加了小型发展中岛国可持续发展全球会议；1997年先后参加了京都会议和在马尔代夫召开的有关气候变化的第13届国家间磋商会议；此后，马尔代夫代表多次出席国际环境会议。马尔代夫认为，"气候变化对马尔代夫而言不是单纯的环境问题，而是一个涉及国家安全的问题"。2009年12月，在哥本哈根世界气候大会上，纳希德总统力陈全球气候变化问题对马尔代夫造成的严重影响，本着"生存是不可谈判的"坚定态度，将此次大会视为"拯救地球最后的机会"。马尔代夫作为最期待"被拯救"的国家之一，与各小型岛国一道，在会上呼吁到2050年全球温室气体减排85%，纳希德指出，如果马尔代夫在全球气候变化问题中失守，接下来必然会有其他国家受到影响。"但是，世界各国目前还没有意识到问题的严重性。"

2012年6月20日，瓦希德总统在"联合国可持续发展大会里约+20峰会"上，呼吁在2014年召开第三次小型岛屿发展中国家会议，讨论碳排放问题。

"从全球着想，从本地着手"，是马尔代夫对待大气环境的基本理念。在这一理念的指导下，马尔代夫除在国际上大声疾呼，并与许多小国就环境保护问题一直保持着高度的协调外，还在国内采取一系列实际行动加强对环境的保护，其中包括成立了臭氧层保护委员会，提倡使用清洁能源、大力开展植树造林运动，对二氧化碳的排放总量、减排计划及应对措施进行系统研究，对所有开发工程实施环境评估等。

2009年10月17日，马尔代夫总统纳希德携十余名内阁部长，带着呼吸器，在吉里夫希岛6米深的水下召开了著名的"水下内阁会议"，并签署了一份"SOS"（紧急求救）文件，呼吁所有国家减少温室气体排放，采取实际行动应对全球气候变暖。同年11月，马尔代夫举办了首届"气候脆弱性论坛"，呼吁气候脆弱性国家团结一致，协调立场，争取发达国家的资金和技术支持，更好地应对日益恶化的气候变化问题。与会各国代表广泛讨论，充分阐述各自立场，并通过了《气候脆弱性论坛宣言》。

马尔代夫是多项环境保护文件的缔约国，1985年以来，马尔代夫先后签署了《保护臭氧层维也纳公约》《生物多样性公约》等多项环保文件（见表6-11），并向各国递交了由马尔代夫半数以上国民签名的保护环境呼吁书，同时采取有效措施，积极推动落实南亚环保部长会议通过的"环境行动计划"。

表6-11 马尔代夫签署的国际环境保护公约一览

公约名称		签署时间
保护臭氧层维也纳公约	Vienna Convention for the Protection of the Ozone Layer	1985年
关于消耗臭氧层物质的蒙特利尔议定书	Montreal Protocol on Substances that Deplete the Ozone Layer	1987年
控制危险废弃物越境转移及其处置巴塞尔公约	Basel Convention on the Control of Transboundary Movement of Hazardous Wastes and their Disposal	1989年
21世纪议程和联合国环境与发展会议里约热内卢宣言	Agenda 21 and the Rio Declaration of the United Nations Conference on Environment and Development	1992年
生物多样性公约	Convention on Biological Diversity	1992年
联合国气候变化框架公约	United Nations Framework Convention on Climate Change	1992年
南亚区域海洋行动计划及有关执行决定	South Asian Regional Seas Action Plan and Resolutions concerning its implementation	1994年

续表

公约名称		签署时间
关于保护海洋环境免遭陆基活动影响的华盛顿宣言	Washington Declaration on Protection of the Marine Environment from Land-Based Activities	—
联合国气候变化框架公约京都议定书	Kyoto Protocol to the United Nations Framework Convention on Climate Change	1997 年
关于控制和防止空气污染及可能对南亚产生跨界影响的马累宣言	Male'Declaration on Control and Prevention of Air Pollution and its likely Transboundary Effects for South Asia	1998 年 4 月 22 日
关于生物安全性的喀他赫纳公约	Cartagena Protocol on Biosafety	2002 年 9 月 2 日同意签署
关于同荒漠化作斗争的联合国公约	United Nation Convention to Combat Desertification	2002 年 9 月 3 日同意签署

资料来源：马尔代夫总统办公室网站，2003 年 1 月 14 日。

　　长期以来，马尔代夫为改善全球大气环境做了大量的工作，付出了巨大的努力。为表彰马尔代夫对全球环境方面所做的贡献，1988 年，联合国环境组织授予马尔代夫总统加尧姆"全球 500 荣誉名册"；1998 年，德国旅行社和旅游管理协会给马尔代夫颁发了 DRV 国际环境奖；2010 年，马尔代夫总统纳希德获得联合国颁发的"2010 年地球卫士奖"。马尔代夫在环境保护方面做出的积极努力，赢得了国际社会的广泛赞誉，树立了良好的国际形象。

第七章

文　化

第一节　教育

一　教育事业的发展

马尔代夫早期的学校教育有三种主要形式：一是"艾杜鲁格"（edhuruge），这是一种很不正规的宗教学校，就是将孩子们集中到一个私人家庭中教他们念读经文，同时也教他们用迪维希语进行阅读和书写，并讲授一些算术入门课程；二是"马克塔布"（makthab），相当于现在的基础小学（basic primary school），课程内容比"艾杜鲁格"要广泛得多，它以提高人们的识字水平和保护民族文化为宗旨；三是"马德拉莎"（madhrasaa），这是比"马克塔布"条件更好的学校，相当于现在真正意义上的小学（primary school）。

1668 年，马尔代夫在马累建立了一所宗教学校。1922 年以前，这所学校每年在校学生保持在 270 人左右。教学的用具比较独特，在木板上涂一层白石灰水，然后将木板晒干，教师用竹笔蘸着一种"土墨水"在木板上写字。这种"土墨水"是用椰子壳灰制成的。1924 年，马尔代夫将这所学校正式命名为"艾杜鲁格"，这是一种宗教方面的古兰经学校（Quranic School），此后又在其他两个岛上建立了同类学校。

1927 年是马尔代夫教育史上取得重要突破的一年。马尔代夫在马累创建了全国第一所现代学校——"马吉迪亚"学校（Majeediyya School）。这所学校开设了非宗教性的课程。1945 年，该校又成立了一所女子分校，为女孩子们上学创造了条件。

为了在尽可能多的岛屿上建立一批现代学校，整个 20 世纪 40 年代，马尔代夫政府尽其所能，组织并开展了一项规模浩大的建校运动。各岛居民对政府此举十分支持，他们用自己白天所有的渔业收益来支持政府的建校行动。这样一来，许多岛屿上相继建立了一些用珊瑚石、茅草和石灰建造的单间教室。这些只有单间教室的岛上学校广泛开展了阅读、写作和运算方面的基础课程。岛上学校的建立，为马尔代夫发展现代教育奠定了一定的基础。20 世纪 50 年代初期，随着苏丹统治的恢复，政府在各环礁岛屿上发展教育事业的步伐大为减缓。

1960 年，马尔代夫引进了西方教育模式，建立了现代教育体制，同时将全国大部分学校的教学语言由迪维希语改为英语，并采用了英国伦敦中学的教学模式。为与新的教学模式相适应，马尔代夫改革了全部的教学课程。在此后相当长一段时期内，英语教学占据马尔代夫的主导地位，同时马尔代夫也在部分学校保留了迪维希语教学。但用迪维希语教学的学校数量已经很少，也只局限在首都马累，多以私立学校为主，且实行收费教育。一直到 90 年代初期，马尔代夫的中等教育尚不普及，只有在马累用英语教学的学校才开设部分中学课程。

1963 年，马尔代夫首次设立教育部，主要负责全国公民的文化和职业教育，制定教育政策、监督全国各地的教育政策执行情况、设计课程内容、发布教学纲要、准备各类教材、负责教师培训、注册和管理教育机构、统计教育数据、组织各类考试并负责颁发学历证书等。

1976 年 10 月，马尔代夫开始实施教育发展综合计划，主要包括发展初等教育、扩大教师培训、课程开发、广播教学，实施社区教育计划、成人教育、教材开发及印刷等。1978 年 3 月，马尔代夫在南马罗斯马杜鲁环礁首府艾达夫希成立了第一所公立小学，此后又在各环礁相继兴建了多所同类学校。到 2004 年，初等教育已经覆盖了有人定居的 199 个岛屿①。

马尔代夫的教材开发始于 1976 年，教师培训始于 1977 年。20 世纪 70 年代和 80 年代，马尔代夫实施了多个类似的教育发展计划，此后又相继实施了第一个教育总体计划（1986～1995）、第二个教育总体计划（1996～2005）和第三个教育总体计划（2006～2015）。

1978 年，马尔代夫统一了全国的学校教育，在全国实行 5-2-3-2 教育体制，即 5 年小学（Primary School，1～5 年级）、2 年中学（Middle School，6～7 年级）、3 年初中（Junior Secondary School，8～10 年级）、2 年高中（Senior Secondary School，11～12 年级）。1984 年，国家对教育体制进行了部分改革，将小学和中学进行了合并，同时将学前教育纳入国家教育体制之中。此后全国共分为 5 个教学层次，即学前教育、小学（1～7 年级）、初中（8～10 年级）、高中（11～12 年级）和高等教育。

1980 年 1 月，马尔代夫教育部编印了第一套 1～5 年级课程教材，1982 年又着手编印 6～7 年级课程教材。1984 年，马尔代夫首次在全国实行各年级统一的国家课程。此后又多次进行了教材修订。2007 年，马尔代夫进行了课程改革，将道德教育、学生纪律和学习成绩提到议事日程。

为了确保教学质量，马尔代夫的 8～10 年级和 11～12 年级课程都是围绕伦敦中学学历证书颁发单位提供的普通级（O 级）和高级（A 级）考试要求进行设置的②，但伊斯兰教、迪维希语和渔业科学方面的教学课程仍由当地进行设置和安排。

20 世纪 80 年代以前，马尔代夫公立学校较少，大部分学生只能在私立学校就读。实行新的教育体制后，马尔代夫以普及小学教育为重点，在全国实行强制免费教育，加快了学校基础设施建设的步伐，先后兴建了一大批公立小学，并将一大批社区学校转为公立学校③。1992 年，全国第一

---

① 联合国教科文组织报告："World Data on Education-Maldives"，7th edition，2010/11，http：//unesdoc. unesco. org/images/0021/002113/211307e. pdf。

② 即 London EDEXCEL GCE Ordinary-level and Advanced-level examinations。

③ 仅 2005 年就将 135 所社区学校转为公立学校。

所外岛中学在马尔代夫最南端的阿杜环礁建成，此后又陆续在其他环礁兴建了一批外岛中学。1998 年 10 月，马尔代夫开始兴建其第一所高等院校——马尔代夫高等教育学院。随着经济的发展，政府对教育的投入不断增多。据统计，1995 年，马尔代夫教育经费为 1900 万美元，到 2009 年，教育经费增加到 1.614 亿美元，是 1995 年的 8.5 倍[①]。除依靠自己的力量兴办学校外，马尔代夫还注重寻求必要的国际援助，澳大利亚、埃及、新西兰、美国、日本、印度、英国、法国、新加坡和泰国等许多国家曾以提供奖学金、补助金和教学设备等形式对马尔代夫教育事业给予大量援助。到 2010 年，除极个别小岛因学生数量少而不具备办学条件外，马尔代夫几乎每个岛屿都有自己的学校，所有学校都可提供 1~10 年级教学。各环礁教育中心（Atoll Education Centers）还可提供高中阶段的教学。

经过长期的努力，马尔代夫在发展教育事业、提高国民素质方面取得了显著的成绩。在 21 世纪初，马尔代夫就宣布已经完成普及小学教育的联合国千年目标任务。2006 年人口普查显示，在 6~12 岁的儿童中，入学率达到了 98%[②]。据世界银行统计，2010 年，马尔代夫初中净入学率达到 84%，其中男生为 81%，女生为 87%，这在全世界都是非常高的入学率[③]。15~19 岁的人群中，女性识字率达到了 97.3%，男性识字率为 97%。2010 年，马尔代夫全国成人识字率达到 98.4%[④]，居南亚各国之首，也是发展中国家表现最好的国家之一。目前，全国人口的识字率一直保持在 98% 左右。

---

① 马尔代夫国家规划署：《千年目标发展——2010 年马尔代夫国家报告》，第 39 页，http：//planning. gov. mv/mdg/MDG%20report%20final%20（july%2011）. pdf。

② 马尔代夫国家规划署：《千年目标发展——2010 年马尔代夫国家报告》，第 39 页。http：//planning. gov. mv/mdg/MDG%20report%20final%20（july%2011）. pdf。

③ 世界银行报告：《HUMAN CAPITAL FOR A MODERN SOCIETY GENERAL EDUCATION IN THE MALDIVES – An Evolving Seascape》，http：//www－wds. worldbank. org/external/default/WDSContentServer/WDSP/IB/2012/10/03/000333037＿20121003020650/Rendered/PDF/729930WP0Maldi0IC0discloed010010120. pdf。

④ 世界银行："Maldives Overview"，http：//www. worldbank. org/en/country/maldives/overview。

二 教育体制和教育政策

（一）教育体制

马尔代夫实行学前教育、小学教育、初中教育、高中教育和高等教育5级教育体制，其中，1～10年级为强制性免费教育阶段。

学前教育：学制3年，其中托儿所1年，法定年龄为3岁；幼儿园2年，法定年龄为4～5岁；

小学教育：学制7年，即1～7年级，法定年龄为6～13岁；

初中教育：学制3年，即8～10年级，法定年龄为14～16岁；

高中教育：学制2年，即11～12年级，法定年龄为17～18岁；

高等教育：大学本科以上学历，法定年龄为18岁以上。

按照规定，在10年级和12年级结束时，学生将接受中等教育普通证书（国际标准）、普通教育证书普通级（O级）和高级（A级）考试，考试分别由剑桥国际考试机构或伦敦考试机构和爱德思国际教育与考试机构组织实施①。

近年来，马尔代夫酝酿进行教育改革。2009年，马尔代夫着手制定国家课程框架（草案），到2011年已完成第4次修订。该草案以提高学生的学习主动性、适用性和有效性为着眼点，从小学到高中重新划分为5个阶段。其中，小学改为6年制，分为两个阶段，1～3年级为第一阶段，4～6年级为第二阶段；初中改为4年制，7～8年级为第三阶段，9～10年级为第四阶段，高中阶段仍为2年制，11～12年级为第五阶段。各阶段将融入部分相互衔接的职业教育内容。

（二）教育管理

教育部一直是国家最高的教育决策与管理机构。2008年11月，随着

---

① 在初中教育（10年级）结束时，学生要接受通识教育证书普通级（General Certificate of Education Ordinary Level，简称O/L或"O"级）、国际通识中等教育证书（International General Certificate of Secondary Education，简称IGCSE）或中学毕业证书（Senior Secondary Certificate，简称SSC）考试。在高中教育阶段（12年级）结束时，学生要接受高级通识教育证书（General Certificate of Education Advanced Level，简称GCEA/L或"A"级）或高中毕业证书（Higher Secondary Certificate，简称HSC）考试。

省级行政机构的建立，各环礁的教育事务已全部移交到各省管理。从各校的情况看，近年来，马尔代夫已开始实施校本管理制度，各校建立由校长、教师代表、学生家长代表、学生代表和环礁教育主管部门有关人员组成的学校董事会，共同参与学校的管理和决策。

（三）教育政策

在过去殖民地时期，殖民当局为了适应其统治的需要，以宗教学校为基础，实行的是为殖民当局和上层贵族阶层服务的教育制度。规定只有受过教育的人才能担任政府行政职务，并且在没有宗教学校的岛上也不建立其他学校，因而教育只限在马累一个地方，受教育者往往是一些贵族子弟，而广大中下层人民及农村民众很难得到应有的受教育机会。

1968 年共和国成立后，马尔代夫对发展国民教育十分重视，并以宪法形式规定了人民享有受教育的权利。马尔代夫新宪法规定，"人人都有受教育的权利而不受任何形式的歧视"，"国家为中小学儿童提供免费教育"。在今天的马尔代夫，受教育已不再受种族、职业、出身、性别等方面的任何限制，全体公民都有资格接受各种形式的教育。随着形势的发展，马尔代夫政府始终强调教育对于国家经济发展的特殊意义，并及时采取一系列特殊政策来促进和推动全民教育的发展。

一是实行中小学强制性免费教育，确保适龄儿童都能够完成规定的学业。国家规定，凡在公立学校就读的儿童，政府一律提供 13 年强制性免费教育，包括 3 年学前教育和 1～10 年级中小学教育。从 2008 年起，政府还为学生提供各种学习用品，如书包、文具等。对那些不具备建校条件的小岛，政府则提供财政补助，以解决儿童到邻近岛屿就学的交通开支。

二是相应提高了教师报酬和各方面待遇，加强了对教师的培训，同时规定教师应受人尊敬，保证教师的学术自由。

三是采用英语和迪维希语两种教学模式，在强调采用英语教学的同时，对民族语言教学也采取保护政策。

四是创造均等的受教育机会。尽管马尔代夫是一个群岛国家，居民高度分散，但政府一直都在全力实现教育机会均等，及时纠正各环礁间的教育不平衡现象。1978 年以来，国家更是将教育置于国家发展的首要地位，在各环礁建立了一大批公立小学。

五是在普及基础教育的同时，还紧密联系社会实际，采取各种措施，举办各种应用技术的技能教育，加强了职业教育和成人教育。

六是根据全国高度分散的特殊情况，大力加强广播、电视等媒体远程教育。

七是为弥补国家教育资源的不足，大力支持和推动各地建立私立学校和社区学校。

由于国家因地制宜，采取了灵活而有效的教育政策，马尔代夫的教育事业得到了突飞猛进的发展。

三　教育资源

（一）学校结构与分布

从投资方式上看，马尔代夫目前的学校结构以公立学校为主，以社区学校和私立学校为辅。以前，马尔代夫社区学校多，公立学校和私立学校相对较少。2002 年，马尔代夫共有各类学校 322 所，其中公立学校 74 所，私立学校 74 所，而社区学校则达到了 174 所，占全部学校的 54%。近年来，马尔代夫大力普及中小学教育，新建了大批公立学校。到 2012 年，马尔代夫的中小学总数已增加到 408 所[①]。其中，公立学校 213 所，占 52.2%；私立学校 116 所，占 28.4%；社区学校大幅减少，从过去的 174 所减少至 79 所，仅占全部学校的 19.4%。

从年级结构上看，到 2010 年 1 月，马尔代夫共建有 1～10 年级（小学和初中）学校 139 所，1～12 年级学校（小学、初中和高中）34 所，8～10 年级（初中）学校 12 所，8～12 年级学校（初中和高中）3 所，11～12 年级学校 1 所。到 2012 年 3 月，马尔代夫已有学前学校 236 所，小学 207 所，初中 195 所，高中 35 所[②]。

从地区分布情况看，绝大部分中小学校分布在各环礁，占全部学校的

---

① 马尔代夫教育部：《教育统计年鉴》2012 年卷，第 27 页。
② 马尔代夫教育部：《教育统计年鉴》2012 年卷，第 35 页。

93.4%，马累的中小学校只占 6.6%。由于各环礁行政区所辖岛屿面积和人口数量差别较大，学校分布也不均衡，有的行政区学校数量较多（25～29 所），而有的行政区则只有 10 所左右，费里杜环礁只有 7 所学校，是全国学校数量最少的环礁行政区。2012 年马尔代夫学校分布情况及学生人数见表 7-1。

表 7-1　2012 年马尔代夫学校分布情况及学生人数一览[*]

单位：所，人

所在位置		公立学校	私立学校	社区学校	小计	
					学校	学生
马　累		13	10	4	27	26583
各环礁	北蒂拉顿马蒂环礁（HA）	14	6	5	25	4133
	南蒂拉顿马蒂环礁（HDh）	15	8	5	28	5510
	北米拉顿马杜鲁环礁（Sh）	14	3	7	24	3962
	南米拉顿马杜鲁环礁（N）	13	4	7	24	3266
	北马罗斯马杜鲁环礁（R）	16	10	3	29	4918
	南马罗斯马杜鲁环礁（B）	12	6	2	20	2857
	法迪坡鲁环礁（Lh）	5	4	3	12	2341
	马累环礁（K）	10	5	5	20	2901
	北阿里环礁（AA）	8	5	2	15	1766
	南阿里环礁（Adh）	9	0	6	15	2113
	费里杜环礁（V）	3	3	1	7	387
	穆拉卡托鲁环礁（M）	8	0	6	14	1280
	北尼兰德环礁（F）	5	3	3	11	1610
	南尼兰德环礁（Dh）	6	3	2	11	1673
	科鲁马杜鲁环礁（Th）	13	2	8	23	2674
	哈顿马蒂环礁（L）	14	5	5	24	3950
	北胡瓦杜环礁（GA）	9	7	3	19	2722
	南胡瓦杜环礁（GDh）	10	14	1	25	3688
	福瓦穆拉环礁（Gn）	4	6	1	11	2730
	阿杜环礁（S）	12	12	0	24	5446
	各环礁小计	200	106	75	381	59927
全国总计		213	116	79	408	86510

[*] 此表不含学前学校。

资料来源：马尔代夫国家规划署：《统计年鉴》2012 年卷。

（二）学生结构与分布

2012 年，马尔代夫有在校学生 86510 人，其中公立学校在校学生达到 62151 人，占 71.84%；私立学校在校学生为 11957 人，占 13.82%；社区学校在校学生为 12402 人，占 14.34%。从区域分布上看，马累虽然只有 27 所中小学，在校学生却占全国学生总数的 30.7%，而占全国学校总数 93% 的环礁，在校学生占 69.3%。

2012 年马尔代夫在校学生分布情况见表 7 - 2。

表 7 - 2 2012 年马尔代夫在校学生分布情况

单位：人

地区	总计	公立学校	私立学校	社区学校
各环礁	59927	46381	7419	6127
马 累	26583	15770	4538	6275
全国总计	86510	62151	11957	12402

资料来源：马尔代夫国家规划署：《统计年鉴》2013 年卷。

从性别比率上看，马尔代夫男生数量略多于女生。2012 年，在马尔代夫 86510 名在校学生中，男生为 44420 人，占 51.3%；女生为 42090 人，占 48.7%。

从各年级在校人数看，马尔代夫高中学生人数较少，而初中以下学生占全国学生总数的 90% 以上。2012 年，在全国 86510 名学生中，学前生占 25.49%，小学生（1～7 年级）占 44.66%，初中生（8～10 年级）占 24.79%，高中生（10～12 年级）仅占 4.9%，另有极少数特殊班学生，占 0.16%。由此可见，马尔代夫高中以上文化程度的人口在全国人口中的比例仍然较低。

2012 年马尔代夫各阶段在校学生分布情况见表 7 - 3。

（三）教师结构与分布

2012 年，马尔代夫有各类教师 7830 名，比 2002 年增加 2214 名。

从构成上看，在马尔代夫的教师中，既有本地教师，也有外籍教师；既有永久性教师，也有临时教师；既有受过培训的教师，也有未受培训的教师。据马尔代夫政府 2012 年统计，在全国 7830 名教师中，本地教师占 68%，外籍教师占 32%；永久性教师占 89%，临时教师占 11%；受过培训的教师占 85.7%，未受培训的教师占 14.3%。

从区域分布上看，各环礁共有教师 6180 名，分布在 20 个大小环礁行政区，平均每个行政区只有 300 余名，最多的也只有 500 多名（北马罗斯马杜鲁环礁），最少的则只有 66 名（费里杜环礁），而首都马累的教师数量多达 1650 名。无论过去还是现在，各环礁的教师数量远远少于首都马累。

从师生比例上看，2012 年全国的师生比例为 1∶9，比 2001 年的 1∶21 有大幅改善。在地区分布上，马累远远高于各环礁。据统计，马累 1600 多名教师，要担负 26500 多名学生的教学任务，师生比例高达 1∶17；而环礁的师生比例则只有 1∶10。

2012 年马尔代夫教师分布情况见表 7-4。

表 7-3　2012 年马尔代夫各阶段在校学生分布情况

单位：人

年　级		总人数	男生	女生
级别	学前生	22049	11224	10825
	小学生（1~7 年级）	38638	20034	18604
	初中生（8~10 年级）	21444	10982	10462
	高中生（11~12 年级）	4237	2098	2139
	特殊班	142	82	60
全国总计		86510	44420	42090

资料来源：马尔代夫国家规划署：《统计年鉴》2013 年卷。

表 7-4　2012 年马尔代夫教师分布情况一览

单位：人

所在地区		总计	已受训		未受训		外籍	本地
			永久	临时	永久	临时		
马　累		1650	1308	172	158	12	424	1226
各环礁	北蒂拉顿马蒂环礁（HA）	431	378	17	21	15	176	255
	南蒂拉顿马蒂环礁（HDh）	536	449	32	33	22	182	354
	北米拉顿马杜鲁环礁（Sh）	414	344	31	20	19	157	257

续表

所在地区		总计	已受训		未受训		外籍	本地
			永久	临时	永久	临时		
各环礁	南米拉顿马杜鲁环礁（N）	371	304	8	42	17	131	240
	北马罗斯马杜鲁环礁（R）	560	405	30	53	72	209	351
	南马罗斯马杜鲁环礁（B）	351	266	22	51	12	115	236
	法迪鲁环礁（Lh）	227	181	12	24	10	69	158
	马累环礁（K）	290	216	11	43	20	114	176
	北阿里环礁（AA）	205	156	16	22	11	69	136
	南阿里环礁（Adh）	251	197	15	17	22	90	161
	费里杜环礁（V）	66	44	6	8	8	25	41
	穆拉卡托鲁环礁（M）	167	128	11	23	5	45	122
	北尼兰德环礁（F）	164	127	26	8	3	48	116
	南尼兰德环礁（Dh）	177	140	13	16	8	73	104
	科鲁马杜鲁环礁（Th）	325	258	12	43	12	126	199
	哈顿马蒂环礁（L）	395	254	53	60	28	144	251
	北胡瓦杜环礁（GA）	268	224	5	27	12	92	176
	南胡瓦杜环礁（GDh）	345	272	14	37	22	94	251
	福瓦穆拉环礁（Gn）	208	166	10	28	4	3	205
	阿杜环礁（S）	429	371	4	43	11	123	306
	各环礁小计	6180	4880	348	619	333	2085	4095
全国总计		7830	6188	520	777	345	2509	5321

资料来源：马尔代夫国家规划署：《统计年鉴》2013 年卷。

四 学前教育

马尔代夫学前教育法定年龄为 3～5 岁，其中托儿所学制 1 年（3 岁）；幼儿园学制 2 年（4～5 岁），分为小班和大班。

现代学前教育实施前，马尔代夫的学前教育一直以艾杜鲁格的形式存在。这是一种以家庭为基础的教育方式，在私人家庭组织儿童学习阅读《古兰经》，由家庭成员充当老师，一般不收取费用。即使收点小费，也数额甚微。

艾杜鲁格授课灵活，不但可在老师和儿童方便的时候一天三次随时开课，而且年龄也无限制，3~15岁的儿童都可在这里接受教育。由于年龄范围大，往往还能以大带小的方式进行学习。其学习重点是带领孩子正确阅读《古兰经》，教育孩子热爱伊斯兰教，并教他们识字和算数。

尽管艾杜鲁格教育存在诸多弊端，如过分强调死记硬背、教师资历低、教学空间和设施不足、缺少教具和学习材料等，但由于特殊的地理条件，国家仍然鼓励开展以家庭和社区为基础的早期儿童教育。目前，虽然国家有正规的现代学前教育，但这种传统的教学方式依然广泛存在。

马尔代夫的现代学前学校主要由私人管理。从1999年开始，政府不但资助学前学校的教师工资，还帮助其发展基础设施建设，大大促进了学前教育的开展。首都马累规定，儿童在接受小学教育前必须接受2年的学前教育（幼儿园）。这一政策很快得到了其他环礁特别是人口稠密岛屿的普遍认可，纷纷效仿，学前教育资源顿时变得紧张。2002~2004年，在联合国儿童基金会的资助下，马尔代夫实施了儿童早教计划，在全国建立了5个儿童早期综合发展中心（Integrated Early Childhood Development Centre）和78所公立学前学校。到2008年，全国拥有744名幼师，3~5岁儿童入园人数（含托儿所和幼儿园）达到15536名，毛入学率达到98%，净入学率达到81%。

近年来，为了将现代学前教育全面拓展到各个环礁，政府将许多以家庭为基础的艾杜鲁格转为拥有正规教师的现代幼儿园。2012年，马尔代夫已建成学前学校231所，在校学生22049人[1]，毛入学率达到127.8%，净入学率达到119.4%[2]。

五 初等教育

马尔代夫的初等教育为小学阶段的教育，从6岁开始，学制7年。

过去，马尔代夫的小学教育为1~5年级，1984年将6~7年级并入小学阶段。此后，马尔代夫的小学教育为1~7年级。

---

[1] 马尔代夫教育部：《教育统计年鉴》2012年卷，第9页。
[2] 马尔代夫教育部：《教育统计年鉴》2012年卷，第8页。

在 21 世纪初，马尔代夫即已基本实现 1~7 年级的普及教育。2006 年人口普查结果显示，全国 6~12 岁儿童入学率达到 98%，全国有 214 所小学向儿童提供免费教育。2009 年，小学净入学率达到 95%，提前完成了联合国千年目标任务[①]。2012 年，马尔代夫共建有 243 所小学，在校学生达到 38638 人，毛入学率达到了 101.7%，净入学率达到了 93.6%[②]。

在初等教育阶段，国家以培养学生的语文和基本计算技能为主，同时开展伊斯兰教、环境知识、美术、体育、社会知识和科普等方面的教育。在语文教学中，既有英语，也有迪维希语。

马尔代夫的小学绝大部分是公立小学，但也有部分私立小学。到 2012 年，全国共建有 40 所私立小学，且全部位于首都马累。在马尔代夫，学生在私立学校就读是不能享受免费教育的。在一般情况下，私立学校在学校设施和教学质量方面都要优于公立学校，因此，只有具有一定经济实力的家庭才会将孩子送入私立学校。

小学（7 年级）毕业时，学生免试升入初中阶段学习，以实现 10 年普及教育。

小学毕业生可以参加职业课程以获取二级证书（15 周的脱产培训）和三级证书（15 周的脱产培训）。

2005 年以前，各地还为有特殊需要的儿童设立少量的特殊班。2006 年，政府将设立特殊班事宜提到议事日程，要求每个环礁至少要有 1 所学校设有特殊班。到 2008 年，全国共有 11 所学校开设特殊班，其中马累就有 3 所学校。2012 年，全国特殊班儿童达到 142 名。

近年来，马尔代夫酝酿进行教育体制改革。根据 2011 年全国课程框架（草案），拟将初等教育由 1~7 年级改为 1~6 年级，分为 2 个关键阶段，即关键阶段 1（1~3 年级）和关键阶段 2（4~6 年级）。完成基础教育的学生可以分别参加为期 15 周的脱产职业课程培训，以获取二级证书和三级证书。

---

① 国际人口与发展会议："ICPD Beyond 2014 – Maldives Operational Review 2012 Progress, Challenges and Way forward"，第 27 页。

② 马尔代夫教育部：《教育统计年鉴》2012 年卷，第 5 页。

六　中等教育

马尔代夫的中等教育分为初中（Lower Secondary）和高中（Higher Secondary）两个阶段，8～10年级为初中，10～12年级为高中。

1. 初中（8～10年级）

普及10年教育，一直是马尔代夫政府力求达到的目标，也是2015年前要实现的联合国千年目标任务。近年来，在世界银行和联合国教科文组织等国际社会的帮助下，马尔代夫在各环礁兴建了一大批中学。到2012年，马尔代夫10年制学校已达192所（其中私立中学4所）。除极个别岛屿因学生人数太少不能建校外，每个小岛都建立了1所以上的10年制学校。

马尔代夫在初中阶段即开始实行文、理分科教育，其课程设置有主科、副科和选修科目。文、理主科课程完全相同，副科课程文、理有所区别。然而，由于条件所限，许多学校课程设置不全。

马尔代夫初中周课程安排见表7－5。

表7－5　马尔代夫初中周课程安排

单位：课时

科目		各年级每周课时数（每课时35分钟）		
		8年级	9年级	10年级
主科	伊斯兰教	3	3	3
	迪维希语	4	4	4
	英语	7	7	7
	数学	6	6	6
副科	文、理各两门，为期5周	10	10	10
选修	文、理各两门，为期5周	10	10	10
每周总课时		40	40	40

注：①本课程表的使用期为2000年前后。

②副科设置：地理、历史和文学（文科）；会计学、商业和经济学、化学、物理和生物（理科）。

③选修科目包括会计、阿拉伯语、艺术、生物、化学、电子商务、计算机科学、经济、英语文学、地理、历史、物理、渔业科学、旅游、几何与机械制图等。

资料来源：联合国教科文组织：World Data on Education, 7th edition, 2010/11, Maldives。

2009 年，马尔代夫对中学课程进行了改革，增添了社会经济及生活技能方面的内容，同时还融合了民主、正义和人权等科目。此外，中学阶段从 2006 年起开设职业教育课程，从 8 年级开始，学生便可选择普通教育或职业教育。

学生完成 10 年级课程后，要接受普通级证书考试，成绩合格并获得毕业证书者才能升入高中阶段学习，考试一般在每年的 1 月下旬举行。1986 年以来，初中阶段的学生还要接受国家组织的伊斯兰教法研究和迪维希语初中学历证书考试。初中毕业生可接受职业教育，获取四级证书（30 周或一年全日制培训）。

近年来，马尔代夫初中入学率有了明显提升。2001 年，马尔代夫初中毛入学率为 79.4%，净入学率为 42.5%，2010 年分别提高到 117% 和 84%。[①] 2012 年略有降低，但也达到了 112.5% 的毛入学率和 81.2% 的净入学率。[②]

由于受各方面条件的限制，马尔代夫很多中学设施简陋，教学质量不高，学生成绩普遍较差，考试通过率很低。2007～2010 年，在 10 年级"O"级考试中，全国的平均通过率为 26%、27%、32% 和 35%[③]，三分之二左右的学生不能通过考试。据马尔代夫教育部统计，2008 年，在 10 年级"O"级考试中，通过 8 门功课以上的学生只占全部参加考试人数的 9%，2012 年虽有提高，其通过率也不到 20%。

2008～2012 年马尔代夫 10 年级学生"O"级考试通过率见表 7-6。

---

①　世界银行报告：HUMAN CAPITAL FOR A MODERN SOCIETY GENERAL EDUCATION IN THE MALDIVES – An Evolving Seascape, http：//www – wds. worldbank. org/external/default/WDSContentServer/WDSP/IB/2012/10/03/000333037 _ 20121003020650/Rendered/PDF/729930WP0Maldi0IC0discloed010010120. pdf, 第 5 页。

②　马尔代夫教育部：《教育统计年鉴》2012 年卷，第 5 页。

③　世界银行报告：HUMAN CAPITAL FOR A MODERN SOCIETY GENERAL EDUCATION IN THE MALDIVES – An Evolving Seascape, http：//www – wds. worldbank. org/external/default/WDSContentServer/WDSP/IB/2012/10/03/000333037 _ 20121003020650/Rendered/PDF/729930WP0Maldi0IC0discloed010010120. pdf, 第 5 页。

表7-6 2008～2012年马尔代夫10年级学生"O"级考试通过率

类 别	2008	2009	2010	2011	2012
未通过(%)	24	23	19	17	13
通过1门功课以上(%)	76	77	82	83	87
通过3门功课以上(%)	44	47	49	55	59
通过5门功课以上(%)	27	32	35	37	41
通过8门功课以上(%)	9	13	14	17	19

资料来源：马尔代夫教育部：《教育统计年鉴》2012年卷。

2. 高中（11～12年级）

高中阶段学制2年。课程设置与初中基本相同。12年级结束时，学生要接受高级毕业证书考试，成绩合格并获得毕业证书者才能升入更高一级的学校或出国学习，考试一般在每年的10月举行。1987年以来，高中阶段的学生还要接受1种国家组织的高中学历证书考试。高中毕业生可报读职业计划，以获取四级证书（30周或一年全日制培训，相当于120个学分）。

马尔代夫的高中教育相对滞后。据马尔代夫教育部统计，2005年，马尔代夫共有在校学生50221人，而高中在校学生只有1942人，仅占当年总数的3.9%。随着教育事业的发展和教学质量的逐步提高，高中在校人数虽然逐年有所增加，但入学率仍然很低。到2012年，全国高中在校学生只有4237人，仅占当年在校学生总数的4.9%[1]。

马尔代夫高中教育发展滞后的原因是多方面的。一是师资力量弱，初中毕业合格率低，许多学生在完成10年教育后便无法升入高中继续就读，从而导致高中生源严重不足，入学率一直很低。2011年，马尔代夫的高中毛入学率只有21%，相对于初中的117%来说，差距巨大。

二是学校少。长期以来，政府为了实现联合国千年目标任务，尽快普及10年教育，将教育重点放在小学和初中阶段，对高中教育重视不够，

---

① 马尔代夫教育部：《教育统计年鉴》2012年卷，第9页。

延缓了高中教育的发展。到 2012 年，在全国 400 多所学校中，初中学校有 195 所，而高中学校只有 35 所（其中环礁 30 所，马累 5 所）。由于很多岛屿没有高中，到外岛就读长期面临交通问题，加之高中阶段不能享受免费教育，许多家庭经济上不堪重负，造成了一部分学生失学。

三是国家财力紧张，政府对教育投入不足。2004 年的印度洋大海啸对马尔代夫经济打击很大，旅游业陷入低迷，加之灾后重建需要大量资金，国家对教育的投入顿时显得力不从心，自此，马尔代夫的教育支出一直呈下降趋势。2008 年纳希德总统上台以后，这种趋势不但没有得到解缓，反而变得更加严重。据世界银行统计，以 2003 年不变价格计算，马尔代夫的教育支出从 2008 年的 12.48 亿拉菲亚下降到 2011 年的 10.99 亿拉菲亚，降幅达到了 12%。其中教育基础设施建设支出从 2008 年的 1.25 亿拉菲亚陡降至 2011 年的 0.43 亿拉菲亚，降幅达到了 66%；经常性教育支出也从 2008 年的 11.23 亿拉菲亚降至 2011 年的 10.56 亿拉菲亚，降幅达到了 6%[①]。

2008～2011 年马尔代夫公共教育支出情况见表 7-7。

表 7-7 2008～2011 年马尔代夫公共教育支出对比

（按 2003 年不变价格，单位：百万拉菲亚）

教育支出类别	2008	2009	2010	2011
教育基础设施建设支出	125	116	14	43
经常性教育支出	1123	1042	1048	1056
总　计	1248	1158	1062	1099

资料来源：世界银行：Human Capital For A Modern Society General Education In The Maldives An Evolving Seascape – Executive Summary，第 10 页。

马尔代夫教育基础设施建设支出的大幅减少，使得政府既无法扩大高中校舍规模以覆盖整个高中教育，也不能提高现代教学技术和扩大教学资源，甚至连校舍的维修和设备的更新换代都受到了严重影响。

---

① 世界银行：Human Capital For A Modern Society General Education In The Maldives-An Evolving Seascape – Executive Summary，第 10 页。

七 高等教育

马尔代夫的高等教育比较薄弱，国内长期没有高等院校。1998 年前，马尔代夫学生们读完高中课程后，如想再进入高一级的院校，只有远涉重洋，到国外有关高等院校就读。长期以来，马尔代夫学生主要到斯里兰卡、印度、巴基斯坦、埃及、澳大利亚、加拿大和英国等国的有关院校就读。为了满足学生们在国内接受高等教育的需要，1998 年，马尔代夫建立了第一所高等院校——马尔代夫高等教育学院（Maldives College of Higher Education）。此后，马尔代夫又陆续建立了 3 所私立高校①。另据透露，斯里兰卡贾亚瓦德纳普拉（Jayewardenepura）大学也计划在马尔代夫设立一所新的大学。

2010 年 12 月，马尔代夫颁布大学法案，并于 2011 年 1 月建立了国内第一所真正意义上的大学——马尔代夫国立大学（Maldives National University）②，同年 2 月，原高等教育学院并入该校。

马尔代夫国立大学是国内唯一的公共学位授予机构，设有多种学位等级，既有专科，也有学士、硕士和博士学位。每一个学位等级都有相应的入学条件、授课时间和毕业标准。目前，马尔代夫国立大学下设 15 个专业院（所）③，尤其强调工程、健康科学、教育、旅游和管理。

目前，马尔代夫的高等教育以国立大学为主，辅以一些私人教育机构。

---

① 这 3 所高校分别是：色莱克斯学院（Cyryx College）、曼杜学院（Mandhu College）、维拉学院（Villa College）。

② 首任校长是 Dr. Mohamed Zahir Hussain，副校长是 Dr. Hassan Hameed。

③ 马尔代夫国立大学下属的院（所）有：基础研究所（Foundation Studies）、海洋研究中心（Centre for Martime Studies）、开放学习中心（Centre for Open Learning）、文学院（Faculty of Arts）、教育学院（Faculty of Education）、工程技术学院（Faculty of Engineering Technology）、伊斯兰研究学院（Faculty of Islamic Studies）、管理与计算机学院（Faculty of Management & Computing）、酒店与旅游学院（Faculty of Hospitality & Tourism Studies）、健康科学学院（Faculty of Health Sciences）、伊斯兰教法与法律学院（Faculty of Shari'ah & Law）、研究中心（Research Centre）、科学学院（Faculty of Science）、航空培训中心（Aviation Training Centre Project）、医学工程学院（Medical School Project）。

国立大学的教学内容主要有：基础研究、海洋研究、文学、教育、工程技术、伊斯兰研究、管理与计算机、酒店与旅游管理、健康科学、伊斯兰教法与法律、自然科学、航空培训、医学工程等。随着越来越多的中国游客选择到马尔代夫旅游度假，马尔代夫对汉语人才的需求也越来越迫切。近年来，马尔代夫国立大学还设置了汉语课程。2012 年天津外国语大学在马尔代夫国立大学开设了为期 1 年的汉语课程。2013 年，云南开放大学也同马尔代夫国立大学签署协议，向马开放远程教育平台，提供在线课程，并视情况派专业人员赴马尔代夫进行面授教学。目前，汉语课程授课对象主要是马尔代夫外交及旅游业相关行业人员，以及一些对汉语感兴趣的普通市民。

八 成人教育

马尔代夫虽然已经建立了一套比较完整的教育体系，成人识字率也已达到了 98% 以上，但是，长期以来，马尔代夫的教育沿袭着一种强调哲学基础、道德和伦理价值的宗教教育传统，多数人仅能达到识字的水平，缺少专门和高深的教育。所以，在全国人口中，真正称得上知识分子的人还不是很多；中等以上的教育和专门技术人才的培养，一直主要依靠国外院校。在那些算得上知识分子的人中，多数是政府各机构的大小官员，只有少数人从事文学、艺术和科技工作。

为了提高全民素质，20 世纪 70 年代末，马尔代夫教育部成立了教育工程办公室（Educational Project Office），专门为那些未受过正规教育的人群提供教育机会。1986 年 1 月 1 日，该办公室升格为"非正规教育中心"（Non-Formal Education Centre），为社区居民提供文化教育和技能培训，以提高其在社会经济等方面的参与能力。马尔代夫"非正规教育中心"的教学内容大致可分为三类，即基础教育、继续教育和特殊教育。基础教育是将 1~10 年的全部教学内容压缩到 1~3 年完成，继续教育主要是为成人提供技术发展培训，特殊教育包括识字和识字后教育、远程教育和人口教育等①。同时，马尔代

---

① 联合国教科文组织："ADULT EDUCATION IN SELECTED COUNTRIES IN THE ASIAN REGION"，http：//www. unesco. org/education/uie/pdf/uiestud40. pdf，第 85 页。

夫政府在各环礁分别设立了教育中心，负责向成年人提供非正规的文化教育。1999 年 12 月 22 日，马尔代夫和印度签署了一份协议，英迪拉·甘地国立大学通过远程教育的方式给马尔代夫的学生提供教学资源，从而使马尔代夫的学生能够进行较高级的学习研究。此外，马尔代夫还通过"马尔代夫之声"广播电台定期向全国进行广播教学，有效地推动了成人教育的发展。近年来，马尔代夫还注重利用国外教育平台，同国外教育机构进行合作，向成人提供各类在线教育课程。

2002 年 10 月 1 日，国家对"非正规教育中心"进行了扩建，并更名为"继续教育中心"（Centre for Continuing Education），其教学任务不但包括成人的非正规教育，也包括一些正规的学校教育。随着 7 省行政区划的建立，2009 年政府将成人教育相关事项从继续教育中心移交到各相关省份具体负责，继续教育中心开始接管国内各类教师的在职培训任务，规定每个教师每年至少要获得 15 个小时以上的专业训练。

九　职业教育

马尔代夫的职业教育开始于 20 世纪 70 年代中期。1975 年，马尔代夫在国际社会的援助下，在首都马累建立了第一个职业训练中心，从此开始了正式的职业教育。1979 年，内政部在马累环礁的马夫里岛建立了一个大型青少年教养所，该所也开展一些职业培训。培训课程主要有电机工程、木工、焊接、缝纫和部分小学必修课程。1979 年，在国际组织的帮助下，马尔代夫建立了科学教育中心（The Science Education Center）；1983 年，又建立了阿拉伯伊斯兰教育中心（Arabic Islamic Education Center）。1991 年，在日本的资助下，马尔代夫社会教育中心（Maldives Center for Social Education）建成并投入使用。为解决熟练劳动力短缺的问题，1993 年下半年，马尔代夫技术教育学院（Maldives Institute of Technical Education）破土动工。不过，这些职业教育机构都处于中低层次，到目前为止，马尔代夫尚未建立高等职业教育。

　　马尔代夫的职业教育按农村和城市不同职业技能的需要，在内容设置上有所区别。在农村地区，由于劳动基本上是建立在家庭基础上的，因此，劳动力的补充和培养也基本上是代代相传，过去很少有专门的教育机构对这种劳动技能进行专门的职业培训。2008年行政区划改革以后，各省在所辖各环礁建立了一些地区性培训中心，为当地青年开展职业培训。目前开设的课程有：美容美发专业、缝纫与刺绣专业、开放水域潜水专业、计算机专业、健身专业、体操指导专业，以及针对各级体育教练和官员的其他培训课程等。目前，农村地区的职业训练主要侧重于年轻人，在内容上也一般根据需要而定，主要是农村适用的一些专业，如电机修理与维护、缝纫、木工及船只建造等。

　　在首都马累及阿杜市，政府不但建立了一些专门的职业教育机构，教育内容主要围绕城市生产和生活需要而定，如电脑、美容美发、装饰装修、广告设计与制作等，而且在职业教育的开展上也比较正规。针对城市人口失业率高的特点，为了帮助青年人自谋职业，马尔代夫在首都马累专门建立了青年中心和青年技能培训中心，这两个中心开设的培训科目有：美容美发专业（3个月）、数码照相与制作技术专业（3个月）、服装制作专业（初级班3个月、高级班6个月）、语言专业（语种根据市场需要而定，主要有德语、日语等）、机械刺绣（3个月）、青年行为学（1星期），此外还开设文化、体育、健身等多种课程。

　　在政府机构中，除教育部外，其他政府部门也经常根据需要开展一些短期的职业培训。目前，人力资源部、青年和体育部等政府部门在职业教育方面已同教育部建立了以广泛的合作关系为基础的职业培训体系。

　　此外，各学校从初中教育阶段起，就开设职业教育课程。从8年级开始，学生就可选择相关职业培训科目进行学习，以便毕业后尽快就业。目前，中等以下的职业教育开展广泛，特别是随着旅游业和IT业在千岛之国的广泛兴起，一些新的职业应运而生，因此，马尔代夫的职业教育必将以更广的教育领域、更高的教育水平、更新的教育模式和更快的发展速度向前迈进。

第二节　科学技术

马尔代夫是印度洋上的岛国，特殊的地理位置和生活方式，加之长期处在殖民统治之下，科学技术十分落后。独立后，特别是共和国成立后，马尔代夫在科学技术领域做了大量的工作，进行了不懈的努力，国家的科技水平较以前有了明显提高，但总体来说进展比较缓慢。时至今日，马尔代夫的科学技术仍很落后。

一　自然科学

（一）主管机构

1998年11月，马尔代夫在内阁中成立了通信和科学技术部，从此结束了科学技术的自由发展状态。该部下设有1个科技委员会（Science & Technology Board）和3个业务分管部门，即科技处（Science & Technology Section）、邮政与通信处（Post and Telecom Section）和国家计算机中心（National Computer Centre）。科技委员会是马尔代夫科学技术的决策与咨询机构。科技处是马尔代夫科学技术事务的具体管理机构，科技处的主要职能有三个：一是引进适合于马尔代夫国家发展的各项新兴技术，如信息技术等；二是确定国家技术标准和目标，并制定实现国家科学技术目标的方针政策；三是探索与马尔代夫环境相适应的能源生产，或加速引进这类能源。农业、渔业等各经济部门的技术改造一般由该产业主管部门具体负责。2008年，通信和科学技术部被撤销，各项职能移交至政府各相关主管部门。2011年1月，马尔代夫国立大学建成后，科技教育移至其科学学院进行。

（二）发展计划与发展重点

20世纪70年代，马尔代夫就着手开展本国的自然科学研究。当时的研究重点是与人们生产、生活相关的一些领域，如水环境的治理、渔业产量的提高、农业土壤改良和种植技术的改进等。由于缺乏必要的资金和技术，研究进展十分缓慢。

随着全球气候变暖导致海平面持续上升，马尔代夫面临的威胁日益加剧。从 20 世纪 80 年代开始，马尔代夫将研究重点转移到环境保护方面，先后成立了国家环境保护委员会（1984 年），制定了马尔代夫第一个和第二个国家环境保护十年行动计划（1989 年、1999 年），成立了环境研究部门（1990 年），出台了环境保护法案（1993 年）。此后，又在媒体和非政府组织的帮助下发起了一项旨在提高环保意识的全民运动，在各学校建立了环保俱乐部，举行了各种形式的环保问题研讨会。

20 世纪 90 年代以来，全球科学技术迅猛发展，特别是以信息技术为主导的技术革命日益深入社会生活的各个方面，极大地推动了社会和经济发展。2001 年 4 月 21 日，在亚洲开发银行的帮助下，马尔代夫出台了国家第一个为期十年（2001～2010 年）的科学技术总体规划（Science and Technology Masterplan），并获得了 60 万美元的援助资金。该计划包括经济、交通、电信、旅游、信息技术、教育、卫生、环境保护和人力资源等各个方面。综观马尔代夫当前的科技水平和社会发展需求，在今后一段时期内，马尔代夫科学技术发展的重点有以下几方面。

1. 信息技术

信息技术在马尔代夫起步晚，信息流较小，应用范围较窄，水平不高。其发展重点有三个：一是提高技术，特别是要提高数据处理和数据传输的技术和速度，提高稳定性；二是要降低资费，增加网络用户；三是建立先进通畅的本国高级别互联网，在政府各部门之间、各社区之间，以及个人之间建立必要的软硬件应用和培训标准，真正实现信息共享，以增进公共和私营部门间的交流与合作，推动国民经济和社会事业的发展。

2. 水陆交通

马尔代夫小岛众多，居民高度分散，几乎全部经济和社会活动都严重依赖水陆环境，特别是渔业和旅游业更是如此。今后科技发展的重点将集中在改进水陆交通工具，以提高其安全性、便利性、畅通性和舒适性。

3. 农业科技

一是要进行土壤改良。由于受地质条件的限制，马尔代夫的土壤层普遍较浅，土壤层一般只有 6～9 英寸厚，且常常混杂一些大大小小的碎珊瑚岩块，大部分土壤蓄水能力较差。由于碱性珊瑚释放出过多的钙，土壤含碱量很大。土壤一般缺少氮、钾、铁等成分，严重地影响了农作物的生长。因此，改良原有的土壤成分，提高土地的肥力和蓄水能力，是今后农业科技发展的重点之一。二是要改善农用水源。马尔代夫没有河流和淡水湖泊，岛上淡水资源十分有限。过去，农业用水主要依靠雨水，遇上干旱天气，农业收成往往受到很大影响。因此，马尔代夫政府一方面要引进先进的灌溉技术，建立必要的灌溉系统，同时还要鼓励农民修建更多的人工蓄水设施，储存水塘或湖里的雨水，逐步实现农用水源的根本改善。

4. 渔业科技

渔业是马尔代夫的重要产业，也是马尔代夫人民赖以生存和发展的重要基础。过去，马尔代夫渔船设备简陋，又需依赖风向，因此不能进行远海作业。20 世纪 70 年代中期，马尔代夫将数百艘木帆渔船改装成由发动机驱动的机动渔船，从而使大多数渔民摆脱了季节和距离对捕鱼作业的不利影响，结束了只能在离岸 8～10 公里的近海水域进行捕捞的历史，使作业范围延伸到了离海岸 25～30 公里的海域。随着科学技术的发展，进一步改进捕捞工具和提高捕捞技术，是马尔代夫的重要选择。同时，提高储存、加工和处理技术，也是马尔代夫渔业科技的发展重点。20 世纪 70 年代末以来，马尔代夫先后建成了金枪鱼罐头制造厂（日产 10000 瓶罐头）、鱼产品罐装处理有限公司，建成了一套冷冻冷藏设备，从而有效地增强了鱼产品的储存和处理能力。今后，马尔代夫还将从科技方面采取切实可行的措施，进一步提高鱼产品的生产能力。目前，马尔代夫正实施和推广海洋生物养殖技术，并建立了一些养殖区域。

5. 能源科技

马尔代夫能源短缺，国内所有商用能源全部依靠进口。据世界银行统计，在马尔代夫所有商品能源消耗中，石油的比例达到 100%。为了改变这一状况，马尔代夫在加强对太阳能和风能开发利用的同时，加紧海底石油资源的勘探。2002 年，在联合国开发计划署的援助下，马尔代夫投资 14.5 万美元，启动了一项新的能源发展计划，参加的单位有马尔代夫国家电力公司（State Electricity Company）、马尔代夫计划和国家发展部、内政和环境部、气象局（Meteorology Department）、财政部、外交部、环礁发展部，以及一些非政府组织和私营部门等。该计划主要包括再生能源利用及能源需求调查、能源供应综合分析、能源发展方针、人员培训等。该计划的实施，对国家构建可持续能源体系具有重大的现实意义。

6. 环境科技

一是继续加强对水环境的研究保护。保护好水环境，保障全国人民生活用水的安全，是今后马尔代夫政府仍需下大力气解决的重要问题。在这方面要做的工作很多，如新建污水处理厂，防止生活污水流入大海和渗入地下污染地下水源；建立垃圾分类处理中心，防止生活垃圾对环境造成污染。1999 年以来，马尔代夫颁布了多个国家环境保护计划，已将水资源管理、海岸区管理、固体和有害垃圾处理、污水排放等列为环境保护的重点。二是继续加强对生态环境的研究和保护。首先是加强对植被环境的研究和保护，研究和引进新的洁净能源，防止继续使用植物燃料对自然生态环境造成新的破坏。同时还研究和引进适合本国气候条件的新的植物品种，以保持生物的多样性。其次是加强对海洋生物的研究和保护。近年来，马尔代夫对鲸、海龟、海豚、鲨鱼等一些重点物种采取了特殊保护措施，并对 70 种鸟类、35 片水域和数十座岛屿进行了重点保护[①]。2011 年 7 月，由 75 座岛屿组成的马累环礁被联合国教科文组织列入生物圈保护区名录。2012 年 6 月 21 日，马尔代夫时任总统瓦希德在联合国宣布，"到 2017 年，马尔代夫将成为世界上首个海洋保护区国家"。今后，马尔代夫除了继续实施这些保护措施外，还将对一些珍稀海洋生物进行调查研究，同时研究、开发或引进在建筑中可以采用的替代品，以减少对珊瑚石的随意开采。三是继续加强对大气环境的研究保护，积极参与国际大气环境科研活动，与国际社会一道，共同阻止二氧化碳的过量排放对臭氧层造成的进一步破坏，以减缓海平面继续上升的速度，确保马尔代夫的安全。

---

① 《马尔代夫受保护的岛屿、海域、潜水点和物种》，http：//www. daoduoduo. com/thread - 73600 - 1 - 1. html.

二 社会科学

马尔代夫历史悠久，古迹甚多。由于缺乏专业人才，长期以来，马尔代夫的社会科学研究几乎一直处于空白状态。19 世纪中叶以来，一些欧洲学者对马尔代夫历史产生兴趣，先后到马尔代夫群岛进行一些考察和考古发掘，从此揭开了马尔代夫社会科学研究的序幕。

（一）考古

从 19 世纪中叶开始，一些欧洲学者来到马尔代夫，开始了艰辛的考古发掘。这些学者中，既有考古学家，也有语言学家和地理学家。这些学者怀着对马尔代夫的浓厚兴趣，对马尔代夫的数千个岛屿逐一进行考察，经过多年努力，最终取得了一些较有影响的重要成果。他们发现的古代的马尔代夫货贝、马尔代夫佛教遗址等，对人们研究和了解马尔代夫历史发挥了重要作用。在对马尔代夫的考古研究中，最为著名的是欧洲考古学家 H. C. P. 贝尔（H. C. P. Bell），他先后出版过有关马尔代夫的 3 部专著并发表了大量论文，对马尔代夫历史、文化、社会和风俗等方面进行了全面论述，是迄今为止举世公认的有关马尔代夫考古的权威[①]。

据考古发现，1194 年，马尔代夫有人在铜板上刻下了一种记录当时社会情况的文字，马尔代夫将其称为"洛阿马法努"（Loamaafaanu），实际上是一种铜牌文件（Copper Plates）。该铜牌上记录了从蒂穆格王朝以来所有国王的姓名和执政时间以及 10 名王室人员，其中包括 8 名部长、1 名首席法官和 1 名法律工作人员，此外还记录了当时的一些历史事件、风俗习惯和马尔代夫人当时使用的迪维希语名字。铜牌文件的发现，为人们进一步研究和了解马尔代夫的早期历史提供了直接依据。这是迄今在马尔代夫发现的最早的历史文献之一。

（二）社会学研究

1982 年，马尔代夫国家语言和历史研究中心（National Centre for

[①] B. N. Bell and H. M. Bell, *Archaeologist of Ceylon and the Maldives*, Archetype Publications, 1993.

Linguistic and Historical Research）在马累成立，这是马尔代夫历史上第一个官方社会科学研究机构。尽管当时资金不足，研究水平也不高，但马尔代夫的许多社会科学工作者，如 M. 鲁特菲（M. Luthfie）、H. A. 马尼库（H. A. Maniku）、A. S. 哈桑（A. S. Hassan）等人，克服了许多困难，长期坚持，孜孜不倦，对马尔代夫的历史、文化等方面的诸多问题展开了研究，并取得了一些重要的研究成果。特别是 16 ~ 19 世纪，欧洲殖民者先后侵入马尔代夫，对该国历史和文化产生过深远的影响，为此，这些学者们将这一历史阶段作为研究重点，取得了重大突破。这些研究成果曾刊登在马尔代夫的 *Fat-tuura* 月刊上。由于该刊物用迪维希语出版，外界学者一般很难读到，因此，学者们一般认为，马尔代夫的社会科学至今仍然是一片空白，其实这是没有根据的。

第三节　文学艺术

马尔代夫民族是一个酷爱文艺的民族，自古以来，马尔代夫人就有喜爱文学、音乐、美术的传统。

一　文学

古代，马尔代夫有一种铜牌文件，这是迄今发现最早的文学作品，其中记录了马尔代夫的历史情况，这种铜牌文件在伊斯杜和马累均有发现。伊斯杜铜牌文件详细描述了在哈顿马蒂环礁南部，寺院僧人被带到马累并被斩首的情景。

现代，马尔代夫出版了大量的宗教文学和诗歌、散文、小说等，并涌现出了一大批有影响的文学家。其中有代表性的有：侯赛因·萨拉胡登（Husain Salaahuddheen, 1881—1948）以宗教文学著称，著有 *Siyarathunnabaviyyaa* 一书，被誉为有影响力的马尔代夫作家、诗人、散文家和学者；诗人阿杜·班德里·哈桑·马尼夫凡（Addu Bandeyri Hasan Manikufaan）被列为马尔代夫最有影响的文学家，著有 *Dhiyoage Raivaru* 诗集；阿落伊杜·波杜芬瓦胡格·西迪（Assayyidhu Bodufenvalhugey

Seedhee，1888—1970）是一个非常著名的知识分子和作家，写有 *Dillygey Ibrahim Didi ge Vaahaka*、*Maa Makunudu Bodu Isa ge Vaahaka* 等多部小说；S. 易卜拉欣·纳伊姆（Saikuraa Ibrahim Naeem，1935—2008）是马尔代夫著名的作家、诗人，同时也是一名政府官员，早年以写爱情故事而著名，著有 *Yamanuge Mauzooma*，并擅长写作歌词和诗歌。

其他作家还有很多，如艾胡鲁·乌马鲁·马法伊·卡勒格法鲁（Edhuru Umaru Maafaiy Kaleygefaanu）、穆罕默德·阿明（Mohamed Amin）等①。

二　艺术

（一）手工艺

马尔代夫的传统手工艺包括织席、服装刺绣、椰子纤维编织和制作漆器等。由于地理环境的不同，手工艺术在各地呈现一些不同的特色。

在北胡瓦杜环礁的加杜岛（Gadhdhoo），人们擅长用干灯芯草编织席子，这种席子既可用于人们祈祷，又可用于装饰；在南马罗斯马杜鲁环礁的图拉杜岛（Thulaadhoo），人们喜爱制作精美的木罐、木盒及各种形状和尺寸的管子，这些器皿常常被漆成红色、黑色和黄色，非常漂亮；在南尼兰德环礁的里布杜岛（Ribudhoo），人们有制作金器的传统；而处于同一环礁的胡鲁德里岛（Hulhudeli）却以银制品而享誉全国。

此外，马尔代夫还有其他一些手工艺品，如用珊瑚、珍珠、海贝壳和海龟壳等制作的工艺品。由于这些工艺品精美绝伦，十分难得，越来越受到海外游人的青睐。为了保护环境，马尔代夫已禁止黑珊瑚、海龟、贝壳和其他珊瑚制品的采集、加工和非法出口。

（二）雕塑与雕刻

马尔代夫的雕塑与雕刻十分有名。在马尔代夫国家博物馆内，许多精美的古代雕刻作品、手工艺品、绘画作品和漆质工艺品仍然保存完好，无时无刻不在吸引着来自世界各地的游客。马尔代夫的雕刻主要有

---

① "Maldivian literature"，http：//en. wikipedia. org/wiki/Maldivian_ literature.

石雕和木雕两种。其中石雕多以珊瑚石为材料，内容多半为关于民族英雄、神灵鬼怪或其他具有纪念意义的作品。特别是在各大小清真寺，一般都有一些雕刻艺术作品。首都马累的胡库鲁清真寺，是一座建于1656年的古老清真寺，墙上雕刻着许多阿拉伯艺术作品和各式各样的装饰图案，甚是精美；寺内藏有丰富多彩的珊瑚石雕刻和大量的漆质工艺品，梁和天花板等最为显著的地方大多采用漆质工艺制成；寺内还立有大量的古碑，碑上雕刻着许多具有纪念意义的文字，以纪念历史上有名的苏丹、英雄和贵族。

（三）绘画

绘画在马尔代夫具有悠久的历史。马尔代夫的国家博物馆和各清真寺都收藏有各个时期数量不等的各种绘画珍品。今天，在马尔代夫首都马累苏丹公园的东侧，仍然耸立着一座19世纪70年代修建的小型建筑，该建筑原来是贵族们的住处，现在已成为马尔代夫的美术陈列馆。这里不仅陈列着精美的传统木质雕刻艺术作品，还有自古以来历代名人的绘画作品和手工艺品，有时也举办一些绘画展览供游人参观，并不时地向游人出售一些当地画家的新作。游人只需花费20拉菲亚左右便可到美术陈列馆的有关展厅饱览马尔代夫的古今艺术精品。

（四）音乐舞蹈

马尔代夫人能歌善舞。在当代马尔代夫，人们既能充分享受现代流行音乐所带来的种种刺激和愉悦，又可以欣赏到古朴典雅、独具特色的民间音乐舞蹈。

马尔代夫的民间音乐和舞蹈联系紧密，常常是歌中有舞，舞不离歌，两者相辅相成，密不可分。马尔代夫的文化曾受阿拉伯和邻国印度、斯里兰卡及其他国家的影响，这一特点在音乐舞蹈上表现得也十分突出。因此，马尔代夫的音乐和舞蹈吸取了印度、斯里兰卡、阿拉伯和非洲音乐、舞蹈的特点，构成自己独特的风格。

数千年来，来自世界各地的航海家和旅游者将各种不同风格的音乐舞蹈形式不断带入马尔代夫，经过长期的演化，逐渐形成了具有马尔代夫民族特色的民间音乐舞蹈。今天，马尔代夫的民间音乐舞蹈中依然存在来自印度洋沿岸国家如印度和阿拉伯世界的影响，甚至还有来自马来西亚和印度尼西亚音乐舞蹈的痕迹。今天的马尔代夫民间音乐，实际上是世界各地各种不同音乐风格与马尔代夫本地生活方式高度融合的产物，是马尔代夫人表达自己希望和情感的一种重要方式，它已成为真正马尔代夫文明本土化的重要组成部分。

马尔代夫民间音乐舞蹈种类繁多，目前流传较广的民间音乐舞蹈主要有以下几种。

1. 波杜柏鲁（Bodu Beru）

波杜柏鲁是马尔代夫最为流行的一种民间音乐，常伴以动作强劲的舞蹈，类似于非洲东部的一些音乐舞蹈，很可能是一些海员从印度洋引入马尔代夫的。据说波杜柏鲁劲舞以 *Baburu Lava*（黑人歌曲）而闻名，在公元 11 世纪或者更早就出现了这种歌曲。

波杜柏鲁的表演由 15 名舞蹈者和 1 名领唱组成，伴奏乐器通常是 3 个鼓、1 个小铃铛和 1 片名为奥奴甘杜（Onugandu）的小竹板，该小竹板有一个水平凹槽，敲打时可发出响亮的声音。波杜柏鲁音乐以表现英雄事迹、冒险故事或者以讽刺为主，音乐的序幕是嗡声的慢拍乐曲和舞蹈，以后节奏逐渐加快直至进入高潮。当音乐到达高潮时，舞蹈者也进入疯狂般的境地，他们在梦幻般的音乐中翩翩起舞，以他们疯狂的动作配合着狂热的节拍结束整个表演。

由于这种音乐舞蹈极具观赏性，深为马尔代夫人所喜爱。目前，波杜柏鲁劲舞已经发展成为一种高雅的音乐舞蹈形式。由于以前波杜柏鲁的歌词没有实际意义，今天，马尔代夫人用本民族的迪维希语重新填上意味深长的歌词供人们伴随波杜柏鲁的韵律自由吟唱。

波杜柏鲁还是人们唱得最多的一种民间音乐。人们在辛苦工作了一天之后，通常都要聚集到一起唱一唱波杜柏鲁。波杜柏鲁的演唱地点和对表演者的要求比较随便，既可随处表演，也可登大雅之堂。今天，波杜柏鲁已成为重要活动场所、大型庆典和重要节日的一个娱乐表演项目。在正式场合，表演者的装束是马来群岛土著人所穿的围裙和白色短袖衫。

2. 塔拉（Thaara）

塔拉是迪维希语，意思是小手鼓。表演者一般由 22 人组成，分成两排，相向而坐。这是一种半宗教式的音乐，只限男人参加。塔拉既有歌，也有舞，早期与塔拉相伴的是阿拉伯歌曲。歌曲开始时节奏很慢，音调也较低，后逐渐加快节奏，提高音量，达到正常。正规表演时，表演者一般身着白色衬衣和马来群岛土著人所穿的围裙，颈部常系着一条绿色的围巾。

塔拉是 17 世纪中叶由海湾地区阿拉伯人带入马尔代夫的一种音乐，这种音乐至今仍然在海湾地区和阿拉伯半岛南部地区时有演奏。

塔拉音乐带有一定的宗教色彩，表演者一般要先进行宣誓，有时还要进行一些表演。这些内容目前已被政府禁止，但其音乐和舞蹈部分仍是马尔代夫人民喜爱的一种娱乐形式。

3. 加奥迪拉瓦（Gaa Odi Lava）

加奥迪拉瓦是"石头船只舞"的意思，这是马尔代夫人在完成某项任务包括繁重的体力劳动后为表达内心的喜悦和欢欣而采用的一种歌舞形式。最初流行于 1620～1648 年穆罕默德·伊马杜丁一世（Mohamed Imadudeen I）统治时期。

为了保护马累免遭海水侵蚀，苏丹穆罕默德·伊马杜丁一世决定在马累周围修建一圈防波堤。因此，他将筑堤人员分成若干个"odi"（船只的意思），以便从各珊瑚岛向马累运送珊瑚石。防波堤筑成后，人们无比兴奋。为了表达完工后的喜悦心情，各个"odi"的人们会聚一起，载歌载舞，面见苏丹。自此，Gaa（石头）Odi（船只）这种音乐形式便诞生了。

在苏丹统治时期，无论何时，只要苏丹分派的任务一完成，参与该项任务的人们就要步行到皇宫前面的广场举行庆祝仪式。这些人一边行进，一边跳起一种名为"迪古马古内昆"（Dhigu Magu Negun）的舞蹈。行进时，每个舞蹈者手中各执一根特制的木棒，分成两排，边歌边舞，并列而行。到达皇宫前的广场后，歌曲节奏加快，歌声逐渐高扬，人们边唱边跳，手舞足蹈，最后在一个特制的容器四周围成一个大圆圈。这个特制的容器里装满了金银珠宝，这是苏丹给歌舞者的赠品，将这个容器取走叫

"达菲内昆"（Dhafi Negun），这是歌舞者来这里的主要动机。

过去，加奥迪拉瓦一般用阿拉伯语进行演唱。

4. 兰格里（Langiri）

兰格里最早起源于20世纪初的苏丹夏姆苏丁二世时期。当时，一些年轻人将最流行的音乐塔拉进行了发展和改编，他们将改编后的塔拉取名为兰格里。

兰格里是年轻男子在傍晚时分进行表演的一种歌舞形式。表演时，每个舞蹈者手握两根木棍，每根长约2英尺，这种木棍被称为"兰格里丹迪"（Langiri Dhandi），是一种装饰用品，木棍两端都饰有五彩斑斓的人造假花。

跳舞时，表演者坐成两排，每排12人或6人，上身摇动，两手以各种不同的姿势不停地敲打着"兰格里丹迪"，每个舞蹈人员必须和前排与其相邻而坐的3个"邻居"每人相互击打6次"兰格里丹迪"。领唱者坐在舞蹈者右边的一排，每次兰格里表演的时间长短不一，但通常为演唱6~7首歌曲的时间。

5. 丹迪杰恒（Dhandi Jehun）

丹迪杰恒是一种在各环礁进行表演的音乐形式，且环礁之间各不相同。丹迪杰恒集歌和舞于一体，形式多样，甚是有趣。舞蹈表演者都是男子，30个人为一组，每组单独进行表演。每次表演约持续1小时，无论白天还是晚上，无论平时还是节日或庆典均可进行表演，是马尔代夫人十分喜爱的一项娱乐方式。

在丹迪杰恒表演过程中，歌曲通常是塔拉歌曲或温巴（Unbaa）歌曲。歌手在领唱的带领下放声高歌，他们双脚踏着歌曲的节拍，一边唱歌，一边跳舞，一边行进；有时为了增强气氛，还增添2名圆鼓手或小手鼓手尾随队伍后边，边打边走，甚是热闹。

跳舞时，每个舞蹈者手中都持一根长约3英尺的"Dhandi"（木棍），他们必须和对面的伙伴用手中的木棍相互击打，使其根据音乐的节拍发出有规律的声响，同时，他们还要随着歌曲和木棍击打的节奏边唱边跳，表演一般持续1个小时左右。舞蹈者没有任何特制的服装，但在一些指定的表演中，他们一般都着统一的服装，通常是马来群岛土著人所穿的围裙、T恤，身披一件白色风衣，腰上系一根漂亮的腰带。

丹迪杰恒来源于印度的米尼科伊群岛的马利克（Malik）。据说米尼科伊群岛上也有一种类似的舞蹈，叫"马利克丹迪"（Malik Dhandi）。

6. 波利米拉法斯内逊（Bolimilaafath Neshun）

这是一个由妇女表演的歌舞。舞蹈展示了在特殊场合妇女向苏丹敬献贡品的场景，贡品通常是一些贝壳，妇女们将贝壳装在一个名叫"库兰迪马拉法斯"（Kurandi Malaafath）的小花瓶或小盒之中，并密封起来，上面用一块色彩艳丽的丝绸覆盖。妇女们手持贡盒或贡瓶，身着鲜艳的本地服装，服装用香料熏烤，散发出诱人的香味。

舞蹈由24人参加表演，舞蹈者随着音乐边舞边唱，24人逐渐被分成2组、3组、4组甚至6组，她们走向苏丹，献上贡品，并用歌曲表达她们的情感或民族精神。1968年马尔代夫共和国成立后，君主政体不复存在，向苏丹敬贡也已成为历史，但这种舞蹈形式保留至今，人们甚至可以在舞台上看到这种表演。今天，波利米拉法斯内逊仍然是马尔代夫妇女所有歌舞形式中最重要的一种形式。

7. 马法蒂内逊（Maafathi Neshun）

马法蒂内逊是一种与兰格里相类似的歌舞，全部由妇女表演，她们身着民族服装。这是一种群体歌舞，表演时排成两排，每排10人，每个表演者手持一截半圆形绳子，绳子长约3英尺，绳上扎有人造假花。舞蹈时还可分成2~3人一组，以各种不同的姿势舞动手中这根半圆形的绳子，并做出各种象征性的动作。

8. 法蒂甘杜杰恒（Fathigandu Jehun）

法蒂甘杜杰恒是一种在傍晚时分在舞台上表演的舞蹈。一伙男子或某一位坐在观众席上的人随着音乐的节奏翩翩起舞。每个舞蹈者两只手中分别持有两块长约6英寸的小竹板。表演时，他们将手中的竹板相互碰撞使其发出具有音乐节奏的声响，并随着歌曲的曲调尽情地展示他们的表演技艺。表演者中，常常还有一位鼓手，他不但要不停地敲打锡制器皿，同时还要作为歌手领唱。

法蒂甘杜杰恒的表演中，歌曲通常是一些表现史诗题材的歌曲，最有名的一首歌曲是《布鲁尼莱瓦鲁》（*Burunee Raivaru*），讲述的是一位苏丹寻觅妻子的故事。

9. 班迪亚杰恒（Bandiyaa Jehun）

班迪亚杰恒可以说是印度壶舞的一种变异舞蹈，仅限于年轻女子表演。表演时，女子们手上提着金属水壶，踏着碎步，不停地敲打。为了发出足够的声响，舞蹈者手指上常常套上一些用金属制成的指环。虽然没有固定的装束，但比较一致的服装是长长的裙子和宽松的上衣。目前表演者通常穿的是一种名为"迪古黑顿"（Dhigu Hedhun）的当地服装。

当前，大部分表演团体都使用了一些比较现代的乐器，如鼓、金属片等打击乐器，既可站立表演，也可坐着演奏，服装和音乐也随着时代的变化有了相当程度的改变。

10. 卡达玛利（Kadhaamaali）

这是一种古老的舞蹈，起源于何时已无人知晓，但至少已有几个世纪的历史，目前只在马尔代夫北部地区的蒂拉顿马蒂环礁行政区首府库鲁杜夫希得以幸存。伴奏乐器主要是一些打击乐器，包括大量的鼓和一种名为"卡达"（Kadhaa）的打击乐器，卡达常常是一些用铜制成的盘子或小棒。舞蹈在十分热闹的打击乐声中开始。一大群男子（通常30人左右）身着各式各样的服装，有的装成恶魔，有的装成妖怪。这些妖魔被当地人称为"玛利"（Maali）。

这种舞蹈与当地的一种传统风俗有关。为了避邪，岛上年龄最长者常常要在晚上做完祈祷之后环绕该岛步行一圈，此后要连续步行三个晚上。完成这三个晚上的步行之后，为了表示结束，岛上要组织各种不同形式的舞蹈表演。卡达玛利是其中的最后一个舞蹈，也是这个晚上的主要节目。

卡达玛利在进行过程中，各行各业的人们从四面八方赶到表演现场，他们用自己携带的乐器，参加舞蹈表演，展示自己的才艺。一旦完成表演，便独自离开表演队伍，而其他表演者则继续表演。半夜前后，卡达玛利才全部结束。

目前，卡达玛利只在节日期间进行表演，但在可怕的疾病流行期间，在"三夜步行"之后，也适时进行这种舞蹈表演。

第四节 体育

马尔代夫是一个土地面积小、居民高度分散的小型岛国，各种体育运动的开展受到一定限制，加之长期处于殖民统治之下，马尔代夫的体育事业十分落后。独立以来，特别是共和国成立以来，随着全球体育事业的迅猛发展，经过 5 个"三年计划"的不断努力，马尔代夫的体育事业取得了长足的进步。第 5 个国家发展三年计划期间（1997～2000），马尔代夫在竞技体育和大众体育方面都取得了明显的进展，足球、排球及其他各项体育运动得到广泛开展。随着北部地区南蒂拉顿马蒂环礁行政区首府库鲁杜夫希和最南部地区阿杜环礁行政区首府希塔杜体育中心的建立，比赛场地已从首都马累扩展到部分其他地区。随着体育设施的逐渐增多，人们开展体育运动的机会大大增加，体育已经成为人们现代生活的重要组成部分，全民健身已经成为全国人民的共识。1998 年，马尔代夫召开了全国体育大会，会议通过了 63 项关于发展体育运动的相关决议。随着这 63 项决议的逐步落实，马尔代夫的体育事业已经迈入了新的阶段。目前，马尔代夫已成为南亚地区体育运动开展较好的国家之一。

一 竞技体育

马尔代夫的竞技体育是全国体育事业的发展重点，其运动项目主要有足球、排球、乒乓球、篮球、羽毛球、板球、网球、田径、健美和一些水上运动项目等，其中足球、排球、板球和健美水平较高，并多次在国际和地区比赛中获奖。1985 年，马尔代夫成立了国家奥委会，1988 年首次参加奥运会，此后，马尔代夫派出运动员参加了每一届夏季奥运会（从未参加过冬运会），但迄今尚未获得过任何奥运会奖牌。

（一）足球

足球是马尔代夫的第一大体育项目。1983 年 1 月 1 日，马尔代夫成立了国家足球协会。1986 年，马尔代夫先后加入国际足球联合会和亚洲足球协会。目前，马尔代夫有三支国家足球队，即马尔代夫国家足球队、马尔代夫女子国家足球队和马尔代夫国家 23 岁以下足球队，此外，马尔代夫还有一些甲级和乙级球队。

马尔代夫国家足球队（Maldives National Football Team） 多次参加重大国际比赛，并取得了不俗的成绩。1984 年，马尔代夫国家足球队荣获首届南亚足球赛铜牌；1991 年在第五届南亚足球赛上获得亚军；1999 年荣获第二届南亚足球锦标赛第三名，此后又在足球邀请赛上获得亚军。2001 年 4 月，在世界杯亚洲区小组赛中，马尔代夫在主场以 6∶0 大胜柬埔寨；2003 年 1 月，在南亚运动会上，马尔代夫以 3∶2 和 1∶0 先后胜尼泊尔和巴基斯坦，并最终获得亚军。在 2006 年世界杯亚洲预选赛第一阶段比赛中，以 13∶0 大破蒙古，在第二阶段比赛中，与韩国战成 0∶0，之后以 3∶0 大胜越南。在 2008 年南亚足球锦标赛上，马尔代夫足球队以 3∶0 战胜巴基斯坦，以 2 球战胜尼泊尔打进半决赛，在半决赛中又以 1∶0 战胜斯里兰卡，并在决赛中以 1∶0 战胜印度获得冠军，阿里·阿希法（Ali Ashfaq）荣获最佳球员称号。2014 年世界杯外围赛马尔代夫再遇伊朗，在主场仅负伊朗一球，可见马尔代夫足球队已经不是一支可以轻易被击败的球队。

马尔代夫女子国家足球队（Maldives Women's National Football Team） 成立于 2003 年，多次参加世界杯、亚洲杯和南亚足球赛，成绩不佳。

马尔代夫国家 23 岁以下足球队（Maldives National under‒23 Football Team） 国家男队的预备队，参加过 2002 年、2006 年、2010 年亚运会和 2012 年亚足联 22 岁以下足球赛，成绩不佳。

（二）排球

排球是马尔代夫的第二大体育运动项目，已普及到全国每一个居民岛。1983 年成立国家排球协会，此后，马尔代夫先后加入了国际排球联合会（International Volleyball Federation）和亚洲排球联合会（Asian Volleyball Confederation）。

马尔代夫国家男子排球队和国家女子排球队经常参加一些国际比赛，其中包括历届南亚运动会、历届亚洲排球锦标赛、第 16 届亚运会、世锦赛资格赛等，并取得了较好的成绩，其中马尔代夫国家男子排球队曾分别击败过尼泊尔队和斯里兰卡国家队，载誉而归。

（三）板球

板球运动在马尔代夫具有悠久的历史。1966 年马尔代夫正式成立国家板球队，2001 年加入国际板球理事会。

马尔代夫板球队参加过历次国际板球比赛，但成绩不佳。自精英赛和挑战赛分别开赛以来，马尔代夫在 2006 年和 2009 年挑战赛中表现不错，并在 2009 年取得过第三名的好成绩。2010 年，马尔代夫成功击败沙特阿拉伯，首次获得国际板球大赛冠军。

（四）乒乓球

20 世纪 60 年代至 70 年代初期，乒乓球运动在马尔代夫得到了较快发展。1973 年，马尔代夫乒乓球选手参加了在中国举行的亚、非、拉国际友好邀请赛，这是马尔代夫出国参赛的第一支乒乓球队。通过此次比赛，马尔代夫人看到了中国"乒乓外交"的巨大成功，从而下决心推动乒乓球运动在马尔代夫的开展。此后，马尔代夫成立了国家乒乓球运动协会，并多次组队出国参加各种规格的国际比赛，如南亚运动会乒乓球比赛、亚运会乒乓球比赛和世界乒乓球锦标赛等。由于政府的大力推动和广大群众的积极参与，乒乓球运动已普及到全国每一个居民岛，乒乓球运动已经成为马尔代夫最为流行的体育运动项目之一。

（五）羽毛球

羽毛球运动是马尔代夫一项比较新的体育运动项目，引入的时间并不是很长。1983 年 1 月 1 日，马尔代夫成立全国羽毛球体育运动协会。目前，这一运动的普及面仍不是很广，运动水平也不是很高。2012 年，马尔代夫派出穆罕默德·阿吉凡·拉希德（Mohamed Ajfan Rasheed）参加伦敦奥运会羽毛球男子单打比赛，成绩不佳。

（六）网球

马尔代夫的网球运动开展较晚。20 世纪 90 年代，马尔代夫在各学校开展了一项校园网球启动计划，首次将青少年的网球运动提上了国家的日程，自此，马尔代夫的网球训练才真正显示出蓬勃朝气。目前，马尔代夫已经加入了国际网球联合会（International Tennis Federation）和亚洲网球联合会。

（七）篮球

篮球是马尔代夫人民喜爱的一项体育运动，全国成立了篮球协会和11个篮球俱乐部。1997年，马尔代夫加入了世界篮球联合会。由于受各种条件限制，马尔代夫目前的篮球运动水平仍然较低，在国际比赛中至今尚未取得过名次。

（八）健美（Bodybuilding）

健美运动在马尔代夫开展得较好。马尔代夫是英联邦健美联合会（Commonwealth Bodybuilding Federation）和南亚健美联合会（South Asian Bodybuilding Federation）的创始国。1994年11月7日，马尔代夫加入国际健美联合会（International Federation of Bodybuilding and Fitness），同年11月12日加入亚洲健美联合会（Asian Bodybuilding Federation），1998年11月27日加入英联邦健美联合会，1999年4月25日加入南亚健美联合会。马尔代夫健美协会成立于1996年，全国有一支由志愿者组成的健美运动队。

马尔代夫健美运动在国际上表现得十分活跃，先后参加了首届联邦健美锦标赛、第一届和第二届南亚健美锦标赛和第54届世界男子业余健美锦标赛等。在首届联邦健美锦标赛上，马尔代夫健美运动员穆罕默德·阿夫拉·卡利尔（Mohamed Afrah Khaleel）冲进了中量级（Middle Weight Catogary）决赛并获得了第6名；在第一届南亚健美锦标赛上，阿里·阿卜杜拉（Ali Abdullah）冲进了次中量级（Welter Weight Catogary）决赛并获得了第6名；在第二届南亚健美锦标赛上，马尔代夫全面丰收，先后获得了健美运动的多个奖项。其中，阿里·阿卜杜拉（阿拉）获120磅以下级（Fly Weight）金奖，阿尔萨马斯·穆罕默德（Alsamath Mohamed）获轻量级（Light Fly）银奖，阿卜杜拉·伊马德（Abdullah Imad）获次中量级银奖，阿里·阿卜杜拉（阿里柯）获120磅以下级铜奖。

鉴于马尔代夫健美运动在国际比赛中的突出表现，马尔代夫多次荣获国际健美联合会颁发的奖励。其中，马尔代夫总统加尧姆曾获国际健美联合会颁发的金质秩序奖（IFBB Gold Order），马尔代夫健美协会主席 M. W. 迪恩荣获国际健美联合会颁发的银质奖章（IFBB Silver Medal），马尔代夫健美协会秘书长穆罕默德·哈利姆分别荣获国际健美联合会颁发的荣誉证书和铜质奖章。

（九）游泳和水上运动

虽然马尔代夫人与水打交道的历史悠久，但将水上运动真正作为一项体育运动项目对待却为时不长。1983 年 1 月 1 日，马尔代夫游泳和水上运动协会才宣告成立，其宗旨是促进和发展马尔代夫的游泳和水上运动。目前，马尔代夫的水上运动项目有：游泳、冲浪、水球、跳台跳水、独木舟、潜水等，但水平一般，未见在国际比赛中取得骄人成绩。2012 年，马尔代夫派出艾哈迈德·胡萨姆（Ahmed Husam）和阿米娜斯·夏简（Aminath Shajan）分别参加伦敦奥运会男子 100 米自由泳和女子 50 米自由泳比赛。男子 100 米自由泳成绩为 57.53 秒，女子 50 米自由泳成绩为 32.23 秒，双双止步于预赛。

（十）田径

马尔代夫田径运动开展得较早，也比较普遍，全国成立有田径协会和各种项目的田径俱乐部。

马尔代夫田径运动水平不是很高，从马尔代夫的全国纪录看，无论男子或女子，没有一项打破过亚运会纪录。2012 年，马尔代夫派出 2 名田径运动员阿兹尼姆·艾哈迈德（Azneem Ahmed）和阿发·伊斯梅尔（Afa Ismail）分别参加伦敦奥运会男子 100 米和女子 100 米比赛。男子预赛最好成绩为 10.79 秒，以小组第三名的成绩进入第一轮比赛，成绩为 10.84 秒；女子以 12.52 秒的成绩止步于预赛，双双未能获得任何奖牌[①]。

---

① http：//www. bbc. co. uk/sport/olympics/2012/countries/maldives/athletes.

二　大众体育

马尔代夫的大众体育运动开展得也很广泛，所有的竞技体育项目也是大众体育运动的重要内容，此外，各地还开展了一些与人们生活息息相关的体育运动。随着旅游业的兴起，一些新的体育运动项目也逐渐流行起来，如健身和台球等。目前，马尔代夫比较普遍的大众体育运动项目有英式足球、潜泳、海钓、落网球、软式网球、克郎球和台球等。

（一）英式足球

英式足球（每方5人）是马尔代夫开展最为广泛的一项大众体育活动，特别是在各中小学，英式足球开展得十分普遍。国家每年要举行多场英式足球比赛，并经常组队参加国际比赛。

（二）潜水

马尔代夫一年四季阳光明媚，海面风平浪静，海水清澈见底，加之地形特别，海洋生物种类繁多，海底世界美不胜收，特别适合群众性的潜水运动。马尔代夫可以进行潜水的地方很多，据不完全统计，全国的潜水点共有100多处，其中著名的潜水点就多达30多处，如房礁潜水场、巴纳纳·斯普利特（Banana Split）潜水场、巴拉库达·吉里（Barracuda Giri）潜水场、蓝潟湖潜水场、珊瑚园潜水场、狮子头潜水场、马尔代夫"胜利者号"海难失事处潜水场、天堂礁潜水场等。因此，马尔代夫素有潜水爱好者的天堂的美誉。

马尔代夫潜水方式多种多样，按地域分有环礁岛内的潜水、环礁岛外的潜水和在通道中的潜水；按内容分有野境潜游、生态潜游、沉船潜游和水下摄影摄像等；按时间分有日间潜游和夜间潜游等。

（三）海钓

海钓是马尔代夫人和各地游客十分喜爱的一项大众体育活动。马尔代夫鱼类资源十分丰富，是人们垂钓的理想之地。

马尔代夫海钓方式多种多样。按时间分，有夜间海钓、清晨海钓和黄昏海钓等；按钓鱼的方式分，有拖钓和外海定点垂钓等。拖钓一般是钓那些在海面上浮游的鱼类；外海定点垂钓就是手里拿条线，在线的另一端绑上鱼或新鲜的生鱼片，将小船停泊在寂静的外部海域进行垂钓。由于马尔代夫各海域内都有种类繁多的鱼群，特别是盛产大石斑，无论有无经验的人都能轻易钓起四五条大鱼。人们在尽享岛国美妙景色的同时，可享受钓鱼的成就感。因此，海钓在马尔代夫十分普及。

（四）落网球（Netball）

落网球也称"无板篮球"，是一种类似篮球的球类运动，在马尔代夫比较流行。早在 20 世纪 60 年代，落网球运动首先在马尔代夫首都的阿米尼亚女子学校盛行，后来逐步推广到其他学校。1997 年，马尔代夫成立了全国落网球协会，此后又正式加入了国际落网球协会（International Federation of Netball Association）和亚洲落网球协会（Asian Federation of Netball Association）。

马尔代夫的落网球运动具有较高水平，并多次在国际比赛中获奖。1997 年，马尔代夫先后参加了在斯里兰卡举行的第三届亚洲落网球锦标赛（荣获亚军）和在新加坡举行的第四届亚洲落网球锦标赛，1998 年参加了亚洲青年落网球锦标赛，1999 年又参加了在斯里兰卡举行的 15 岁以下级别的校际锦标赛，3 所学校取得了比赛胜利。2001 年和 2009 年，马尔代夫分别参加了第五届和第七届亚洲落网球锦标赛。

（五）软式网球（Soft Tennis）

软式网球是南亚地区流行的一项大众体育运动，在巴基斯坦等国开展广泛，在马尔代夫也比较流行，全国成立了多支软式网球俱乐部。1990 年 10 月 21 日，马尔代夫成立了全国软式网球协会。目前，马尔代夫每年都举行两种类型的软式网球比赛，一是全国软式网球联赛，二是青少年软式网球锦标赛，比赛选手以抽签方式决定。

（六）克郎球（Carrom）

克郎球是马尔代夫人民喜爱的一项体育活动。1983 年 1 月 8 日，马尔代夫克郎球联合会（Maldives Carrom Federation）成立。

马尔代夫每个月都要举行克郎球排名赛，每年要举行一次全国锦标赛。

第五节　大众媒体与文博

马尔代夫的大众媒体与文博事业不太发达，其主要原因是人口少，且居住高度分散，读者对大众媒体与文博的需要量低，加之国内交通不便，因而发展比较缓慢。独立后，特别是随着旅游事业的飞速发展和国际交往的日趋频繁，马尔代夫的大众媒体与文博事业随之有了较快的发展。1998年，马尔代夫政府成立了新闻、艺术与文化部，主管全国的新闻、出版、广播、电视和文博工作。经过多年的发展，目前，马尔代夫已有近10种日报、15种期刊、70多种其他出版物（其中定期出版的有25种），建有国家广播电台、国家电视台、国家档案馆和国家博物馆等。今天的马尔代夫，已经迈进了大众媒体和文博事业发展的新时代。

一　新闻媒体

马尔代夫现有近10种日报，其中，发行量最大的是 *Haveeru Daily*，该报创办于1979年1月，以迪维希语和英语两种文字出版发行，并建有网络版（http：//www. haveeru. com. mv/）。其他的日报有：*Aafathis Daily* 和 *Miadhu Daily*，这两家报纸均用迪维希语出版发行，也有极小部分用英语出版，均有网络版（http：//www. miadhu. com/）。*Maldives News*（《马尔代夫新闻》）是英文报纸，双周刊。*Sun*（《太阳》）用英文和迪维希语两种文字出版，不但有网络版，还有调频广播，频率为94.6MHz。周报有 *Monday Times*（《星期一时报》），具有杂志风格，每周用英语出版，有网络版。

马尔代夫还有两种报纸。一种是 *Dheenuge Magu*（《迪奴格－马古》）周刊，是用迪维希语出版的宗教刊物；另一种是在国外注册的报纸，目前比较有名的有 *Minivan News*（《独立新闻》，http：//www. minivannews. com）和 *Dhivehi Observer*（《迪维希观察》，http：//www. dhivehiobserver. com）。据说 *Dhivehi Observer* 是一种"最耸人听闻的媒体"。

除报纸与杂志外，马尔代夫还有不少网络新闻媒体，有些建在国内，有些则设在国外。

马尔代夫主要新闻媒体见表 7 - 8。

表 7 - 8 马尔代夫主要新闻媒体一览

媒体类别	媒体名称	语言	发行范围或发行地
报纸新闻媒体	Aafathis Daily	迪维希语	全国
		英语	全国
	Haveeru Daily	迪维希语	全国
		英语	全国
	Haama Daily	迪维希语	马累
		英语	马累
	Miadhu Daily	迪维希语	马累
		英语	马累
	Dhivehi Observer	迪维希语	马累
	Evening Weekly	英语	马累
	Kalhale	英语	马累
	Olhuala	英语	福瓦穆拉
		迪维希语	福瓦穆拉
杂志新闻媒体	Sandhaanu	迪维希语	全国
	Udhares Weekly	迪维希语	全国
网络新闻媒体	Gadhdhoo	迪维希语	全国
	Kavaasa	迪维希语	全国
	Manadhoo Live	迪维希语	全国
	Mikal News	迪维希语	全国
	Minivan News	迪维希语	全国
	MV Headlines	英语	全国
		迪维希语	全国
	Index Mundi	英语	境外
	Maldives Digest	英语	境外
	South Asian Media	英语	境外
		迪维希语	境外
	Topix	英语	境外
	Maldives Chronicle	英语	马累
	Kavaasa	英语	马累

资料来源：① ABYZ News Links-Maldives Newspapers and News Media Guide, 2014 年 5 月 20 日；
②Kidon Media Link-Maldives, 2014 年 5 月 20 日。

二 广播

马尔代夫的广播事业起步于 1962 年。1966 年 9 月 11 日，马尔代夫国家广播电台正式成立，1980 年加尧姆总统将其更名为"马尔代夫之声"（Voice of Maldives）。1985 年 5 月 21 日，马尔代夫开通调频广播。

目前，"马尔代夫之声"已建成了一个主播中心和两个转播中心，拥有中波和两个调频波段，中波 1449KHz 可覆盖全国约 90% 的地区，其余 10% 的地区（最南和最北部的环礁地区）则利用 500W 调频发射装置通过卫星无线上行链路和下行链路进行覆盖。"马尔代夫之声"的调频广播现有 89MHz 和 91MHz 两个频率，其中 91MHz 主要播送宗教节目，89MHz 主要集中于时事和音乐方面，调频广播可覆盖首都马累 30 公里以内范围。

2002 年 11 月 4 日，"马尔代夫之声"开通了网上服务。只要登录"马尔代夫之声"官网（http：//www. vom. gov. mv），即可 24 小时收听任何节目。

然而，由于国土面积小，人口过于分散，需求有限，加之受到技术和经费等方面的限制，到目前为止，"马尔代夫之声"尚未投入过多精力用于数字化改造。

三 电视

1978 年 3 月 29 日，马尔代夫国家电视台建成投入使用。目前，马尔代夫国家电视台共设有两个频道，其中"马尔代夫电视台"（TVM）又称"全国电视频道"（National Television Channel），面向全国，主要播送新闻、时事和娱乐节目等；另一个是"马尔代夫附加电视台"（TVM Plus），第二频道为新增频道，称为"马尔代夫电视台＋"（TVM Plus），这是一个收费的特殊娱乐频道，必须通过注册的解码器付费使用，该频道于 1994 年建成投入使用。

马尔代夫电视台"全国电视频道"每天播送 18 个小时的电视节目，收费频道每天的电视节目只有 10 个小时。两个频道的节目范围都比较广泛，主要有新闻、国内国际时事、音乐、体育、教育和宣传节目、儿童节目、健康节目、纪录片和休闲节目等。近年来，政府和非政府组织也常常利用国家电视台对民众开展宣传教育。

此外，2009 年 10 月以来，中国中央电视台两个国际频道（CCTV4 和 CCTV9）在马尔代夫开播，分别用汉语和英语为海外游客和当地居民提供电视服务。

由于马尔代夫属群岛国家，各岛面积普遍较小，居民极为分散，铺设海底电缆难度大，造价高，除马累及附近周边外，外岛居民只能安装家庭卫星接收天线才能收看电视节目，然而由于各方面条件限制，安装卫星接收天线的家庭数量甚少。因此，从总体上看，马尔代夫的电视事业仍不发达，普及程度仍然较低。在一些较为偏远的岛屿，人们仍然看不上报纸，看不上电视。

据报道，目前，马尔代夫已建立私人电视台。

四　博物馆和美术馆

（一）国家博物馆

马尔代夫只有一家国家博物馆，原建筑位于马累市中心小巧精致的苏丹公园内，其主体建筑是一座早期的王宫，为一座三层楼房。1952 年改建成马尔代夫国家博物馆并于同年 11 月 19 日对全体公众开放。2010 年 7 月 10 日，马尔代夫国家博物馆新馆落成，新博物馆由中国政府援建。

马尔代夫国家博物馆陈列着大量各种各样的藏品，主要有：史前古董，其中包括前伊斯兰教时期的部分石器；王室遗物，如宝座、皇冠、王轿、王室遮阳伞、服装、鞋子、古钱币、饰品、古兵器和盔甲等；珊瑚石雕、漆木容器、微型手写《古兰经》、水烟袋、王室常用于音乐演奏的圆鼓等。博物馆最里层是保存完好的原苏丹用品，此外还有两件最有意义的珍品，一件是 11 世纪阿里夫·托杜（Alifu Thoddoo）佛祖的珊瑚石头像；另一件是 13 世纪的木雕。此外，该馆还陈列有许多马尔代夫手工艺品（如石刻、木雕、漆雕等）和一些中国瓷器及钱币，这一切都反映了马尔代夫是一个文明古国。展品中有一支锃亮的铜制长枪，上面的字迹清晰，握手处颜色发浅，这是马尔代夫民族英雄穆罕默德·塔库拉夫·阿里·阿拉扎姆曾使用过的枪。他曾用这支枪打死了葡萄牙侵略者的首领，继而全歼葡军，赢得自由和独立，这支枪是马尔代夫人民追求自由和独立的象征。

马尔代夫国家博物馆以其丰富的藏品和独具特色的魅力吸引着来自世界各地的游客。为了保护馆藏珍品，马尔代夫对该馆的开放时间有所限制，每天只开放6小时，周五和节假日均不开放。

（二）美术陈列馆

马尔代夫美术陈列馆位于马累市苏丹公园东侧，是一座古老的小型建筑。这里陈列着历代美术精品，如雕刻、雕塑和绘画等。此外，该陈列馆还经常举办各种美术展览，并向游人出售一些当地画家的新作。

第八章

外　交

第一节　外交发展简况

　　长期以来，马尔代夫一直处在欧洲殖民统治之下，国家的外交大权始终掌握在殖民统治者手中。1965 年英国殖民统治结束，马尔代夫获得完全独立，从此拥有独立的外交权。1965 年，马尔代夫加入联合国。1968年共和国成立后，马尔代夫政府本着同所有尊重马尔代夫独立和主权的国家友好的原则，积极发展对外关系，并把塑造良好的国际形象、提升马尔代夫的国际地位放到了至关重要的位置。1978 年，马尔代夫加入世界银行和国际货币基金组织，后来又加入了亚洲开发银行。1985 年，在马尔代夫等国的倡议下，南亚区域合作联盟（South Asian Association for Regional Co-operation，简称"南盟"）宣告成立，马尔代夫成为该组织的创始国之一；1990 年、1997 年和 2011 年，马尔代夫先后三次成功举办了南亚区域合作联盟首脑会议。

　　马尔代夫长期是英国的殖民地，历史上与英国的关系十分密切。1956年，英国要求租赁马尔代夫最南端的甘岛作为空军基地，1960 年与马尔代夫签订了长达 30 年（1956~1986）的租赁协议（后缩短为 20 年）。1976 年英军撤离甘岛。1985 年，马尔代夫正式加入英联邦，此后一直为英联邦的正式成员。

　　马尔代夫一贯奉行独立自主的外交方针，努力谋求印度洋地区的和平与稳定。1977 年 10 月，苏联曾以 100 万美元的诱人大单欲租赁原英国的甘岛空军基地，遭到马尔代夫政府的断然拒绝。

马尔代夫虽然是一个伊斯兰国家，但与中东地区的伊斯兰运动保持着相当的距离。马尔代夫与南亚各国一直保持着良好的睦邻友好关系。1976年，马尔代夫与印度和斯里兰卡签署了海上边界的划界协议，妥善解决了与邻国可能发生的潜在纠纷。印度是南亚大国，保持与印度的良好关系，对马尔代夫十分重要。独立以后，马尔代夫十分重视保持和加强同印度的关系，并不断从印度得到政治、经济和军事等多方面援助。

马尔代夫坚持互相尊重主权和领土完整、平等互利、和平共处的外交方针，与一切愿意和马尔代夫保持友好关系的国家建立国家级外交关系。据马尔代夫外交部统计，截至 2014 年 9 月，马尔代夫已同世界上 146 个国家建立了正式的外交关系，其中亚洲国家 32 个，非洲国家 28 个，欧洲国家 45 个，北美洲国家 20 个，南美洲国家 10 个，大洋洲国家 11 个①。

马尔代夫建交情况见表 8 - 1。

表 8 - 1　马尔代夫建交情况一览

序号	国家名称	建交日期
亚洲		
1	斯里兰卡	1965 年 7 月 26 日
2	印度	1965 年 11 月 1 日
3	巴基斯坦	1966 年 7 月 26 日
4	韩国	1966 年 11 月 30 日
5	日本	1967 年 4 月 20 日
6	马来西亚	不详
7	缅甸	1969 年 10 月 12 日
8	朝鲜	1970 年 6 月 14 日
9	伊拉克	1971 年 9 月 15 日
10	中国	1972 年 10 月 14 日
11	菲律宾	1974 年 7 月 12 日

---

① 马尔代夫外交部：http://www.foreign.gov.mv.new/tpl/show/content/bilateralrela tions/，2014 年 10 月 4 日。但据中华人民共和国外交部网站统计，截至 2014 年 9 月，马尔代夫已同 162 个国家建立了外交关系。

序号	国家名称	建交日期
12	印度尼西亚	1974 年 9 月 2 日
13	新加坡	1975 年 2 月 20 日
14	伊朗	1975 年 6 月 2 日
15	越南	1975 年 6 月 20 日
16	科威特	1977 年 12 月 1 日
17	阿拉伯联合酋长国	1978 年 3 月 15 日
18	孟加拉国	1978 年 9 月 22 日
19	泰国	1979 年 6 月 21 日
20	巴林	1980 年 3 月 24 日
21	尼泊尔	1980 年 8 月 1 日
22	叙利亚	1981 年
23	阿曼	1981 年 2 月 20 日
24	沙特阿拉伯	1981 年 3 月 17 日
25	约旦	1981 年 3 月 25 日
26	巴勒斯坦	1982 年 4 月 4 日
27	文莱	1984 年 3 月 31 日
28	卡塔尔	1984 年 5 月 26 日
29	不丹	1984 年 7 月 13 日
30	蒙古	1985 年 11 月 6 日
31	黎巴嫩	1988 年 2 月 25 日
32	以色列 *	2009 年 9 月 25 日
非洲		
1	埃及	1969 年 2 月 12 日
2	利比亚	1975 年 11 月 17 日
3	塞舌尔	1980 年 7 月 1 日
4	马里	1980 年 10 月 16 日
5	毛里求斯	1981 年 1 月 15 日
6	塞内加尔	1981 年 2 月 15 日
7	苏丹	1981 年 6 月 10 日
8	几内亚	1983 年 4 月 8 日
9	科摩罗	1983 年 7 月 20 日
10	突尼斯	1983 年 9 月 10 日

序号	国家名称	建交日期
11	津巴布韦	1987 年 1 月 7 日
12	摩洛哥	1988 年 2 月 4 日
13	阿尔及利亚	1988 年 3 月 8 日
14	索马里	1988 年 3 月 10 日
15	塞拉利昂	1988 年 6 月 14 日
16	坦桑尼亚	1988 年 8 月 11 日
17	尼日利亚	1989 年 3 月 1 日
18	冈比亚	1989 年 7 月 3 日
19	加纳	1989 年 8 月 10 日
20	毛里塔尼亚	1989 年 10 月 16 日
21	纳米比亚	1990 年 7 月 26 日
22	乌干达	1993 年 11 月 30 日
23	圭亚那	1994 年 4 月 13 日
24	南非	1994 年 7 月 27 日
25	肯尼亚	1995 年 10 月 23 日
26	莫桑比克	1995 年 11 月 27 日
27	贝宁	2011 年 9 月 16 日
28	布基纳法索	2011 年 12 月 29 日
欧洲		
1	英国	1965 年 7 月 26 日
2	意大利	1966 年
3	俄罗斯	1966 年 9 月 14 日
4	法国	1969 年 5 月 20 日
5	塞尔维亚	1975 年 3 月 1 日
6	匈牙利	1975 年 5 月 24 日
7	比利时	1977 年 10 月 3 日
8	奥地利	1978 年 3 月 1 日
9	瑞典	1978 年 8 月 21 日
10	土耳其	1979 年 5 月 28 日
11	西班牙	1979 年 8 月 25 日
12	荷兰	1979 年 9 月 3 日

续表

序号	国家名称	建交日期
13	罗马尼亚	1979 年 11 月 1 日
14	瑞士	1981 年 6 月 23 日
15	丹麦	1982 年 11 月 8 日
16	希腊	1983 年 9 月 17 日
17	挪威	1984 年 3 月 26 日
18	保加利亚	1984 年 8 月 14 日
19	芬兰	1984 年 10 月 1 日
20	波兰	1984 年 10 月 1 日
21	马耳他	1985 年 3 月 5 日
22	塞浦路斯	1987 年 11 月 1 日
23	卢森堡	1988 年 7 月 11 日
24	冰岛	1990 年 1 月 30 日
25	斯洛伐克	1993 年 1 月 1 日
26	捷克	1993 年 4 月 20 日
27	乌克兰	1993 年 8 月 17 日
28	白俄罗斯	1993 年 12 月 6 日
29	爱沙尼亚	1994 年 3 月 22 日
30	拉脱维亚	1994 年 6 月 20 日
31	亚美尼亚	1995 年 1 月 10 日
32	葡萄牙	1995 年 2 月 9 日
33	斯洛文尼亚	1996 年 3 月 4 日
34	波黑	1997 年 1 月 27 日
35	克罗地亚	1997 年 4 月 8 日
36	立陶宛	1999 年 12 月 2 日
37	爱尔兰	1999 年 12 月 7 日
38	马其顿	2000 年 11 月 13 日
39	摩纳哥	2001 年 3 月 19 日
40	安道尔	2008 年 5 月 19 日
41	阿尔巴尼亚	2008 年 6 月 25 日
42	科索沃	2009 年 4 月 15 日
43	黑山	2009 年 11 月 24 日
44	格鲁吉亚	2010 年 3 月 11 日
45	列支敦士登	2011 年 1 月 21 日

续表

序号	国家名称	建交日期
北美洲		
1	美国	1965 年 11 月 10 日
2	墨西哥	1975 年 11 月 15 日
3	古巴	1977 年 1 月 29 日
4	加拿大	1981 年 12 月 14 日
5	巴拿马	1989 年 7 月 10 日
6	巴巴多斯	1989 年 11 月 30 日
7	牙买加	1990 年 2 月 26 日
8	危地马拉	1993 年 1 月 27 日
9	巴哈马群岛	1993 年 9 月 28 日
10	伯拉兹	2000 年 2 月 11 日
11	格林纳达	2000 年 7 月 13 日
12	安提瓜和巴布达	2002 年 3 月 25 日
13	文森特和格林纳丁斯	2003 年 5 月 27 日
14	多米尼加（英联邦）	2004 年 7 月 21 日
15	特立尼达和多巴哥	2009 年 11 月 24 日
16	多米尼加（共和国）	2010 年 3 月 17 日
17	尼加拉瓜	2010 年 5 月 11 日
18	哥斯达黎加	2010 年 9 月 21 日
19	洪都拉斯	2011 年 10 月 13 日
20	圣卢西亚	2011 年 12 月 2 日
南美洲		
1	智利	1987 年 3 月 1 日
2	阿根廷	1987 年 5 月 14 日
3	哥伦比亚	1988 年 8 月 22 日
4	巴西	1988 年 9 月 27 日
5	秘鲁	1989 年 2 月 6 日
6	委内瑞拉	1990 年 11 月 1 日
7	苏里南	2008 年 10 月 23 日
8	乌拉圭	2009 年 2 月 24 日
9	巴拉圭	2010 年 9 月 28 日
10	厄瓜多尔	2011 年 3 月 14 日

续表

序号	国家名称	建交日期
	大洋洲	
1	澳大利亚	1974 年 1 月 25 日
2	新西兰	1974 年 10 月 10 日
3	斐济	1988 年 3 月 15 日
4	巴布亚新几内亚	1988 年 12 月 22 日
5	基里巴斯	1989 年 3 月 20 日
6	所罗门群岛	1989 年 10 月 18 日
7	密克罗尼西亚	1991 年 10 月 24 日
8	马绍尔群岛	1991 年 10 月 16 日
9	萨摩亚独立国	1993 年 8 月 2 日
10	瑙鲁	2000 年 5 月 9 日
11	图瓦卢	2006 年 3 月 1 日

* 马尔代夫独立后，曾同以色列建立了外交关系，后由于国人的强烈反对，外交关系一度中止。2009 年 9 月，马尔代夫正式恢复同以色列的外交关系。但不知何故，马尔代夫外交部在最新公布的双边关系中，以色列未在其中。

资料来源：马尔代夫外交部，2014 年 10 月 4 日。

马尔代夫奉行国际交往政策，积极加强与世界各国的联系，努力建设战略合作伙伴关系，积极融入国际社会。1985 年加入英联邦，并成为南亚区域合作联盟（南盟）的创始成员国，马尔代夫是布雷顿森林体系（后解体）的成员国之一，也是核不扩散条约、环境保护、制止恐怖主义、核裁军、促进和保护人权等条约的缔约国。马尔代夫遵守《联合国宪章》，积极参加国际组织，认真履行国际义务。截至 2014 年 9 月，马尔代夫已加入 65 个国际组织[①]（见表 8 - 2）。2008 年民主改革后，马尔代夫已经与国际人权组织成功地建立了对话合作机制，签署了许多人权公约，如公民权利和政治权利国际公约，以及关于经济、社会和文化权利国际公约。其间，马尔代夫还加

---

① http：//www.foreign.gov.mv/v3/? p = mem_ in_ int, 2014 年 3 月 27 日，原表中有 9 个机构为重复数据。

强与联邦议会协会的广泛接触，并加入了国际议会联盟（简称"议会联盟"）。

表 8 − 2　马尔代夫参加的国际组织一览

序号	组织或机构	加入日期
1	科伦坡计划（Colombo Plan）	1963 年 11 月 12 日
2	联合国（United Nations）	1965 年 9 月 21 日
3	联合国开发计划署（United Nations Development Programme）	1965 年 9 月 21 日
4	联合国人口基金会（United Nations Population Fund）	1965 年 9 月 21 日
5	联合国贸易和发展会议（United Nations Conference on Trade and Development）	1965 年 9 月 21 日
6	世界卫生组织（World Health Organization）	1965 年 11 月 5 日
7	国际电信联盟（International Telecommunications Union）	1967 年 2 月 28 日
8	国际海事组织（International Maritime Organization）	1967 年 5 月 17 日
9	万国邮政联盟（Universal Postal Union）	1967 年 8 月 15 日
10	联合国儿童基金会（United Nations Children's Fund）	1971 年 4 月 6 日
11	（联合国）粮食和农业组织（Food and Agriculture Organization）	1971 年 11 月 8 日
12	联合国环境规划署（United Nations Environment Programme）	1972 年 12 月 15 日
13	国际民航组织（International Civil Aviation Organization）	1974 年 4 月 11 日
14	伊斯兰会议组织（Organization of the Islamic Conference）	1974 年 8 月
15	亚太经济和社会委员会（Economic and Social Commission for Asia and the Pacific）	1976 年 8 月 11 日
16	不结盟运动（Non-Aligned Movement）	1976 年 8 月 15 日
17	国际开发协会（International Development Association）	1978 年 1 月 13 日
18	国际复兴开发银行（世界银行）［International Bank for Reconstruction and Development（World Bank）］	1978 年 1 月 13 日
19	国际货币基金组织（International Monetary Fund）	1978 年 1 月 13 日
20	亚洲开发银行（Asian Development Bank）	1978 年 2 月 14 日
21	世界气象组织（World Meteorological Organization）	1978 年 6 月 1 日
22	印度洋渔业委员会（Indian Ocean Fishery Commission）	1979 年 12 月 4 日
23	国际农业发展基金（International Fund for Agriculture Development）	1980 年 1 月 15 日
24	伊斯兰开发银行（Islamic Development Bank）	1980 年 2 月 11 日
25	亚太电信组织（Asia Pacific Telecommunity）	1980 年 4 月 16 日
26	联合国教科文组织（United Nations Educational, Scientific and Cultural Organization）	1980 年 7 月 18 日

续表

序号	组织或机构	加入日期
27	联合国/印度洋特设委员会（UN/Ad-Hoc Committee on the Indian Ocean）	1980 年 8 月
28	世界旅游组织（World Tourism Organization）	1981 年 9 月 27 日
29	南亚环境合作协会（South Asia Co-operative Environment Programme）	1981 年 10 月 22 日
30	世界气象组织、亚太经济与社会委员会热带气旋专家组（WMO/ESCAP Panel on Tropical Cyclones）	1982 年 6 月 21 日
31	亚太邮政联盟（Asia Pacific Postal Union）	1982 年 7 月 1 日
32	联邦青年计划（Commonwealth Youth Programme）	1982 年 7 月 9 日
33	联邦：特别成员 The Commonwealth：Special Membership	1982 年 7 月 9 日
34	国际金融公司（International Finance Corporation）	1983 年 1 月 2 日
35	南亚区域合作联盟（South Asian Association for Regional Co-operation）	1983 年 8 月 2 日
36	亚洲议员人口与发展论坛（Asian Forum of Parliamentarians on Population and Development）	1983 年 12 月 25 日
37	国际机场协会（Airports Council International）	1984 年 5 月
38	国际刑警组织（International Criminal Police Organization）	1984 年 9 月 4 日
39	联邦基金技术合作组织（Commonwealth Fund for Technical Cooperation）	1985 年
40	联邦：正式成员（The Commonwealth：Full Membership）	1985 年 6 月 20 日
41	亚太广播发展研究所（Asia-Pacific Institute for Broadcasting Development）	1985 年 6 月 25 日
42	联合国教科文组织亚洲文化中心（Asian Cultural Centre for UNESCO）	1986 年 7 月 1 日
43	亚太地区渔业产品市场信息和技术咨询服务的政府间组织（Inter-governmental Organization for Marketing Information and Technical Advisory Services for Fishing Products in the Asia & Pacific Region）	1986 年 8 月 7 日
44	Hijiree 统一历法委员会（Unified Hijiree Calender Committee）	1987 年 6 月 29 日
45	联合国工业发展组织（United Nations Industrial Development Organization）	1988 年 5 月 10 日
46	国际民间艺术组织（International Organization for Folk Art）	1988 年 11 月 19 日
47	国际纺织品和服装局（International Textile and Clothing Bureau）	1989 年 8 月 14 日
48	联邦学习联盟（Commonwealth of Learning）	1989 年 9 月

序号	组织或机构	加入日期
49	亚太广播联盟（Asia Pacific Broadcasting Union）	1990 年 4 月 1 日
50	世界青年大会（World Assembly of Youth）	1990 年 10 月 23 日
51	南亚机构发展管理协会（Association of Management Development Institution in South Asia）	1992 年 5 月 6 日
52	亚洲青年理事会（Asian Youth Council）	1992 年 6 月 16 日
53	联合国环境规划署和国际环境资料查询系统网络（UNEP/ INFORTERRA Network）	1993 年 11 月 14 日
54	全球环境基金（Global Environment Facility）	1994 年 9 月 21 日
55	世界贸易组织（World Trade Organization），1983 年 4 月 9 日 ~ 1994 年 12 月 31 日，马尔代夫曾是关贸总协定成员方	1995 年 5 月 31 日
56	世界海关组织（World Customs Organization），亦称海关合作理事会（Customs Cooperation Council）	1995 年 9 月 8 日
57	亚洲最高审计机构组织（Asian Organization of Supreme Audit Institutions）	1997 年 11 月 26 日
58	联邦议会协会（Commonwealth Parliamentarian Association）	2000 年 1 月 1 日
59	南亚保险监管机构论坛（South Asian Insurance Regulator's Forum）	2002 年 8 月 29 日
60	多边投资担保机构（Multilateral Investment Guarantee Agency）	2002 年 11 月 4 日
61	亚太中心安全存托集团（Asia Pacific Central Security Depositary Group）	2006 年 5 月 16 日
62	国际展览局（Bureau International des Expositions）	2007 年 11 月 9 日
63	国际兽医组织（World Organization for Animal Health）	2007 年 11 月 30 日
64	国际移民组织（International Organization for Migration）	2011 年 5 月 31 日
65	国际文物保护与修复研究中心（International Centre for Studies of the Prevention and Restoration of Cultural Properties）	2012 年 5 月 8 日

资料来源：马尔代夫外交部网站，2014 年 1 月 12 日。

第二节　外交机构与外交政策

一　外交机构

马尔代夫外交机构比较简单，国家设有外交部和若干使（领）馆、高级专员署及部分商务代表处。

（一）外交部（Ministry of Foreign Affairs）

马尔代夫外交部始建于 1968 年 11 月，现辖部长办公室、领事服务司、管理司、国际事务司、礼宾司、欧美中东司、亚洲司。2013 年 11 月，前总统加尧姆的女儿——敦亚·穆蒙（Dunya Maumoon）女士被任命为外交部部长。

（二）驻外机构

马尔代夫驻国外的机构较少。截至 2014 年 9 月，马尔代夫在中国、比利时、日本、阿拉伯联合酋长国、沙特阿拉伯等国家设有大使馆，在孟加拉国、印度、马来西亚、巴基斯坦、新加坡、斯里兰卡和英国（代理）等国家设有高级专员署，在 5 个国际组织设有常设使团（纽约联合国总部、日内瓦联合国办事处、布鲁塞尔欧盟总部、吉达伊斯兰合作组织和日内瓦世界贸易组织）。

此外，马尔代夫还在不丹、尼泊尔、丹麦、埃及、芬兰、法国、意大利、黎巴嫩、利比亚、卢森堡、荷兰、挪威、巴勒斯坦、俄罗斯、西班牙、瑞典、叙利亚等设立了非常驻外交机构（领事馆），其一切事务分别由马尔代夫驻印度、英国、沙特阿拉伯、瑞士和比利时等国的外交机构全权负责。马尔代夫驻华大使馆情况见表 8 – 3。

表 8 – 3 马尔代夫驻华大使馆

建馆时间	2007 年 8 月 20 日
地　　址	北京市朝阳区建外秀水街 1 号建外外交公寓 1 号楼 5 单元 301
现任大使	穆罕默德·费萨（Mohamed Faisal）
前任大使	穆罕默德·拉希德（Mohamed Rasheed,2007 年 12 月 3 日 ~ 2014 年 3 月 31 日）
网　　址	http://www.maldivesembassy.cn/zh
电　　话	+86 1085323847、85323454
传　　真	+86 1085323746
电子信箱	admin@maldivesembassy.cn

资料来源：马尔代夫驻华大使馆官网，http：//www.maldivesembassy.cn/zh。

（三）外国驻马尔代夫外交机构

由于地理因素限制，外国在马尔代夫的外交机构不是很多。联合国开发计划署、联合国儿童基金会和世界卫生组织在马累驻有常驻代表，中国、印度、巴基斯坦、斯里兰卡和孟加拉国在马累设有大使馆或高级专员署，大部分国家驻马尔代夫大使馆或高级专员署分别由该国驻印度、斯里兰卡、巴基斯坦和孟加拉国的大使馆兼任，因此，这些国家驻巴基斯坦、斯里兰卡、印度或孟加拉国大使馆同时也是该国驻马尔代夫大使馆，有关马尔代夫的一切外交事务都是通过各自驻印度、巴基斯坦、斯里兰卡和孟加拉国大使馆来进行处理的。中国驻马尔代夫大使馆情况见表8-4。

表8-4　中国驻马尔代夫大使馆

建馆时间	2011年11月8日
地　址	马累（H. Nookurikeela, Dhunbugas Magu, Henveiru, Male）
现任大使	王福康（2013年12月至今）
前任大使	余洪耀（2011年10月~2013年12月）
网　址	http://mv. china - embassy. org　http://mv. chineseembassy. org
电　话	（00960）3010638 3010641（政治处） （00960）3010645（领事部） （00960）3010636（经商处） （00960）7458160（中国公民紧急电话）
传　真	（00960）3010644 （00960）3010637（办公室） （00960）3010637 3010642（政治处） （00960）3010642（领事部） （00960）3010642（经商处）
电子信箱	chinaemb_mdv@ mfa. gov. cn consulate_mdv@ mfa. gov. cn（领事咨询）

资料来源：中国驻马尔代夫大使馆官网，http://mv. china - embassy. org/chn/sgxx/lxwm/，2014年11月。

二　外交政策

（一）基本方针

马尔代夫奉行和平、独立和不结盟的外交政策，同所有尊重马尔代夫独立和主权的国家友好，重视发展与南亚区域合作联盟、伊斯兰和阿拉伯国家以及众多发展中国家和发达国家的关系。马尔代夫积极参与不结盟运动和南亚区域合作联盟的活动；支持建立国际经济新秩序；主张全面裁军，包括禁止核试验和彻底核裁军，维护世界和平，特别提倡维护小国安全，极为关注全球环境恶化使海平面上升对马尔代夫造成的威胁。马尔代夫希望得到国际组织和其他国家提供的各种援助。

马尔代夫热切希望与各国保持良好的双边关系，希望与世界各国和平相处，密切合作；马尔代夫是许多国际条约、协定、协议的签约国，充分尊重和遵守国际法、国际条约并认真履行其所赋予的各项义务；马尔代夫支持为促进南亚地区及其他一切地区的和平与稳定而进行的各种努力；寻求保护本国的独立、主权、领土完整和民族特性，在国际关系中坚定不移地维护本国的国家利益；马尔代夫遵守《联合国宪章》的基本原则并以此作为发展国家间相互关系的行为准则。

（二）对重大国际问题的原则立场

1. 关于小国安全的保护问题

1988 年 9 月 3 日，在斯里兰卡雇佣军的支持和怂恿下，国内反对势力企图推翻马尔代夫合法的民主政府。由于马尔代夫军力薄弱，政变阴谋险些得逞。这一事件促使马尔代夫对来自外部的威胁保持高度警觉。马尔代夫完全意识到，对于来自外部的军事威胁，小国无力单独应对，必须要在地区和国际组织，特别是要在安理会和联合国大会的支持下，运用集体的安全安排，谋求长久的安全利益。为此，马尔代夫进行了不懈的努力。在 1989 年第 44 届联合国大会上，马尔代夫提出了保护小国安全的问题，联合国大会以不投票方式通过了 1989（44/51）号决议，承认小国容易受到外部威胁，其内政也容易受到干涉，并要求有关地区和国际组织，当小国安全受到威胁并提出请求时，对其提供必要的援助。

1991 年 5 月，根据 1989（44/51）号决议，马尔代夫主持召开了小国安全保护研讨会（A Workshop on the Protection and Security of Small States）。会议建议：（1）联合国秘书长根据《联合国宪章》有关条款对阻止此类威胁发挥更大的作用；（2）成立一支常设或临时的联合国部队，根据《联合国宪章》第 4 章有关规定进行运作，以满足安全方面的需要；（3）安理会应根据小国的实际情况，考虑对小国提供集体安全保证。上述建议提出后，经过两届联合国大会辩论，分别以 1991（46/43）号决议和 1994（49/31）号决议的形式予以采纳。

小国安全的保护问题同样在英联邦进行了辩论。1983 年成立了小国特殊需要 14 国协商小组（A 14 Member Consultative Group on Special Needs of Small States），马尔代夫外交部部长被任命为该小组成员之一。1985年，该协商小组提交了一份题为《小国在全球社会中的脆弱性》的研究报告。1993 年，英联邦成立了小国问题部长级小组（A Ministerial Group on Small States）。

由于马尔代夫的坚决主张，伊斯兰会议组织（Organization of the Islamic Conference）也讨论了关于维护小国主权和领土完整以及小国安全等方面的问题。

2. 关于裁军问题

马尔代夫政府支持国际军备控制措施和反扩散活动，包括核不扩散与裁军，并签署了多项有关条约和协议。马尔代夫一贯主张通过多边或双边努力实现武器控制和裁军，强调裁军对于维护世界和平与安全的极端重要性。马尔代夫认为国际社会应密切关注并共同努力削减常规武器。联合国常规武器注册处（United Nations Registry of Conventional Arms）的建立就是朝此方向迈出的可喜一步。1993 年以来，马尔代夫一直向联合国常规武器注册处提交有关数据和信息。马尔代夫支持国际社会对销毁核武器和限制扩散核武器所进行的一切努力，并于 1995 年对无限期延长《不扩散核武器协定》表示支持。马尔代夫坚决支持建立世界无核区及和平区的主张。认为这种区域对促进世界和平与安全必将发挥很大的作用。马尔代夫相信，裁军和发展是紧密相关的，它是建立和支撑国际和平与安全的两根力柱。马尔代夫赞成转移用于研究、发展和制造大规模杀伤性武器的费用，以改善人民的社会经济状况和彻底消除贫困。马尔代夫对和平解决争端、主张共同安全、建立非刺激性防务以及增强信心、缓解地区紧张局势的一切措施表示欢迎和拥护。

3. 关于国际（多边）和地区合作问题

国际（多边）和地区合作是马尔代夫外交政策的基础，马尔代夫政府把建立和发展与各国际及地区组织的合作关系放在优先位置。马尔代夫是联合国、伊斯兰会议组织、不结盟运动和其他各种国际组织的成员国，同时还是南亚区域合作联盟的创始国。马尔代夫相信，这样的合作可促进相关国家社会和经济的发展，并对维护本地区的和平与安全发挥重要作用。

4. 关于全球气候变化问题

20 世纪 80 年代以来，全球气候变暖导致海平面上升的情况日趋严重。马尔代夫全国的平均海拔高度只有 1.6 米，其中 1 米以下的岛屿占 80% 以上，目前依然浮出水面的岛屿经受着越来越严重的海潮侵袭，岛屿土地面临着严重的海水侵蚀以及地下水资源的匮乏，并已严重影响到岛上植物的生存和居民的生活，海平面上升严重威胁到马尔代夫的安全。2007年，联合国政府间气候变化问题研究小组警告说，全球海平面至 2100 年可能升高 0.18 ~ 0.59 米，届时，马尔代夫等小岛屿国家将遭遇"灭顶之灾"。

马尔代夫是"小岛屿国家联盟"（AOSIS）的主要代表国，强调气候变化事关小岛屿国家的生存权，极为关注全球气候变暖使海平面上升对马尔代夫造成的威胁。马尔代夫认为，"气候变化对马尔代夫而言不是单纯的环境问题，而是一个涉及国家安全的问题"。受全球气候变化的影响，马尔代夫有可能成为全球气候变化最早危及生存的国家之一。长期以来，尽管马尔代夫总统和政府有关部门利用一切机会，在国际上积极呼吁，遗憾的是，对于马尔代夫所面临的现实威胁，世界各国并没有充分的认识。各国在气候问题上讨论很多，但实际进展甚微，令马尔代夫"非常沮丧"。马尔代夫前总统纳希德表示，各国在气候变化问题上应承诺有所作为，而不仅仅是承诺"不做什么"。他认为，发达国家应该向发展中国家转移相关技术，而发展中国家不应再走发达国家"先污染、再治理"的老路。2009 年 12 月，在哥本哈根全球气候大会上，马尔代夫等小岛屿国家联合呼吁到 2050 年全球温室气体减排 85%。

为了防止最坏的情况发生，近年来，马尔代夫着手筹措大笔资金，为在国外购买土地进行举国搬迁做必要准备。①

5. 关于人权问题

马尔代夫坚决反对种族隔离，反对践踏人权，尤其反对没有人性的各种犯罪，并签署了许多国际人权公约。主要有：《消除一切形式种族歧视公约》《消除对妇女一切形式歧视公约》《儿童权利公约》《预防和惩罚有计划种族灭绝和屠杀公约》《制止和惩罚种族隔离犯罪公约》和《预防和惩罚针对已受国际保护人士其中包括外交代理人犯罪公约》等。2005年，马尔代夫在签署了《联合国反酷刑公约》后，继而成该公约任择议定书的发起国之一。2006年4月，马尔代夫邀请联合国人权机构相关人员前往该国进行访问。马尔代夫现已成为《儿童权利公约》《消除种族歧视公约》《残疾人权利公约》《消除对妇女一切形式歧视公约》及其任择议定书的缔约国。

2008年民主改革后，马尔代夫已经成为促进和保护人权的有力倡导者。在联合国，马尔代夫一直呼吁所有国家遵守国际法规定的义务。2010年，马尔代夫选举产生了全国人权委员会，旨在保护和促进全国的人权事业。2013年11月，马尔代夫当选联合国人权理事会成员，任期是2014～2016年②；同时，马尔代夫常驻联合国日内瓦代表亚当（Iruthisham Adam）当选联合国人权理事会副主席，任期1年③。

6. 关于中东和平进程问题

马尔代夫认为，只有以色列完全、无条件地从1967年占领的巴勒斯坦和阿拉伯所有领土撤军，并在联合国安理会242号（1967）和338号（1973）决议的基础上，巴勒斯坦人民能够行使自决权并建立自己独立的国家时，才能真正实现中东地区的广泛和平。

① 中国广播网：《马尔代夫欲购土地举国搬迁》，http：//travel. sohu. com/20091020/n267548363. shtml。

② 人民网：《中国等14国当选联合国人权理事会成员》，http：//world. people. com. cn/n/2013/1113/c1002－23523076. html。

③ 联合国新闻网：http：//www. un. org/chinese/News/story. asp？ NewsID＝18922。

马尔代夫欢迎和平进程，并且相信，只要双方真诚相待，继续谈判，就能结束冲突，最终达成永久解决。马尔代夫呼吁双方要尊重已经达成的各种协议，对有可能破坏和平进程的各种行为保持最大限度的克制。

7. 关于恐怖主义

马尔代夫将恐怖主义视为"国家的敌人"，无论它们的规模是大是小，都是对人类的严重威胁。马尔代夫认为，打击这种残忍的敌人，是对国际反恐行动的支持和补充，但必须在地区和国家层面采取措施。同时，在打击全球共同敌人的战斗中，区域和国家层面的行动必须要符合国际义务。马尔代夫是全球反恐公约的缔约国之一，马尔代夫已签署了与己有关的 8 个公约。此外，马尔代夫还是南亚区域合作联盟制止恐怖主义活动公约及其附加议定书的缔约国。

第三节 南盟中的马尔代夫

1985 年 12 月 8 日，南亚区域合作联盟在孟加拉国达卡宣告成立，马尔代夫是该联盟的创始国之一。

1977 年，孟加拉国总统齐亚·拉赫曼在会见南亚其他 6 国领导人时首次提出了建立南盟的主张，马尔代夫当即给予了有力的支持，其他国家也积极响应。1980 年 5 月，拉赫曼在致南亚各国首脑的信中正式提出了成立南亚区域合作组织的建议，马尔代夫再次对这一建议表示完全支持。从 1980 年到 1985 年，马尔代夫曾三次派出外交部部长、五次派出外事秘书参加有关会议，就建立南亚区域合作组织的有关问题与其他各国进行了多次磋商，为正式建立南亚区域合作联盟进行了必要的准备。由于各国的共同努力，终于扫清了一切障碍，使得印度在筹建该联盟的过程中持积极的合作态度，从而使矛盾重重、四分五裂的南亚地区得以建立起一个合作组织，它对于促进南亚地区人民的福利事业，改善人民的生活质量，并在商定的一些领域通过联合行动来加速成员国经济和社会的发展进程具有十分重要的意义。

南盟的发展经历过不少曲折。作为创始国之一，马尔代夫积极参加南盟的一切活动，多次采取实际措施，有力地推动了该组织的健康发展。

南盟的最初发展比较顺利。1986 年发表了《班加罗尔宣言》，1987 年发表了《加德满都宣言》，1988 年发表了《伊斯兰堡宣言》。但在第 4 次首脑会议后不久，印度同几个邻国的关系出现裂痕，1989 年印度和尼泊尔因贸易条约和过境条约续签问题导致两国关系严重恶化；印度和斯里兰卡因撤离驻斯维和部队发生争执，导致两国关系紧张；印度和巴基斯坦因双方军队在有争议的锡亚琴冰川地区发生交火事件及印控克什米尔地区穆斯林骚乱问题而相互指责，两国关系陷入危机。这些事件使南亚区域合作事业的发展遭受重大挫折。1989 年，斯里兰卡拒绝承担第 5 次南盟首脑会议东道主责任，使本应于这一年召开的首脑会议无法召开。

为了使南亚区域合作事业重新回到健康的轨道，马尔代夫一方面在主要当事国中进行外交斡旋，另一方面主动承担了第 5 次首脑会议的东道主责任。经过马尔代夫及其他联盟成员国的共同努力，1990 年 11 月，第 5 次首脑会议在马尔代夫首都马累召开，并通过了《马累宣言》，南亚区域合作事业在克服了困难后得以继续前进。

进入 20 世纪 90 年代以后，印度与巴基斯坦的关系出现新的危机。1992 年 12 月 6 日，印度教徒拆毁阿约提亚巴布里清真寺，引起了巴基斯坦和孟加拉国穆斯林的强烈抗议，迫使原定于同年 12 月 12 日举行的南盟峰会被迫延期举行，南亚区域合作事业再次面临新的困难。1997 年 5 月，马尔代夫再次承担了东道主的责任，在首都马累主持召开了第 9 次南盟首脑会议。本次会议重点研究了区域贸易和环境问题，马尔代夫从本地区利益出发，同意建立一个"南亚自由贸易区"（South Asian Free Trade Area），并在 2001 年前取代以前的"特惠贸易安排"（Preferential Trading Arrangement）。在这次首脑会议上，加尧姆总统还倡议就促进南亚地区的儿童福利特别是女孩的福利安排问题起草一份协定，得到了与会各国首脑的一致拥护。此外，根据加尧姆总统的提议，本次会议同意在南亚建立一个非正式的政治磋商机制以缓解地区的紧张局势，建立南亚地区互信机制。2011 年 11 月 10～11 日，第 17 届南盟峰会在马尔代夫阿杜市举行，总统纳希德被选为新一届南盟主席。这是马尔代夫第三次举办南盟峰会，作为南亚小国，马尔代夫斥资 8.53 亿拉菲亚（约合 5687 万美元），为此次大型会议的召开做出巨大贡献，并专门扩建了阿杜机场。会议期间，各国领导人就加快区域一体化进程、加强地区安全与合作以及应对全球气候变化等问题，达成诸多共识，并通过了《阿杜宣言》。各国一致同意进一步加强南盟组织内的协调与合作，加强在地区反恐、交通运输、贸易投资、气候变化、文教卫生等领域的合作；赋予南盟秘书处更多权限，确保峰会上达成的各项决议的落实；加速南亚自由贸易区相关工作的实施，尽快消除各国间的关税壁垒；等等。此外，八个成员国还签署了有关自然灾害快速应对机制、建立农业良种库和统一相关计量标准、评估结果互认四个一揽子协议。

为推动南亚区域合作事业的发展，更好地发挥南盟在本地区的作用，马尔代夫不仅多次承担了联盟内的有关会议，还在各种联盟会议上多次就消除贫困、人口稳定、保障妇女地位、青年动员、人力资源开发、加强保健和营养及儿童保护、环境保护、卫生合作等方面提出了一系列合理化建议，并主动承担了在马尔代夫建立南盟沿海地区管理中心（SAARC Coastal Zone Management Centre）的可行性研究，受到南亚各国的高度重视和好评。

马尔代夫虽是一个南亚小国，国力不强，但在关键时刻，都能从本地区的利益出发，挺身而出，积极工作，为促进和推动南亚区域合作事业的发展起到了重要作用。

第四节　对外关系

一　同中国的关系

（一）历史上的马中友谊

马尔代夫与中国的友谊始于 15 世纪初。据史料记载，从明朝永乐三年（1405）到宣德八年（1433），中国杰出的航海家郑和奉明朝皇帝的命令曾率领庞大的船队七下"西洋"①，前后到过亚洲、非洲30多个国家，其中两次到达马尔代夫，主要是为了与"西洋"各国建立政治、外交友好关系和经济上互通有无。大船满载着金银绸缎和瓷器等珍贵货物，人称"宝船"。郑和每到一地，就代表中国政府表示愿意和各国通好，然后与他们进行贸易，约请他们派遣使臣到中国来。这种交往完全建立在平等、互利和友好的基础之上。

明朝永乐十年（1412）和宣德五年（1430），郑和率领商船队两度访问马尔代夫（史称"溜山"）。对永乐十年的这次出访，《明史》中有如下记载："溜山，自锡兰山别罗里南去，顺风七昼夜可至。自苏门答剌过小帽山西南行，十昼夜可至。"郑和的随行人员马欢所著《瀛涯胜览》和费信所著《星槎胜览》中，对马尔代夫的地理位置、气候、古代社会状况、物产、风俗民情等都有翔实的记载，这些珍贵的史料是马中两国人民友好历史的见证。马尔代夫当时的国王尤苏夫（Yoosuf）也曾三次派遣使臣与忽鲁谟斯等国的使臣一起来中国回访。对这三次回访，《明史》是这样记载的："永乐十年，郑和往使其国。十四年，其王亦速福遣使来贡。自后三贡，并与忽鲁谟斯诸国谐。"由此可见，在当时交通工具落后的情况下，马中两国人民不顾路途艰险，远涉重洋寻求友谊的历史是十分珍贵的。今天，马累博物馆陈列着当地出土的中国瓷器和钱币，同样反映出历史上中国与马尔代夫的友好往来和贸易关系。

1558年，葡萄牙人入侵马尔代夫，自此，马尔代夫长期处于欧洲殖民统治之下。由于帝国主义对马尔代夫的侵略，中国同马尔代夫的关系被迫中断了几个世纪。

（二）独立后的马中关系

1. 政治关系

20世纪60年代初，中国和马尔代夫驻斯里兰卡使节重新开始往来，双边关系有所恢复。1965年马尔代夫独立时，中国国家主席刘少奇、国务院总理周恩来、副总理兼外交部部长陈毅，分别致电马尔代夫的苏丹、首相

---

① 我国明朝以婆罗洲为界，婆罗洲以西称西洋，婆罗洲以东称东洋。

和外交部部长，表示祝贺并予以承认。独立后，马尔代夫拥有了独立的外交大权，马尔代夫与中国的接触日益增多，两国传统友好关系逐步得到发展。1972年10月14日，中国和马尔代夫正式建立大使级外交关系（中国驻斯里兰卡大使兼任驻马尔代夫大使）。自此，两国的友好合作关系不断发展，在整个20世纪70年代，马中两国政府和人民一直保持着良好的关系。

进入20世纪80年代后，为了增进了解、发展友谊，构筑新型的国家关系，中国和马尔代夫两国间的高层互访活动日益增多，政治关系更加密切。1981年7月黄华副总理兼外长出访马尔代夫；1980年和1993年，马尔代夫外交部部长贾米尔先后两次访华。1984年10月，马总统加尧姆对中国进行国事访问，这是马国家元首首次访华；此后，钱其琛副总理兼外长（1994）、全国人大常委会副委员长陈慕华（1997）和全国政协主席李瑞环（1999）先后对马尔代夫进行了正式友好访问。

进入21世纪以后，马中两国交往更加频繁，并呈现出一些新的特点。

一是规格更高。以前，两国外长及以下人员交往较多，而2000年至今，互访的规格已经上升到国家领导人层面。马尔代夫总统加尧姆（2006）、纳希德（2010）、瓦希德（2011、2012）、亚明（2014年8月）、副总统穆罕默德·贾米尔·艾哈迈德（2014年6月）、议长哈米德（2001）等分别到中国访问；中国领导人朱镕基总理（2001）、人大常委会委员长吴邦国（2011）、中共中央政治局常委李长春（2012）等先后到马尔代夫进行友好访问。2009年12月，温家宝总理在出席哥本哈根全球气候大会期间，集体会见了马尔代夫总统纳希德等发展中国家领导人。2014年9月，中国国家主席习近平对马尔代夫进行国事访问，不但开创了中国最高领导人访问该国的先例，而且与马方签署了9项重要协议①，将两国关系提升到了一个崭新的高度。

---

① 这9项协议是：①《加强合作谅解备忘录》；②《建立经贸合作联合委员会谅解备忘录》；③《促进马累－胡鲁累跨海大桥建设谅解备忘录》；④《海洋合作谅解备忘录》；⑤《医疗合作谅解备忘录》；⑥《建立处理在马尔代夫的中国游客安全问题的联席会议机制谅解备忘录》；⑦《旅游基础设施建设项目谅解备忘录》；⑧《扩建升级易卜拉欣·纳色尔国际机场的意向协议》；⑨《马累大型电站项目谅解备忘录》。

二是范围更广。进入 21 世纪以后，两国的交往不仅在外交层面，还在国防、教育、旅游、经贸、文化、教育等领域广泛展开。2000 年以来，马尔代夫贾米尔和沙希德两位外长先后五次访华，马尔代夫国防和国家安全部部长费萨尔（2009）和穆罕默德·纳兹姆（2012）、国防和国家安全部部长萨塔尔（2000）、国家安全卫队总参谋长扎希尔准将（2001）分别访华。此外，马尔代夫旅游部部长卢图菲（2005）、教育部部长穆斯塔法·卢特夫（2010），青年、人力资源和体育部部长哈桑·拉特（2010）、公务员委员会主席法米·哈桑（2011），马中友好小组主席、人民党议员阿卜杜拉·毛素姆（2012）先后到中国进行了访问。中国方面访马的有：中国人民解放军总长傅全有（2001）、吴仪副总理（2004）、中共中央纪律检查委员会吴官正书记（2004）、李肇星外长（2005）、商务部钟山副部长（2009）、文化部部长蔡武（2009）、国家广播电影电视总局局长王太华（2009）、杨洁篪外长（2010）、全国政协副主席孙家正（2010）、商务部部长陈德铭（2010）、国家旅游局副局长祝善忠（2011）、中国外交部副部长张志军（2011）、外事委员会主任赵启正（2012）、全国妇联主席陈至立（2012）、中国邮政局副局长赵晓光（2013）等。

三是民间往来逐渐增多。近年来，马尔代夫多次派代表团到中国参加各种形式的展览会、博览会和研讨会，中国各地也分别派出代表团访问马尔代夫。2004 年 12 月印度洋大海啸灾难发生后，2005 年 1 月 9 日至 10 日，中国政府派出慰问考察团访问了马尔代夫，并提供了部分救灾物资。马尔代夫旅游业发达，近年来，中国不少省份相继派团赴马进行参观取经并寻求合作，如海南省（2007）、广东省（2007）、甘肃省（2008）、广西壮族自治区（2011）、山西省（2012）、云南省（2010、2012）、浙江省杭州市（2012）、新疆维吾尔自治区（2012）等。这些省（市）级代表团，有的由省长、副省长或市长带队，有的由省委书记率领，层次之高，前所未有。

近年来，中国艺术界和体育界人士也多次访问马尔代夫。2011 年 9 月，中国文学艺术基金会秘书长姜昆率"文化中国·马尔代夫行暨中国青少年非物质文化遗产展演团"访问马尔代夫，并签订了文化合作备忘

录；同年 10 月，著名青年歌唱家刘媛媛、著名艺术大师袁熙坤等率领联
合国"补天行动"代表团对马尔代夫展开了为期 4 天的访问。2012 年 8
月初，中国宗教事务代表团访问马尔代夫。2013 年 1 月，应马尔代夫乒
乓球协会邀请，由河南省体育局副局长景劲松率中国河南乒乓球代表团
访问了马尔代夫。同年 5 月，全国友协代表团对马尔代夫进行了友好
访问。

四是党际往来开始起步。为了加强了解，增进友谊，2007 年以来，
马尔代夫人民党议会党团领袖阿尼艾萨·艾哈迈德（2007）和马尔代夫
人民党议员阿卜杜拉·毛素姆（2012）先后率团对中国进行了友好访问；
中共中央书记处书记、中央纪委副书记何勇（2006），中共中央政治局委
员、天津市委书记张高丽（2009），中共中央政治局常委李长春（2011）
分别率中共代表团对马尔代夫进行了友好访问。访问期间，双方代表团会
见了对方的党政要人，考察了相关企业，与对方政府有关部门、地区、组
织和企业界人士进行了广泛接触，以增进了解、加强友谊、深化互信、拓
展合作，加强与对方的政治、企业、文化、人文合作。

中国和马尔代夫虽然在政治形态方面存在较大差异，但两国同属发展
中国家，在国际事务中有着许多相同或相似的观点，两国政府在国际舞台
上主张正义，坚持真理，相互支持，密切配合，进一步巩固和发展了两国
的友好关系。1965 年前，中国政府长期支持马尔代夫人民反对殖民统治、
争取民族独立的伟大斗争；1968 年马尔代夫共和国成立后，中国政府以
"和平共处五项原则"为基础，不断发展同马尔代夫政府长期稳定的友好
合作关系，并将此作为中国政府的既定政策长期坚持。中国历来主张国家
不分大小、强弱、贫富，都应彼此尊重，相互理解，平等相待。中国尊重
马尔代夫人民根据本国国情选择发展道路，视马尔代夫为南亚和印度洋地
区的重要伙伴，获得了马尔代夫的高度评价。20 世纪 90 年代以来，全球
气候变暖导致海平面上升，对马尔代夫安全构成了日益严重的威胁，中国
政府和人民全力支持马尔代夫政府和人民在"抗陆沉"斗争中所进行的
一切努力，在国际上给予马尔代夫广泛而有力的支持和帮助，并保持着密
切沟通与合作，赢得了马尔代夫的高度信任。马尔代夫政府奉行"一个

中国"的外交政策，在国际斗争中给了中国极大的支持。1971 年，马尔代夫坚决支持恢复中国在联合国的合法席位。马中建交后，马尔代夫政府长期顶住来自各方面的各种压力，主张正义，坚持真理，在人权、台湾、西藏和新疆等问题上一贯坚定不移地支持中国，同样赢得了中国政府和人民的高度赞赏和极大尊敬。长期以来，马中两国相互理解，相互信任，相互尊重，相互支持，使两国睦邻友好关系不断得到巩固和发展，现已成为"大小国家平等相待、友好相处、互利合作的典范"。①

2. 经贸关系

1981 年 8 月 28 日，马尔代夫和中国签署第一份双边经贸合作协议，此后，马中双方签署了多份双边协议和谅解备忘录，其中涉及经济和技术合作、签证费互免、教育合作、文化合作以及其他各种重要的共同感兴趣的领域。2006 年 7 月 23 日，马中两国签署零关税协议，该协议于 2009 年 2 月 1 日生效。

在双边贸易方面，1981 年，马尔代夫和中国开始建立经贸合作关系；1982 年，马中两国恢复直接贸易。自此，马中经贸关系稳步发展。据中国海关总署统计，1987 年马尔代夫同中国的进出口商品总额约为 8 万美元，随后两国间贸易额逐年扩大，1990 年达到 54 万美元，1992 年达到 110 万美元，1993 年达到 410 万美元。1994 ~ 1997 年，马中双边贸易总额虽有下滑，但 1998 年后迅速回升，2000 年达到 135.8 万美元。② 2004 年 3 月两国政府签署贸易和经济合作协定后，随着两国关系的不断发展，马中贸易额持续大幅增长。据中国商务部统计，2011 年中马双边贸易额为 9725.8 万美元，同比增长 17.2%。2012 年，马中双边贸易额略有下滑，仅 7668 万美元（其中中方出口 7649 万美元，进口 19 万美元③），但

---

① 习近平南京会见马尔代夫总统亚明时的讲话，2014 年 8 月 16 日，新华网：http://news.xinhuanet.com/2014－08/16/c－1112103299.htm。

② 马方认为，2002 年以前，两国并无多少实质性的贸易往来。据马方统计，2002 年，两国贸易总额仅 297.5 万美元，其中马方从中方进口 295.5 万美元，向中国出口仅 20000 美元。自此，马中经贸关系发展迅速，贸易量显著增加。

③ 中华人民共和国外交部网站，2013 年 9 月。

与 2000 年相比，仍增长了 56 倍。2013 年双边贸易额达到 9800 万美元，比 2000 年增长了 71 倍。

在劳务承包方面，据中国商务部统计，2013 年，中国企业在马尔代夫新签合同额为 1915 万美元，完成营业额 1957 万美元；累计签署合同额 3.78 亿美元，完成营业额 2.01 亿美元。

在对马投资方面，中国对马尔代夫投资较少。据中国商务部统计，2013 年，中国对马尔代夫直接投资 155 万美元。截至 2013 年末，中国对马尔代夫直接投资存量为 165 万美元，主要集中在渔业领域。

在经济援助方面，为了帮助马尔代夫发展经济和社会事业，自 1972 年起，中国一直通过无偿援助、无息贷款、优惠贷款和减免债务等方式向马尔代夫提供了大量的援助。在援款项下，中国政府帮助马尔代夫建成了数十个与当地人民生产和生活息息相关的各类项目，涉及住房、通信、卫生以及社会公共设施等多个领域。此外，根据马方要求，中国派遣技术人员赴当地提供技术服务和指导，实施成套项目建成后的技术援助和单项技术援助。中国还向马方提供了大批物资和少量现汇援助。印度洋大海啸发生后，中国政府尽力帮助马尔代夫应对灾难，先后向马方提供紧急物资和现汇援助，帮助马方建设民用住房。为协助解决马累官员的住房问题，中国无偿援建了几栋公寓楼，此外，又为马方新建了国家博物馆和外交部大楼。此后，中国工程队先后完成多批住房建设项目。2011 年，中国企业在马尔代夫新签承包工程合同 4 份，新签合同额为 1630 万美元，到 2012 年底，中国援建的数千套住房已经竣工或接近竣工，一批又一批新的住房项目在马尔代夫外岛开工建设。2012 年 9 月，瓦希德总统访华期间，两国签署了 3 项重要协议，中国承诺向马提供 5 亿美元的优惠贷款，其中包括主要用于基础设施建设和 1500 套住房项目贷款的 1.5 亿美元，以及中国进出口银行提供的 3.5 亿美元贷款。[①]2013 年 12 月初，中国不但承诺援助马方修复因火灾受损的迪夫希学校，而且还表示愿意为马尔代夫的发展项目和公共设施的改善提供 5 亿援助资

---

① http://www.guancha.cn/Neighbors/2012_09_04_95190.shtml.

金。

马尔代夫也对中国近年来发生的各种灾难十分关注。2008 年四川汶川特大地震发生后，加尧姆总统、阿卜杜拉·沙希德外长等分别向中方致电慰问，马尔代夫政府虽然面临财政困难，仍向中国捐赠了 5 万美元。2010 年，中国南方发生洪水和泥石流灾害，马总统纳希德向胡锦涛主席致慰问信。2013 年 4 月，四川雅安发生特大地震后，瓦希德总统曾致电慰问。

在合作交流方面，1981 年中马两国政府签订了第一个经济技术合作协定后，30 多年来，双方相继签署了数十项经济技术合作协定，其中包括基础设施建设、民航运输、通信、教育、宗教、体育、文化、广播、邮政、医疗卫生、旅游合作等多个方面。①

1994 年中国和马尔代夫政府签署《中华人民共和国政府和马尔代夫共和国政府民用航空运输协定》，1998 年 5 月，马政府与中国香港特区政府签署民航班机过境协议。中国北京、上海、广州、成都、昆明、重庆分别开通了同马累间的直航或包机往来。1994 年 4 月，为保持和加强与中国香港的经贸关系，马中两国政府就马尔代夫在香港回归后继续保留驻香港名誉领事馆达成协议。近年来，为加强联系，促进合作，马中两国分别在北京和马累互设大使馆②，马尔代夫还在上海和成都分别建立了名誉领事馆和商务代表处。

2002 年 12 月，马中双方签署了《中国公民组团赴马尔代夫旅游实施方案的谅解备忘录》，马尔代夫成为中国公民出国旅游目的地。自此，马中旅游合作逐步加强。近年来，马中旅游合作开展广泛，除国家层面外，马尔代夫还先后同中国多个省、市、自治区建立了旅游合作关系。2012 年，马尔代夫来华旅游 3589 人次，到马尔代夫旅游的中国游客达到 20.8 万人次。2013 年，中国游客赴马旅游人数达到 33 万人次，中国已连续 4

---

① http://www.docin.com/p-513619933.html.

② 2007 年 8 月 20 日，马尔代夫驻华大使馆在北京落户；2011 年 11 月 8 日，中国驻马尔代夫大使馆在马累正式开馆。

年超过欧洲国家，成为马尔代夫的最大客源国。

此外，马中两国在文化体育方面也有了一定联系。从 2001 年起，中国政府为马尔代夫留学生提供奖学金。2007 年，马中双方签署了第一个政府间文化合作协定，吉林省和广东省的多家艺术团体先后在马进行多场文艺演出。2008 年 5 月，马中两国签署了《中国国家体育总局和马尔代夫青年和体育部体育合作协议》。2009 年 10 月，中国中央电视台中英文国际频道（CCTV4/9）在马旅游岛开播。2010 年 4 月，马中两国签署《中华人民共和国教育部与马尔代夫共和国教育部教育合作协议》。2012 年 1 月 6 日，天津外国语大学在马尔代夫国立大学开展了为期一年的汉语教学活动。2013 年 7 月 22 日，马尔代夫国立大学与云南开放大学签署《中国云南开放大学、马尔代夫国立大学合作办学协议书》，双方约定在马尔代夫国立大学共建云南开放大学汉语学习中心，开展汉语远程培训和面授工作。同时，双方均接受对方师生互访和实习实训。

3. 习近平主席访问后的马中关系展望

2014 年 9 月 14～16 日，中国国家主席习近平对马尔代夫进行了为期 3 天的国事访问，这是两国建交 40 多年来中国国家领导人首次访问马尔代夫。习主席的访问，开创了马中关系的新纪元，同时也为马中关系的进一步发展注入了新的活力。

一是随着"海上丝绸之路"建设的深入，两国关系将迈上一个新的更高台阶。

"丝绸之路"是中国古代经由中亚通往南亚、西亚、欧洲、北非的陆上贸易通道，"海上丝绸之路"则是打通中国与世界的海上贸易通道。在今天，它已经发展成为融合现代化、全球化的新海上丝绸之路。习主席在访问中向马方提出共同建设海上丝绸之路的倡议，得到了马方的积极响应。马方明白，中国提出的建设海上丝绸之路，并非要谋求控制印度洋和与别国争夺影响力，而是着重强调互利互惠的经济和人文交流，在自然发展的基础上建立牢固的安全合作，马方将从中得到巨大利益。因此，马方表示欢迎并愿积极参与中方提出的构建 21 世纪海上丝绸之路的倡议，并同意加强两国在海洋事务、海洋经济、海洋安全等领域的全面合作。访马期间，马中两国签署了 9 项重要协议，双方一致同意建立面向未来的全面友好合作伙伴关系。马尔代夫是中国古代海上丝绸之路的重要邦交国，早就进入中国友好交往的历史图册。今天，随着中国的发展，特别是致力于建设海上丝绸之路，马尔代夫再次进入中国外交的新视野。习主席倡导的共建海上丝绸之路，为中马关系发展注入了强大的现实动力。可以预料，随着新的海上丝绸之路建设的步步深入，马尔代夫的节点作用将更加突出，马中两国的国家关系也将随之迈上一个新的更高台阶。

二是两国旅游合作前景更加广阔，发展更加迅速。

2013 年，中国游客赴马尔代夫人数达到 33 万人次，连续 4 年成为马最大旅游客源国。《魅力马尔代夫》在华播出，以及马尔代夫独特的旅游资源，吸引更多中国游客赴马旅游。习主席访马将有助于马方开拓中国旅游市场，鼓励中资企业投资马旅游业，相信这种示范效应将很快显现。马方承诺进一步完善本国旅游服务和切实保障中国游客在马安全，并建立中国游客在马安全问题的联席会议机制，也为中国游客大量赴马提供了保障。

三是两国经贸合作有望加强，形成马尔代夫搭乘中国发展快车的大好局面。

2013 年双边贸易额约为 9800 万美元，比 2000 年增长了 71 倍，马中贸易实际上已进入快速发展的周期。马方提出了建造连接首都马累与机场岛的跨海大桥、在马北部建立经济特区、马累国际机场升级改造、马累国际港扩建等项目，中国也有意参与其中。今后，随着中国加大对马投资，马尔代夫的水产品如金枪鱼等将走上中国人的餐桌；随着旅游人数的攀升，中马经贸关系必将取得新突破。中国发展对马尔代夫的辐射和带动效应逐步显现。

四是双方安全合作有望渐次推进，马尔代夫利益将得到有效保障。

中国和马尔代夫是大国小国和平共处和发展关系的典范，中国十分重视马尔代夫的国家利益，充分理解马尔代夫作为小岛屿国家在应对气候变化、实现可持续发展方面的深切关切。中国承诺在南南合作框架内向马方提供物资援助，在人力资源培训、节能环保技术等方面与马方开展合作，并同马方加强在气候变化问题国际谈判中的协调和配合，照顾了马方的安全关系。今后，两国可进一步在港口建设和加强印度洋海上通道安全方面加大合作力度，逐步形成彼此适应的安全合作框架。

展望未来，习主席访马开辟了中马关系的历史新纪元，随着两国共同参与建设 21 世纪海上丝绸之路，马中合作将步入加快发展的快车道。①

二 同印度的关系

印度是南亚大国，保持和发展同印度的睦邻友好关系，对确保马尔代夫的安全和稳定、促进经济和社会发展意义重大。为此，长期以来，马尔代夫将加强和发展同印度的关系放在对外关系的重要地位。印度为了扩大自己在南亚地区的影响，进一步巩固在南亚地区的大国地位，同样离不开马尔代夫的支持。双方出于政治上、经济上、安全上的多种需要，长期以来，马尔代夫与印度之间一直保持着非常密切的关系。

（一）政治关系

1965 年，马尔代夫脱离英国殖民统治，获得独立，印度是继英国和斯里兰卡之后第三个承认并同马尔代夫正式建立外交关系的国家。1976 年，印度在马尔代夫首都设立高级专员署（大使级外交机构）。2004 年，马尔代夫也将驻印高级专员署从斯里兰卡移至新德里，同时在特里凡得琅设立了领事馆，在加尔各答和钦奈等地设立了名誉领事馆。1976 年 7 月 31 日，马尔代夫与印度和斯里兰卡签订了关于在马纳尔湾三国边界结合部的协议。同年 12 月 28 日，马尔代夫又单独与印度签订了两国海上边界协定，从而消除了由边界问题而可能引起的各种国际争端，为发展两国的政治关系及与其他一切国家间关系铺平了道路。

随着两国在国际事务中交往的日益增多，马尔代夫和印度高层互访活

---

① 傅小强：《习近平访问马尔代夫，中马关系进入历史新阶段》，中国网，2014 年 9 月 16 日。

动也日益频繁。印度总统、总理和内阁部长不断到马尔代夫进行国事访问、工作访问和观光旅游，马尔代夫总统[①]、外长及其他内阁成员也频繁出访印度。为了使高层互访活动制度化，马尔代夫和印度还建立了定期高层互访机制，两国总统（总理）、外长每年定期到对方国家进行例行性访问，从而使两国关系的发展有了制度上的保障。如遇紧急情况，两国高层还随时保持密切联系，以协调立场，力求在一些重大的国际和地区问题上达成共识，并争取做到互相理解、互相支持。

马尔代夫地理条件十分特殊，岛屿多、面积小、海拔低，全球气候变暖造成的海平面上升对马尔代夫构成了日益严重的威胁，引起了马尔代夫的高度重视，马尔代夫曾多次在联合国及其他国际场合呼吁加强环境保护，确保小型岛国安全。马尔代夫的各种努力得到了印度的大力支持。在印度及国际社会的支持下，联合国及有关国际组织先后通过了多个有关全球环境问题的协议、协定，对此，马尔代夫政府和人民表示真诚的感谢。近年来，印度为加入联合国安理会进行各种努力，马尔代夫也积极争取2019～2020年联合国安理会非常任理事国席位，对此，马印两国都对对方持积极支持态度。

（二）经济关系

马尔代夫基础设施少，工业基础差，许多产品都需要从国外进口。印度是马尔代夫的最大邻国，双方都有一定的需求，因此，在马尔代夫的对外经济关系中，与印度的关系最为密切。长期以来，印度一直是马尔代夫的商品进口来源大国，除食品、药品、日用品等生活必需品外，连河沙、水泥等建筑材料都必须从印度进口。2012年，印向马出口额达到22.69亿拉菲亚（约合1.5亿美元），居世界各国之首。

两国建交以来，马尔代夫与印度在经济方面的合作相当广泛，双方签署了15项谅解备忘录，以促进印度住宅、基础设施和公共企业私有化的

---

① 据统计，加尧姆总统在任期间，曾经出访印度达17次之多，其中4次双边互访，5次国事访问，1次正式访问，6次出席国际、地区与南盟会议和1次吊唁活动（1991年拉吉夫·甘地遇刺）。

投资。目前，印度在马的投资范围已涉及基础设施建设、鱼类加工、卫生、福利、民航、电信以及人力资源开发等各个方面。

1977 年，马尔代夫与印度开辟了两国之间的航空运输，并于 1981 年正式签署了航空运输协定；1983 年，双方签署了双边文化协定；1986 年 2 月两国签订了经济技术合作协定，由印度提供 1700 万美元的援助，并成立了两国联合经济委员会。1990 年 1 月，印度外交部部长访问马尔代夫，双方举行了联合经济委员会首次会议，会议期间，两国签订了若干协定和谅解备忘录，从而将两国的经济合作提升到一个新的高度。2001 年 10 月，印度外交部部长阿卜杜勒访问马尔代夫，同意向马尔代夫提供 3500 万卢比的援助。

渔业是马尔代夫的主要产业，在国民经济中占有重要地位。马尔代夫国内加工能力有限，鱼类资源不能得到充分利用。为了发展渔业，马尔代夫和印度经过反复协商，1975 年 11 月 13 日，两国政府签署了《关于鱼类加工业合作的谅解备忘录》，印度政府答应协助马尔代夫新建一个日产 10000 个金枪鱼罐头的生产厂。在建厂过程中，印度政府不仅提供了所需的全部专家、工程师和部分工作人员，还提供了建厂所需的全部设备，其中包括罐头输送机、量重器、液体灌装机、排气箱、电镀容器、内燃机船蒸馏器、罐头翻边机、压花机、锅炉、水处理厂、粉碎机、柴油发电机、实验室设备、车间设备和冷冻厂和冻库等。该厂建成后，对促进马尔代夫的鱼类加工起到了重要作用。

为了帮助马尔代夫发展社会事业，特别是发展教育和医疗卫生事业，印度政府也是有求必应，不遗余力。1999 年 12 月 22 日，马尔代夫与印度英迪拉·甘地国立大学签署了远程教学协议，从而在一定程度上满足了马尔代夫学生进行较高级学习研究的资料需求。1986 年，印度总理拉吉夫·甘地访马时，答应向马尔代夫捐建一所现代化医院——英迪拉·甘地纪念医院。1990 年 1 月该医院破土动工，1994 年 12 月竣工并移交马方使用，设有普通内科、外科、呼吸科、妇产科、儿科、整形外科、眼科、精神病科、心脏科、牙科、理疗室、皮肤科、泌尿科、耳鼻喉科等各种科室，拥有当时最先进的各种医疗设施，成为马尔代夫国内规格最高、设备最好的顶级医院。近年来，印度还为马援建了多项工程，其中包括马尔代夫技术教育学院（Maldives Institute of Techncial Education）、人口与发展加固工程（Population and Development Consolidation Programme）、达鲁马万塔·拉斯格法鲁清真寺修复工程（Dharumavantha Rasgefaanu Miskiiy）、旅游与酒店管理学院（Faculty of Tourism and Hospitality Studies）、马尔代夫测绘和国家地理信息系统开发工程（Maldives Mapping and National GIS Development Project）、胡鲁马累绿化与防波堤工程（Hulhumale' Greening and Hulhumale' Breakwater Projects）等。2004 年海啸灾难发生后，印度向马尔代夫提供了 240 万美元的经济援助①。

2011 年 11 月，印度总理辛格访马期间，两国签署了《合作与发展框架协定》等 6 项协议，涉及贸易、投资、粮食安全、渔业、旅游、运输、信息技术以及可再生能源等各个方面的合作。辛格强调，印度是马尔代夫的邻国和传统友好国家，印度将坚定支持马的经济发展和安全方面的努力，并愿意在政治事务、地区安全、打击海盗和经济发展等所有方面与马加强合作。辛格还承诺，印度将帮助马尔代夫扩建一家由印度援建的医院，并将向马尔代夫提供 1 亿美元的信贷援助②。2014 年 1 月，亚明总统首次对印度进行正式访问，双方签署了 3 项合作协议，印度同意向马提供 2500 万美元的贸易信贷，以便马尔代夫从印度进口石油产品；并同意通过训练、设备共享、能力建设、联合巡逻、空中和海上监视等措施进一步加强两国防务安全合作③。

此外，印度还通过"印度技术教育合作计划""对马援助计划"和"英联邦计划"等，以长训和短训两种方式，为马尔代夫培养医学、社会科学、商业、国防等方面的研究人才，以及信息技术、电脑等方面的技术人才。

在旅游方面，长期以来，马尔代夫较为重视欧洲和日本旅游市场，在

---

① http：//www. maldiveshighcom. in/index. php/diplomacy.

② http：//gb. cri. cn/27824/2011/11/12/2625s3434348. htm.

③ http：//www. miadhu. com/2014/01/local-news/india-to-grant – 25 – million-dollar-trade-credit-facilitation-to-maldives/.

印度没有进行强有力的营销宣传,加之除特里凡得琅外,印度没有开通到马累的直飞航线,特别是受印度洋大海啸的影响,造成入境游客暴跌,印度游客一直较少。据统计,2002 年以来,赴马旅游的印度人每年一直徘徊在 11000 人次。值得一提的是,马尔代夫的旅游业一直是印度企业的投资热点,多家企业对马尔代夫旅游业进行了大量的投资。2009 年 5 月,印度泰姬集团在马累北环礁收购并翻新重建了泰姬珊瑚岛度假村(Taj Coral Reef Resort)。目前,约有 29000 名印度侨民长期生活和居住在马尔代夫,其中有 22000 人居住在首都马累,主要分布于旅游、医疗卫生、教育、工程技术、管理、财会等专业领域①。

马尔代夫国力弱,对印度的援助往往是象征性的,而且常常是在灾难发生之后。例如,2001 年和 2003 年印度古吉拉特邦和马哈拉斯特拉邦两次地震发生后,马尔代夫向上述灾区分别提供了 25000 美元的援助。此外,马尔代夫还为印度米尼科伊岛培训了部分迪维希语教师,并为少量的印度人提供了成人教育和职业培训机会。

2010 年 6 月,印度同马尔代夫签署协议,决定以 5.11 亿美元的价格,由印度和马来西亚合伙收购马尔代夫的马累国际机场,印度掌控 77% 的股份,并自 2010 年起取得 25 年的机场经营权。该机场对马尔代夫的经济有着十分重要的意义,在每年 20 亿美元的国内生产总值中,约有 1/5 与机场相关。但根据协议条款,印度应在上缴给马政府的税收中扣除机场发展费用。不出数月,马尔代夫政府便发现自己竟然已经欠印度将近 350 万美元巨款,因而担心印度大型公司在掠夺本国利益。"内阁认为,该协议存在许多法律、技术及经济方面的问题,在法律上是无效的。" 2012 年 2 月纳希德总统辞职后,新上台的瓦希德总统于当年 11 月 27 日单方面终止了同印度公司的这项合同,并下令印度公司于 12 月 7 日前将相关事务移交给马方。这一变故使印度大为不满,出于报复,印度冻结了对马尔代夫每年 2500 万美元的经济援助②,并试图向马索取超过 8 亿美元

---

① http://en.wikipedia.org/wiki/Indians_in_Maldives.

② http://www.santaihu.com/india-freezes-aid-to-maldives.html.

的赔偿金①，对两国关系产生了一些负面影响。2014 年 1 月初，马尔代夫新任总统亚明访印期间，同意与印就机场赔偿问题进行商讨，并承诺恢复印度对该机场的经营权②，两国关系开始缓和。

三 同斯里兰卡的关系③

（一）传统的友好关系

斯里兰卡是马尔代夫的近邻，马尔代夫同斯里兰卡一直保持着密切的关系，马尔代夫一直将斯里兰卡视为"传统的朋友"。从历史的角度看，马尔代夫与斯里兰卡两国的交往历史悠久，两国人民之间的传统友谊十分深厚，特别是马尔代夫成为英国的保护国后，马尔代夫的内政、外交和军事全部由英国人控制，马尔代夫国内的一切重大活动和外事往来，全部都要面呈英国驻斯里兰卡的省长，获准后才能进行。这一特殊的历史条件，迫使马尔代夫官方在相当长的时间内频繁来往于马尔代夫与斯里兰卡之间。就连马尔代夫最初的几次人口普查，都是在斯里兰卡的帮助下进行的。马尔代夫独立时，斯里兰卡是继英国之后最先同马建交的国家之一。独立后，马尔代夫同斯里兰卡始终保持着良好的国家关系。加尧姆总统曾将斯里兰卡首都科伦坡称为"马尔代夫通往世界的门户"，科伦坡一直是马尔代夫除英国和联合国之外唯一设有常驻外交机构的首都城市，在过去相当长一段时间内，科伦坡一直是比较富裕的马尔代夫人获得中等教育的理想场所，也是许多马尔代夫人度假和就医的首选城市。

在整个 20 世纪 70 年代以前，斯里兰卡是马尔代夫的主要贸易伙伴，在马尔代夫从南亚地区的进口份额中，斯里兰卡占 65%，印度仅占 32%；从马尔代夫的出口情况来看，斯里兰卡占马尔代夫全部出口额的 10%，

---

① 耶鲁全球在线复旦版：《中国与马尔代夫、塞舌尔和斯里兰卡的新关系淹没了印度在印度洋的影响力》，http://www.yaleglobalfd.fudan.edu.cn/content/%E8%AF%B8%E5%B2%9B%E5%9B%BD%E8%B7%9F%E4%B8%AD%E5%9B%BD%E5%92%8C%E5%8D%B0%E5%BA%A6%E8%80%8D%E5%A4%AA%E6%9E%81。

② http://ecurrentaffairs.in/blog/special-article-on-india-maldives-relations/.

③ 本部分参考斯里兰卡外交部发言人 Ravinatha Aryasinha：*Maldives, Sri Lanka and the "India Factor"*。

而印度仅占 0.03%。1988 年以前，斯里兰卡与马尔代夫在经济、外交、政治和文化方面的关系远远超过了印度。

（二） 政变事件对两国关系的影响

1988 年政变事件发生后，马尔代夫向斯里兰卡、印度和美国等国求援，斯里兰卡曾答应紧急空运 150 名精锐警察特遣部队前往救援。当得知印度军队已经出发的消息后，马尔代夫回绝了斯里兰卡的好意。印度的及时出兵，帮助马尔代夫迅速平息了政变阴谋，使得马尔代夫顿时增加了对印度的好感，马印关系迅速升温。由于这次政变是斯里兰卡泰米尔雇佣军所为，斯里兰卡不可避免地受到诸多牵连。一直作为马尔代夫发展伙伴的斯里兰卡一度处在马尔代夫相当一部分人的严重怀疑之中，许多斯里兰卡人被要求离开马尔代夫，甚至前往马累的斯里兰卡人的签证也被课以关税。

马尔代夫总统加尧姆注意到上述现象的严重性。他在议会指出："虽然政变事件是斯里兰卡某恐怖组织所为，但这丝毫不能危害两国间具有悠久历史的友好关系。"在其他场合，加尧姆也强调，在发展与印度特殊关系的同时，不能影响与邻国斯里兰卡的关系。

尽管如此，马尔代夫在马印关系和马斯关系上仍然不可避免地出现了一些"厚此薄彼"现象。因此，出于对印度和马尔代夫政府的不满，斯里兰卡拒绝承担 1990 年在斯举行第 5 届南亚区域合作联盟会议的东道主义务（最终次年改在马尔代夫举行）。同时，马尔代夫对斯里兰卡在对待政变罪犯方面的表现也极为不满。应斯里兰卡政府的请求，马尔代夫将一批宣判有罪的泰米尔猛虎组织军事人员移交到斯里兰卡服刑，而斯里兰卡当局却将这些人全部释放了，从而引起了马尔代夫的极大不满，自此，两国关系急剧降温。1988 年，斯里兰卡对马尔代夫的出口额为 820 万美元，1989 年下降到 580 万美元，一年中净减 240 万美元，减幅达到 29.3%，而印度对马出口额则上升了 4 倍多。

由于政变事件的影响，印度在马尔代夫对外关系中的地位迅速上升，而斯里兰卡与马尔代夫在政治、经济、贸易、文化、卫生和外交领域的合作则大不如前，斯里兰卡在马尔代夫外交中的地位空前下滑，两国关系出现了严重危机。

（三） 两国关系的恢复与发展

1991 年，马尔代夫总统加尧姆和斯里兰卡总统拉纳辛哈·普雷马达萨（Ranasinghe Premadasa）互访以后，两国关系逐步恢复到正常状态。马尔代夫取消了对斯里兰卡人签证的关税。此后几年，马尔代夫与斯里兰卡重新构筑了两国之间的经济关系。1994 年 8 月钱德里卡·库马拉通加（Chandrika Kumaratunga）就任斯里兰卡总统以后，两国关系又得到了进一步改善和发展。

20 世纪 90 年代中期，一伙斯里兰卡渔民多次到马尔代夫水域偷捕，斯里兰卡政府本着友善的态度，妥善处理了"偷捕"事件。马尔代夫政府对此表示十分满意，并将斯里兰卡的这一行动视为本着"友好邻邦"精神处理邻国关系的典范；斯里兰卡政府也认为这是两国关系当中最有意义的一项成就。1997 年 1 月，马尔代夫外交部部长贾米尔证实，此类"偷捕"事件在相当长的一段时间再未出现。

从政治上看，进入 21 世纪以后，两国关系发展较快，高层互访日益增多。2006 年 4 月，两国教育部长共同出席了联合国教科文组织召开的促进全民教育计划的研讨会；2007 年 2 月，斯里兰卡总统拉贾帕克萨（Mahinda Rajapaksa）访马，进一步巩固了既已存在的两国关系，强化了两国在贸易、旅游、教育和渔业方面的合作。

斯里兰卡是马尔代夫民主党的诞生地，也是纳希德总统的发祥地。2008 年 10 月，民主党候选人纳希德成功当选马尔代夫实行多党制后的首位民选总统后，马斯关系进入了新的蜜月期。2009 年 1 月，在科伦坡举行的南盟国家能源会议上，两国官员讨论了进一步密切能源合作事宜。2009 年 6 月，马尔代夫总统纳希德对斯里兰卡进行了为期 2 天的正式访问，同斯里兰卡总统拉贾帕克萨讨论了双边和地区利益问题，纳希德对拉贾帕克萨消灭猛虎组织这一恐怖组织表示祝贺。2011 年 2 月，纳希德总统访斯期间，斯里兰卡同意向马提供 1000 万美元的进口信贷[①]，缓解了

---

① http://www.bbc.co.uk/news/business-14606653.

马尔代夫外汇短缺问题。2012 年 2 月 7 日，马尔代夫发生军事哗变，纳希德总统被迫辞职，2 月 9 日，纳希德将妻室转移至斯里兰卡寻求政治避难。纳希德的下台，为新的马斯关系发展带来了一定的影响。2012 年 8 月，瓦希德总统访斯期间，在向斯反复阐明 2 月事件有关情况后，才初步得到斯的认可，并与斯里兰卡签署了两份合作协议①。2013 年 7 月 6 日，在马尔代夫第 10 届总统选举前夕，瓦希德总统再次对斯里兰卡进行了一次工作访问②，同斯里兰卡总统拉贾帕克萨讨论了马尔代夫的选举形势以及相关的一些问题③。同年 8 月 25 日，瓦希德总统对斯里兰卡进行了为期 3 天的首次国事访问④。同年 9 月，马尔代夫邀请斯里兰卡选举主任作为观察员参加总统选举。经过努力，两国关系并未受到太大的影响。2013 年 11 月亚明当选总统后，斯里兰卡主动向马伸出橄榄枝，很快就向亚明总统发出了访斯邀请。

从经济上看，20 世纪 90 年代中期以来，随着两国关系正常化的逐步实现，两国的经贸往来日益增多，贸易额逐年增加。据统计，1992 年，斯里兰卡对马尔代夫的出口额为 1100 万美元，1995 年增加到 1520 万美元。到 21 世纪初，斯里兰卡对马尔代夫的出口总额仅次于新加坡、印度和阿拉伯联合酋长国，一跃成为马尔代夫的第四大进口国。据斯方统计，2010 年，马斯双边贸易总额达 5400 万美元，2011 年增长到 7600 万美元⑤。2012 年，斯里兰卡对马尔代夫的出口额达到 14 亿拉菲亚（约合 9300 万美元），已超过泰国和马来西亚，成为马尔代夫第二大出口国⑥。同时，斯里兰卡在马尔代夫的投资也迅速增长，特别是在服装、旅游和渔

---

① http：//news. xinhuanet. com/english/world/2012 - 08/23/c_ 131803435. htm.

② 斯里兰卡《星期日观察者报》："Bilateral relations reach greater heights"，http：// www. sundayobserver. lk/2013/07/14/fea07. asp。

③ http：//english. sina. com/world/2013/0706/606065. html.

④ 斯里兰卡外交部："Sri Lanka-Maldives relation further strengthened"，http：//www. mea. gov. lk/ index. php/en/media/news-archive/3574 - sri-lanka-maldives-relation-further-strengthened。

⑤ 斯里兰卡《每日新闻报》："Maldives to enhance trade relationship with Lanka"，http：// archives. dailynews. lk/2012/08/27/bus02. asp。

⑥ 马尔代夫国家规划署：《统计年鉴》2013 年卷。

业方面的投资增长迅速。2006 年，斯里兰卡电信部门与马尔代夫国营电话公司合资 2000 万美元，铺设了一条连接科伦坡与马累的海底光缆。2012 年 8 月，马尔代夫航空公司开通了阿杜－科伦坡的直飞航线①。此外，斯里兰卡对马尔代夫的人才输出也十分可观。据斯里兰卡政府统计，21 世纪初，在马尔代夫政府和私营部门工作的斯里兰卡人约有 10000 人。据马方统计，2011 年，在马工作的斯里兰卡人达到 8000 余名，岗位涉及马尔代夫的各行各业，包括农业、林业、渔业、水电气、建筑、教育、批发零售、宾馆饭店、旅游、运输、存储和通信、金融、保险、商业、房地产以及服务业等②。

四　同南亚其他国家的关系

马尔代夫是南亚区域合作联盟的发起国之一，与南亚各国在发展经济、谋求合作等方面有着许多共同的利益。加之与南亚有些国家（如巴基斯坦、孟加拉国等）在宗教信仰、伦理道德、风俗习惯等方面有着千丝万缕的联系，长期以来，马尔代夫同南亚各国保持着非常密切的关系。

同巴基斯坦的关系　巴基斯坦是南亚地区最大的伊斯兰国家，同马尔代夫的关系一直十分密切。巴基斯坦在马尔代夫驻有常设高级专员署（即大使馆），是外国驻马尔代夫仅有的 5 个大使馆之一。马尔代夫支持巴基斯坦为维护国家主权、独立而进行的一切努力，支持巴基斯坦提出的建立南亚无核区的建议。为了维护南亚地区的和平与稳定，马尔代夫对日益紧张的印巴关系表示密切关注，多次呼吁印巴两国从地区的安全利益出发，保持克制，加强对话，以和平方式解决争端，反对印巴两国的核试验和核军备竞赛。巴基斯坦支持马尔代夫对大气环境的特殊关切，在力所能及的范围内为马尔代夫的经济建设提供了必要的援助，并帮助马尔代夫培训了不少学生、警察和公职人员。据马尔代夫政府统计，目前，在巴基斯

---

① 斯里兰卡《星期日观察者报》："Bilateral relations reach greater heights"，http：//www. sundayobserver. lk/2013/07/14/fea07. asp。

② 马尔代夫国家规划署：《统计年鉴》2013 年卷。

坦求学的马尔代夫学生登记人数达到数百人，另有 200～300 名未曾在政府登记的学生，此外，还有 150 名学生在巴基斯坦伊斯兰机构和学校接受宗教教育。

2004 年 1 月，马尔代夫总统加尧姆访问巴基斯坦，并出席了在伊斯兰堡举行的第 12 届南盟峰会。访巴期间，加尧姆总统同巴基斯坦总理贾迈利举行了双边会谈，同时，两国外交秘书也进行了双边磋商。2004 年 11 月，巴基斯坦总理肖卡特·阿齐兹（Shaukat Aziz）访马期间，提出向马尔代夫提供贷款和奖学金，并愿意在科学和技术领域和公务员、国防安全人员培训等方面加强合作[①]。印度洋大海啸期间，巴基斯坦及时派出海军分队，赴马尔代夫实施紧急人道主义援助。2013 年 10 月 10 日，瓦希德总统授予巴海军参谋长穆罕默德·阿西·桑迪拉（Mohamed Asif Sandila）特别勋章，以表彰他对马尔代夫所做出的特殊贡献[②]。

在经济方面，由于缺乏直接的航运服务，马尔代夫同巴基斯坦之间的经济关系发展缓慢。2003/2004 年度两国间的贸易总额仅 210 万美元[③]。为了发展经济关系，2005 年 10 月，两国着手建立 "巴基斯坦马尔代夫联合经济委员会"（Pakistan-Maldives Joint Economic Commission）。

同孟加拉国的关系　马尔代夫和孟加拉国同属伊斯兰国家，彼此之间在宗教信仰、伦理道德、风俗习惯等方面联系也很密切。两国都奉行独立自主和不结盟的外交政策，双方都强调维护国家主权、政治独立和领土完整，在主权平等、互不干涉内政的基础上，同一切国家建立友好关系。在平衡发展同大国关系的同时，两国注重维护与伊斯兰国家的传统关系。在国际事务中，两国都是联合国、不结盟运动、伊斯兰会议组织、英联邦等国际或地区性组织的重要成员，都支持各国的自由选择，支持各国人民反对帝国主义、殖民主义等一切外来侵略和干涉的正义斗争，都主张以和平方式解决国际争端，主张全面、彻底裁军，反对西方国家利用人权问题干

---

① http：//www. accessmylibrary. com/coms2/summary_ 0286 – 14588347_ ITM.

② http：//www. presidencymaldives. gov. mv/Index. aspx？ lid = 11&dcid = 13384.

③ http：//www. answers. com/topic/maldives-pakistan-relations.

涉别国内政。两国都注重经济外交，强调建立公正的国际经济新秩序，致力于推动南亚区域合作进程，积极参与次区域和跨区域经济合作。建交以来，马尔代夫同孟加拉国的关系一直良好。1977 年，孟加拉国总统齐亚·拉赫曼提出建立南亚区域合作联盟的设想后，马尔代夫曾经给予了大力支持。由于包括马尔代夫在内的南亚各国领导人的共同努力，1985 年，南亚区域合作联盟在孟加拉国宣告成立，自此，马尔代夫同孟加拉国之间在一系列地区和国际问题上互相支持，密切配合，两国关系不断加强和深化，合作领域不断拓宽。孟加拉国还是马尔代夫外籍雇员最多的国家。2011 年，在马尔代夫谋职的孟加拉国人已达到 45417 人，占马全部外籍雇员的 56.9%，职业范围覆盖了马尔代夫各行各业。尽管两国在经贸和旅游方面合作较少，来马旅游人数不多（据马方统计，2009 年，孟加拉国来马旅游人数仅 455 人次，2012 年也才 1221 人次[①]），马尔代夫同孟加拉国仍然是南亚地区双边关系发展较好的国家之一。

同尼泊尔和不丹的关系　马尔代夫同尼泊尔和不丹都建立了正式的外交关系。随着地区形势的进一步发展，马尔代夫十分重视保持和加强同尼泊尔和不丹之间的友好关系。1989 年，不丹和尼泊尔之间因难民问题发生摩擦，马尔代夫多次呼吁两国政府加强磋商，尽快达成解决协议，妥善安置好在尼泊尔境内的 10 万名不丹难民；1998 年，不丹进行政治改革，马尔代夫表示完全支持不丹国王的改革行动；2001 年 6 月 1 日，尼泊尔发生王室血案，马尔代夫对此深表关切，加尧姆总统发出唁电，对比兰德拉国王和王后的不幸去世表示深切哀悼。

为了加强马尔代夫同尼泊尔和不丹之间的友好关系，近年来，马尔代夫总统、外交部部长、议长等政府高级官员利用外访或参加国际会议的机会，在各种场合分别会见了尼泊尔、不丹两国的国王、外交大臣和议长，注意保持和发展彼此间的高层接触。2001 年 12 月，尼泊尔总理特使、财政部部长马哈特访问马尔代夫，并邀请加尧姆总统出席在加德满都举行的南亚区域合作联盟首脑会议。2002 年 1 月，加尧姆总统应尼泊尔国王邀请，

[①]　马尔代夫国家规划署：《统计年鉴》2012 年卷。

出席了在尼泊尔召开的第11届南盟首脑会议；在尼泊尔期间，加尧姆会见了尼泊尔国王，并同尼泊尔政府高层官员进行了广泛接触。2002年底，全球"非典型性肺炎"暴发后，马尔代夫同尼泊尔和不丹等南亚国家一起，共同构筑南亚地区抗击"非典"的大堤。2003年4月29日，尼泊尔和不丹分别派出本国的卫生部长到马尔代夫出席南亚区域合作联盟卫生部长紧急会议。经过全体与会人员的共同努力，这次马累会议通过了共同抗击"非典"的10点计划，并在医疗信息和设施共享等方面达成了广泛一致。2010年4月，马尔代夫总统纳希德应邀访问不丹，并出席了在廷布举行的第16届南盟峰会。会议期间，纳希德总统会见了不丹国王、首相和外交大臣等政府官员，并就旅游、经济、文化合作等方面进行了广泛磋商。

马尔代夫同尼泊尔和不丹都建立了一定程度的经贸关系。据尼方统计，2010/2011年度，尼马之间的贸易总额已从2005/2006年度的9.2万卢比上升到138.8万卢比，2012年前10个月，双方贸易额就达到192.4万卢比（其中马从尼进口150.4万卢比，向尼出口42万卢比）。从2002年开始，尼泊尔人纷纷到马尔代夫就业，目前在马的尼籍就业人员就达5000人，广泛分布于总统秘书处、酒店、度假村和私人公司。随着尼泊尔工人在马尔代夫安全服务和餐厅工作领域需求的增长，尼政府计划与马尔代夫签订劳务合同。此外，马尔代夫同尼泊尔之间还开展教育合作，马尔代夫每年都派部分学生到尼泊尔接受高等教育。2012年11月，马尔代夫主动向尼泊尔提出加强两国旅游合作的协议草案[1]。

五 同世界其他国家的关系

（一）同英国的关系

马尔代夫与英国的关系始于18世纪后半叶。当时，英国殖民势力征服了印度次大陆大部分地区，正觊觎印度洋岛国马尔代夫。18世纪中叶以后，法国和其他殖民帝国在印度洋的地位开始被英国取代，马尔代夫也

---

[1] 尼泊尔外交部：Bilateral Relations（Nepal-Maldives），2013年1月，http：//www. mofa. gov. np/en/bilateral-relations-nepal-maldives – 127. html。

就随之被纳入英国的势力范围。从 18 世纪末到 19 世纪初，英国的商船和军舰多次到达马尔代夫进行试探。19 世纪 30 年代前后，英国利用马尔代夫上层贵族的内讧，进一步控制了马尔代夫。1887 年，英国与马尔代夫签订条约，规定马尔代夫的内政、外交、国防等全部由英国控制，英国正式成为马尔代夫的宗主国。

1932 年，马尔代夫通过了第一部宪法，建立起英国控制下的君主立宪制国家。1934 年，英国虽曾表示要承认马尔代夫的独立，但一直未放弃对马尔代夫的"保护"，马尔代夫实际上仍然处在英国的殖民统治之下。

1947 年，英国势力撤出南亚，南亚大部分国家先后获得独立。随着英国势力的撤出，马尔代夫民族独立运动空前高涨，1953 年 1 月 1 日，马尔代夫首次成立了共和国，不久后宣布加入英联邦。同年 8 月，马尔代夫发生政变，共和国仅存在了 7 个多月，马尔代夫便又重新回到了苏丹时代，并退出了英联邦。

英国势力退出南亚后，为了保持在印度洋地区的军事存在，1956 年，在英国的强烈要求下，马尔代夫被迫将甘岛军事基地租给英国，租期 100 年。1958 年纳色尔当权后，马尔代夫要求英国缩短对甘岛军事基地的租赁期。1960 年，马尔代夫同英国重新达成租赁协议，将甘岛基地的租赁期由 100 年改为 30 年（1956 ~ 1986）。后由于英国财政上的原因，租赁期由 30 缩短为 20 年。1976 年，租赁期满，英国正式撤离甘岛，马尔代夫恢复行使对甘岛的主权。

随着全球民族解放运动的兴起，1965 年，英国被迫放弃了对马尔代夫的宗主国地位，马尔代夫获得完全独立，英国成为第一个与马尔代夫建交的国家。1972 年 3 月 13 日，英国女王伊丽莎白二世访问马尔代夫，此后，两国高层访问逐渐增多。1982 年 7 月，马尔代夫作为特别成员加入英联邦，1985 年 7 月 20 日成为英联邦的正式成员。长期以来，马尔代夫同英国不但在政治上联系紧密，而且在经济和旅游方面合作良好。

英国是马尔代夫最早开辟的国际旅游市场之一。1995 年以来，前往马尔代夫旅游的英国人逐年增多，入境人数直线上升。据马尔代夫政府统计，1995 年，入境的英国游客约 40000 人次，2008 年达到 116821 人次，居全球第一位。近年来，随着亚洲游客的增加，英国游客略有减少，但仍然十分可观。2009～2011 年，每年游客数量仍然保持在 10 万人次以上。2012 年，英国游客人数减至 91776 人次，占整个欧洲来马旅游总人数的17.7%，仍然是马尔代夫在欧洲地区的最大客源国。

英国是马尔代夫重要的鱼罐头出口目的地之一，2011 年对英出口额高达 940 万美元，占马出口总量的 7.6% [1]。

从 20 世纪 60 年代起，英国就开始对马尔代夫提供人力资源开发方面的各种援助。自 1996 年以来，英国把原来在"英国伙伴关系"下的援助改为通过多边机构（如世界银行、亚洲开发银行等）进行的小额赠款。2004 年印度洋大海啸之后，英国立即提供了 5000 万英镑的人道主义援助，其中包括登陆艇、车辆、人道救援物资等。此外，英国政府还向马尔代夫提供了多种援助，其中包括公共卫生、儿童保护、基础教育等。根据英国"海外志愿服务"计划，自 1981 年起，一大批英国教师自愿到马尔代夫各学校任教。目前，仍有 26 名英国志愿者在马尔代夫从事教育和医疗工作。

另外，在马尔代夫就业的英国人也为数众多。据马方统计，每年有数以百计的英国人在马尔代夫就业，广泛分布于旅游、建筑、教育、通信、运输、金融、保险、商业和房地产以及社区、社会及个人服务等行业。同时，许多马尔代夫人也乐意到英国旅游度假，无论何时，都有 200 名左右的马尔代夫人为了就读世界知名大学而选择到英国居住。

（二）同美国的关系

1965 年 11 月 10 日，马尔代夫同美国正式建交。此后，马尔代夫同美国一直保持着比较松散的友好关系。美国在马尔代夫没有常驻大使馆，美国驻马尔代夫大使由美国驻斯里兰卡大使兼任，美国大使和大使馆工作人员每年都对马尔代夫进行定期访问。每年有数十名美国人在马尔代夫就业 [2]，有数

---

[1] Maldives—UK Bilateral Relations, http://www. maldiveshighcommission. org/political-affairs/maldives-uk.

[2] 2011 年，在马尔代夫就业的美国人达到 67 人，主要分布在旅游、通信、运输、金融、保险、商业和房地产以及社区、社会及个人服务等行业。

以万计的美国人到马尔代夫进行观光旅游①，此外，还有约 10 名美国人长期定居在马尔代夫。

在政治上，马尔代夫同美国的高层互访活动较少，除参加联合国有关会议时马尔代夫总统和外交部部长对美国进行短时间的顺访外，马尔代夫很少单独派遣代表团访问美国。2001 年 6 月，美国太平洋战区司令布莱尔上将访问马尔代夫；2013 年 1 月底，美国国务院三位官员访马，以考察马尔代夫的民主状况，这是来马访问的为数不多的美国高级官员。

马尔代夫国家弱小，对美国的支持和帮助较为有限，但在 1991 年海湾战争、2001 年阿富汗战争和 2003 年伊拉克战争中，马尔代夫对美国的反恐行动持支持态度，并应美国要求，对从印度洋起飞的各种美国军用飞机均提供了空中通道。

近年来，美国对马尔代夫的关注度空前增强，特别是随着中马关系的发展和马尔代夫民主运动的发展，美国表现得空前活跃，不但多次敦促加尧姆政府加快民主进程，尽快实现马尔代夫的民主化，美国大使馆还定期派员参与有关党派的活动，极力推动在马尔代夫实现多党民主制。此外，美国还注重在意识形态上对马尔代夫施加影响。2005 年，美国以促进学术交流的名义，在马尔代夫开始推行"福布莱特计划"（Fulbright Program）。目前，除美国大使馆经常在马尔代夫举办一些包括学术和专业交流、会议、研讨会和教育机构合作等方面的文化、教育和其他活动外，还在网上设立了一个虚拟大使馆，取名为 VPP（Virtual Presence Post）②，并在马累开设了"马累美国中心"。从表面上看，该中心以图书馆的形式，集中展示一些反映美国生活的图书资料和声像制品，实际上它是一个宣传美国社会、文化和价值观的海外平台，还是驻马美国人进行集会的活动中心③。

在经济上，以前，虽然两国之间尚未签署任何形式的援助协定，美国

① 马尔代夫国家规划署：《统计年鉴》2013 年卷 - 就业、旅游。
② http：//maldives. usvpp. gov/vpp/about-us. html.
③ http：//maldives. usvpp. gov/american_ center. html.

仍对马尔代夫驻国外的民间机构在人员培训方面提供了间接的经费支持。1985～1987 年，美国通过 PL 480 计划（PL 480 Program），向马尔代夫提供了价值达 275 万美元的小麦；在 1987 年 4 月和 2007 年 5 月两次潮汐期间，美国向马尔代夫分别捐赠了 25000 美元和 10 万美元，帮助马尔代夫进行抢险救灾。2004 年印度洋大海啸发生后，美国同马尔代夫签署了一项灾后重建援助协定，价值达 865 万美元，主要用于重建港口、排污系统和发电设施。此后，美国国际开发署又投入 190 万美元，为马尔代夫受损最严重的两个岛屿兴建了海水淡化厂，并改善了部分医疗设施。近年来，美国还在机场管理和禁毒等方面为马尔代夫直接提供经费支持，并为马尔代夫海关、非法移民和毒品控制等方面提供了大批台式电脑。2013 年 5 月，在马尔代夫第 10 届总统选举前夕，美国向有关党派提供了巨额经费支持。此外，美国还通过国际组织机构在马尔代夫的有关项目对马实施少量的经济援助。2009 年，马尔代夫与美国签署了贸易和投资框架协议，并建立了一个探讨加强双边贸易和投资方式的论坛。马尔代夫已被指定为普遍优惠制（GSP）计划的受益国，据此，马尔代夫那些渴望出口的产品便可以免税进入美国，同时也为到马尔代夫的美国投资者提供了便利①。2010 年，马与美签署了海外私人投资合作协议。双方同意设立 2.5 亿美元的开放式基金，为在马投资的美国投资者提供投资保险和共同保险、债务与权益管理、长期融资等各种保障②。目前，美国已有多家公司在马尔代夫驻有代表处，其中包括西部联盟（Western Union）、联邦（FedEx）、UPS、惠普（Hewlett Packard）、戴尔（Dell）、康柏（Compaq）、可口可乐（Coca-Cola）、美国运通（American Express）、希尔顿度假村（Hilton Resorts）、喜来登（Sheraton）、海技（Sea Tec）、厄恩斯特和青年（Ernst and Young）、普华永道（Pricewaterhouse Coopers）、万豪（Marriott）、ACE 硬件和毕马威（KPMG）等。2013 年 1 月，美国黑石集团成功收购马尔代

① http：//www. state. gov/r/pa/ei/bgn/5476. htm.
② 中华人民共和国商务部，2010 年 5 月 26 日，http：//www. mofcom. gov. cn/aarticle/i/jyjl/j/201005/20100506934392. html。

夫仅有的两家航空公司——跨马尔代夫航空公司和马尔代夫空中出租车公司，成为马尔代夫最大的水上飞机运营商。

在对外贸易方面，马尔代夫与美国建立了稳定的贸易关系，并签署了多种纤维协议。1992年，马尔代夫向美出口额为2820万美元，进口额为160万美元。此后，由于多方面的原因，双边贸易额呈逐步下降趋势，到1996年，马尔代夫向美国出口额降至1180万美元，进口额降至240万美元。从1997年起，由于双方政府的重视，双边贸易额逐年上升，且出口额一直大于进口额。2004年以后，特别是2005年多种纤维协议到期以后，美国关闭了在马尔代夫的所有服装厂，马尔代夫向美出口逐步减少，而进口则逐年增加。据美国政府统计，2004年前，美国与马尔代夫的贸易逆差分别达到了7000万美元以上，2002年则达到了1.09亿美元。从2005年开始，美国的贸易逆差开始转变为贸易顺差，且逐年升高，2010年则出现了2000万美元的顺差，创历史最高纪录。

据马尔代夫政府统计，2012年，马尔代夫从美国的进口额从2009年的3.11亿拉菲亚（约合2830万美元）上升到7亿拉菲亚（约合6368万美元），向美国的出口额从2009年的760万拉菲亚（约合69万美元）上升到7587万拉菲亚（约合689万美元）。短短的4年时间，进口额翻了一番，出口额则增长了近10倍。但从绝对值上看，马尔代夫的对美出口额仅占从美进口额的1/10，从美进口额远远高于对美出口额。

马尔代夫奉行不结盟的外交政策，既同美国保持良好关系，同时也注意保持一定距离。2012年，马尔代夫爆发政治危机，纳希德总统被迫辞职。为了插手马尔代夫内政，美国曾提出一个"成立联合政府"的折中方案，遭到马方拒绝，其中包括纳希德总统本人。在军事上，由于美国向英国租赁的迪戈加西亚军事基地租期临近（2016年），在续租无望的情况下，为了继续保持美军在该地区的军事存在，美国极力谋求在马尔代夫的阿杜环礁建立新的军事基地[①]，2012年以来一直同马尔代夫频繁接触，并

---

① "US—Maldives military pact: When bases are not bases", http://www.asiantribune.com/node/62501.

举行了多次谈判，希望同马尔代夫签署《驻马美军地位协定》[①]。为了维护国家主权，马方断然中断谈判，拒绝了美国的军事协定[②]。

（三）同日本的关系

1967 年 11 月，日本同马尔代夫正式建立了外交关系，是马尔代夫独立后同其建交较早的国家之一。建交后，马尔代夫与日本的关系一直良好。

马尔代夫十分重视加强与日本的政治关系。进入 20 世纪 80 年代后，马尔代夫多次派出政府高级官员访问日本，对增进了解、发展友谊、争取援助发挥了重要作用。1984 年加尧姆总统对日本进行访问，成为历史上第一个访问日本的马尔代夫总统，开创了马尔代夫总统访日的先例。此后，加尧姆总统又于 1989 年、1990 年和 2001 年三次到日本访问。纳希德总统上台以后，于 2010 年派出总统特使出访日本。2014 年 4 月，亚明总统上台后，携外交部部长、经济发展部部长、旅游部部长等政府要员出访日本，并拜会了日本天皇、首相安倍及其他日本高级官员，进一步扩大了马日两国友好关系。1995 年 9 月，马尔代夫人民议会议长阿卜杜勒·哈米德访问日本，这是迄今唯一一位访问日本的马尔代夫议长；1980 ～ 2012 年，马尔代夫外交部部长先后 11 次访问日本，马旅游部部长 6 次访日，成为访日最多的马尔代夫政府高官。此外，马尔代夫贸易与工业部部长、劳工部部长、环境部部长、内政部部长、建筑和公共企业部部长等也先后抵日访问。日本方面也有多名高官出访马尔代夫，1980 ～ 2011 年，日本议会外交部副部长（1980、2008、2011）、日本众议院外交事务委员会主席（1981）、外交国务秘书（2005）、马日议员联盟主席（1981、1985、1993）分别访马。特别是 1993 年 11 月，在加尧姆第四次连任总统时，日本派出日本政府要员、日本马尔代夫议员联盟主席小渊惠三作为特命大使参加加尧姆总统的就职典礼，对进一步发展两国关系起到了巨大的推动作用。

---

① http：//military. china. com/important/11132797/20130608/17881956. html.
　　http：//www. huaxia. com/thjq/jswz/2009/09/1577401. html.

② "Maldives rejects military pact with US"，http：//stratrisks. com/geostrat/17675.

马尔代夫同日本的经贸关系紧密，出口产品以金枪鱼等鱼类产品为主，进口产品主要是机器设备和汽车等。20世纪90年代，马尔代夫向日本出口额基本保持在300万～400万美元，近10年来，马尔代夫向日出口额增长速度放缓，而进口额则大幅增加。据日方统计，2011年，马尔代夫对日出口额从1999年的407.9万美元上升到4.5亿日元（约合457万美元），而从日本的进口额却从923.3万美元上升到26亿日元（约合2640万美元）①，接近当时的3倍。

40多年来，日本政府对马尔代夫提供了大量的经济援助，主要涉及渔业、教育、通信、广播、电力、海啸灾后重建以及大型基础设施建设等领域。2010年，日本在可再生能源领域向马提供了1200万美元（10亿日元）的援助资金；同年7月，日本又向马提供3亿日元（约合360万美元）援助，供马尔代夫进口石油②。

为了加速经济建设，马尔代夫还从日本引进了大量资金。截至1997年3月，日本在马尔代夫的投资项目达到17个，直接投资额达到31.05亿日元，1989～2003年达到15亿日元③。在经济合作项目中，1999～2003年，经日本政府批准在马尔代夫进行的经济合作累计金额达到190亿日元，技术合作累计资金达到37亿日元；2006年，日本又向马尔代夫提供了27亿日元的贷款。到2010年，日本向马尔代夫提供的技术援助累计达到62.79亿日元；到2011年，日本向马尔代夫提供了价值277.2亿日元的捐赠④。

为了发展马尔代夫的教育事业，日本政府还斥巨资在马尔代夫兴建了几所中小学校。马累第六小学——吉雅苏丁小学（Ghiyasuddin School）就

---

① 日本外务省：《日马关系（基础数据）》，http：//www. mofa. go. jp/region/asia-paci/maldives/data. html。

② 日本驻马大使馆：http：//www. lk. emb-japan. go. jp/Maldives/MaldivesPressreleases. html # meemuatoll.

③ 日本外务省：《日马关系（基础数据）》，http：//www. mofa. go. jp/region/asia-paci/maldives/data. html。

④ 日本外务省：《日马关系（基础数据）》，http：//www. mofa. go. jp/region/asia-paci/maldives/data. html。

是日本援建的一所新型小学。2002 年 7 月，日本承担了马尔代夫马累第三中学的重建任务，总投资达到 5.56 亿日元。据日方统计，仅 1975 ~ 2004 年，日本就向马提供了 2460.1 亿日元（约合 26 亿美元）的文化资助。近年来，日本又为马尔代夫援建了 11 个教育项目，主要涉及幼儿教育和职业教育等。2012 年 3 月，为了帮助外岛改善医疗卫生条件，提高教育质量，日本向马尔代夫捐赠 2.5 亿日元，用于购买日本的机电设备。[①]

近年来，随着中国的进入，日本对马尔代夫的援助更加慷慨，援助范围不断扩大。2013 年 6 月，日本向马提供了先进的综合服务数字地面广播设施。为帮助马尔代夫修建体育馆，2013 年 2 月，日本向马提供了 216 万拉菲亚（约合 14.4935 万美元）的体育资助；2013 年 9 月 6 日，在马尔代夫总统选举前夕，日本出资 1130 万拉菲亚（约合 78 万美元），帮助马尔代夫购置急需的选举设备[②]。目前，日本帮助马尔代夫修建胡鲁马累岛"青年村"和马累－胡鲁马累大桥，并帮助马尔代夫进行油气勘探和清洁低碳能源开发[③]。

日本还是马尔代夫四大境外旅游市场（其他三个分别是意大利、英国和德国）之一。2001 年，虽然受"9·11"事件的影响，来马旅游的日本游客人数下降了 11.2%，却也达到了 4.1 万人次；2002 年，上升到 4.37 万人次，接近 2000 年的历史最高纪录。2004 年的印度洋大海啸，使马尔代夫旅游业遭到重创，来马旅游的日本游客人数随之下降，灾后有所回升。2009 年以来，来马旅游的日本游客人数一般保持在每年 3.6 万 ~ 3.8 万人次[④]，现居亚洲第二位。此外，日本和马尔代夫互相都有部分侨民长期居住在对方国家。据日方统计，2011 年，马尔代夫的日侨人数已从 2000 年的 102 人

---

① 日本驻马大使馆：http：//www. lk. emb-japan. go. jp/Maldives/MaldivesPressreleases. html#meemuatoll。

② 日本驻马大使馆：http：//www. lk. emb-japan. go. jp/Maldives/MaldivesPressreleases. html#meemuatoll。

③ 马尔代夫总统办公室：http：//www. presidencymaldives. gov. mv/Index. aspx？lid = 11&dcid = 13710。

④ 马尔代夫国家规划署：《统计年鉴》2013 年卷－旅游。

上升至 192 人；同时，旅居日本的马尔代夫侨民也从当时的 13 人上升至 43 人①。

（四）同欧盟的关系②

1983 年，马尔代夫与欧盟建立了外交关系，但欧盟在马尔代夫没有常驻外交机构，欧共体驻斯里兰卡大使同时兼任驻马尔代夫大使。马尔代夫同欧共体的关系主要是经济合作关系。近 30 年来经济合作关系一直发展良好。

1981 年以来，马尔代夫从欧盟获得了总量为 500 万欧元的经济援助，其中包括一个非政府组织提供的项目。1993～1995 年，欧盟在马尔代夫旅游、渔业和妇女保健方面援建的 3 个工程累计捐款 160 万欧元，并在人员培训、技术支持和旅游计划制订等方面提供了大量帮助。马尔代夫是南亚区域合作联盟成员国之一，根据欧盟一般特惠制的有关规定，马尔代夫在关税方面也获得了一些利益。

2004 年印度洋大海啸灾难发生后，欧盟对马尔代夫实施了紧急救援。2005 年 5 月，欧盟向马提供了 1600 万欧元的紧急援助，帮助修复受损的房屋和社会基础设施，建立废物管理，并加强灾害和救灾行动管理系统等。2007 年，为加强区域发展，促进环境的可持续发展，马尔代夫同欧盟签署了《2007～2013 年欧盟–马尔代夫国家战略》，其中 2007～2010 年，欧盟就向马尔代夫提供了 400 万欧元的环境援助，此外，欧盟共向马政府拨款 650 万欧元以帮助实施应对气候变化的战略行动计划。在欧盟、澳大利亚国际开发署和世界银行的支持下，马尔代夫建立了气候变化基金组织，以减缓气候变化、在阿里环礁实施湿地保护、珊瑚礁监测和固体废物管理。

在对外贸易方面，欧盟是马尔代夫最大的出口贸易伙伴，同时也是

---

① 日本外务省：《日马关系（基础数据）》，http：//www. mofa. go. jp/region/asia-paci/maldives/data. html。

② EU-Maldives relations，http：//eeas. europa. eu/delegations/sri _ lanka/eu _ maldives/political_ relations/index _ en. htm，http：//ec. europa. eu/europeaid/where/asia/country-cooperation/maldives/maldives_ en. htm。

第四大进口贸易伙伴。2010 年，马尔代夫与欧盟贸易总量达到 1.01 亿欧元，其中马尔代夫向欧盟出口 3200 万欧元，从欧盟进口 6810 万欧元，占马贸易总额的 9.7%，总贸易量仅次于新加坡、阿拉伯联合酋长国和印度。

在旅游方面，2011 年，马尔代夫欧洲游客占全年游客总量的 57.7%，英国、德国、意大利是马尔代夫的欧洲主要旅游客源国，其排名紧随中国之后，分列第二、第三和第四位。

马尔代夫紧邻印度洋上的重要国际航运通道，毒品走私和吸毒问题给马尔代夫带来的影响不容低估。在马尔代夫的总人口中，18 岁以下的青年人约占 50%，很容易沾染吸毒恶习，药物滥用已经成为马尔代夫一个全国性的问题。欧盟支持马尔代夫政府减少非法毒品需求的各种努力，其中包括吸毒和艾滋病的预防、治疗和后期护理，以及加强有关打击毒品犯罪的法律法规建设等。

2008 年、2009 年和 2013 年，欧盟还为马尔代夫多党制选举及时提供了部分技术援助。

（五）同澳大利亚的关系①

马尔代夫和澳大利亚同属英联邦国家，1974 年，两国建立双边关系②。40 年来，两国政府以经贸、投资、教育和发展合作为纽带，两国关系不断发展。进入 21 世纪以后，马澳两国首脑开始接触。2002 年 10 月，英联邦政府首脑会议在澳大利亚布里斯班举行，马尔代夫总统加尧姆出席了此次会议，从而揭开了两国高层访问的序幕。2009 年，澳大利亚总理陆克文在哥本哈根、特立尼达和多巴哥英联邦政府首脑会议期间，两次会见纳希德总统；2010 年 6 月 2~4 日，马尔代夫总统纳希德应邀访澳；2011 年 10 月 28~30 日，纳希德总统再次赴澳参加在珀斯举行的英联邦政府首脑会议。近年来，随着马尔代夫的民主改革、气候变化和其他环境

① 参见澳大利亚外交事务和贸易局：http：//www. dfat. gov. au/geo/maldives/country-brief. html，2014 年 1 月 12 日。

② http：//www. dfat. gov. au/publications/asian-century/maldives. html.

问题的出现，澳大利亚从马尔代夫的切身利益考虑，就气候变化的影响，以及小岛屿国家的其他问题在多边和区域论坛上充分发表意见，给予马尔代夫宝贵的支持。作为印度洋中的一个岛国，海盗曾对马尔代夫的海上安全、贸易和旅游方面造成了极大的威胁，澳大利亚对此给予了极大的关注。2012 年 7 月 15～17 日，由澳大利亚牵头，在珀斯举行了一次反海盗会议，马尔代夫派代表出席了此次会议。

40 年来，马澳两国的双边贸易保持了持续稳定的增长势头。2011 年，双边贸易额达到 3100 万美元，其中从澳进口 2800 万美元；2012 年贸易额略有下降，但也达到 2700 万美元，其中从澳进口 2500 万美元，主要进口产品为澳大利亚的食品和饮料，以满足旅游业的需求。2012 年，澳大利亚是马尔代夫的第 8 大进口来源国，同时也是飞机及其零部件、农产品的重要提供商。

两国在发展援助、气候变化、反恐、海上安全和打击跨国犯罪等领域存在巨大的合作和发展空间。目前，澳大利亚对马尔代夫的发展援助，主要集中在健康、教育、环境、渔业和农业等领域的人力资源方面。澳大利亚为在澳学习的马尔代夫学生提供长期和短期的政府奖学金，近 10 年来，获得澳大利亚政府奖学金的学生已达 200 名之多。澳大利亚外交部提供的数据显示，最近三年，澳大利亚还派遣了 1503 名教师志愿者到马尔代夫 11 个环礁的 46 所学校任教。2012 年，除 43 名马尔代夫人获得澳大利亚长期奖学金援助外，澳大利亚还向世界银行注资 50 万美元用作应对马尔代夫气候变化的信托基金。据不完全统计，过去三年，澳大利亚共向马提供了 2310 万美元的发展援助，2012/2013 年度，官方发展援助总额达到 1000 万美元，2013/2014 年度投入 750 万美元的发展援助①。

为支持马尔代夫的选举制度，教育选民，培训和提升马选举委员会相关能力，澳大利亚还通过联合国开发计划署，向马尔代夫提供了 30 万澳元的特别援助。

---

① http://aid.dfat.gov.au/countries/southasia/maldives/Pages/home.aspx.

（六）同以色列的关系

马尔代夫同以色列建交较早。1965 年，在马尔代夫脱离英国的殖民统治，获得外交上的完全独立后不久，以色列就同马尔代夫建立了大使级外交关系，使得马尔代夫成为承认以色列并与其建立大使级外交关系的第一个伊斯兰国家[①]。

当时，马尔代夫的首席大法官、伊斯兰首席牧师穆罕默德·贾米尔·迪迪（Mohamed Jameel Didi）上书苏丹，劝其不要接纳以色列大使，苏丹不但没有采纳这一建议，反而以妨碍政治决策为由迫其辞职，并取缔了集司法和伊斯兰教两大职能于一身的牧师职位，随后引入了现代司法体系。

政府的这一举动引起了很多穆斯林的不满，遭到社会精英们的强烈抵制。在这些人群中，又以 20 世纪 50~60 年代曾在埃及阿尔阿扎尔伊斯兰神学院读书的马尔代夫学生为最甚，他们对政府承认以色列的行为反应强烈，认为政府背离了伊斯兰教精神。在这些学生的强大压力下，1978 年，马尔代夫撤销了对以色列的承认。自此，马尔代夫中断了与以色列的关系[②]。

马以关系中断以后，马尔代夫对以色列仍表现出友好姿态。比如，马尔代夫尽管一贯支持巴勒斯坦人民的正义事业，但当有些国家强烈呼吁将以色列驱逐出联合国时，马尔代夫以维护联合国的团结为由，要求在联合国保留以色列的席位。第二次世界大战期间，纳粹德国在 1000 多座集中营中残忍地杀害了数百万人，其中绝大部分是犹太人。为了牢记种族大屠杀惨剧并吸取教训，提醒国际社会防止种族屠杀的悲剧重演，2005 年 11 月，第 60 届联大全体会议一致通过了由 104 个国家共同提交的一项决议草案，决定将每年的 1 月 27 日定为"国际大屠杀纪念日"，马尔代夫积极响应，投了支持票。2007 年 1 月，第 61 届联合国大会通过决议，谴责任何否定纳粹大屠杀历史事实的做法，马尔代夫同样投了赞成票。此外，

---

① Maldives Royal Family Official Website Majid's Pages-Israel and the Maldives，http：//www. maldivesroyalfamily. com/maldives – isracl. shtml.

② 据以色列媒体报道，双方只冻结了 15 年的外交关系。

根据奥斯陆协议，马尔代夫还放宽了私营部门对外资的限制，允许以色列来马投资。

2008 年，纳希德总统上台后，马以关系发展很快。2009 年 9 月 25 日，纳希德总统在联合国大会上宣布，马尔代夫正式恢复与以色列的全面外交关系。在联合国大会期间，两国签署了复交协议，并一致同意加强两国在旅游、卫生及教育领域的合作①。至此，中断达 30 年之久的马以关系得到全面恢复。

---

① http：//www. ennaharonline. com/en/international/2106. html.

　http：//en. wikipedia. org/wiki/Israel% E2% 80% 93 Maldives_ relations.

大事纪年

1153 年

1153 年，伊斯兰教在马尔代夫取得统治地位。马尔代夫建立了以伊斯兰教为国教的苏丹国，从此进入了以苏丹为代表的王朝统治时期。

第一个伊斯兰王朝蒂穆格王朝建立。该王朝持续了 235 年，有 26 位统治者。

1388 年

蒂穆格王朝结束。

希拉利王朝建立，该王朝持续了 170 多年，有 29 位统治者。

1412 年

中国著名航海家郑和第一次来到"溜山国"（中国对马尔代夫的古称）。

1430 年

中国著名航海家郑和第二次来到"溜山国"。

1513 年

葡萄牙人利用马尔代夫内部争夺王位继承权的矛盾，乘机进行干涉。他们支持卡卢·穆罕默德取得王位，然后迫使他同意葡萄牙在首都马累驻军和建筑堡垒。

1518 年

马尔代夫人民抵抗葡萄牙的入侵，全部消灭葡萄牙驻军，拆除了全部堡垒。

1552 年

葡萄牙舰队卷土重来，企图再次占领首都马累，马尔代夫人民英勇反抗，击退了侵略者。

1558 年

葡萄牙远征队第三次侵入马尔代夫。5 月 19 日，葡萄牙人占领马累，开始了长达 15 年的殖民统治。

1573 年

葡萄牙的殖民统治结束。

乌蒂姆王朝建立，该王朝持续了 128 年，有 12 位统治者。

1645 年

在斯里兰卡的荷兰殖民者以不让马尔代夫遭受印度马拉巴尔海岸的海盗侵犯为借口，宣布将马尔代夫纳入其势力范围。

1658 年

全国最大的清真寺——胡库鲁清真寺在马累市中心建成，可容纳大约 5000 名信徒。

1675 年

穆穆亚鲁尖塔建成，这是一座白色建筑，高约 8 层，现已成为胡库鲁清真寺的一个组成部分。1984 年马尔代夫伊斯兰中心建立之前，马累伊斯兰教周五大祈祷主教一直在这里宣布祈祷时间、召集教徒进行周五大祈祷。

1701 年

乌蒂姆王朝结束。

伊斯杜王朝（Isdhoo Dynasty）建立。该王朝延续了 5 年，只有 3 位统治者。

1704 年

伊斯杜王朝结束。

迪亚米吉利王朝（Dhiyamigili Dynasty）建立，该王朝延续了 55 年，有 3 位统治者。

1752 年

印度卡纳罗尔阿里大公（Ali Raja of Cananore）派出的马拉巴尔远征队侵占了马累岛，在马尔代夫驻守了 2 个月，被马尔代夫人民赶走。

1753 年

法国迫使马尔代夫苏丹签订条约，规定法国可在马累驻军。条约签订后几个月，由于马尔代夫人民的坚决斗争，法国驻军和舰队撤离了马尔代夫。

1759 年

迪亚米吉利王朝结束。

胡拉王朝建立。该王朝延续了 209 年，有 13 位统治者。

1796 年

英国人将荷兰人从斯里兰卡赶出，将马尔代夫纳入自己的势力范围。

1887 年

英国与马尔代夫签订条约，马尔代夫成为英国的"保护国"。

1932 年

12 月 22 日，马尔代夫第一部书面宪法颁布生效。市民的权利、平等、公正和人民在和平、安全条件下的生存权利被首次写入宪法。根据这部宪法，马尔代夫首次宣布建立君主立宪制国家。

1941 年

"珍珠港事件"后，战火逼近印度洋地区，日本的军舰、潜艇和飞机时常在群岛出现。英国以防卫需要为借口，强迫迁移了阿杜环礁甘岛的居民，建立了一个巨大的英国空军基地。

1948 年

4 月 24 日，英国殖民者被迫修改了 1887 年的条约。在新条约中，英国放弃了干涉马尔代夫内政的特权，马尔代夫停止进贡。但仍然规定马尔代夫接受英国的"保护"，马尔代夫外交和岛屿的防务仍被英国把持。

1949 年

政府总理穆罕默德·阿明代表马尔代夫第一次出席国际会议，即在巴基斯坦卡拉奇举行的伊斯兰国家经济大会。

1951 年

开辟国内船运航线。

1952 年

4 月 15 日，召开特别议会会议，与会者一致赞成通过全民投票的方式来决定治国原则，并成立共和国，废除伊斯兰君主的统治，1942 年宪法经修改后成为马尔代夫的第一部共和国宪法。

国家博物馆建立。

1953 年

1 月 1 日，马尔代夫第一个共和国宣告成立。前政府总理穆罕默德·阿明出任总统。

8 月 21 日，由于殖民者的残余势力和国内的保守力量相勾结，马尔代夫国民议会正式罢免了阿明总统，并通过了废除共和国制度的法律。

1954 年

3 月 6 日，穆罕默德·法里德·迪迪（Muhamed Fareed Didi）即位。7 日，马尔代夫重新恢复苏丹国政体，伊斯兰教王国再次代替了共和国的政治制度。马重新对第一部共和国宪法的有关条款进行了重大修改。

1956 年

马尔代夫与英国达成协议，同意恢复英国在甘岛的军用机场，给予英国船只进入阿杜环礁湖及附近水域的特权，让英国承租希塔杜岛的 45 公顷土地以建立一个军用无线电台等，英国租赁甘岛。

1958 年

英军在甘岛登陆，迫使马尔代夫租借阿杜环礁，为期 30 年。

1959 年

3 月 13 日，马尔代夫最南端的 3 个环礁宣布脱离苏丹统治，建立"苏瓦代夫联合共和国"（United Suvadive Republic），并选出阿卜杜拉·阿菲夫·迪迪（Abdulla Afif Didi）为总统，马尔代夫出现了历史上一次最大的分裂。

马尔代夫苏丹政府对这次分裂行动迅速做出反应，易卜拉欣·纳色尔总理亲自率领军队抵达胡瓦杜环礁进行平叛。

1960 年

马尔代夫引进西方教育模式，建立了现代教育体制，同时将全国大部分学校的教学语言由迪维希语改为英语，并采用了英国伦敦中学毕业证书教学模式。

英国与马尔代夫签署长达 30 年（1956 ~ 1986）的甘岛租赁协议，由于财政方面的原因，实际租赁期只有 20 年。

1962 年

12 月 29 日，"马累广播电台"开始广播，"马尔代夫之声"建立，用英文和迪维希语对全国广播。

1963 年

纳色尔平息南部叛乱，解散了"苏瓦代夫联合共和国"，阿卜杜拉·阿菲夫·迪迪及其他分裂分子被流放到偏远的荒岛上，马尔代夫重新得到了统一。

马尔代夫参加科伦坡计划，取得了独立参加外交活动的权利。

1964 年

马尔代夫对现行政治制度进行改革，规定：苏丹是国家的元首，由一个特别会议选举产生；政府首脑为内阁总理，由议会（Majlis）的立法机构提名，然后由苏丹任命。议会由 54 人组成，其中 8 人由苏丹指定，其余成员全部由内阁总理指定。内阁总理、内阁成员和议会成员的任期均为 5 年。国家的一切法律都由议会制定，然后呈报苏丹批准。这一改革促使马尔代夫获得完全独立。

1965 年

7 月 26 日，英国和马尔代夫在科伦坡签订协议，英国承认马尔代夫完全独立。

9 月 2 日，马尔代夫加入联合国。

马尔代夫参加世界卫生组织。

马尔代夫分别同英国、印度、斯里兰卡和美国建立外交关系。

1966 年

马尔代夫分别同巴基斯坦、韩国、意大利和苏联建立外交关系。

1967 年

马尔代夫唯一的首都医院——马累医院建成。该医院是一所面向全国的公立医院。

马尔代夫同日本建立外交关系。

1968 年

3 月，马尔代夫举行公民投票，决定废除苏丹统治，建立共和国政体。胡拉王朝结束。

9 月 27 日，经全民投票，易卜拉欣·纳色尔当选总统，于 11 月 11 日宣誓就职，任期 4 年。

11 月 11 日，马尔代夫共和国（即第二共和国）正式宣布成立，并实行总统制。纳色尔总统任命艾哈迈德·扎基（Ahmed Zaki）为政府总理。至此，马尔代夫历时 800 多年的封建王朝统治真正宣告结束。

1969 年

马尔代夫政府宣布，用新的海域界线代替过去确定的岛屿沿岸宽度的海域界线，该界线东至东经 73°46′，西至东经 72°30′5″，南至南纬 0°45′25″，北至北纬 7°10′25″，此范围之内都属于马尔代夫共和国的海域。

马尔代夫同缅甸、埃及和法国建立外交关系。

1970 年

马尔代夫同朝鲜建立外交关系。

1971 年

马尔代夫同伊拉克建立外交关系。

1972 年

马尔代夫重新颁布宪法修正案，总统任期从 4 年延长至 5 年，并规定总理由议会选举产生。

马尔代夫旅游业对外开放。

10 月 14 日，马尔代夫与中国建立外交关系。

1973 年

11 月 10 日，易卜拉欣·纳色尔再次当选马尔代夫共和国总统。

1974 年

8 月，马尔代夫加入伊斯兰会议组织（Organization of the Islamic

Conference）。

印度国家银行在马累设立支行，这是马尔代夫历史上第一家银行。该银行的建立改变了以往马尔代夫人以现金或珠宝等形式进行储蓄的习惯。

马尔代夫分别同澳大利亚、菲律宾和印度尼西亚建立外交关系。

1975 年

3 月，马尔代夫粉碎了一次不流血政变，扎基总理因涉嫌参与政变而被流放到边远小岛。

英国关闭甘岛军事基地。

马尔代夫分别同新加坡、越南、伊朗、利比亚、塞尔维亚、匈牙利和墨西哥建立外交关系。

1976 年

3 月，英国完全撤离甘岛。

7 月，签署《印度、斯里兰卡、马尔代夫关于马纳尔湾三国交界点的协议》。

12 月 28 日，马尔代夫政府和印度政府签署了《印度政府和马尔代夫共和国政府关于阿拉伯海海上边界的协定》。

苏联提出使用甘岛空军基地，遭到马尔代夫的拒绝。

1977 年

马尔代夫和印度两国开辟航空运输。

马尔代夫同科威特、比利时和古巴建立外交关系。

1978 年

3 月，马尔代夫电视台建成启用，同年修建了卫星通信站，可通过卫星转播世界各地的节目。

11 月 11 日，穆蒙·阿卜杜勒·加尧姆（Maumoon Abdul Gayoom）就任马尔代夫共和国总统，任期 5 年，历时 20 年之久的纳色尔统治宣告结束。

马尔代夫决定统一全国的学校教育，并建立了一套崭新的教育体系。根据这一体系，马尔代夫在全国实行 5 - 2 - 3 - 2 教学体制（即 5 年小学、2 年中学、3 年初中、2 年高中）。

马尔代夫共和国加入国际货币基金组织和世界银行。

马尔代夫同阿拉伯联合酋长国、孟加拉国、奥地利和瑞典建立外交关系。

1979 年

1 月 1 日，*Haveeru Daily* 报纸面世。该报由马尔代夫政府主办，用迪维希语和英语同时出版发行，主要报道国内外重要新闻、信息和发表各类文学作品。

《马尔代夫旅游法》（Law on Tourism in the Maldives）颁布，这是马尔代夫历史上第一个关于旅游方面的专门法律文件。

马尔代夫分别同泰国、土耳其、罗马尼亚、西班牙和荷兰建立外交关系。

1980 年

7 月 9 日，马尔代夫作为特别成员加入英联邦。

马尔代夫发生未遂政变，企图推翻阿卜杜勒·加尧姆统治。

马尔代夫实施了第一个国家卫生计划。通过该计划的成功实施，过去曾广泛传播的疟疾很快得到了控制和根除。

马尔代夫外交部部长贾米尔对中国进行正式友好访问。

马尔代夫同巴林、尼泊尔、塞舌尔和马里建立外交关系。

1981 年

中国国务院副总理兼外交部部长黄华访问马尔代夫。

马尔代夫和中国开始建立经贸合作关系。

马尔代夫同叙利亚、阿曼、沙特阿拉伯、约旦、毛里求斯、塞内加尔、苏丹、瑞士和加拿大建立外交关系。

1982 年

11 月 11 日，马尔代夫第一家商业银行——马尔代夫银行股份有限公司成立。

马尔代夫和中国恢复直接贸易关系。

马尔代夫同巴勒斯坦和丹麦建立外交关系。

1983 年

5 月，马尔代夫第一个国家旅游发展 10 年规划草案出台。

9月30日，穆蒙·阿卜杜勒·加尧姆以95.6%的选票再次当选马尔代夫共和国总统。

马尔代夫同几内亚、科摩罗、突尼斯和希腊建立外交关系。

1984 年

10月，加尧姆总统对中国进行正式友好访问。

10月27日，马尔代夫和中国签署《中华人民共和国政府和马尔代夫共和国政府关于互免签证和签证费的协定》。

11月，马尔代夫最为著名的宗教设施之一——伊斯兰中心建成并投入使用。

马尔代夫首次在全国实行全部年级统一的国家课程，该课程涵盖了小学1~5年级和6~7年级两个教学周期中的全部教学内容，此后又陆续涵盖了初中和高中的全部课程。

马尔代夫建立国家环境保护委员会（National Commission for the Protection of the Environment）。

马尔代夫分别同文莱、卡塔尔、不丹、挪威、保加利亚、芬兰和波兰建立外交关系。

1985 年

7月20日，马尔代夫成为英联邦的正式成员。

12月8日，南亚区域合作联盟成立，马尔代夫成为该组织的创始国之一。

马尔代夫同蒙古和马耳他建立外交关系。

1986 年

印度总理拉吉夫·甘地访问马尔代夫，并同意向马尔代夫捐建一所现代化医院——英迪拉·甘地纪念医院。

1987 年

10月，加尧姆就环境与发展问题在联合国大会上发表演说，呼吁重视全球环境保护，特别是小岛国家以及低洼岛国的环境问题。11月11日，联大通过了42/202号决议，在救灾及加强沿海防护上为马尔代夫提供特别援助。

马尔代夫同津巴布韦、塞浦路斯、智利和阿根廷建立外交关系。

1988 年

9 月 23 日，加尧姆以 96.4% 的选票第三次当选马尔代夫共和国总统。

11 月 8 日，在总统就职前夕，在斯里兰卡雇佣军的帮助下，马累当地商人企图推翻政府，发动了大规模的军事政变。在印度军队的帮助下，经过两天两夜的激烈战斗，马尔代夫粉碎了政变阴谋，有效地保护了总统安全，维护了马尔代夫的政权稳定。

马尔代夫与印度签署印向马捐建一所现代化医院——英迪拉·甘地纪念医院的《谅解备忘录》。

马尔代夫旅游局升格为旅游部（The Ministry of Tourism）。旅游部的成立标志着马尔代夫旅游业基本上走出了无计划、无监督的自由发展状态，真正成为一种有监管、有控制的国家产业。

马尔代夫成立了国营迪拉古（Dhiraagu）电信公司，从而结束了长期以来由英国电报和无线电公司对马尔代夫通信事业的垄断和控制。

马尔代夫分别同黎巴嫩、摩洛哥、阿尔及利亚、索马里、塞拉利昂、坦桑尼亚、卢森堡、哥伦比亚和巴西建立外交关系。

1989 年

"海平面上升小国会议"在马尔代夫举行，会议发表了《马累宣言》。

在第 44 届联合国大会上，马尔代夫提出保护小国安全问题，联合国大会以不投票方式通过了 1989（44/51）号决议，承认小国容易受到外部威胁，其内政也容易受到干涉，并要求有关的地区和国际组织，当小国安全受到威胁并提出请求时，提供必要的援助。

马尔代夫同尼日利亚、冈比亚、加纳、毛里塔尼亚、巴拿马、巴巴多斯和秘鲁建立外交关系。

1990 年

1 月，英迪拉·甘地纪念医院奠基。

南亚区域合作联盟第五次峰会在马累召开。

马尔代夫同纳米比亚、冰岛、牙买加和委内瑞拉建立外交关系。

1991 年

5 月，根据联合国 1989（44/51）号决议，马尔代夫主持成立了小国安全保护工作研讨会，会议建议：（1）联合国秘书长根据《联合国宪章》有关条款对阻止此类威胁发挥更大的作用；（2）成立一支常设或临时的联合国部队，根据《联合国宪章》第 4 章有关规定进行运作，以满足安全方面的需要；（3）安理会应根据小国的实际情况，考虑对小国提供集体安全保证。上述建议提出后，经过两届联合国大会辩论，分别以 1991（46/43）号决议和 1994（49/31）号决议的形式予以采纳。

1993 年

10 月 1 日，穆蒙·阿卜杜勒·加尧姆以 92.8% 的选票第四次当选马尔代夫共和国总统。

马尔代夫外交部部长贾米尔访问中国。

马尔代夫同乌干达、斯洛伐克、捷克、乌克兰、白俄罗斯、危地马拉和巴哈马群岛建立外交关系。

1994 年

2 月，英迪拉·甘地纪念医院第一座建筑建成投入使用。

3 月 2 日，马尔代夫政府和中国政府正式签署《中华人民共和国政府和马尔代夫共和国政府民用航空运输协定》，两国分别开通了北京—马累和马累—北京往返航线的航空运输业务。

4 月，马尔代夫与中国政府就马尔代夫在香港回归后继续保留驻香港名誉领事馆互换照会达成协议，正式签署了《中华人民共和国和马尔代夫共和国就马尔代夫继续保留驻港名誉领事馆的协议》。

12 月 3 日，英迪拉·甘地纪念医院全部竣工。该医院是马尔代夫国内规格最高、设备最好、医护力量最强的顶级医院，主要负责全国范围内各种疾病的预防和诊治。

马尔代夫参加在巴巴多斯岛召开的"关于发展中小岛国家可持续发展"大会。加尧姆总统作为杰出人物团体的代表在会上概括了小国的保护与安全问题。

马政府颁布《无人定居岛屿开发旅游胜地租赁法》（Law on Leasing of

Uninhabited Islands for the Development of Tourist Resorts），将各岛屿的租赁期从过去的 10 年延长到 21 年。

中国国务院副总理兼外交部部长钱其琛对马尔代夫进行友好访问。

马尔代夫分别同圭亚那、南非、爱沙尼亚和拉脱维亚建立外交关系。

1995 年

4 月，印度总理 P. V. 纳拉辛哈·拉奥（P. V. Nara-simha Rao）访问马尔代夫，并出席英迪拉·甘地纪念医院落成典礼。

马尔代夫分别同肯尼亚、莫桑比克、亚美尼亚和葡萄牙建立外交关系。

1996 年

马尔代夫卫生部出台 10 年卫生发展规划。根据这一规划，到 2005 年，马尔代夫将在全部有人定居的岛屿上，以 30 英里为半径，建立地区级医疗卫生机构，在各医疗卫生机构覆盖区域内兴建一所至多所地区级医院；并在此基础上以 15 英里为半径，建立各岛医疗卫生中心、卫生所等，为各岛居民提供医疗服务。

10 月 14 日，马尔代夫正式开通国际互联网业务。

马尔代夫第二个旅游发展总体规划（1996～2005 年）出台。

马尔代夫同斯洛文尼亚建立外交关系。

1997 年

5 月 4 日，马尔代夫和中国签署《中华人民共和国政府和马尔代夫共和国政府关于中华人民共和国香港特别行政区与马尔代夫共和国互免签证的协定》。

马尔代夫参加在日本举行的"京都会议"（Kyoto Conference），签署《保护海上环境免受陆地活动影响的华盛顿宣言》和《联合国气候变化框架公约的京都议定书》。

第十三届关于气候变化的政府间座谈会在马尔代夫举行。

南亚区域合作联盟（SAARC）第九次峰会在马累召开。这次会议通过了到 2001 年"南亚免税贸易区"（South Asian Free Trade Area）将取代"南亚特惠贸易协定"（SAPTA）的议案。

中国全国人民代表大会副委员长陈慕华率团访问马尔代夫。

马尔代夫分别同波黑和克罗地亚建立外交关系。

1998 年

1 月 1 日，新《宪法》生效，同时废除 1968 年宪法。

4 月 22 日，马尔代夫签署《控制和防止空气污染及可能对南亚产生跨界影响的马累宣言》。

5 月 18 日，马尔代夫政府与中国香港特区政府签署了《民航机过境协议》。

10 月，第一所高等院校——马尔代夫高等教育学院破土动工。

10 月 16 日，在议会提出的 5 名候选人中，穆蒙·阿卜杜勒·加尧姆以 90.9% 的选票胜出，第五次当选马尔代夫总统。

ADK 私立医院在首都马累建成并投入使用。该医院虽然不属于国家卫生部，但仍是国家整个医疗卫生系统的重要组成部分，该医院与英迪拉·甘地纪念医院共同构成了马尔代夫的顶级医疗中心。

世界卫生组织宣布马尔代夫已成为无疟疾的国家。

加尧姆总统荣获世界卫生组织颁发的"全民健康金质奖章"（Health For All Gold Medal）。

1999 年

12 月，中国政协主席李瑞环访问马尔代夫。

马政府颁布新的旅游条例，将旅游岛的最长租赁期限从过去的 21 年延长至 25 年，从根本上保证了旅游发展的长期性和稳定性。该旅游条例对土地出租、新旅游区的开发、旅馆、宾馆、旅游船只、码头、潜水中心的建设和管理以及对旅行社和代理商的商业行为以及税收等进行了全面的规范。

马尔代夫同立陶宛和爱尔兰建立外交关系。

2000 年

中国外经贸部副部长陈新华访问马尔代夫，向马提供 1000 万元人民币的无偿援助。

马尔代夫国防和国家安全部部长萨塔尔访问中国。

马尔代夫分别同马其顿、伯利兹和格林纳达建立外交关系。

2001 年

4 月，中国中央军委委员、中国人民解放军总参谋长傅全有上将访问马尔代夫，双方签署了军事援助协定。

5 月，中国国务院总理朱镕基对马尔代夫进行正式访问，和加尧姆总统一同出席了两国政府经济技术合作协定的签字仪式，并共同为中国援建马尔代夫的第四期住房项目奠基。

6 月，马尔代夫外长法图拉·贾米尔对中国进行友好访问。23 日，时任中国国家副主席胡锦涛在人民大会堂会见了来访的法图拉·贾米尔外长。

8 月，马尔代夫议会议长阿卜杜勒·哈米德率马尔代夫人民议会代表团访问中国。

马尔代夫国家安全卫队总参谋长穆罕默德·扎希尔准将率代表团访问中国。

马尔代夫政府成立"臭氧层保护委员会"。

马尔代夫政府完成了银行法、证券管理条例、公共财政法和非银行业财政制度法规等多个法律文件的起草工作。

马尔代夫同摩纳哥建立外交关系。

2002 年

1 月，加尧姆总统出席了在尼泊尔首都加德满都召开的第 11 届南盟首脑会议。

10 月 14 日，马尔代夫总统穆蒙·阿卜杜勒·加尧姆和中国国家主席江泽民互致贺电，热烈祝贺两国建立外交关系 30 周年。马尔代夫外交部部长法图拉·贾米尔和中国外交部部长唐家璇也互致贺电，祝贺马中两国建立外交关系 30 周年。

马尔代夫同安提瓜和巴布达建立外交关系。

2003 年

4 月 1 日开始，马尔代夫成为中国公民出境游的目的地。

4 月 29 日，南亚区域合作联盟卫生部长紧急会议在马累召开。会议通过了防止"非典"病毒扩散、共享医疗经验和互换信息的十点计划，并签署了一份加强卫生合作的联合宣言。5月20日，《马累宣言》被第56届世界卫生大会采纳。

4月30日，马尔代夫建立国家信息中心。

9月19日晚，位于马累环礁的马阿夫希监狱发生了一起国家安全卫队人员毒打犯人致死事件。

9月20~22日，马尔代夫发生严重骚乱，首都马累实施了宵禁。

10月20日，穆蒙·阿卜杜勒·加尧姆第六次当选马尔代夫共和国总统。11月11日宣誓就职。

马尔代夫同文森特和格林纳丁斯建立外交关系。

2004年

2月，加尧姆总统着手启动修宪工程，并成立了修宪特别议会。

6月，加尧姆总统向议会提出了民主改革方案，内容包括改革总统选举、限制总统任期、改组人民议会、重构司法系统和保障政党合法地位等一系列重大问题。

8月，马尔代夫再次发生大规模政治暴乱。

9月，马尔代夫政府机构进行了大范围的人事调整和机构改革，新设了公众上诉局和反腐败局，建立了首席发言人制度，同时放弃了总统在政府敏感部门的一切兼职。

12月26日，马尔代夫遭到印度洋大海啸袭击，全国200个居民岛中，191个受到不同程度影响，其中18个环礁83个岛屿8300多处房屋被毁，34000多人无家可归，直接经济损失达4亿多美元。

马尔代夫同多米尼加（英联邦）建立外交关系。

2005年

6月2日，议会通过了在马尔代夫实行多党政治的议案，各政党的合法地位得到了正式承认，马尔代夫内政部陆续接受多个政党的注册，从而结束了该国长期无政党的历史。

2006年

3月，马尔代夫内阁批准加尧姆总统的民主改革路线图计划。

马尔代夫同图瓦卢建立外交关系。

2007 年

8 月，全民公投决定继续实行总统制。

2008 年

8 月，新宪法正式生效，同时宣布废止 1998 年宪法。新宪法规定总统为国家元首、政府首脑和武装部队统帅，有权任命内阁成员，但须经议会批准；所有议员通过选举产生，总统不再有任命议员的权力；实行三权分立，建立独立的最高法院，总统不再是司法系统的最高长官。

10 月，马尔代夫举行多政党体制下的首次总统选举，民主党候选人穆罕默德·纳希德在第二轮投票中，击败了连续执政 30 年的时任总统加尧姆，成功当选马尔代夫宪政改革后的首位总统。

马尔代夫分别同苏里南、加蓬、吉布提、安道尔和阿尔巴尼亚建立外交关系。

2009 年

10 月 17 日，马尔代夫在吉里夫希岛（Girifushi）召开水下内阁会议，并签署了一份"SOS"（紧急求救）文件，呼吁所有国家减少温室气体排放。

马尔代夫分别同科索沃、黑山、特立尼达和多巴哥、乌拉圭建立外交关系。

2010 年

6 月，马尔代夫同印度签署协议，决定以 5.11 亿美元的价格，由印度和马来西亚合伙收购马尔代夫的马累国际机场，印度掌控 77% 的股份，并自 2010 年起取得 25 年的机场经营权。

马尔代夫颁布 2010 年第 7 号法律——《马尔代夫行政区划法》（Decentralization of the Administrative Divisions of the Maldives，Law Number 7/2010），对重新设定的 1 个首都、7 个省和 20 个环礁行政区的行政区划进行法律认定。

马尔代夫分别同格鲁吉亚、多米尼加、尼加拉瓜、哥斯达黎加和巴拉圭建立外交关系。

2011 年

1 月 1 日，马尔代夫从联合国最不发达国家名单中除名，迈进了世界中等收入国家行列。

5 月，首都马累持续发生游行示威，示威者宣称 30 万马尔代夫人面临着物价飞涨和高失业率，纳希德无法缓解经济困难，示威者指责政府挥霍开支，金融管理不善。

马尔代夫分别同贝宁、布基纳法索、列支敦士登、洪都拉斯、圣卢西亚和厄瓜多尔建立外交关系。

2012 年

1 月 16 日，纳希德在与反对派之间隔阂加剧的情况下，下令拘捕隶属反对派的刑事法庭首席法官阿卜杜拉·穆罕默德，遭到包括副总统瓦希德以及最高法院、人权委员会、司法委员会和联合国人权事务高级专员办事处相关人员的强烈反对。随后，马尔代夫民众和反对派进行了为期三周的游行示威，抗议纳希德打压反对派，并指责纳希德"独裁"。前总统加尧姆所属的人民党则指责纳希德是"反伊斯兰分子"，呼吁民众进行"伊斯兰圣战"，并推翻他的统治。

2 月 7 日，纳希德宣布辞去总统职务，副总统瓦希德宣誓就任马尔代夫总统。

11 月 27 日，马尔代夫单方面终止了同印度公司签署的马累国际机场收购合同，并下令印度公司于 12 月 7 日前将相关事务移交给马方。

2013 年

6 月 29 日，中国海军"和平方舟号"医院船抵达马累，开始对马进行为期 6 天的友好访问和人道主义医疗服务，这是自 1972 年中马建交以来，中国海军舰艇首次访问马尔代夫，也是中国医疗队首次赴马尔代夫开展人道主义医疗服务。

9 月 7 日，马尔代夫举行总统选举。

10 月 7 日，马尔代夫最高法院宣布废除第一轮投票结果，重新举行大选。

11 月 16 日，总统选举重新举行。前总统加尧姆的胞弟亚明在角逐中以51.3%的微弱优势击败前总统纳希德获得胜利，17日宣誓就任马尔代夫第六任总统。

2014 年

1月2~4日，马尔代夫总统亚明访问印度期间，同意与印度就机场赔偿问题进行商讨，并承诺恢复印度对马累国际机场的经营权。

3月　马尔代夫开始进行新一轮人口普查。

3月22日，马尔代夫进行议会选举，共有302名候选人参选，亚明总统所属的进步党赢得了34席，进步党的盟友共和党赢得了15席，执政联盟在议会所有85个席位中占有多数席位。前总统纳希德所领导的民主党获得了24席。

5月27日，现任总统亚明为首的执政党进步党宣布，将卡西姆领导的共和党逐出执政联盟，同时宣布执政联盟解体，原因是卡西姆在没有得到执政联盟同意的情况下宣布参加议长竞选。

5月28日，马尔代夫议会以无记名投票方式进行议长选举，执政的进步党候选人阿卜杜拉·马斯赫当选为新议长。

8月15日，马尔代夫总统亚明抵达中国南京，出席第二届国际青奥会。

8月16日，中国国家主席习近平会见马尔代夫总统亚明。

9月14日，中国国家主席习近平在马尔代夫《今晚报》和太阳在线网同时发表署名文章《真诚的朋友，发展的伙伴》。

9月14~16日，中国国家主席习近平对马尔代夫进行国事访问，这是中国最高领导人首次访问马尔代夫，双方签署了9项重要协议。

主要参考文献

一 中文

陈桥驿等：《马尔代夫共和国》，浙江人民出版社，1979。

刘金源：《印度洋英联邦国家：马尔代夫、毛里求斯、塞舌尔》，四川人民出版社，2003。

李玉洁：《马尔代夫共和国》，《南亚与东南亚资料》1982 年第 2 期。

二 网上资料（英文）

2008 年马尔代夫宪法

Alloexpat：Maldives Military.

Classbase："Education System in the Maldives".

Knoema：World Data Atlas-Maldives.

MationMaster：Maldivian Military statistics.

国际货币基金组织：IMF Country Report No. 10/167 – Maldives。

国际人口与发展会议：MALDIVES OPERATIONAL REVIEW 2012——Progress，Challenges and Way Forward。

联合国（UN）：Situation Analysis of Emerging Development Challenges and Opportunities in Maldives，March 2010。

联合国儿童基金会（马尔代夫 2012）：The Situation of Children-Health and Nutrition［Online］，http：//www. unicef. org/maldives/children_ 3521. htm。

联合国教科文组织国际教育局："World Data on Education-maldives

7th edition，2010/11"。

联合国教育科文组织："ADULT EDUCATION IN SELECTED COUNTRIES IN THE ASIAN REGION"。

联合国开发计划署（UNDP）：Summary Report：Comprehensive Study on the Maldivian Civil Society，2011。

联合国开发计划署（UNDP）：Summary Report：Women in Public Life in the Maldives-Situation Analysis 2010。

马尔代夫国防部队：http：//www. mndf. gov. mv/mndf。

马尔代夫国家规划署：7th National Devolopment Plan（2006 – 2010）。

马尔代夫国家规划署：Household and Income and Expenditure Survey，2009 – 2010。

马尔代夫国家规划署：Census 2006，Analytical Report。

马尔代夫国家规划署：Maldives at a Glance，April 2013。

马尔代夫国家规划署：Millennium Development Goals Maldives Country Report，2010。

马尔代夫国家规划署：Statistical Yearbook of Maldives，2011、2012 and 2013。

马尔代夫渔业和农业部：Basic Fisheries Statistics 2012。

马尔代夫环境和能源部：State of the Environment，2011。

马尔代夫教育部：Education yearbook 2012。

马尔代夫教育部：Education for All：Mid-Decade Assessment Report，2008。

马尔代夫经济发展部（2012）：Economic Pro? le of the Maldives，[Online]，http：//www. trade. gov. mv/? lid = 244。

马尔代夫旅游艺术和文化部：A Brief Analysis on Tourism Indicators，Volume 3 Issue 12，October 2011。

马尔代夫旅游艺术和文化部：Tourism Yearbook 2012/2013。

马尔代夫人力资源、青年和体育部：Maldives Youth's National Policy，2003。

马尔代夫外交部：Maldives National Report in accordance with paragraph 15 （a） of the annex to Human Rights Council Resolution 5/1，2010。

马尔代夫卫生部：Health Master Plan，2009 – 2015。

马尔代夫卫生部：Maldives Demographic Health Survey：Preliminary Report，2009。

马尔代夫卫生部：Maldives Health Statistics，2012。

马尔代夫卫生部：Multiple Cluster Indicator Survey，2010。

马尔代夫移民局：National Action Plan on Human Traf? cking，2012 – 2014。

马尔代夫移民局：Maldives Border Control and Migration Management Assessment （Draft），2012。

马尔代夫总统办公室 （2014）：The Cabinet。

世界卫生组织：Social disparities in health in the Maldives：An assessment and implications Technical Report。

世界银行：Maldives Economic Update，2011、2012、2013。

世界银行：Maldives Overview。

维基百科：Education In the Maldives。

维基百科：Economy of the Maldives。

维基百科：Maldives National Defence Force。

维基百科：Politics of the Maldives。

三 外文书籍 （延伸阅读）

《一人为全岛：加尧姆总统传》 （*A Man for All Islands*：*A Biography of Maumoon Abdul Gayoom*），Royston Ellis，Times Editions，1998。

《梦幻马尔代夫》 （*Dreaming of Maldives*）。

这是一本有关马尔代夫的欧洲摄影图集，内含 280 多幅图片，2005 年出版，2011 年 5 月第三次修订发行。

《马尔代夫》 （*Maldives*）。

这是一本探索世界系列指南丛书，英语出版物，2000 年出版。

《马尔代夫：海底王国》（*Maldives-The Underwater Kingdom*）。

这是一本介绍马尔代夫海底世界的书，马尔代夫前总统纳希德作序，图文并茂，内附 DVD 光盘，2012 年出版。

《马尔代夫：生活的阴暗面》（*Maldives：The Dark Side of Life*）。

这是一本关于马尔代夫政治条件和公民权利研究报告，亚洲人权中心编著，2005 年 1 月出版。

《马尔代夫之谜》（*The Maldive Mystery*），Thor Heyerdahl 著，Adler & Adler 出版社，1986 年出版。

《马尔代夫：周游世界的旅行包》（*Maldives-Globetrotter Travel Packs*），Stefania Lamberti，新荷兰出版公司（New Holland Publishers, Limited），2007 年出版，2011 年第五次修订发行。

《马尔代夫学校的课程与教育》（*Maldives School Curriculum and Education*），迪维希语出版物，Mustafa Luthfy，2011。

索　引

新版《列国志》总书目

非洲

阿尔及利亚

埃及

埃塞俄比亚

安哥拉

贝宁

博茨瓦纳

布基纳法索

布隆迪

赤道几内亚

多哥

厄立特里亚

佛得角

冈比亚

刚果共和国

刚果民主共和国

吉布提

几内亚

几内亚比绍

加纳

加蓬

津巴布韦

喀麦隆

科摩罗

科特迪瓦

肯尼亚

莱索托

利比里亚

利比亚

卢旺达

马达加斯加

马拉维

马里

毛里求斯

毛里塔尼亚

摩洛哥

莫桑比克

纳米比亚

南非

南苏丹

尼日尔

尼日利亚

塞拉利昂

塞内加尔

塞舌尔

圣多美和普林西比

斯威士兰

苏丹

索马里

坦桑尼亚

突尼斯

乌干达

西撒哈拉

赞比亚

乍得

中非

欧洲

阿尔巴尼亚

爱尔兰

爱沙尼亚

安道尔

奥地利

白俄罗斯

保加利亚

比利时

冰岛

波黑

波兰

丹麦

德国

俄罗斯

法国

梵蒂冈

芬兰

荷兰

黑山

捷克

克罗地亚

拉脱维亚

立陶宛

列支敦士登

卢森堡

罗马尼亚

马耳他

马其顿

摩尔多瓦

摩纳哥

挪威

葡萄牙

瑞典

瑞士

塞尔维亚

塞浦路斯

圣马力诺

斯洛伐克

斯洛文尼亚

乌克兰

西班牙

希腊

匈牙利

意大利

英国

美洲

阿根廷

安提瓜和巴布达

巴巴多斯

巴哈马

巴拉圭

巴拿马

巴西

玻利维亚

伯利兹

多米尼加

多米尼克

厄瓜多尔

哥伦比亚

哥斯达黎加

格林纳达

古巴

圭亚那

海地

洪都拉斯

加拿大

美国

秘鲁

墨西哥

尼加拉瓜

萨尔瓦多

圣基茨和尼维斯

圣卢西亚

圣文森特和格林纳丁斯

苏里南

特立尼达和多巴哥

危地马拉

委内瑞拉

乌拉圭

牙买加

智利

巴布亚新几内亚

斐济

基里巴斯

库克群岛

马绍尔群岛

密克罗尼西亚

纽埃

萨摩亚

所罗门群岛

汤加

图瓦卢

瓦努阿图

新西兰

大洋洲

澳大利亚

GUIDE TO THE WORLD NATIONS DATABASE 列国志数据库
国别国际问题研究资讯平台

全部数据库 ▼　　　　　　　　　　　　　　　检索　高级检索
　　　　　　　　　　　　　　　　　　　　　　　　　对比检索
全部　图书　文章　文献资料　知识点　图表　图片　音频　视频
热门搜索：韩国　自然资源　对外贸易　美国　外交关系　欧洲　经济　蓝海

当代世界发展问题研究的权威基础资料库和学术研究成果库

国别国际问题研究资讯平台

列国志数据库　www.lieguozhi.com

列国志数据库是以国家"十二五"重点出版规划项目、中国社会科学院创新工程学术出版项目《列国志》丛书为基础，全面整合国别国际问题核心研究资源、研究机构、学术动态、文献综述、时政评论以及档案资料汇编等构建而成的数字产品，是目前国内唯一的国别国际类学术研究必备专业数据库、首要研究支持平台、权威知识服务平台和前沿原创学术成果推广平台。

从国别研究和国际问题研究角度出发，列国志数据库包括国家库、国际组织库、世界专题库和特色专题库4大系列，共175个子库。除了图书篇章资源和集刊论文资源外，列国志数据库还包括知识点、文献资料、图片、图表、音视频和新闻资讯等资源类型。特别设计的大事纪年以时间轴的方式呈现某一国家发展的历史脉络，聚焦该国特定时间特定领域的大事。

列国志数据库支持全文检索、高级检索、专业检索和对比检索，可将检索结果按照资源类型、学科、地区、年代、作者等条件自动分组，实现进一步筛选和排序，快速定位到所需的文献。

列国志数据库应用范围广泛，既是学习研究的基础资料库，又是专家学者成果发布平台，其搭建学术交流圈，方便学者学术交流，促进学术繁荣；为各级政府部门国际事务决策提供理论基础、研究报告和资讯参考；是我国外交外事工作者、国际经贸企业及日渐增多的广大出国公民和旅游者接轨国际必备的桥梁和工具。

数据库体验卡服务指南

※100元数据库体验卡目前只能在列国志数据库中充值和使用。

充值卡使用说明：

第1步 刮开附赠充值卡的涂层；

第2步 登录列国志数据库网站（www.lieguozhi.com），注册账号；

第3步 登录并进入"会员中心"→"在线充值"→"充值卡充值"，充值成功后即可使用。

声明

最终解释权归社会科学文献出版社所有。

数据库服务热线：400-008-6695

数据库服务QQ：2475522410

数据库服务邮箱：database@ssap.cn

欢迎登录社会科学文献出版社官网（www.ssap.com.cn）

和列国志数据库（www.lieguozhi.com）了解更多信息

社会科学文献出版社　列国志系列
SOCIAL SCIENCES ACADEMIC PRESS (CHINA)
卡号：5724798199188744
密码：

图书在版编目（CIP）数据

马尔代夫/朱在明，陈好敏，朱婷编著. —2 版. —北京：社会
科学文献出版社，2015.1

（列国志：新版）

ISBN 978 - 7 - 5097 - 6750 - 4

Ⅰ. ①马… Ⅱ. ①朱… ②陈… ③朱… Ⅲ. ①马尔代夫 -
概况 Ⅳ. ①K935.9

中国版本图书馆 CIP 数据核字（2014）第 262199 号

· 列国志（新版）·

马尔代夫（Maldives）

编 著／朱在明 陈好敏 朱 婷

出 版 人／谢寿光
项目统筹／张晓莉
责任编辑／叶 娟

出 版／社会科学文献出版社·人文分社（010）59367215
地址：北京市北三环中路甲 29 号院华龙大厦 邮编：100029
网址：www.ssap.com.cn
发 行／市场营销中心（010）59367081 59367090
读者服务中心（010）59367028
印 装／三河市尚艺印装有限公司

规 格／开 本：787mm × 1092mm 1/16
印 张：25.25 插 页：1 字 数：377 千字
版 次／2015 年 1 月第 2 版 2015 年 1 月第 1 次印刷
书 号／ISBN 978 - 7 - 5097 - 6750 - 4
定 价／79.00 元